叢書・ウニベルシタス　1018

自然主義と宗教の間

哲学論集

ユルゲン・ハーバーマス
庄司 信・日暮雅夫・池田成一・福山隆夫 訳

法政大学出版局

Jürgen Habermas,
ZWISCHEN NATURALISMUS UND RELIGION. Philosophie Aufsätze

This book is published in Japan
by arrangement through The Sakai Agency.

自然主義と宗教の間——哲学論集　目次

第四部　寛容

序文

二つの相反する傾向が時代の精神的状況を特徴づけている——すなわち、自然主義的な世界像の拡大と宗教的正統主義（Orthodoxien）の増大する政治的影響である。

一方で、生物発生学、脳研究、ロボット工学において、治療上のそして優生学的な希望をともなう進歩が豊かな成果を生み出しながら現われてきている。これらのプログラムとともに、諸個人が自然科学的に客観化して自己を把握することが、日常的なコミュニケーション連関や行為連関にも入り込んでいくことになろう。理解され経験されるすべてのものを観察可能なものへと還元する自己客観化のパースペクティヴに慣れ親しむことは、それに対応する自己道具化への潜在的傾向をも促進することだろう(1)。哲学にとって、この傾向と結びついているのは、科学主義的な自然主義（Naturalismus）の挑戦である。人間精神のすべての働きが一貫して有機体的な基体と結びついているという事実は、争う余地がない。論争はむしろ、どのようにしたら精神が正しく自然化されるのか、に関するものである。というのも、文化的進化の適切で自然主義的な理解は、精神の間主体的なあり方と、規則に導かれた精神の働きの規範的性格とを正当に考慮しなければならないからである。

他方で、自然主義的世界像が拡大する傾向は、信仰共同体と宗教的伝承とが思いがけずに再活性化し世界的に政治化する事態に遭遇した。ただヨーロッパだけは例外的にその恐れがないように見える宗教的諸力の再生は、哲学にとっては西洋近代のポスト形而上学的（nachmetaphysisch）で非宗教的な自己理解を根本的に批判しようとする挑戦と結びつく。議論の余地のない事実であるのは、政治形態が取りうる可能性がもはや、西洋で生じた科学的・技術的そして経済的なインフラストラクチャーが作り出す、他に選択の余地のない世界の内部にしかないということである。むしろ争点は、文化的・社会的な合理化がもたらした世俗化の結果（Säkularisierungsfolgen）の正しい解釈とは何かである。宗教的正統主義の擁護者たちは、文化的・社会的な合理化を、西洋固有の世界史的に見て特殊な道であるとしてますます弾劾しているのである。

この逆方向の二つの知的傾向は、対立した一連の伝統に根ざしている。固い（hart）自然主義が科学を無批判に信頼するという啓蒙の前提からの帰結として理解されるのに対して、政治的に刷新された宗教的意識は啓蒙のリベラルな前提と断絶している。しかし精神のこれら二つの形態はアカデミックな論争において衝突しているだけではなくて、政治的な諸勢力へと変貌している——西洋の指導的国家の市民社会の内部においても、世界諸宗教と世界支配的な諸文化とが出会う国際的なレヴェルにおいてもである。

民主的法治国家の規範的基礎と機能諸要件とを取り扱う政治理論の観点からは、この両者の対立が秘かな共犯関係にあることも暴露される。つまり二つの対立している伝統が、自己反省への用意を持たないならば、政治的公共体（Gemeinwesen）のまとまりを世界観的な分極化によっていわば分業するかのように危機に陥れるのである。人間の胚の研究、妊娠中絶、植物状態の患者の取り扱いの問題においてであれ、世俗的か宗教的かの諸対立の亀裂に沿って非和解的に分極化した政治文化は、もっとも古い民主主義国家においてすら国家公民的なコモンセンスに試練を課すのである。このリベラルな国家公民的生活態度（Ethos）は、二つの側に対して、信仰と知のそれぞれの境界を反省的に確認することを要求するのである。

まさにアメリカの例が示しているように、近代立憲国家は平和的な宗教的複数主義を可能とするためにも案出された。法治国家的なかたちを取る世俗的な支配権力を世界観に関しては中立的に行使することが初めて、世界観や教義の実質においては以前と同じように非和解的なさまざまな信仰共同体に対して、平等で寛容な（tolerant）共同生活を保障できるのである。国家権力の世俗化と、宗教的営みの消極的または積極的自由とが、同じメダルの両面をなす。それらは宗教的共同体をお互いの血生臭い紛争の破壊的な結果に至ることから守るだけではなく、世俗主義的社会が宗教に対して抱く敵対感情からも守っている。しかしながら、立憲国家が宗教的市民も非宗教的市民もお互いから守ることができるのは、市民たちが国家公民的な相互交流において暫定的妥協（Modus Vivendi）を見いだすのみならず、民主的秩序のなかでお互い納得して共同生活するときにおいてのみのことである。民主的国家は、政治的公共体の自由で平等な参加者としてお互いに尊重しあう国家公民の、法的に強いられるものではない連帯によって育まれているのである。

政治的公共圏においては、わずかなコストで徴収されるこの国家公民的連帯が、まさに世界観的境界を越えて有効だということが確証されねばならない。相互承認が意味していることは、たとえば、宗教的市民と世俗的市民とが公共的討論においてお互いに相手の言うことを聞きお互いに学び合おうとする準備のあることである。市民にふさわしく相互交流する際の政治的徳のなかに、一定の認知的（kognitiv）態度が表現されている。この態度は命令されえず、ただ学ばれうるものである。しかしこの事情から、われわれの視点から見て特別に関心を引く帰結が生じる。すなわち、リベラルな国家は協働的な振る舞いをその市民に世界観的な境界を越えて要求することによって、そのために求められる認知的態度を宗教的な側においても世俗的な側においてもすでに歴史的学習過程の結果として形成していることを前提しなければならないということである。この種の学習過程は、合理的に辿り直せる洞察とは無関係に「生じる」偶然的なメンタリティの変化であるだけではない。しかしだからと言って、法と政治という媒体を通じてもたらされたりコントロールされることもない。リベラルな国家は、長期的に見れば、それが自分の資源から作り出すことができないメンタリティに依拠しているのである。

このことは、宗教的市民がリベラルな国家のなかで満たさなければならない寛容への期待を考えれば、明白である。原理主義的な（fundamentalistisch）信念は、民主的公共体を解体させないためには、十分多くの数の市民が共有していなければならないメンタリティとは相容れない。宗教史的なパースペクティヴにもとづけば、宗教的市民が異なる信仰を持つ市民や信仰を持たない市民との市民的礼節をもった交流のなかで取らなければならない認知的態度は、集団的な学習過程の結果として把握されうる。キリスト教によって形どられた西洋においては明らかに神学が、伝承される教義の解釈学的な自己反省をする際にペースメーカーの役割を担ってきた。近代科学、宗教的複数主義、憲法、世俗的社会道徳の側面からの認知的挑戦を教義のうえで消化することが「成功して」いるかどうか、その際そもそも「学習過程」について語りうるのかどうかは、もちろん、このように近代的生活条件と折り合いをつける術を見いだす伝統の内部からの視点によってのみ判断されうる。

手短に言えば、民主的公共圏の意見－意思形成がうまく作用しうるのはただ、十分な数の国家公民たちが信仰と世界観との深刻な違いをも越えて、一定の市民的礼節を持って振る舞えるという期待を満たすときだけである。しかしこのような要求を宗教的市民に突きつけてよいのはただ、彼らがそのために要求される認知的前提を事実的に満たすだろうという想定が成り立つ場合だけである。すなわち彼らは、自分自身の信仰の信念と、宗教的・世界観的な複数主義という事実との関係を反省によって洞察可能にすることを学んでいなければならず、彼らは信仰を、世俗的国家と普遍主義的社会道徳の優位と同様、社会的に制度化された科学の知的特権とも調和させていなければならない。そうすることに哲学は、教会の信仰と結びついていた神学とは異なって、いかなる影響も与えることはできない。この点では、哲学は、何が宗教的教説の内部で基礎づけとして妥当するのか、または拒否されねばならないのかを判断する権限を持たない、外部からの観察者の役割に自己限定しているのである。

哲学は、世俗的な側において初めて役割を演じる。というのも、非宗教的市民も国家公民的な連帯についての期待を満足させることができるのは、彼らが、宗教的な同胞市民とその発言とに対して特定の認知的な態度を取るという条件のもとでのみだからである。二つの側が、さまざまな世界観を持つ複数主義的な公共圏における民主的な喧騒のなかで出会い政治的な問題について論争するとき、相互に尊敬すべしという要求から、認識に関する特定の義務が生じる。宗教的な言葉で自己表現する参加者たちも、世俗的な同胞市民からまじめに取り扱われたいという要求を持っている。したがって世俗的な市民は、宗教的な言葉で表現された発言が合理的な内容を持っている可能性を頭から否認してはならないはずである。

確かに、民主的憲法の共通理解に属するのは、すべての法律、すべての司法的決定、すべての政令と措置とが公共的な、つまりすべての市民が平等に理解できる言葉で表現されねばならないこと、またそれに加えて世俗的な正当化が可能でなければならないことである。しかしながら、政治的公共圏におけるインフォーマルな意見対立のなかでは、市民たちと市民社会的な（zivilgesellschaftlich）諸組織は、国家の裁可権力（Sanktionsgewalt）が制度的に行使される領域の範囲外にある。ここでは、意見－意思形成は検閲によって誘導されてはならず、意味創造のための資源から切り離されてはならない[2]。その限りで、世俗的市民が信仰を持つ同胞市民に示すべき尊敬は、認識に関する次元も持つことになるのである。

他方で、世俗的市民には、宗教的発言の合理的でありうる内容に対して偏見を持たないことが要求されうるのは――さらには、この内容を宗教用語から一般に通用する言葉へと協働的に翻訳することに参加する用意も要求されうるのは――なかなか意見の一致を見ることがない認知的前提のもとでのみのことである。というのも、世俗的市民の目にはまさに世俗的信念と教義的信仰の信念とのあいだの対立と見えるものが、じつは合理的に予期されうる不一致という性格を持ちうるのは、明らかにただ、宗教的な伝承が端的に非合理や無意味ではないことが世俗的な見方からももっともだと思われるときだけだからである。このような前提のもとでのみ、非宗教的市民は、偉大な世界諸宗教が理性的な直観と、実現されていないが正統な要求という啓発的な契機とを持ちえているだろうことから出発できるのである。

しかしながらこのことは、憲法原則によって先決されえない開かれた討論の対象である。どちらの側が正しいのかということは、けっして決まっていない。科学的世界観の世俗主義（Säkularismus）は、宗教的教説における太古の（archaisch）思考形式が、既成の研究における認識の進展によってひとまとめに時代遅れになったり無価値になったりした、と主張している。それに対して、確かに可謬主義的であるが敗北主義的ではないポスト形而上学的思考は、自分の限界を――そして限界を越えようとする自分に備わった傾向を――反省するなかで、両方の側から一線を画する。ポスト形而上学的思考は、啓示された真理に対するのと同じように、自然主義的な科学的総合に対しても不信を抱いているのである。

国家公民のあいだの結束を脅かしている、宗教的陣営と世俗的陣営とのあいだの世界観的分裂は、政治理論の対象である。しかし、国家公民的連帯が効果的に機能するための認知的前提が視野に入るやいなや、この分析は別の次元へと入っていかねばならない。近代における宗教的意識の反省化が認識論的な側面を持つように、世俗主義的意識を反省的に克服することも認識論的な側面を持っている。この二つの相補的な学習過程に言及すること自体がすでに、ポスト形而上学的な観察者の視点からの、距離をとった記述であることを密かに教えている。しかしこの観察者自身が属している参加者の視点からすれば、この論争は未解決のままである。争点は明らかである。一方では、議論は、本質的に間主体的であり規範に導かれた精神の自然化（Naturalisierung）の正しい仕方を問題としている。他方で、これに対応している議論は、キリスト以前の一千年紀の中頃において世界諸宗教が成立したことによって特徴づけられる——ヤスパースは「枢軸時代（Achsenzeit）」について語っている——知的前進をどのようにすれば正しく理解できるのかということをめぐるものである。

私はこの論争のなかでは、偉大な諸宗教は理性そのものの歴史に属するというヘーゲルのテーゼを擁護する。ポスト形而上学的思考は、形而上学とともに宗教的諸伝統を自分の系譜に加えなければ、自己誤認に陥ることになる。この前提のもとでは、「強い（stark）」宗教的諸伝統を近代的思考形式と結びつける内的連関を解明せずに、諸伝統を言わば太古的な遺物として脇に追いやることは、非理性的であろう。宗教的伝承は今日まで、欠落しているものについての意識を言葉で表現する機能を果たしている。宗教的伝承は、断念されたもの（Versagtes）に対する感受性を持ち続けている。文化的・社会的な合理化の進展は、われわれの社会的・人格的な共同生活の次元に底知れぬ破壊を引き起こしたが、宗教的伝承はそれらの共同生活の次元を、忘却から守るのである。宗教的伝承は、基礎づけする話し方へ変換されその世俗的な真理内容が解き放たれさえすれば、インスピレーションを与えうる暗号化された潜在的意味をいまなお含んでいないはずはないのである。

※

本書は、以上のような問題設定の地平のなかで展開している論文を集めたものである。これらの論文はここ数年の間にどちらかと言えば偶然のきっかけから書かれたもので、いかなる体系的な連関もなしていない。しかし、すべての論文に主題として貫いている意図とは、自然主義と宗教との対立しているが相補的な挑戦に、脱超越論化された理性の規範的な独自性をポスト形而上学的に守り通すことで対応することである。

第一部のコメンタールと論文では、私が長い間追求してきた、精神の理論のための間主体主義的アプローチをふたたび取り上げる。カントとダーウィンとを結びつけるプラグマティズム(3)の線上では、規則に導かれた精神の働きが法則論的に説明可能な合法則性に短絡的に還元されるほど反プラトン主義を推し進めることはなく、理想化を行なう諸前提の概念の助けを借りてプラトン的な理念をきわめてうまく縮減させることができる。第二部の諸論文が、立憲国家の規範理論の観点にもとづいて、ここで先取り的にスケッチした中心的な問題設定を展開しているのに対して、第三部のテキストは認識論的なテーマに向けられており、自然主義と宗教の間に立つポスト形而上学的思考の立場を解明しようとしている。〔第四部における〕最後の三つの論文は、政治理論のテーマへと戻っている。そのなかでとりわけ私が興味深いと思うのは、一方で国家内で宗教的・世界観的な複数主義を受容することと、他方で平和化された世界社会の政治体制への開かれた見通しとが、対応関係にあることである。(4)

シュターンベルク、二〇〇五年三月

ユルゲン・ハーバーマス

第一部　規範に導かれた精神の間主体的なあり方

第1章　公共空間と政治的公共性
二つの思想的主題の生活史的ルーツ

私は皆さんに私の生涯と生活経験について、まことに僭越ですが、何か有意義な事柄を、普通のわかりやすい言葉でお伝えせねばならぬという困った立場にあるようです。稲盛会長は受賞者への要請として、「ぜひ、あなたご自身のことについてお話ししてください」、「あなたはどのようにして困難を乗り越えたのか、あなたが人生の岐路に立ったとき、あなたを導いてくれた指針は何だったのかを話していただきたいのです」と言われたからです。およそ哲学者の生涯には、外面的な事件は乏しいものです。そして、その事件自体ですらむしろ普遍的なものを媒介に展開されます。それゆえ、私的なことの論じにくさを、ひとまず私的なことと公的なこととの関係についての一般的な指摘を行なうことで、解説してゆくことをお許し願います。

このためには公共性の二つの型を区別することが手がかりになります。今日のメディア社会では公共性は有名人になるための自己呈示の空間として利用されます。見えることと知られることとが公的な場に登場する本来の目的です。スターたちはマスメディアに出続けているために、自分の私的生活と公的生活の混同という代償を支払います。これとはかなり違った目的が政治的、学問的ないし文学的な意見交換に参加する場合にはあります。あるテーマの理解という目的が個人的な自己呈示に取って代わります。この場合、公衆は見る人、聞く人からなる空間を作るのではなく、相互に語り答える語り手と受け手にとっての空間を構成します。理由の交換が問題であり、視線を集めることは問題ではありません。共通の話題に集中する討議の参加者たちはみずからの私的な生活にいわば背を向けています。彼らは自分自身を語る必要はないのです。公共圏と私的領域とは混同されるのではなく、補い合う関係に置かれます。

事態がこのようであれば、私ども哲学教授がアリストテレスやトマスないしカントについて講義で、いつ生まれ、生き、死んだという干からびたような生涯の記録に話を限定するというのもおわかりいただけるでしょう。波乱万丈の挿話すらもこれらの哲学者の生涯にはありましたが、著作の背後に隠れてしまうのです。哲学者の一生に聖なる伝説はふさわしくありません。彼らが残したものは、せいぜいのところ新しくはあるが、自己流の形式の、しばしば謎めいたところのある思想であり、後からきた世代はさんざんそれにてこずらされるのです。私たちの分野では、その作品によって、私たちの同時代人であり続けてきた人のことを古典的な思想家と呼びます。そのような古典的な人の思想は、火山の下の灼熱したマグマの塊に似ています。この火山は、伝記という生涯の年輪を溶岩のように捨て去るのです。過去の偉大な思想家たちはこのイメージをもって否応なく我々に迫ってきます。彼らの作品は時代の変化に打ち勝ってきたのですから。これに対しわれわれ生身の哲学者たちは、どちらかといえば哲学の教授であるには違いないのですが、同時代人の同時代人にとどまっています。そしてわれわれの思想の独創性が乏しければ乏しいほど、みずからの生成の文脈に縛り付けられたままになります。しかも、さらにその思想は自分が由来する生活史の表現そのものでもあり、それどころかしばしばそれだけでしかないのです。

私の七〇歳の誕生日に教え子たちが記念論文集を贈ってくれました。『理性の公共性と公共性の理性』という書名です。この書名の選択は悪くありません。というのも理性的、コミュニケーション的な相互交流の空間としての公共性は、私が生涯携わってきたテーマだからです。公共性、討議、そして理性という概念の醸し出す三和音に、私は学問的著作と政治的生活を事実上捧げてきました。それらの強迫的観念は私の生活史にそれぞれ原因を持っています。私の関心にとっては、四つの経験が重要なようです。生まれてから間もない幼年期に、私はさまざまな医療手術という心的外傷を引き起こしかねない経験に見舞われました（1）。生涯における病気の経験はそれこそ多くの哲学者たちに見られます。入学以降の時期には、私の障害に由来するコミュニケーション上の困難といろいろな侮辱の経験を思い出します（2）。青年期には一九四五年の世界史的な区切りを世代的に経験したことが私を形づくりました（3）。そして成人以降は、ドイツの戦後社会が、つねに繰り返し危機的状況に陥り、自由化がきわめてわずかしか進まないという政治的経験に私は不安にさせられていました（4）。理論と生活史の連関についての私の推測を順を追って説明してみましょう。

（1）それではまず初めに、出生直後に手術を行なった幼児期の初めのころのことです。私はこの手術によって、普通そう思われるように、周囲の世界への私の信頼が、後々まで残るような傷を受けたとは考えません。むしろこの介入は、他者への依存感情と他者との交流が重要だという意識を私に呼び起こしたといえるかもしれません。いずれにせよ人間の社会的本性はのちにいつも私の哲学的考察の出発点になりました。群居生活をおくる動物種は多数あります。われわれにもっとも近い種類である類人猿も群れをなし、家族的な社会形式のもとで暮らしています――但し人類が初めて発明した複合的な血縁システムを欠いているわけですが群居的共同生活一般の形式は人類の特徴ではありません。人間の社会的本性の特殊性を認識するには、アリストテレスの有名な定義を、それによれば人間はゾーン・ポリティコンであるわけですが、この定義を言葉どおりに訳さねばなりません。つまり人間は政治的な、すなわち公共的空間のうちに実存する動物なのです。より正確には次のように述べるべきでしょう。つまり、人間は社会的諸関係の公共的ネットワークに根源的に埋め込まれることで初めて、自己を人格となす能力を発展させる動物なのです。生まれたばかりのさまざまな哺乳動物の生物学的な特徴を較べてみますと、われわれ人間ほど未成熟で助けもなく世に現われ、家族と、そして公共的で、種の同類によって間主体的に分かち合われた文化に支えられて、同じくらい長い期間養育される種はいないことがわかります。われわれ人類は互いに学習します。それは文化に活気づけられた環境である公共的空間においてだけ可能なのです。

　あの最初の誕生直後に受けた口蓋手術は、五歳の時に、したがってもうその時記憶は目覚めていたのですが、反復され、人は他者に深いところまで依存しているという意識が確実に先鋭化されることになったのです。いずれにせよこの感受性の高まりは、人間の社会的本性について考慮する際、人間精神の間主体的なありようを強調する哲学的アプローチへと私を導き――そしてまたヴィルヘルム・フォン・フンボルトにさかのぼる解釈学の伝統へ、チャールズ・サンダース・パースやジョージ・ハーバート・ミードらのアメリカ・プラグマティズムへ、エルンスト・カッシーラーの象徴形式へ、そしてルートヴィヒ・ヴィトゲンシュタインの言語理論へと私を導いたのでした。

　人は他者に深いところまで依存しているという直感は、「世界における人間の位置」についての「像」によって表現されます。そうした理論的な枠組みは、一方で私たちの日常的自己了解を決めていると同時に、他方では時として学問分野全体の方向を定める転轍機の役割も果たします。私の念頭にあるのは主体性という像です。主体性を人は裏返しにされた手袋のようなものと思い描くべきです。そうすれば、主体という、間主体性の糸で織られた布地の〔模様の〕構造が〔裏から〕認識されるわけです。個々の主体の内面には外のものが反映しています。というのも主体的精神は構造と内容を、もともと社会化された諸主体の間主体的交通という、客観的精神との接続から受け取るからです。むきだしの有機体が、浸透膜によってよそよそしい外界と区別された内的なものとして、自然環境に立ち向かうように、個々の人間が自分の社会的環境に立ち向かうわけではありません。主体と客体、内的なものと外的なものという抽象的な対立は錯覚です。なぜならば、新生児という生命体は社会的な相互行為を受け入れて初めて人間へと形成されるからです。新生児は、人間を胸襟を開いて待ち受ける、社会的世界という公共的空間に足を踏み入れて人格へと形成されます。われわれの生活世界、いっしょに住まわれた室内というこの公共的なものは、同時に内的でも外的でもあります。

それゆえ成長しつつある人格は、コミュニケーション的に作られた間人格的関係に自己を委ねる程度に応じてのみ、自己意識的に体験された生活の内的な中心を発達させることができます。一見したところでは私的な意識は、個人的な感情や内密の感情の動きという表現においてもなお、公共的な思考すなわち象徴的に表現され、間主体的に共有された思考の文化的網の目から受け取った刺激によって活動しています。今日認知諸科学において復活した再帰的で閉じられた意識のモナドというデカルト主義的像は、脳やゲノムという有機的な基礎との関係が不透明であり、誤っています。

自己意識という現象がある根源的なものであるはずだという考えは、けして明白とはいえません。わたしたちは、ある他者が私たちに投げかける眼差しによって初めて自分を意識するのではないでしょうか。君は一人称〔一番目の人格〕の人であるところの私と語っているわけですが、君という二人称〔二番目の人格〕の眼差しを受け、私は自分をある体験する主体一般としてだけではなく、同時にまた個人的な自我として意識するのです。主体化する他者の眼差しは、個人化する力を持っています。

（2）　私が行なっている研究を導く理論枠組みの解説が長くなってしまいました。この枠組みのなかで私が発展させたのは言語哲学のアプローチと道徳理論でしたが、それらは私が小学生のころに出会った二つの経験に着想を得ているかもしれません。つまり、他の子どもたちが私を理解しなかったこと（a）、そして理解を拒否する反応を示したことです（b）。

（a）　私自身はまったく意識していなかったのですが、私の発音が鼻音化し、歪《ひず》んでいたために、教室や校庭で私の言うことをわかってもらわねばならなかったときの苦労を思い出します。私は家族や親密な環境の範囲を超え出て、ある程度匿名の空間のなかで自分を主張せねばなりませんでした。失敗したコミュニケーションのおかげで私は普通ならば目立たずにいるはずの、象徴による中間世界の実在性に注意を向けたのです。人は象徴を〔物理的〕対象のようには取り扱えないのですから。失敗によって初めて言語的コミュニケーションという媒体は、それなしにはわれわれは個としてさえ存在できない、共同性を守る皮膜としていやでも意識させられました。われわれはつねにすでに言語という、〔自分の本領とする〕活動領域のうちに存在しています。話す者だけが沈黙できます。われわれはもともと他者と結びついているがゆえにのみ自分を個となしうるのです。

哲学者たちは言語の共同体を創り出すこの力にとくに関心を払ってはきませんでした。プラトンやアリストテレス以来、彼らは言語を記述の媒体として分析し、対象を指示したり事実を描写する言明の論理形式を研究しています。しかしまず第一に言語はなんといってもコミュニケーションのためにそこにあるのです。その際、各人は他者の妥当性請求に対し「はい」または「いいえ」という答えによって立場を示しうるのです。われわれは言語を純粋な認識のためというよりはむしろコミュニケーションのために必要とします。言語は世界の鏡ではなく、世界への入り口をわれわれに開示するものです。その際、言語はわれわれの眼差しをつねにすでに世界へと特定のやり方で誘導しています。言語にはたとえば世界像のようなものが記入されています。幸いなことに、われわれが特定の言語によって獲得するこうした先行知は、これ以上に変化しないというように固定されてはいません。さもなくばわれわれは世界との交流において、世界についての会話において、何ひとつ新しいことを学習できなくなってしまうでしょう。学問の理論的言語について当てはまることは、日常生活においても同様に当てはまります。つまり述語ないし概念の意味は、それらの助けによって行なわれる経験の光に照らして、ふたたび修正されうるのです。

　言語障害はそのほかにも、私が生涯にわたって書かれた言葉の優越性を信じてきた理由を説明してくれるかもしれません。文字で表わすという形式は口頭で伝える形式の欠点を覆い隠します。私は学生を評価するとき、どちらかと言えば、ゼミの討論でどれほど聡明に語ったかにもとづくのではなく、書かれた文章にもとづいて評価します。また皆さんもおわかりのように、自由な話し方をすることで聴衆に不都合がありはしないかといまも恐れているわけです。文章表現という厳密な形式に退却することによって、私は重要な理論上の区別をするようにきっかけを与えられたのかもしれません。コミュニケーション的行為においで私たちはある程度素朴に振る舞っています。これに対し討議においては問題となった妥当性請求を検討するために理由を論じ合います。後者はより良い論拠の強制なき強制を活性化します。

　（b）　この発想はもうひとつの経験を理論的に消化するための手助けになりました。——以下の類のような多かれ少なかれ無邪気な差別としてのいじめです。こうした差別は、多くの子どもが自分が他の子どもと違っていた時に校庭や路上で体験せざるをえないものです。いまやグローバリゼーション、観光旅行の大衆化、世界規模の移民、一般に世界観や文化的な生活様式の複数主義化の進行によって、アウトサイダーの排斥や少数者の周縁化といった経験が、われわれすべてに身近なものとなりました。われわれは各々、いまや外国で外国人であること、見知らぬ人びとのなかで見知らぬ人であること、他者に対して他者であることがどういうことであるかを思い浮かべることができます。こうしたもろもろの状況がわれわれの道徳的感受性を目覚めさせます。というのも道徳とは、コミュニケーション的に社会化された諸個人の特殊な傷つきやすさに対し、コミュニケーション手段から織り上げられた保護装置だからです。

個人化が内面へと向かって深まれば深まるほど、個人はいわば外側に、相互承認関係のますます濃密化し、壊れやすくなった網の目に深く関わりあってゆきます。こうして彼は相互性が拒絶されるという危険に身を曝すのです。どんな人でも平等に尊重する道徳はこの危険を食い止めます。というのも道徳は差別の廃止と周縁化された人を相互的な配慮のなかへ取り込むという目的によって定義されているからです。共生という規範は、見知らぬ者とのあいだの連帯をも支え得るのですが、普遍的な同意という助力を必要とします。われわれはこうした諸規範を発展させるため、討議に乗り出さねばならないのです。というのも道徳的討議は関係者全員に等しく発言させるからです。討議において参加者はそのつど他者のパースペクティヴを取り入れるよう促されます。

（3）　これまで私は幼少年期に由来する個人的な動機についてお話してきました。けれども一九四五年という区切りによって、私の世代は初めて経験を積んで豊かになりました。この経験がなければ私はおそらく哲学にも社会理論にも携わらなかったでしょう。まあどうにか平常なものとしてすごしてきた日常の社会と体制が、いわば一夜にして病的で犯罪的なものとされ仮面を剝がされたのです。こうして過去のナチス時代の遺産との対決が私の成人してからの政治生活の基本課題となりました。この過去への眼差しから生じてきた未来への関心は、「ゲマインシャフト」か「ゲゼルシャフト」かという誤った二者択一から逃れた生の諸関係に向いていました。私の念頭には、ブレヒトが言ったような、「友愛による」共生の形式がありました。この形式は、近代社会の分化による利益を失うこともなく、毅然として歩む主体相互の依存性や、彼らの双方向的な信頼を否認することもないものでした。

一六歳の私の誕生日の数カ月前、第二次世界大戦は終結しました。連邦共和国の成立まで、また一九四九年夏の私の研究の開始まで、聞き耳を立てた青年期の四年間が続きます。私は「後に生まれた幸せ」を享受しました――道徳に敏感になっている年頃に歴史的な大変革をともに遂行するためには私は十分な年齢に達していました。しかし、政治状況によって負担を背負い込まされるには、まだ若すぎたからです。われわれは二度と兵隊になることはありませんでした。またわれわれは誤った政党加担や、重要な政治的誤謬などに責任を取らなくて済んだのです。アウシュヴィッツが正体を現わした後では、あらゆるものが二重底構造に見えてしまうようになりました。われわれがこれまでそれなりに正常な幼児や少年として体験したものが、いまや文明崩壊の暗い影におおわれた日常だったことがわかるのです。われわれの世代は、みずからはまったく労することなく、ラジオで注意深く追っていたニュルンベルクの戦争犯罪裁判から、何の制限もなく学ぶ機会を得たのでした。われわれはカール・ヤスパースの集団的罪と集団的な責任の区別を認め、受け入れました。この態度は今日では多面的・批判的な検討の結果、優れた功績とはとても認められなくなりました。右寄り、リベラル、左寄りを問わず同時代の人びとに共通した反応のかたちがあり、それはこの時代特有の必然性をはらんでいたのです。いわば無料で獲得された道徳的・政治的な洞察はそのとき、思考様式全体の一種の革命化――西側への文化的開放と結びついていました。ワイマール時代を知らないわれわれはナチの時代にキッチュなものとしての故郷、記念碑尊重、死の崇拝というどんよりしたルサンチマンに満ちた環境のなかで成長しました。一九四五年以降門は開かれました。表現主義芸術、カフカ、トーマス・マン、ヘルマン・ヘッセ、アングロサクソン系の世界文学、サルトルやフランスのカトリック左派といった同時代哲学、フロイト、マルクス、ジョン・デューイのプラグマティズムへの門が開かれたのです。とくにデューイの弟子たちは再教育（reeducation）にあたって指導的な役割を果たしました。当時の映画は刺激的なメッセージでした。モンドリアンの構成主義、バウハウス建築のクールで幾何学的な形式のうちに、そして妥協のない産業デザインの内に、近代の自由な革命的精神は説得力のある目に見える体現者を持っていました。

私にとって「民主主義」が魔法の言葉で、アングロサクソンの自由主義ではありませんでした。当時私が大衆向けの解説で理解していた理性法的伝統の構成物〔社会契約説〕は、近代の覚醒した精神や解放の約束と結びついていました。それだけにますますわれわれ学生は戦後社会の相も変らぬ権威主義的な周囲のなかで孤立していると感じたのです。社会的エリートや偏見の構造の継続性が、その継続と引きかえにアデナウアーはみずからの政策への賛同をあがなったのですが、活気を奪っていました。何の断絶も起きず、人事の刷新、メンタリティの転換も起きませんでした。――道徳的な革新もなければ政治的な心情の転換もなかったのです。深い政治的な絶望を私は研究のなかで知り合った妻と共有していました。五〇年代にはまだドイツの大学のエリート的で同時に非政治的な自己了解が見かけられましたし、また一九三三年にはアカデミックな教師たちを精神的に武装解除し、あるいはナチスの腕のなかに彼らをまっすぐに駆り立ててしまったナショナリズムと、ブルジョワ的・上流階級的な反ユダヤ主義との不幸な結合がわれわれのまわりに見られました。

こうした雰囲気のなかで、私のどちらかといえば左翼的・政治的な信念もまた哲学研究との接点をほとんど持ちえませんでした。政治と哲学、この二つの思想世界は長いあいだ分裂したままでした。この二つはやっと初めて一九五三年の夏学期のある週末に正面衝突しました。それが起きたのは、友人のカール＝オットー・アーペルがハイデガーの『形而上学入門』の印刷されたばかりの一冊を私に手渡したときでした。それまではハイデガーは、たとえもっぱら距離を置いてという条件つきだったにせよ、権威ある師でした。私は『存在と時間』をキルケゴールの視点から読んでいました。基礎的存在論は倫理学を含んでいました。その倫理学は、私の見たところでは、個人の良心、個別者の実存的誠実さを重視していました。そしていま、その同じハイデガーが改訂もせず、注釈もしていない一九三五年の講義を公刊したのです。この講義の用語法には、民族主義的な精神の偶像化、シュラーゲターの抵抗（Schlageter-Trotz）〔1〕、儀式ばって「われらは」と言うことに見られる集団主義が反映していました。まったく予期しなかったことに「民族の現存在」が一人ひとりの「現存在」の場を占拠していました。信じられないという驚愕を私は書きつけることによって気持ちを軽くしようとしました。

「ハイデガーと共にハイデガーに逆らって考える」というのが当時の新聞に掲載された〔私の〕論説の見出しでした。この見出しは、著者がいまだになおハイデガーの忠実な弟子であることを意図せずに告白しています〔2〕。引用文の選択から、ハイデガーのテキストの何が当時の私を苛立たせたのかが今でもなお明らかになります。とりわけ四つの点をあげることができます。まずは、「創造的暴力」のための英雄的な呼びかけと、犠牲の礼賛——「没落に対するもっとも深く広汎な肯定」との致命的な結合です。次に腹が立ったのは「精神」に対して「知性」を、本来的な思索に対して分析を低く評価し、秘教的な真理を少数者のために取っておこうとする、ドイツ的マンダリンのプラトン主義的な偏見でした。またさらにわずらわしく思えたのは啓蒙の平等な普遍主義に突きつけられた反キリスト教的・反西欧的な感情でした。しかしもっとも衝撃を受けたのは、このナチスの哲学者が、当時、戦後八年たってもほとんど誰も語っていなかった集団的犯罪行為という帰結に対して負うべき道徳的・政治的な責任を否認したことでした。それに続く論争では、ハイデガーがファシズムを個人的には責任を問われない「存在の運命」と定式化した解釈はまったく視野の外に置かれました。彼は周知のように、重要な結果を残したみずからの政治的誤りを、個人的には免責される「錯誤」の単なる反映であるとして片付けたのです。

（4）つづく年月のうちに私はハイデガー、カール・シュミット、エルンスト・ユンガー、アルノルト・ゲーレンといったさまざまな人に少なくとも共通する感情をもっと明確に認識するようになりました。彼らすべてにあって、大衆や平均的な人に対する軽蔑が、一方において尊大な唯一者、選ばれし者、非凡な者への賞賛と結びつき、他方においてはおしゃべり、公共性、非本来的なものへの拒否と結びついていたのです。沈黙は会話に対して、命令と服従の秩序は平等と自己決定に対して顕彰されます。このように青年保守派は、一九四五年以来われわれを突き動かしてきた民主主義的な根本衝動へのにべもない対立によって定義できます。私にとってこうした「ワイマール症候群」が否定的な準拠点となったのは、大学での勉学・研究を終えた後、なかなか進展せず、幾度となく危機に陥った戦後ドイツの民主化過程に対する私の幻滅の理論的消化にとりかかったときでした。政治的逆転に対する私の恐れは、八〇年代までずっと、五〇年代の終わりに『公共性の構造転換』とともに始まった学問研究活動に私を駆り立てた心の棘であり続けました。

アドルノの助手として私はまずフランクフルト社会研究所の所員になりました。批判的社会理論は私にひとつのパースペクティヴを与えてくれました。このパースペクティヴのおかげで私はアメリカ、フランスとイギリスの民主主義のはじまりやドイツの民主主義のたえず挫折を繰り返した助走を、社会の近代化の包括的な文脈に当てはめることができました。当時、五〇年代の終わりごろですが、われわれのところでは政治文化はけっして確立されてはいませんでした。ある意味で外部から課せられた民主主義的秩序の諸原理が市民の頭と心臓に根づいていくかどうかはまだ決して確かなことではなかったのです。また明らかにそうしたメンタリティの転換は、それだけで孤立して成し遂げられるものではありません。それはまた行政によって簡単にもたらし得るものでもありません。活気があり、可能な限り討論を尽くした世論形成のみがこの過程を促進できます。

こうして私は政治的公共性に理論的注意を向けるようになりました。「公共的空間」という普遍的な現象は、すでに単純な相互行為において発生しているのですが、多様なものを互いに均一化してしまうことなしに、ひとつにまとめるという間主体性の秘密の力を持つという点で私にとって前々から興味深いものでした。公共的な諸空間からは社会統合の構造を読み取ることができます。もろもろの公共空間のあり方のなかには、抑圧的な共同体化の、崩壊や亀裂といった無秩序な趨勢がいち早く露呈します。もろもろの近代社会の条件下ではとりわけ民主主義的な公共体の政治的公共性が、社会統合にとっての象徴的な意味を持ちます。すなわち複雑な社会は、規範的には国民公民たちのあいだの抽象的で法に媒介された連帯を通じてしか、もうまとめられないのです。もはや個人的には知り合いになりえない市民たちのあいだでは、公共的な意見－意思形成過程を経たときにだけ、壊れやすい共同性が生み出され、再生産され得るのです。民主主義の状態は政治的公共性の心拍音によって診断されます。

教授たちは、観察者のパースペクティヴから政治的公共性の諸問題に従事する単なる学者ではありません。彼らは市民でもあります。そしてしばしば彼らは自国の政治生活に知識人として参加します。私自身も五〇年代には「復活祭行進」という平和主義の抗議行動に参加し、また六〇年代には学生の異議申し立て運動に対して公的に意見を明らかにしなければなりませんでした。八〇年代から九〇年代にかけてはナチスの過去の再検討、市民的不服従、再統一の方法、第一次イラク戦争〔湾岸戦争〕、庇護権の制定等をめぐる論争に参加しました。最近一〇年間は、私は主にヨーロッパの統合と生命倫理の問いについて発言してきました。イラクへの国際法に反する〔二〇〇三年の〕侵攻以後は、世界市民的秩序についてのカントのプロジェクトの未来に関連してポスト国民国家的状況に取り組みました。私がこうした言論活動に言及したのは、話を終えるにあたって、知識人の役割について、自分の誤りから、そして他人の誤りから学んだと信ずることを報告しておきたいからです。

知識人は自分から進んで、つまりいずれかの陣営による指図のもとにではなく、専門的知識を、それについては彼はたとえば哲学者ないし著述家として、社会科学者ないし物理学者として追究してゆくのですが、その知識を公共的に使用すべきです。非党派的になることなく、自分が過ちを犯しやすいことを自覚しつつ、語るべきです。彼は重要な課題に自己を限定し、事柄に即した情報と可能な限り良好な論拠のために寄与せねばなりません。彼はまた公共的な論争の嘆かわしい討議水準を向上させるべく努力すべきです。また別の観点からすると、知識人には困難な綱渡りを求められることがあります。彼は注意深く自分の専門家としての役割を公共的な役割から区別しておかないと、自分自身の権威をいずれの役割においてもだいなしにすることになります。言葉によって得た影響力を権力獲得の手段に使わないよう心がけねばなりません。つまり「影響力」は「権力」と取り違えることはできないのです。公職にある場合は、知識人は知識人であることを停止するのです。

私たちがこうした基準を立ててもたいていの場合に挫折するのはけして驚くようなことではありません。しかしだからといって、この基準自体の価値はなくなりません。なぜなら自分と同じような知識人にしばしば戦いを挑み、論破したと公言してきた知識人がただ一つ自分に許すべきでないことは、シニカルになることだからです。

第2章　コミュニケーション的行為と理性の脱超越論化[1]

友人トム・マッカーシーの還暦を祝って

トーマス・マッカーシーは、『理想と幻想』の「まえがき」で、カントの理性概念に対してヘーゲル以来展開されてきた批判の二つの系譜を次のように特徴づけている。「一方には、ニーチェやハイデガーにならって、理性および理性的主体についてのカントの考えをその根本から攻撃する人びとがいる。他方には、ヘーゲルやマルクスにならって、カント的な理性や理性的主体を歴史的・社会的に形づくられたものとして捉えなおす人びとがいる」[1]。カントの「理念」は、語用論的に脱純粋化したものへとかたちを変えてもなお、もともとの二重の役割を保持し続けている。すなわち、批判の基準として用いられると同時に、超越論的仮象の温床として暴露の対象でもあり続けている。つまり、理想と幻想である。もちろんマッカーシーは、角を矯めて牛を殺してしまうような偶像破壊的な脱構築に対しても、また規範にこだわるあまり純粋理性という幻想に無頓着である理性理解に対しても、同様に反対している。彼は、語用論的転回の後でも、理性の二つの機能を、つまり規範を設定し批判を可能にする機能と、幻想を振りまき、それゆえ自己批判を促す機能の二つを、つねに意識しているのである。「われわれは、語用論的転回を遂げるならば、理性の社会的・実践的な働きに関する考え方の二つの側面、すなわち共働的な相互行為における代替不能な機能と、誤用される可能性の二側面を、適切に理解することができる[2]」。

マッカーシーは別のところで、「カントの理性の理念の社会的・実践的な類似物」という言い方をしている。これが主要に意味するのは、コミュニケーション的行為の三つの形式語用論的前提、すなわち皆が共通に想定する客観的世界と、行為主体が相互に前提しあう合理性と、発話行為において各自が自分の言明に対して要求する無条件の妥当の三つである。これらは相互に要請しあう関係であり、日常のコミュニケーション的実践に体現される脱純粋化した理性の三つの局面を成している。「合理的な説明能力に関する理想化と現実世界の客観性の二つは、真理についてのわれわれの理想化された概念の主要な要素である。というのも客観性とは、一定タイプの真理請求の間主体的妥当性の別の側面のことだからである[3]」。こうした考えによって、理念的なものと現実的なものとのあいだの、あるいは叡知界と現象界とのあいだの超越論的な緊張関係が、さまざまな行為連関と制度から成る社会的現実のなかに移行することになる。フーコーが客観化的に描き出すことで行ない、デリダがパラドクスの指摘によって行なってみせた暴露と不安定化というスタイルの抽象的で清算主義的な理性批判に対抗してマッカーシーが強力に主張するのが、こうした「純粋」理性から「社会内在的（situiert）」理性への変換である（ただし、日常的議論の毛細血管にまで浸透している理性幻想を脱構築することによって得られた知見をけっして軽んじたりはしてはいない）。

「理性の社会内在化（Situierung der Vernunft）」は、ディルタイからハイデガーに至る歴史的思想の系譜においても、またパースからデューイ（と、ある意味ではヴィトゲンシュタイン）に至るプラグマティズムの思想の系譜においても、認識する主体の脱超越論化の課題として理解されてきた。有限な主体は、「世界を産出する」自発的能力を一切失うわけではないが、あくまでも「世界のうちに」存在しているはずなのである。その限りでは、ハイデガーやデューイやヴィトゲンシュタインの弟子たちとマッカーシーとのあいだの論争は、いずれの脱超越論化が正しいやり方なのかという問いをめぐる内輪の争いということになる(4)。つまり、歴史化とコンテクスト化という砂地においては超越する理性は跡形もなく消えてしまうのか、それとも歴史的コンテクストのなかに体現されている理性は、内側から超越する力をなおも保持しているのか、という問いをめぐる争いである。つねに言葉によって分節化されている生活世界の内部で行なわれる学習能力を備えた主体たちの協働的活動は、世界の解釈を変えようとする合理的動機を生み出すような修正力を持ち続けているのだろうか。理性は「世界を開示する」言葉の生起に完全に従属してしまっているのだろうか、それとも従属しつつも同時に「世界を動かす」力でもあり続けるのだろうか(5)。

脱構築主義者たちとの論争においては、少なくとも問題設定自体が争われることはない。しかし、ヒュームの弟子たち、つまり大部分の分析哲学者たちにとっては、世界を開示する言葉と世界内での学習過程との弁証法的関係は、明確に規定された意味を持たない。ましてやカントの「世界を形成する」理性という考えや、可能な経験の対象を「構成する」悟性といった構想などまったく問題にならないとなれば、認識し行為する主体の「意識」を脱超越論化するなどという議論にもまったく根拠がないし、いわんやそのような修正から生じる諸問題について論争する理由などさらさらないことになる。マッカーシーは、脱構築主義者たちの反論に対して「理性の社会内在化」に関する語用論的説明を擁護しているが、私は理性の脱超越論化された使用という問題に対する分析哲学者たちのこのような無理解に取り組んでみようと思う(6)。

ただし、ただちに形式語用論による意味論を宣伝し、すでに知られている論拠を繰り返すつもりはない。分析哲学者たちにとって理解し難いのは細部の議論ではなく、そもそもの出発点となる考え方である。確かに真理意味論も、言明の意味と言明の妥当条件とのあいだの内的結びつきを確立してきたし、それによって言語のうちに体現された合理性、いやそれどころかコミュニケーションのうちに体現された合理性という考え方に至る道を切り開いてきた（デイヴィドソン、ダメット、ブランダム）。しかし、人間精神の働きについての唯名論的な見方を支持するのか反対するのかという、かつてヒュームとカントによって設定された転轍点で、今日でもなお構造的に類似した考え方がそれぞれ異なった路線に転轍され、別々の方向に向かっているのである。

私の見方が正しければ、カントの純粋理性の「理念」を、コミュニケーション的行為の「理想化を行なう」前提へ変更するという試みでとりわけ理解しにくいのは、行為遂行的に前提される反事実的な想定が事実として果たす役割に関してである。つまり、この反事実的な想定が、了解過程の構造化にとっても、行為連関の組織化にとっても、実際上重要な役割を果たしているのである。「これ（この移動）は現実的なものと理念的なものというカント的対立を、社会的実践の領域の内部に移し替える効果を持っている。これによって協働的な相互行為は、プラトン的意味で完全に構成的でもなければカント的意味で単に統制的であるだけでもないような理性の理念を核として構造化されているということがわかる。相互理解の過程に参加する限り理想化を行なう仮定は不可避であり、理性の理念はまさにそうした仮定として、コミュニケーションに一定の秩序をもたらすうえで実際に効力を発揮していると同時に、その場の状況の限界を越えたものを指し示しているという点で反事実的でもある。結局、理性の社会的・実践的な理念は、さまざまな生活形式の根幹を成す実践に対して〈内在的〉であり、かつ〈超越的〉である[7]」。

形式語用論的理解によれば、了解志向的行為に内在する合理的な構造は、行為者たちが了解志向的実践に関わる限り行なわなければならない想定のうちに現われている。この「なければならない」が表わす必要性は、どちらかと言えばカント的な意味でよりもヴィトゲンシュタイン的意味で理解すべきである。つまり、可能な経験についての普遍的かつ必然的で起源を持たない叡知的な諸条件という超越論的な意味ではなく、慣れ親しんだものではあるが「われわれにはその背後に遡ることのできない」、規則に導かれた行動の体系の内的な概念的連関から生じる「不可避性」という文法的な意味である。カントのもともとの構想をこのように語用論的に切り下げて理解するならば、「超越論的分析」とは次のような探究を意味することになる。すなわち、一定の基本的な慣習的実践（Praktiken）あるいは課題遂行（Leistungen）が成立するためには満たされていなければならない、普遍的であると想定されはするが事実としてその背後に遡ることができないだけの諸条件の探求である。こうした条件を満たすことで初めて成立するという意味で「基本的」である慣習的実践とは、われわれの社会文化的な生活形式のなかでは、それの機能的等価物を考えることすらできない慣習的実践のすべてである。ある自然言語を他の自然言語で代替することはできる。しかし、命題のかたちを取るように分化した言語そのものに対して（「類の能力」に対して）、それと同じ機能を果たしうるような代替物を想像することは不可能である。私は、こうした基本的な考えを、カントとの繋りを系譜学的に振り返ってみることで説明してみたい。

こうした問題設定において取り組むことになるのは、「コミュニケーション的理性」という概念を体系的に解明するという課題ではなく[8]、この概念が成立した脈絡である。そのためにこれから論ずるのは、先に言及した、コミュニケーション的行為において行為遂行的になされる、理想化を行なう前提についてである。すなわち、独立に存在するもろもろの対象からなるひとつの世界があるという共通の想定、相手には合理性もしくは「帰責能力（Zurechnungsfähigkeit）」があるという相互の想定、真理や道徳的正しさなどのようにそのつどの文脈を越えて妥当すると主張される妥当請求の無制約性、討論の参加者に自己中心的な解釈のパースペクティヴから距離を取るよう高度な要求を課す議論のための諸前提である。私がここで「前提」という言い方をするのは、前提とは、それが満たされて初めて、それによって条件づけられた行為が、二つの値のいずれかを取ることが可能となる、そうした条件だからである。すなわち、指示システムがなければ、ある対象を指示するという行為は成功も失敗もしようがないし、相互に合理性を想定しあわなければ、コミュニケーションの参加者は相互に理解も誤解もしようがないし、ある文脈では「真」という特性を持つ言明が別の文脈ではその「真」という特性を失うこともあるなどということになれば、言明の真理請求をいかなる文脈においても疑問に付してよいというわけにはいかなくなるであろうし、より良い論拠の強制なき強制力が効力を発揮することを保証するコミュニケーション状況がなければ、論拠に賛成したり反対したりすることもできなくなってしまう。こうした前提が、どういう点で「理想的な」内容を持つのかということは、これから順次検討していく。

いずれにせよこうした前提とカントの諸概念との類似性は自ずと明らかである。以下のような点で系譜学的な関連を推定することができるであろう。

——世界の統一性（あるいは、感覚世界における諸事情の総体）という「宇宙論的理念」と、共通の客観的世界があるとする語用論的な想定とのあいだ（1）。

——実践理性の要請としての「自由の理念」と、お互いに帰責能力のある行為者として合理性を備えていると見なす語用論的想定とのあいだ（2）。

——「理念の能力」として、一切の条件づけられたものを無条件的なものへと超越していく理性の総体化運動と、コミュニケーション的行為において掲げられる妥当請求の無制約性とのあいだ（3）。

——最後に、一切の権利と請求に判定を下す「最高裁判所」の役割を引き受ける、「諸原則の能力」としての理性と、何らかの正当化が問題になるときのそれ以上遡ることのできないフォーラムとしての合理的討議とのあいだ（4）。

これら（1）から（4）の概念史的な関連を、本章の第一部で論じてみたい。もちろん純粋理性の諸理念を、超越論哲学の言葉から形式語用論の言葉に完全に翻訳することはできない。「類似性」を描き出せるとしても、それによって翻訳がなされたことにはならない。超越論哲学から形式語用論への変換の過程で、カントの対概念（構成的と統制的、超越論的と経験的、内在的と超越的、等々）は、それほどはっきりと対立するものではなくなるが、それは、この変換による脱超越論化が、カントの根本想定における建築術にまで影響を及ぼすからである。こうした系譜学的な関連に注目してみることで、われわれは、分析的な言語哲学がカントの理性理念の遺産を放棄することになる分岐点をも発見することになる。とはいえ、第二部で示すように、分析的な言語哲学も、言語実践に関して、より強くカントに依拠している形式語用論と似たような規範的記述を行なうようになってきている。そこで私は、（5）心理学主義へのフレーゲの批判から出発して、（6）デイヴィドソンの寛容の原理、（7）ダメットによる批判的なヴィトゲンシュタイン受容、（8）了解を討議的な理由のやりとりとして理解するブランダムの構想、に依拠しながら分析哲学の議論の筋をたどってみたい。

I

（1）カントは、思考する主体の統一性の理念と、思考のあらゆる対象の条件の統一的起源としての神の理念とともに、世界の統一性という宇宙論的理念を、理論的な理性理念のひとつとして挙げている。この理念が発見を促進することで経験的認識の進歩に貢献することとの関連で、カントは「仮説的な」理性使用という言い方をしている。可能な経験の対象の全体を先取り的に想定することは、認識を可能にする機能ではなく、認識を導く機能を果たしている。経験的認識が「真理の試金石」であるのに対して、この宇宙論的理念は、完全性という方法論上の原則の役割を果たしているのであり、悟性的認識の体系的統一という目標を指し示している。構成的な悟性概念や直観の形式と違って、「世界の統一性」は統制的理念なのである。

形而上学的思考はこうした統制的理念を構成的に使用してしまうことで、実体化された世界秩序という弁証論的仮象にとらわれてしまうことになる。また、理論理性の物象化的使用は、研究の進行を導くための虚焦点の投射を、経験可能な対象の構成と混同してしまう。このような「必当然的」であるが故の思い込み過剰な理性使用に対応しているのが、悟性概念の「超越的」な使用、つまり可能な経験の領域を越えた悟性概念の使用である。こうした越境行為は、一切の経験可能な対象の総体という意味での「世界」という概念と、世界それ自体を表わす巨大な対象があってそれを指し示すものとされる世界概念とを同一視してしまうという誤りをもたらしてしまう。超越論的主体が、時間と空間を越えているというその位置づけを失い、言語能力と行為能力を備えた多数の主体へと転換する際にも、こうした世界と世界内のものというカントが要求する区別は維持されなければならない。

脱超越論化は、一方で社会化された諸主体の、生活世界の文脈への埋め込みをもたらし、他方で認知と、発話および行為との絡みあいをもたらす。こうした理論の建築術の変更とともに、「世界」の概念も変わることになる。そこで、まずは（a）「世界の形式語用論的な想定」ということで私がどういうことを理解しているかを説明し、それによっていくつかの重要な帰結を明らかにしたいと思う。すなわち、（b）

超越論的観念論が内在的実在論に取って代わられること、（c）真理概念の統制的な機能、（d）世界との関係が生活世界の文脈に埋め込まれていること、である。

（a）言語および行為能力を有する諸主体は、コミュニケーションにおいて互いに「何かについて」了解しあったり、実践的な関わりにおいて「何かに」うまく対処しようと思えば、そのつど共有された生活世界の地平から、客観的世界のなかの「何かと」みずからを「関係づける」ことができなければならない。そして、何らかの事態に関するコミュニケーションにおいてであれ、人物や対象との実践的な関わりにおいてであれ、何かと関係することができるためには、彼らは――各自が一人で、しかし同時にすべての他者と一致しながら――あるひとつの語用論的な前提から出発しなければならないはずである。すなわち、私たちが判断を下したり扱ったりすることができるさまざまな対象が独立に存在していて、「世界」とはそれらの総体であるという想定である。「判断可能」な対象とは、それについて何らかの事実を言明しうる一切の対象である。これに対して、目的の達成に向けて働きかけるという意味で「扱う」ことが可能であるのは、時間空間の内部で同定しうる対象だけである。

世界の「客観性」とは、この世界が「すべての人にとって同一」の世界として「与えられている」ということである。その際、共通の客観的世界を語用論的に想定するようにわれわれを強いるのは、言語実践、とりわけ単称名辞の使用である。自然言語に組み込まれた指示システムこそが、任意の話し手があらゆる可能な対象に関係できることを、前もって形式的に保証してくれているのである。このような形式的な世界想定を介して、世界のなかの何かについてのコミュニケーションは、世界への実践的な介入と絡みあっている。話し手と行為者にとって、それについて相互に了解しあうことができる世界も、そのなかへ介入することができる世界も、同じ客観的世界である。対象との意味論的結びつきを行為遂行的に確実なものにするうえで重要なのは、話し手が行為者として実践的に関わりあうもろもろの対象とつねに接していることであり、また改めて接することができることである[9]。

こうした世界想定という考え方は、カントの宇宙論的な理性理念と同様、世界と世界内のものという先に言及した超越論的区別に依拠しており、この区別はハイデガーにおいては「存在」と「存在者」の存在論的区別として再登場する。つまり、われわれが想定している客観的世界とは、この想定にもとづいて客体（状態、物、出来事）として世界のなかに現われうるものと同じようなものではないということである。他方で、われわれの世界想定の考え方は、もはやカントの対概念とぴったりとは合致しない。脱超越論化によってアプリオリな悟性概念と直観の形式という考え方をやめるのにともなって、理性と悟性という古典的な区別も曖昧になる。明らかなのは語用論的な世界想定は統制的理念ではなく、それについて事実を確定できる一切のものを指示しうることに対して「構成的」であるということである。しかしその際、世界概念はきわめて形式的なものにとどまるので、対象の指示を可能にするこのシステムが、対象一般に対する概念規定まであらかじめ決定してしまうということはない。指示しうるあらゆる対象にとっての実質的な意味のアプリオリを再構成しようとする試みはすべて失敗してきた[10]。

（b）　こうした見方からすると、現象と「物自体」という区別もその意味を失う。経験と判断は、いまや現実の問題に対処する実践に結びついたものとなる。経験と判断は、問題の解決を目指し、その成否によってチェックされる行為を通じて、予想外の展開を見せる現実と、つまりわれわれの介入に抵抗したり、あるいは「一緒にプレーする」とでも言うべき現実と、つねに繋がっているのである。存在論的に見れば、経験可能な対象の総体を「われわれにとっての」世界として、つまりまさに現象する世界として構想する超越論的観念論に対して、内在的実在論が取って代わるということである。こうした内在的実在論においいては、真なる言明によって叙述しうる一切のものは、たとえ事実がそのつど「われわれの」言語であるほかはない言語によって解釈されるとしても、「実在的（real）」である。世界自身はわれわれに「世界の」言葉を押しつけたりはしない。世界自身は語ったりはせず、「答える」としても、それはただ比喩的な意味においてのみである。[11] また、言明された事態が現存している場合、われわれはそれを「現実的（wirklich）」と呼ぶ。ただし、このような「真にある」事実とは、認識を表象モデルで考える場合のように、模写された現実のことだと考えてはならず、したがって対象の「現実存在（Existenz）」と同じようなものだと思い込んではならない。

そもそも事実認定は、学習過程、問題解決、主張の正当化といった営みの結果として生じるのであり、そうした営みに関わる意味を完全に消し去ることはできない。それゆえ、チャールズ・サンダース・パースとともに、言語に依存して描出された「実在（Realität）」（あるいは現実）と、実践的関わりにおいて抵抗するものとして経験される一切のものの「現実存在」、つまりわれわれがリスクに満ちた世界のなかで「ぶつか」ったり「折り合いをつけ」たりしなければならない一切のものの現実存在とを区別することを提案したい。真なる言明には、そのつど話題なっている対象が「こちらの思い通りになること」や「思い通りにならないこと」が、すでに織り込まれている。それゆえ、事態の「現存（Bestehen）」には、間接的ながら、頑強な諸対象の「現実存在」が（あるいは、思わぬ展開をみせる諸事情の事実性が）反映している。しかしながら、われわれが、もろもろの対象の――事実のではなく――総体として想定するこの「世界」を、真なる言明によって叙述可能なことのすべてからなる「現実」と混同してはならない。

（c）「世界」と「現実」という二つの概念はともに全体性を表現しているが、真理概念と内的に結びついているがゆえに、統制的な理性理念に比肩しうるのは、現実概念の方だけである。パースの実在（認定可能な事実の総体という意味での）概念が、カントの意味での統制的理念であるのは、この概念が、事実認定にあたって真理を目指すよう義務づけるものだからであり、この真理志向自体が統制的機能を果たしているからである。カントにとって「真理」は理念ではなく、理性理念と関係すらなかった。なぜなら、経験の客観性の超越論的条件が、同時に経験判断の真理性を明らかにするものだったからである。「カントにとっては、対象構成の、つまり客観性という意味の構成の、可能性の条件についての［……］問いは、真なる認識の間主体的妥当性の可能性の条件についての［……］問いと同一であった[12]」。これに対してK＝O・アーペルは、可能な経験の対象の意味を規定する、語用論的に解釈された「経験のアプリオリ」と、そのような対象についての言明を論証によって正当化するための条件との区別を擁護している。

パースは、真理を目指して進歩していく認識に関する認識様態的（epistemisch）諸概念によって「真理」そのものを説明しようとした。すなわち、誤りを訂正しながら進んでいく研究過程に参加するすべての人が、理想的な認識条件のもとでならば達するにちがいない合意を先取り的に想定することで、真理の意味を規定する[13]。理想的に一切の限界を取り払った「探求者の共同体」が、理性の「最高裁判所」のためのフォーラムをなすというのである。もちろん「真理」を「理想的に正当化された主張可能性」と同一視してしまうこのような真理概念の認識様態化（Epistemisierung）に対しては、それなりの根拠を挙げて批判することが可能である[14]。しかしながら、原理的に可謬的である正当化過程が、たとえもっともうまくいった場合でさえせいぜい合理的な受容可能性についての決定をもたらすことができるだけで、言明の真理性についての決定をもたらすわけではないとしても[15]、その合理的受容可能性について決定するためでさえ、やはり真理――言明の「失われることのない特性」としての真理――への志向が、その正当化過程にとって放棄不可能な統制的機能を果たすのである。

必当然的な理性使用ないしは超越的な悟性使用を戒めるカントの形而上学批判の要点は、客観的認識を「真理の試金石」としての討議による正当化に結びつける脱超越論化の後でも、有効であり続ける。われわれの認識能力の超越論的な使用を超越的な使用から分かつ境界線を定めるのは感性と悟性ではなく、もっともな理由がその説得力を発揮することになる合理的な討議のフォーラムである。

（d）　真理と合理的受容可能性の区別は、ある意味では「物自体」と現象の区別に取って代わるものである。カントには、世界の統一性という統制的理念をもってしても、「物自体」と現象との超越論的裂け目に架橋することはできなかった。なぜなら、この統制的理念が果たす、あらゆる条件づけられた認識を完全なものにするための発見的役割も、悟性を現象界の外に導き出すわけではないからである。認識主体を脱超越論化した後でも、真であるものと、われわれにとって正当化されたものとして、あるいは合理的に受容可能なものとして妥当するものとのあいだの隙間は残る。この隙間は、もちろん討議の内部で最終的に埋めることはできないが、討議から行為への合理的に動機づけられた移行を通じてプラグマティックに埋められる。討議はつねに生活世界に根づいているので、真理志向という理念が、行為と討議において引き受ける二つの役割――一方は行為に関する確信、他方は仮説的な妥当請求というかたちで――のあいだには、内的な連関が存在するのである[16]。

もちろん、真理志向の統制的機能が、客観的世界の想定に依拠しながら、実際の正当化過程を誘導する際の目標は、いわば理性の最高裁判所を動員する。すなわち、脱超越論化とともに、理論的な理性理念は、いわば静的な叡知界から外に出て、生活世界の内部でそのダイナミズムを展開するようになるのである。しかし、叡知界についてはわれわれは「理念」を持っているのみで「知識」は持っていないとカントは言う。しかし、宇宙論的理念が共通の客観的世界の想定へと移行した後は、無制約的な妥当請求への志向は、かつて叡知界にあった諸資源を、経験的知識の獲得に向けて解き放つのである。超越論的論理学の背景的想定を放棄することで、理性の諸理念は、言語および行為能力を有する主体が行なう理想化へと転換する。彼岸の「王国」に祭り上げられ硬直化していた「理念的なもの」は、いまや此岸での営みのために流動化される。つまり、超越的状態から「内部からの超越」を遂行することへと変換されるのである。というのも、世界のなかでわれわれが遭遇する物事についての正しい解釈をめぐる論争においては、相互に食い違っている各自の生活世界の文脈が「内部から」越えられねばならないからである。

　言語および行為能力を有する主体は、彼らのそのつどの生活世界の地平からのみ世界内の物事に向かうことができる。文脈からまったく自由な世界との関係などというのは存在しない。ハイデガーとヴィトゲンシュタインが、それぞれのやり方で示してみせたのは、カントの超越論的な対象意識が誤った抽象にもとづいているということであった[17]。社会化された主体は、「つねにすでに」生活世界の文脈のなかにあり、かつ言語を用いた慣習的実践を行なっているのであり、そうした文脈や慣習的実践が、一定の意味づけを与える伝統や習慣のパースペクティヴから世界を開示してみせるのである。ローカルな言語共同体の成員は、世界のなかで遭遇する一切の物事を、習い性となった「文法的な」先行理解にもとづいて経験するのであって、中立的な対象として経験するのではない。そして、世界との結びつきがこのように言語によって媒介されているということから、行為と発話において想定されている世界の客観性が、じつはコミュニケーション参加者間の了解の間主体性によって支えられているということがわかる。ある対象について私が言明する事実は、それに対して反論するかもしれない他者に対して主張され、場合によっては正当化されなければならない。そのためにはあれこれと解釈を展開してみせなければならないが、そうした必要が生じるのは、われわれが言語を記述的に使用する場合ですら、言語の世界開示的性格を無視することはできないからである。

　こうした言語の世界開示的性格に由来する翻訳作業が簡単にはいかないことから、生活世界のさまざまな文脈がいかに錯綜しているかということをわれわれは思い知ることになるが、だからといって、そのことが共約不可能性という命題を正当化する理由にはならない(18)。コミュニケーションの参加者は、それぞれ異なっている生活世界の境界を越えて相互に理解しあうことが可能なのである。なぜならば、彼らは共通の客観的世界に向きあいながら、真理請求に、すなわち、自分たちの言明の無制約的な妥当性の請求に、志向しているからである。この真理志向については後で改めて言及する予定である。

　(2)　以上のように世界の統一性という宇宙論的な理念は二つに分岐し、一方は対象の総体としての客観的世界の語用論的想定に、他方は事実の総体と見なされる現実への志向に、転じることになった。これとは異なった理想化にわれわれが遭遇するのは、言語および行為能力を有する主体同士が、相手の言葉を「額面通りに受け取」り「説明を求め」たりする場合の人格相互の関係においてである。すなわち、協調的な態度でお互いに接するとき、各主体は相互に相手が合理的であることを——少なくとも当面は——想定せざるをえない。特別な状況下では、そもそもこうした想定を行なうこと自体に無理があったことが判明することがあるかもしれない。あるいは、予期に反して、相手が自分の行動や発言に対してまったく釈明できないことが明らかになるとともに、相手が自分の行動をどうやって弁明できるのか、われわれにもわからないということも明らかになるかもしれない。しかし、了解志向的行為の文脈でこうした幻滅が生じるのは、合理性を暗黙のうちに想定しているからであり、そもそもコミュニケーション的行為に関わる限り、われわれはこの合理性の想定をしないわけにはいかない。この想定が意味するのは、何らかの意図をもって行為する主体は、然るべき状況においてならば、彼（あるいは彼女）がこのように行動あるいは発言し、別様には行動あるいは発言しなかったことについて（あるいは、何ら反応しなかったことについて）、多かれ少なかれ説得力のある理由を挙げることができるはずだということである。不可解で奇妙な発言や風変わりで謎めいた発言に遭遇すると、それはどういう意味かと問い返したくなるものだが、それは、そうした発言がコミュニケーション的行為にとって不可避である合理性の想定に潜在的に抵触し、したがって違和感や苛立ちを引き起こすからである。

自分が行なった行為や発言について他者の前できちんと釈明できない者には、「帰責能力」のない状態で行動したのではないかという疑念が向けられる。刑事裁判官も、違法行為の嫌疑があるときは、まずは被告人の責任能力を確認する。さらには、責任阻却事由があるかどうかも調べる。われわれは、ある犯行について公正な判断を下すためには、その犯人に帰責能力があったかどうか、また、犯行の原因はどちらかといえば状況にあったのか、それとも行為者自身にあったのか、ということを知らなければならない。そして、責任阻却事由が問われるということは、われわれは合理性の想定を裁判の審理手続きにおいてだけでなく、日常においても他の行為者とのあいだで相互に行なっているということを示している。ご推察のとおり、この法的討議の例は、帰責能力の語用論的な想定とカントの自由の理念とを比較してみるのに適している。

ここまでわれわれは、「理論的に使用される場合」の理性を「原則に従って判断する能力」として考察してきた。これに対して、理性が意志と行為を原則に従って決定するとき、理性は「実践的」となる。自由の理念は、とくに定言命法として表現された道徳法則を通じて、「独自の因果性」を、つまりもっとも純粋な理由がもたらす合理的な動機づけの力を、獲得する。悟性の使用を単に統制するだけの理論的な理性理念と違って、自由は「実践理性の拒みがたい要求」として、行為にとって構成的である。もちろん、行為に対して観察可能な行動に関するカテゴリーを適用し、自然法則的に決定された事象と見なすことは、いつでも可能である。しかし、行為の実践的な意図が問題になる限り、われわれは、理性的な主体であればこれこれの理由にもとづいてその行為を行なったのであろうと推定される理由と行為を結びつけることを避けられない。「実践的な意図」を問題にするということは、パースペクティヴを転換して、規範的判断を行なうパースペクティヴを取るということである。そして、われわれは、合理性の想定とともにコミュニケーション的行為においてもそうしたパースペクティヴを取っているのである。

もちろん、「自由」（カントの意味での）のための理由は、コミュニケーション的に行為する主体がみずからに帰責能力があることを示すために持ち出しうるさまざまな理由のごく一部でしかない。カントは自由を一般的には自己の意志を格率に従わせる能力と規定する。すなわち、自分が自由にその内容を決めることができる諸規則に定位して行為する能力である。したがって「恣意的自由」によってわれわれは、個人的好みや主観的に選んだ目標に応じて、賢くあるいは巧みに振る舞うための諸規則を採用することができるのに対して、「自由な意志」は、道徳的観点のもとで普遍的に妥当する掟を洞察にもとづいてみずからに与え、それに従う。そして、恣意的自由は確かに自由な意志に先立つが、設定される目標という点では自由な意志に従属する。こうした議論からわかるように、カントが取り上げる理由は、技術的－実践的な理由と、道徳的－実践的な理由に限られている。これに対して、コミュニケーション的行為で持ち出される理由はもっと多様である。たとえば、言明の真理性に関わる認識的理由、生き方に関する決定の真正さに関わってくる倫理的観点、自分の思いの告白の正直さを示すさまざまな指標、美的な経験、物語的な説明、文化的な価値基準、権利主張、習慣、等々である。帰責能力は、道徳性と目的合理性に関する尺度によってのみ測られるのではない。帰責能力は実践理性だけが関わる事柄ではなく、一般的には、妥当請

求に定位して行為することができるという行為者の能力のことである。(19)

カントによれば、さまざまな実践的な理性理念のなかで、唯一自由だけが、その実現の可能性をわれわれがアプリオリに洞察できる理念である。それゆえ自由の理念は、いかなる理性的存在にとっても「立法的な」力を持っている。この立法的な力を具体的にわからせるのが「目的の王国」という理想である。そこに参集するすべての理性的存在は、共同的な法のもとでお互いをけっして単なる手段として扱わず目的そのものとして扱う。この王国においては、市民一人ひとりが「もちろん普遍的立法者であるが、同時にみずからこの法に服してもいる」。自己立法というこのモデルについてわれわれがアプリオリに抱く洞察には二つの意味がある。すなわち、ひとつは義務という定言的な意味（すなわち、自分の行ないによって目的の王国を実現すべしという義務）であり、もうひとつは確信という超越論的な意味（すなわち、この王国はわれわれの道徳的な行ないによって促進することが可能であるという確信）である。われわれは、自由という実践的理念の実現が可能であるということを、アプリオリに知ることができるのである。

前者の側面に関して、自由の理念をコミュニケーション的行為における合理性の想定と比較しても、得られるものはあまりない。合理性は義務ではないからである。たとえ道徳的振る舞いや合法的振る舞いが問題になる場合であっても、相手に合理性を想定するということは、相手は規範を守ることを義務と感じているという意味を含んではいない。ただ、自律的に行為するとはどういうことか知っているはずだと想定するだけである。比較することがより生産的なのは後者の側面である。すなわち、自律的な行為が（そして目的の王国の実現が）可能である——単にできそうにもないことを反事実的に要求されているのではない——という確信を自由の理念が与えてくれるという側面である。カントによれば、理性的存在はお互いに自分たちのことを、もっともな理由にもとづいて行為する者たちと理解している。そうした理性的存在が道徳的行為に思いをいたすとき、彼らは、自由の理念の実現が可能であるということをアプリオリに知っているのである。コミュニケーション的行為においても、われわれは暗黙のうちに、すべての参加者が帰責能力のある行為者であると想定してコミュニケーション的行為に臨む。コミュニケーション的行為の主体にとっては、妥当請求に対して合理的な動機にもとづいて態度決定ができるということは、まったく当然のことと理解されている。行為者たちは、相手が実際に合理的に正当化しうる理由にもとづいて行為しているとお互いに想定しているのである。

もちろん、行為を導くこのような遂行的「知」が実際には問題をはらんでいることは、社会科学的な、あるいは心理学的な行動の観察から教えてもらわなくても、わかっていることである。すでに日常の実践において、われわれは参加者であると同時に観察者であり、多くの発言がもっともな理由によって動機づけられているわけではないことを知っている。こうした経験的事実に注目する見方からすれば、コミュニケーション的行為者の帰責能力は、カントの自由の理念に優るとも劣らず反事実的な想定である。ところが驚くべきことに、行為を遂行する際の行為主体本人にとっては、帰責能力に関する想定は、反事実的であるというその矛盾した性質を失う。観察者としての客観的な知識と行為遂行のために要請される行為知とが、このように見事に食い違っていながら、そのことが実際にはまったく問題にもならないのである。社会学を学ぶ学生が最初の学期に習うのは、すべての規範は、たとえほどほどにしか守られていないとしても、反事実的に妥当しているということである。というのも、社会学的観察者にとっては、統計的にかなりの確率で逸脱行為が起きるということは、現存するいかなる規範にもつきものだからである[20]。規範の受け手がこうした逸脱の事実を知っているからといって、そのことは、共同体のなかで妥当なものとして承認されている規範を、当然守らなくてはならないものとして受け止め、それに従おうとすることを妨げるものではない。

道徳的に行為するとき、本人は自分のことを「より多く」自律的だとか「よく少なく」自律的だなどとは考えていない。同様にコミュニケーション的行為においても、当事者たちが、あるときは「ほんの少し多め」の合理性を、別のときには「ほんの少し少なめ」の合理性を想定するなどということはない。当事者のパースペクティヴからすると、自律性も合理性も二値的にコード化されているのである。われわれが「法を尊重する意識」にもとづいて、あるいは「了解志向的に」行為しはじめるや否や、同時に観察者の客観化する見方にもとづいて行為することはできなくなるのである。行為の最中は、行為者の合理的な自己理解のために、経験的な自己記述は意識から締め出されてしまうということである。ただし、合理性の想定は否定されいいうる想定であって、アプリオリな知ではない。確かにこの想定はコミュニケーション的行為一般にとって構成的な語用論的前提として「機能し」、その効力は繰り返し実証されている。しかし、個別のケースではこの想定が誤っていたということが当然起こりうるのである。同じく行為に関わる知でありながら合理性の想定はアプリオリな知とこのように異なっているが、この違いは、行為主体の脱超越論化ということだけでは、つまり行為主体が叡知的存在の王国を去って、社会化された諸主体が共有する言語的に分節化された生活世界の住人となったということだけでは、説明できない。パラダイム転換とともに、分析の視線の方向全体が変化するのである。

カントは意識哲学的な概念枠組みのなかで、行為者の理性的自己理解を個人の自分自身についての知と捉え、この一人称の知と観察者の三人称の知とを抽象的に対立させた。すなわち、両者のあいだには超越論的な落差があり、叡知的主体の自己理解が世界についての知によって修正されることは原理的にありえないのである。それに対して、コミュニケーション的に行為する主体は、話し手および聞き手として、一人称および二人称の役割において、文字通り同じ目の高さで相対する。彼らは、客観的世界のなかの何ものかについて了解しあい、同じ世界連関を受け入れることで、相互人格的な関係に入る。このようにお互いに対して行為遂行的な態度を取ることで、同時に彼らは間主体的に共有された生活世界を背景としてコミュニケーション的経験をいっしょに行なう。彼らは、相手の言うこと、あるいは考えていることを理解しあう。彼らは相手が提供する情報や異論から学習し、また皮肉や沈黙、逆説的な発言やあてこすりなどから、真意を推しはかる。相手の不明瞭な振る舞いが理解できなくなったりコミュニケーションが断絶したりすることも、理解しあえることが常態だからこそ起こることであって、一種のコミュニケーション的経験である。この次元では、合理性の想定はそれ自身として撤回されるわけではないが、間接的に否定されることがありうる。

このような否定の可能性は、認知の分野での理想化に関しては、たとえこの理想化が同じ語用論的な想定というかたちを取るにしても、当てはまらないように思われる。共通の客観的世界の想定は、世界との可能な関係のシステムを投企し、それによって世界への介入と世界のなかの何かについての解釈を初めて可能にする。共通の客観的世界の想定は、それなくしては経験が成り立たず、経験によって修正されることはありえないという意味で「超越論的」に必然である。何らかの対象についての特性記述であれば、当然もっともな理由があれば記述内容は訂正されるが、およそ同定可能な対象の全体という形式的な投企そのものが訂正されることはない。とにかくわれわれの生活形式が、これまで周知の命題的構造を備えた自然言語によって規定されている限りは、訂正されることはない。アポステオリに学習によって気づくことがあるとすれば、せいぜいそれまでの投企が十分に形式的でなかったということくらいであろう。しかし、慣習的実践にとっては、対象領域にとってとは違った意味で、「避けることのできない」想定は「構成的」

である。

　規則に導かれる行動の場合、行動を構成する規則は、規則に従うか違反するかという二者択一をつねに可能にする。さらに、そもそも「できる」か「できない」かという二者択一も存在する。ゲームの規則を熟知しておらず、そもそも間違いを犯しようもない者は、ゲームの相手にならない。そのことは実際にゲームをやっているうちにわかる。コミュニケーション的行為でも同じことで、やってみて初めて、語用論的な帰責能力の想定を裏切っているのは誰なのか、あるいはそもそも「一緒にゲームに参加」すらしていないのは誰なのかが、わかるのである。共通の客観的世界の想定は、その想定によって初めて可能となるような経験によって訂正されることはありえないのに対して、コミュニケーション的行為において必然的な合理性の想定が妥当するのは当面の間だけである。この合理性の想定は、コミュニケーション的行為という実践とともに参加者が行なう経験によって、いつでも否定される可能性があるのである。

　（3）これまでわれわれは、行為者たちがコミュニケーション的行為を行なうとき必ず行なうことになる共通の客観的世界の想定と相互の合理性の想定に即して、理性の脱超越論化された使用を考察してきた。「理想化」のもうひとつの意味については、先に世界との関係を補完する真理志向が統制的機能を果たしているという話をした際に言及した。われわれが「理想化」という表現を使うようになったのは、カントの「理念」との系譜学的な繋がりがあったからである。了解志向的行為を実践しようとする者たちは、全体の先取り的想定、抽象化、境界を越えることを強いられることになる。しかし、これらの理想化を了解志向行為という実践のなかに見いだすとき、そのいずれもが共通に本気で目指していることは何であろうか。

　命題のかたちを取るように分化した言語は叙述機能を果たすことになるが、このような言語と世界との関係が、言語および行為能力を有する主体たちに、独立に存在し何らかの関係を取りうる諸対象、つまりそれについて意見を形成したり意図的に働きかけたりすることができる諸対象からなる共通システムを投企するよう迫る。形式語用論的な世界の想定が、発話し行為する主体たちが関係を取りうる諸対象に、いわばそれぞれの位置づけを与えるのである。とはいってもこうした文法は自然に対して「規則を課す」ことはできない。弱い意味での「超越論的な投企」は、自然の「歩み寄り」に依拠しているのである。したがって世界との関係という垂直の次元での理想化とは、可能な指示作用の全体を先取り的に想定することである。これに対して主体たちが相互に結ぶ関係という水平の次元でお互いに行なう合理性の想定が意味するのは、彼らが相手に対して原則的に期待することである。すなわち、そもそも相互了解とコミュニケーション的な行為調整が可能であるべきだとすれば、行為者たちは、批判可能な妥当請求に対して根拠にもとづいて態度を決定し、自分が行為する場合も妥当請求に定位することが可能でなければならないということである。

この場合、理想化とは、もろもろの逸脱、個人的な相違、制約を加える文脈を一時的に捨象することである。逸脱が許容範囲を超えたときに初めて、コミュニケーションの障害は起こるのであり、極端な場合にはコミュニケーションの断絶に至る。ここではカント的な理解よりもプラトン的な意味での理想化の方が効力を発揮する。理想と個別のケースにおけるその不完全な実現との乖離が目に余るほどにならないうちは、行為者は、行為遂行的な態度を保持する限り、実際にはさまざまな不十分な点があっても、それをとくに意識したりはしないものである。この次元では、あらゆる参加者を先取り的に想定する全体化は、それほど重要ではない。決定的な点は、客観的には逸脱している行為であってもじつは理想の基準を踏まえているのであり、無視しても構わない程度の理想の基準からの逸脱は、実際には問題にされないことである。

無制約的な妥当請求を批判的に吟味するとき真理に定位することになるが、この真理志向によって初めて思い入れ過剰と思える理想化が発動する。思い入れ過剰と思えるのは、不遜にもカント的意味の「理想化」とプラトン的意味のそれとが結合しているかのような理想化だからである。世界とわれわれとの接触は言語によって媒介されているので、世界は、感覚によって直接的に捉えられることも、直観の形式と悟性概念によって無媒介に構成されることもない。われわれは発話し行為をする際に世界の客観性を想定するが、この客観性は、世界のなかの何ものかについての了解の間主体性ときわめて緊密に絡みあっているために、われわれにはこの関連の背後に遡ることができないし、間主体的に共有され言語によって開示された生活世界の地平から逃れ出ることもできないのである。もちろん、だからといって個別の生活世界の境界を越えるコミュニケーションが不可能だと言っているわけではない。われわれはそのつどそれぞれ異なった解釈学的状況から出発しながら、それを反省によって乗り越え、議論の対象とされた事柄について間主体的に共有された見解に達することができるのである。そのことをガダマーは「地平の融合」として描いている(21)。

われわれは、それについて何らかの事実の言明が可能なさまざまな対象が独立に存在していて、その総体としての共通の世界があると想定しているが、この共通の世界の想定を補完するのが、言明の「失われることのない」特性としての真理という理念である。とはいえ可謬的な言明は世界と無媒介に対置されるわけではなく、あくまでも他の言明によって理由づけられたり反駁されたりするにすぎないし、自分で自分を証明する言明や端的に明証的な言明があって、それが他の言明の土台になるなどということもない。とすれば真理請求は討議によって検証されるほかはない。これによって、言明の妥当性の二項関係は、妥当な言明が「われわれに対して」妥当することの三項関係へと拡大される。言明の真理性は公衆が認識可能なものでなければならないのである。だが、そうだとすると、妥当請求の正当化を可能にする認識条件下で、真理としての無制約的な妥当を請求することは、そのつど既存の了解関係の内部でそれを破壊するような力を発揮することになる。その無制約性に認識様態面で対応するのが、批判的公衆を理想化してそれを「最終」審級と見なすことである。パースはこの最終審級を表わすために、社会的空間と歴史的時間のなかにありながら、それらの制約から理想的に解放され、包括的な研究のプロセスを――「最終意見」という極限値に至るまで――つねに先へ先へと推し進めていく探求者の共同体という像を用いている。

だが、この像は二つの点で誤解を招きやすい。一方でこの像は、真理とは理想的な主張可能性のことであり、その理想的な主張可能性自身は理想的条件下で達成された合意かどうかによって判定されるという理解を示唆している。しかし、ある言明があらゆる理性的主体の同意を得られるのは、それが真だからであって、その言明が理想的に達成された合意の内容を形成しうるから真なのではない。他方でこの像は、真なる言明があらゆる反論に耐え続けなければならない正当化のプロセスではなく、もはや訂正されることのない一致という最終状態に目を向けている。これは、「真である」という述語の「慎重な使い方」に表われている可謬主義的な自己理解とは両立しない。有限な精神の持ち主であるわれわれは、認識条件の変化を予測することはできず、それゆえ、どんなに理想的なかたちで正当化された言明であってもいつか誤りだったことが判明するかもしれないという可能性を排除できないのである[22]。とはいえ、真理概念の認識様態論的な捉え方にはこうした異論があるにもかかわらず、可能な限り包括的でいつでも継続できる論議のプロセスという理念は、原理主義的な基礎づけとは決別した後でも、「真理」の、とはいかないにしても、少なくとも「合理的な受容可能性」の説明にとっては、重要な役割を保持している。というのも、特定の生活世界のなかで生きており過ちを犯しうる存在であるわれわれには、合理的であると同時に未来に開かれた討議の道以外に、真理を確証することは不可能だからである。

理想的な認識条件のもとで（パトナム）、理想的聴衆を前にして（ペレルマン）、あるいは理想的発話状況において（ハーバーマス）、根拠にもとづく合意を目指す理想的に拡大されたコミュニケーション共同体（アーペル）という像が、いかに誤解を引き起こしやすいものであろうと、われわれにはこれらと類似の理想化をまったく想定せずにやっていくことはできない。というのも、日常の実践で真理請求が問題視されたためにできた傷は、討議によって癒すほかないからであり、しかも討議は「決定的な」証拠や「有無を言わせぬ」論拠によっていっぺんでけりをつけられるようなものではないからである。確かに真理請求を討議によって認証することはできないが、問題となった言明が真であることをわれわれが確信しうるのは、論拠によってだけである。確信を与えるのは、われわれが合理的なものとして受容できるものだけである。そして、合理的な受容可能性は、「われわれの」論拠を誰に対しても何ものに対しても遮ることのない手続きに依存している。議論のプロセスそのものが、関連するあらゆる異論と、認識に関わる状況のあらゆる改善とに開かれていなければならない。このように可能な限り包括的で恒常的に続けられる議論の実践は、社会的空間、歴史的時間、事柄に関する能力という点で現実の了解形式に課せられている制限をつねに乗り越えていくという理念のもとで営まれる。そうした乗り越えとともに批判に応答する能力が増大し、それによって合理的に受容された妥当請求の信憑性も増すのである。

そもそも議論するとはどういうことかを直観的に理解していれば、自分の見解を主張する者もそれに異を唱える者も、自分の解釈のパースペクティヴを脱中心化するように迫られる。これによって、カントが提起した全体の先取り的理想化は、客観的世界から社会的世界へと転用されることになる。討論参加者の行為遂行的態度においては、この「全体化」には現実の不十分さの「不問視」が結びついている。すなわち、「無限の対話」に、関連するすべての人と事柄を包摂していくという理想像と、実際にわれわれが行なう地域的、時間的に限定された有限の討議とのあいだには明らかに落差があるが、それを討論参加者は度外視するのである。議論の参加者は真理に定位しているので、絶対的に妥当する真理という概念が、討議による真理の確証という次元では、行為遂行的に行なわれる理想化に反映することになり、この理想化によって議論の実践に高度な要求が課せられることになるのである。ここで合理的討議のそうした語用論的前提を詳しく見ていきたいところだが、その前に、「真理」だけが妥当請求ではなくそれ以外にもいくつかあることを、たとえ手短にであっても述べておかなければならない。カントの実践理性の概念を前提にするだけでも、われわれは、真なる事実認定的言明に対してだけでなく、正当な道徳的言明（と、留保つきではあるが法的言明）に対しても無制約的妥当を請求することになるのである。

（4）　ここまでは、コミュニケーション的に行為する主体が「世界」のなかの何かについて了解しあうということが話題になるとき、つねに共通の客観的世界との関係が念頭に置かれていた。そして、事実認定文に対して掲げられる真理請求が、妥当請求一般のためのパラダイムの役を果たしてきた。しかし、忠告、依頼、命令のような統制的な言語行為の場合、行為者たちが関わるのは、そうした言語行為の受け手がそれに応えて行なわなければならないと感じる（と彼らは思っている）行為である。ある社会集団の一員として、彼らは特定の慣習的実践や価値志向を共有し、皆で決めた規範を承認し、特定の慣習に慣れ親しんでいる、等々。統制的な言語使用においては、話し手は間主体的に承認されている、あるいは慣れ親しんでいる、一群の慣習、制度、規則に依拠する。これらの慣習、制度、規則は、集団内の人びと同士の関係を秩序づけ、相互に相手に対してどのような振る舞い方を正当なこととして期待してよいのかがわかっているという状態を生み出す。（これに対して、話し手が依頼的な言語行為によって正当な関係を生み出すのは、義務を引き受けることによってである。その際、当事者たちが前提にしているのは、コミュニケーション的に行為する主体は、みずからの意志を格率に従わせることができるし、責任を取ることもできるということである。）

こうした規範的な言語ゲームにおいても、行為者たちは、彼らの発言の言明内容を通じて、客観的世界に属するものとも当然ながら関係を持つが、それは付随的なものにすぎない。つまり、ある行為を要求したり、懇請したり、勧告したり、非難したり、弁解したり、約束したり、等々するとき、当の行為を取り巻く事情や行為がうまくいく条件に言及したりはする。だが、彼らが直接関わるのは、「社会的世界の中のあるもの」としての行為と規範である。言うまでもなく彼ら自身は規範によって統制される行為を、いわば客観的世界の一部であるような社会的事実として理解するわけではない。社会学的に観察する者の客観化的な視点から見れば、確かに「世界のうちには」自然の事物や精神的状態以外にも、規範的期待、慣習的実践、習慣、制度、そしてあらゆる種類の規則といったものも「存在している」。しかし、行為の当事者が、実際に、規範によって規制される相互行為のネットワークに対して取る態度は、そのようなものではない。すなわち、当事者が取るのは、規範規制的行為の受け手の行為遂行的態度である。その場合、彼は規範を拘束的なものとして承認しているがゆえに、規範に対しては「違反する」ことができるだけである。規範的期待は二人称の立場に立つ人の「善良なる意志」に向けられているが、二人称の立場に立つとき、人は客観的世界と補完的な関係にある指示システムを用いる。この指示システムは、彼らの生活世界の包括的な文脈から、規範によって統制される行為に関連する部分を、それをテーマ化する目的で際立たせる。こうしてある生活世界に属する者たちは、正当に規制されるあらゆる人格間関係の全体として、彼らの「社会的世界」を理解する。「客観的世界」と同様、この指示システムもまた、文法的に（事実確認的な言語使用に代わって）統制的な言語使用と結びついている必然的な想定である。

一人称による文の自己表現的な使用がこれに加わると、この「諸世界」の体系が完成する。話し手が自分の「体験」の誠実な表明に対して持つ認識上の権限にもとづいて、われわれは、「内的世界」を客観的世界や社会的世界から区別する。自己知覚文や体験文に関する討論は、ヴィトゲンシュタインの私的言語をめぐる論拠やウィルフリト・セラーズのメンタリズム批判(23)を受けて行なわれてきたが、それによって明らかになっているのは、本人だけが特権的に知りうる体験の総体を、客観的世界や社会的世界と類似の、もうひとつの指示システムとして理解してはならないということである。「各自の私の」体験は主観的に確実であり、それを客観的に与えられているものや規範的予期のように同定する必要はないし、可能でもない。主観的「世界」は、むしろ否定的なかたちで、つまり客観的世界のなかに現われるものでもなければ、社会的世界において妥当したり間主体的な承認を見いだしたりするものでもないものの総体として規定される。つまり、主観的世界は、誰に対しても共通に開かれている二つの世界を補完するものとして、あらゆる体験を包摂しているのであり、話し手は、自分の一面を公衆に披露したければ、自己の体験を自己表現の様態で一人称の文の内容にすることができるのである。

規範的言明の正当性請求は、前提となっている規範が当然妥当しているという仮定の上に成り立っている。記述的言明における真理妥当とは違って、正当性請求が妥当する範囲は、正統化の働きをする背景とともに、したがって一般的には社会的世界の範囲とともに、変化する。ただ道徳的な命令（と、たとえば人権のように道徳的にしか正当化されない法規範）だけは、主張と同じように、絶対的妥当を、つまり普遍的な承認を、要求する。妥当な道徳的命令は「普遍化可能」でなければならないというカントの要請がこれによって理解される。道徳的規範は、それぞれの個別的な社会的世界の歴史的・文化的な境界を越えて、言語と行為能力を有するすべての主体の合理的に動機づけられた承認を得られるものでなければならないのである。したがって、あらゆる面で道徳的に秩序づけられた共同体という理念は、われわれが現に属している社会的世界を、良好な関係にある人びとからなる完全に包括的な世界へと、反事実的に拡張することを含意している。つまり、すべての人間が兄弟（そして姉妹）となる世界である。

もちろん、全員が道徳的な判断力と行為能力を有し、しかも時間的・空間的な制約を脱しているという意味で「普遍的」であるような共同体を実体化してしまうならば、またしても誤謬に陥ってしまうだろう。自己決定された「目的の王国」という像は、理性的存在からなる共和国が現に存在するかのように思わせるところがあるが、実際にはあくまでも観念の構築物であって、カントが述べているように「現に存在しているわけではないが、われわれのあらゆる行ないを通じて現実のものとなりうる」ものである。それは自由という実践的理念に従って成就されるべきものであり、成就されうるものである。目的の王国はある意味では「現存」しているのだが、それは所与というよりは「課題」として存在しているのである。このような両義性があるからといって、カントが、人間の実践をも叡知界と現象界に二分割しようなどと考えることはまったくなかった。もはやこうした超越論的な二分割に依拠することはできないと考えるなら、別の方法で道徳の建設的意味を認めさせる議論が必要である。

われわれは道徳的な学習過程を、対立がある段階ではまだ十分に重なり合っていない複数の社会的世界を、知的に拡大し相互にかみ合わせていく過程と考えることができる。対立しあう当事者たちは、争点になっている行為を一致した価値基準に照らして判断し合意にもとづいて解決することができるように、共同で構成された世界にお互いを引き入れることを学習する。G・H・ミードはこれを解釈パースペクティヴの可逆的な交換を拡大していくことと述べている。相互のパースペクティヴをかみ合わせる過程が完全な包摂という極限値に近づくにつれて、当初それぞれ独自の生活世界に根づいていた当事者のパースペクティヴは、ピアジェが言うように、より強力に「脱中心化される」ようになる。興味深いことに、議論の実践は、まさにそのような脱中心化を最初から目指している。道徳的観点のもとでは、すべての人にとって同じように善い規範だけが承認に値するということを考慮すれば、合理的討議こそ争いを解決するためにふさわしい手続きであると考えられるのは、それが関わりのあるすべての者を包摂し、関わりのあるすべての利害を平等に考慮することを保証する手続きだからである。

正義という意味での「不偏不党性」は、認知的な妥当請求を討議によって確証するという意味での「不偏不党性」に収斂する。(24) 道徳的な学習過程が目指している方向と、議論一般に参加するためには満たしていなければならない条件とを比較してみるならば、この収斂は明らかである。折り合いの悪い価値志向を持った者同士が相手に異を唱えることで争いが生じた場合、道徳的な学習過程は、相互に相手を、共同で構成される世界に引き入れることでその争いを解決する。議論というコミュニケーション形式は、おのずからわかるように、もともとこうしたパースペクティヴのかみ合わせによる価値地平の拡大を促すものである。議論に参加する者は、問題となっている妥当請求に関する論議がその認知的意味を失ってはならないとすれば、いわば構造的に要求される平等主義的な普遍主義を受け入れなければならないのである。ただしそれは、さしあたり道徳的な意味を持つものではなく、単に形式語用論的な意味を持つにすぎない。

議論においてはより良い論拠を求めて競いあうことになるが、それは協働的なものである。そうした協働的な性格はこの言語ゲームにとっての本質的な目的ないし機能から説明される。すなわち、議論の参加者は互いに相手を納得させたいのである。彼らは、コミュニケーション的な日常の行為を妥当請求のテーマ化という反省的レヴェルで継続しながら、依然として相互了解という目標に定位している。なぜなら論拠を提起する者がそのゲームに勝つのは、彼の妥当請求が正当であることを相手に納得させることができたときだけだからである。妥当請求を掲げる言明の合理的受容可能性は、より良い論拠の説得力にもとづいている。どの論拠が説得力があるかということについて判定を下すのは、私的な洞察ではなく、根拠を示しあうという公的な実践に参加するすべての者が見解を表明し、それが合理的に動機づけられた同意へと収斂することによってである。

　ところで、ある論拠が良い論拠かそれとも不十分な論拠かを判定するための基準もまた論争の対象になりうる。あらゆるものが反論にさらされうるのである。それゆえ妥当請求の合理的受容可能性が最終的に依拠するのは、きびしい条件を満たすことが要求される特定のコミュニケーションを通じて、さまざまな反論に持ちこたえられる根拠だけである。議論の過程が無意味なものになってはならないとすれば、討議というコミュニケーション形式は、関連しそうな説明や情報が可能な限り提示され、それらの考慮にあたっては討議参加者の態度決定が内部から、つまり自由に浮動する根拠の修正力だけによって動機づけられうるようなものでなければならない。そして、一般に議論とはこうした性質を備えたものでなければならないとわれわれが直観的に思っているとすれば、ある実践が一定の語用論的な前提を満たしていない場合、それを真面目な議論と見なすことはできないということも、われわれは知っているということである[25]。

　もっとも重要な前提は次の四つである。（a）公共性と包摂。妥当請求をめぐる論争に何らかの貢献をなしうる者は何人も排除されてはならない。（b）コミュニケーション上の同等の権利。問題になっている事柄について発言する機会がすべての者に平等に与えられる。（c）欺瞞や思い込みの排除。討論参加者は自分が発言することを本当に思っていなければならない。（d）強制がないこと。コミュニケーションは、より良い論拠が威力を発揮してそれが討論の結末を決定するのを妨げるあらゆる制限から自由でなければならない。（a）（b）および（d）の前提は、議論の仕方に平等主義的な普遍主義の規則を課している。これらの規則によって、道徳的‐実践的な問題に関しては、その問題に関わるすべての者の利害と価値志向が平等に顧慮されることになる。また、実践的討議においては、参加者は同時に問題の当事者でもあるから、理論的‐経験的な問題に関してであれば、もろもろの論拠を正直に、かつ公平に考量することだけを要求する前提（c）は、同時に、自己欺瞞に対して批判的で、他者の自己理解や世界理解に対しては解釈学的に開かれ敏感でなければならないという追加的な意味を持つことになる。

これらの議論の前提は、明らかに強い理想化をともなっているので、偏った記述なのではないかという疑いを招く。議論参加者はそれらの前提が反事実的なものであるということを意識しつつ、行為遂行的にはそうした前提から出発するなどということがどうして可能なのだろうか。もちろん彼らは、討議に参加している間でも、次のような事実を忘れているわけではない。たとえば、討議参加者がかなり選択的に集められていること、コミュニケーションにおける自由裁量の余地という点で特定の人びとが他の人びとよりも有利であること、誰かが何らかのテーマに関して偏見を抱いたままであること、多くの者が場合によっては戦略的に振る舞うこと、賛成や反対の態度決定がしばしばより良い洞察以外の別の動機によってなされること、などである。確かに討議に参加していない分析者の方が、ほぼ「理想的」と想定された「発話状況」からのこうした逸脱を、討議の当事者自身よりも正確に把握することができるだろう。しかし、討議の参加者であってもみずからの関与に没頭するあまり、そうした逸脱がすっかり見えなくなるなどということはないのである。つまり、客観化的態度において主題的に認識できることの多くは、たとえ行為遂行的態度をとっていても——少なくとも直観的には——意識されているのである。

他方、どれほど反事実的であろうと議論という実践にとって避けることのできない前提は、けっして単なる構築物ではなく、議論参加者自身の討論の仕方において有効に作用しているのである。真剣に議論に参加する者は、実際そうした前提から出発している。このことは、議論参加者が首尾一貫しない点に気づいたとき、必要とあらばそこから導き出す結論を見ればわかる。つまり、議論の手続きは自己修正的な手続きであって、不満足な討論を続ければ、たとえば討論の規則や論議の進め方の自由化が「遅きに失した」こと、さまざまな意見を十分代表していない参加者を変更すべきこと、審議事項の拡大や基礎的情報の改善が必要なこと、などを支持する理由が自ずと確認されるようになるのである。とりわけ新たな論拠を考慮したり、軽視されていた意見に真剣に耳を傾けなければならなくなったとき、そのことに気づく。しかし他方で、首尾一貫しない点に気がつけば、どのような場合でも、こうした修正のための動機になるというわけではない。この点は、議論参加者が納得するのは、直接的には根拠の中身によってであって、根拠のやり取りのためのコミュニケーションの組織の仕方によってではないという事情から明らかである。議論過程の手続き的特性によって根拠づけられるのは、重要な情報や根拠はすべて討論の「テーブルの上に」載せられ、「その威力を発揮」すべきだという理性的な期待である。もし議論参加者が事実期待どおりだということから出発する限り、彼らにとってはコミュニケーション過程が手続き的に不十分であることによって心を乱される理由はまったくないということになる。

議論の形式特性がとりわけ重要な意味を持つのは、主張可能性と真理との区別に関してである。「究極的に」決定的な証拠とか有無を言わせぬ論拠などというものは存在しないし、どれほど説得的に根拠づけられた主張であっても誤りである可能性はなくならないがゆえに、討議によって真理を確かめあう手続きの質のみが次のような理性的期待を根拠づける。すなわち、そのつど入手可能な情報と根拠のなかで最善の情報と根拠が実際に利用可能であり、最終的にもそれらが「ものをいう」という期待である。こうした期待に反して「そもそもここでは議論が行なわれていないのでは」という疑念を呼び起こすことになる首尾一貫性の欠如が意識されるようになるのは、明らかに重要な参加者が排除されたり、重要な情報や論拠が黙殺されたり、賛成・反対の態度決定が操作されたり、より良い洞察以外の影響力によって条件づけられたりする場合である。

議論参加者が、議論のための前提の想定とともに暗黙のうちに行なうことになる先取り的な理想化が、実際に有効に作用していることは、それが果たしている次のような批判的機能に注目してみればはっきりする。すなわち、絶対的な妥当請求は、ますます広がるフォーラムにおいて、ますます判断力を高めるますます多くの公衆の前で、つねに新たに登場する異論に対して自己を正当化できなければならない、というのがそれである。このように、議論の実践には自己の解釈パースペクティヴをますます脱中心化させるダイナミズムが組み込まれているが、このダイナミズムによってとりわけ活発に展開されるのは実践的討議である。つまり、真理請求の検証ではなく、優れた洞察にもとづいて道徳的（そして法的）規範を構築し適用することが問題になる実践的討議である。[26]

そのような規範の妥当の「内実」は、当該規範が普遍的な承認を得るにふさわしく、現に承認を得ているということである。そして、真理請求であれば存在論的含意をともなうのが特徴であるのに対して、道徳的な妥当請求の場合には存在論的含意はないので、客観的世界への準拠に代わって登場するのが、社会的世界の拡大への志向、つまりそれまであまり馴染みのなかった主張や人びとをますます広範に包摂していくことへの志向である。ある道徳的言明が妥当するということは、その言明は理想的な正当化条件のもとであれば受け入れられるであろうという認識的意味を持つ。しかし「道徳的正当性」の意味が、「真理」とは違って、合理的受容可能性に尽きるのであれば、われわれの道徳的信念は、最終的には先取り的理想化の「不安定さ」とともに議論実践――とその参加者の自己理解――に組み込まれていて、これまでの自分の乗り越えと脱中心化を促す批判的潜在力を信頼するほかはないのである。

II

（5）　カントがそのなかで思考していたパラダイムでは、理論と実践に対する言語の構成的役割を認めていなかった。意識主義（Mentalismus）が作り出す精神の像は、構築的な精神であれ受動的な精神であれ、精神は感性に媒介された世界との接触を、対象の表象――および対象への合目的的な働きかけ――へと変換するというものであり、その変換過程に言語および言語の構造が重要な関わりを持つことはない。言語がそのイドラによって、つまり単に伝承されてきただけの観念や願望によって、精神を惑わすことがない限り、ちょうど透明なガラスを通して見るように、精神は言語という媒体を通して見るというわけである。したがって、脱超越論化した理性使用の由来を意識主義との関係で系譜学的に遡ってみても、精神の構造を形成する媒体であると同時に、超越論的意識を生活世界の歴史的・社会的な文脈へと引き戻す媒体でもある言語に、出る幕はなかった。

カントにとって理性が本領を発揮するのは実践の領域であった。つまり理性が構成的であるのは、道徳的行為に対してのみである。それゆえ脱超越論化した理性の手がかりをコミュニケーション的行為に探ってみることは、自然な成り行きであった。「コミュニケーション的行為」という表現が意味するのは、了解志向的な言語使用が行為を調整する役割を引き受けることになる社会的な相互行為である。[27] こうした了解志向的行為には言語によるコミュニケーションを介して理想化を行なう諸前提が入り込むことになる。

したがって、言語理論こそが、とりわけ言語表現の意味を言語理解の条件に注目して明らかにする意味論こそが、カント的な由来を持つ形式語用論と分析哲学における考察とが出会うことができるかもしれない場である。実際、分析哲学の研究の伝統は、言語論的転回の後でようやく注目されるようになったことではあるが、フレーゲが理想化を行なう前提の基本的ケースに着目したことに端を発している。すなわち、精神の構造が言語の文法によって形づくられているとすれば、当然次のことが問題となる。意識の領域では文や述語表現の意味（Bedeutung）が普遍的かつ同一であることを最初から自明視して判断したり概念形成したりしているが、多様な文脈で使用される文や述語表現は、どのようにしてそのような意味の普遍性と同一性を保持することができるのか、という問いである。

フレーゲ自身はまだカントの伝統のなかにいた人であり、ダメットによって正当にもフッサールに匹敵する位置づけを与えられているが、そのフレーゲが提唱したのが「思想」という意味論的概念と「表象」という心理学的概念とを区別することであった。表象はそのつど空間と時間において個別化されている個々の主観に属するのに対して、思想はそもそもコミュニケーションされうるためには、意味内容を変えることなく個人の意識の境界を越えるものでなければならない。文はさまざまな主体によって、そのつど異なった文脈で発話され理解されるが、それでも同じ思想内容を保持している。この点に注目したフレーゲは、思想と概念的内容に理念的な――つまり空間と時間から解放された――位置づけを与える。思想と表象の位置づけ上の独特の違いを、彼はその表現の文法形式に従って明らかにする。複数の語からなる主張文こそ真または偽でありうる文法上の最小の単位であると見なしたフレーゲは、フッサールと違って、この主張文の構造に即して判断あるいは思想の構造を探求する。命題の構成の仕方および指示と述語づけとの密接な関連に即して、表象する思考の客体から思想内容がいかに区別されるかが示されるのである。(28)

思想が時間的・空間的に個別化された意識の境界を越えることと、理念的な思想内容が思考する主体における体験の流れから独立していることは、言語表現が異なった人びとに対して異なった状況において同じ意味を保持しうるための条件である。そもそも言語表現の基盤となる記号という要素的次元で、話し手と聞き手は、同一の記号類型を、その類型に対応する実際の記号の現われ方（Zeichenereignesse）が多様であるにもかかわらず、再認できなければならない。意味論の次元でこれに対応するのが、不変的な意味の想定である。ある言語共同体に属する者は、実際いかなる場合でも次の想定から出発するほかはない。すなわち、彼らが文法に従って構成された表現を発話するとき、その表現は普遍的な、つまり多様な文脈で発話されながらも共同体の成員全員にとって同一の意味を持つという想定である。誰かの発言が時々理解できないなどということも、これを前提にして初めて起こりうることである。共通の言語による表現を用いる際、同一の意味を持つと想定することが実際に不可避だからといって、もちろん言語における分業や意味の歴史的変化が否定されるわけではない。世界の知が変化すれば言語の知の変化を引き起こすし、認識の進歩は理論の基礎概念の意味の変化として定着する(29)。

文法に則った表現の意味の理念的普遍性の場合も、問題となっているのは理想化を行なう前提であるが、これまた観察者のパースペクティヴからはしばしば不適切な前提であることが示されるし、顕微鏡を覗くようなエスノメソドロジストの観察のもとではつねに不適切であることが示される。しかし、この前提はまさに反事実的な想定として了解志向的な言語使用にとっては避けることのできないものである。もちろん、フレーゲは心理主義に対する正当な批判を通じて、意味のプラトニズムに陥ってしまった（ついでに言えば、異なった前提のもとではあるが、フッサールもこの意味のプラトニズムを共有している）。つまり、晩年のフレーゲは、諸対象からなる客観的世界に諸表象からなる主観的世界が対立しているとする意識主義の二世界構成を、諸命題からなる第三の世界、しかも理念的な世界によって補完しなければならないと考えるようになったのである。この不幸な成り行きによって彼はみずからを難しい立場に追い込んでしまった。理念的にそれ自体で存在するものへと文の意味が実体化されてしまうと、「第三の領域[30]」のこのふわふわした存在が、一方で客観的世界の物理的な事物と、他方で表象する主観と、どのように関わりあうのかという問題がいつまでたっても謎のままということになってしまうのである。さまざまな存在を思想的に「叙述する」という関係が、主観的精神から切り離されて自立化してしまえば、この主観的精神がどうやって命題を「把握」し「判断」するのか、またしてもわからなくなってしまうのである。

「意識から追放された思想」(ダメット)が命題として曖昧な状態で、もっと言えば理解しがたい状態で、存在していること。これが、フレーゲが彼の後継者たちに残した問題のひとつである。もうひとつの問題は、言語的表現の意義(Sinn)を解明するために意味論の基礎概念として「真理」を導入するという画期的なアイディアの裏面である。ある文を理解するためには、その文が真であるための条件を知らなければならないのであり、したがって、後にヴィトゲンシュタインが言うように、「その文が真であるならば、事実がどうなっているのか」を知らなければならないのである。これによって真理の意義――真理条件を「充足する」ということの意義――を解明するという課題に直面することになる。文の真理値を、その文が指示する対象として理解しようというフレーゲの提案は、明らかに不十分である。というのも、言明の構造に関するフレーゲ自身の分析から明らかなように、真理を指示の問題に還元してしまうことはできないからである。こうして真理意味論の伝統は、最初から二つの難問を背負い込むことになったのである。

体験の流れから切り離された命題的内容は、自由に浮動する命題からなる幽霊のような中間領域が消えてなくなるように、言語表現という媒体に意味として吸収合体されなければならなかった。しかし、文の意義を真理意味論によって説明することでそれを達成しようとするならば、「真理」という説明の鍵を握る基礎概念をいつまでも曖昧なままにしておくわけにはいかない。この二つの問題——われわれは命題をどのように扱ったらよいのか、真理という述語をどのように理解すべきか——は、意識主義的な理性概念の排除という債務に対する担保のようなものである。これに対して言語論的な見地からは二つの応答がなされている。ひとつは意識主義のパラダイムといっしょに理性概念そのものも抹消してしまうものであり、もうひとつは理性概念を意識主義の枠組みから切り離してコミュニケーション的理性という概念に移行させるものである。ドナルド・デイヴィドソンは前者の戦略を一貫して推し進めている。彼は、言語および行為能力を有する主体同士の関係におけると同様に、主体と世界との関係にも反映している言語に固有の規範性を、経験主義的な前提のもとで弱めようとする（6）。マイケル・ダメットとロバート・ブランダムは、これと反対の方向に進み、相互了解の実践における規範性を少しずつ再構成しようとしている（7および8）。以下においてその概略を描いてみたいと思っているのは、分析的な言語哲学においても言語に体現された理性の独自の規範性が重視されるようになる、その道筋である。

（6）　言語表現を理解するとはどういうことか。この説明を要する現象をデイヴィドソンは客観的現象として考察する。彼は、重大な帰結をともなうことになる方法論上の決定によって、言語の分析者の役割を変更してしまう。すなわち、書き手の文章や話し手の発言を理解しようとする読み手や聞き手の役割から言語分析者を切り離してしまうのである。それに代わって解釈者に与えられるのが、経験主義的方法を駆使する理論家の役割である。それは、異文化の人びとの行動を観察し——ヴィトゲンシュタインの民族学者とは異なって——原住民の不可解な言語行動に対して法則論的な説明を試みる理論家である。これによって言語および行為能力を有する主体のコミュニケーション的な行動が、いわば完全に客体の側に置かれてしまうことになる。かくして理解可能なシンボル的表現の、観察可能な自然現象というカテゴリーへの同化が精力的に図られるが、これに対応するのが、意味理解の、経験主義的理論を必要とする説明への同化である。デイヴィドソンはそのような理論を展開するために、タルスキの真理規約を、意味の等価物を作り出すための定義されない基礎概念として援用する。

このような方針を採ることで、デイヴィドソンは、真理という理念およびコミュニケーションにおいて効力を発揮する真理請求の理念的内実をいかに扱うべきかという問題を、それほど重要ではないものにしてしまう。文法的表現を同一の意味を持つものとして使用することと結びついているもうひとつの問題、すなわち命題において文の意味がプラトン的に二重化することをいかに回避しうるかという問題に対して、彼が提案するのは意味概念をなくしてしまうことである。

「実在としての意味」を使用せずに済むこと、つまり「述語や文に対応するとされるいかなる対象も導入されない」(31) ことを、デイヴィドソンは彼の客観主義的方法の長所のひとつと見なしている。もっとも、これでこの問題が跡形もなく消えてしまうわけではない。同じ問題は、フィールドで集めた証拠、つまり未知の話し手の言語行動や態度の特徴などを、いかにして解釈者は理論的に作られたT－文に正確に対応させられるのかという問いにおいて方法論上の問題として再登場することになる。解釈者が観察されたデータの流れに論理的構造を読み取ることができるためには、その一連の行動をまずはタルスキ理論の双条件に適合しうる、文に似た単位に分解しなければならない。しかし、たとえそうした分解がうまくできたとしても、個々の発話とそれがなされる個々の典型的状況とがいっしょに変化することが観察されるということだけでは、双条件に明確に対応させるためにはいまだ不十分である。

一般に言語能力を有する話し手が、使用される言語表現の辞書的な意味を誰もが知っていることを踏まえて知覚文を発話するのは、彼が所与の状況で知覚していると信じているもの、したがって真実と見なしているものと結びついている場合だけである。語の意味と信じることとは別々に変化しうるのだから、解釈者が観察データ――つまり未知の話し手の行動だけでなく、その行動が生じた状況も含めた観察データ――から、解釈の対象とされた発話の意味を説明することができるのは、この未知の話し手が自分の語ることを真実と見なしている場合だけである。観察者は、未知の話し手によって語られたことが何を意味するのかを探り出すためには、この話し手が自分の語っていることを信じているのかどうかを知らなければならないということである。したがって、信じていることと意味との厄介な相互依存関係に煩わされないためには、解釈者は観察対象の話し手に対して自分の語っていることを真と見なしているだろうとつねに仮定するしかない。この真と見なしているという想定によってだけ、発話と発話状況とがいっしょに変化するという観察事実が、正しい解釈を理論的に選択するための十分な証拠となりうるのである。こうした理由から、デイヴィドソンは方法論的な原理として、フィールドで観察される話し手は通常、合理的に行動しているという想定を、間違っていることもありうる想定として導入する。これは、一般に話し手は自分が語ることを信じているということであり、言ったことから生じる帰結において矛盾をきたしたりはしないということである。こうした前提を置くことで解釈者は、観察対象の話し手は大抵の状況において解釈者自身と同じものを知覚し信じている、したがって双方が抱いている信念も相当数が一致しているということから出発できる。もちろん、これは個々のケースでは不一致があることを否定するものではない。しかし、この原則によって解釈者は「一致を最大化する」ように促されるのである。

ここで確認しておくべきことは、デイヴィドソンが方法論として導入した寛容（Nachsichtigkeit）の原理（「寛大」（Großherzigkeit）の原理といった方がよいかもしれない）によって、解釈者は観察者のパースペクティヴから未知の話し手には行動の傾向性として「合理性」が備わっていると見なすように強いられるということである。この見なしを、当事者たちが行為遂行的に行なう合理性の想定と混同してはならない。前者では合理性の概念が記述的に用いられているのに対して、後者では規範的に用いられている。ただし、可謬的な前提を問題にしているという点ではいずれも同じである。「方法としては一致が最大化するようなやり方で解釈することを勧めるといっても、人間の知性に関する寛大な前提にもとづいて推奨しているかのように誤解しないでいただきたい。[……]ある人間の発言や発言以外の行動を解釈しても、大半が矛盾せずわれわれの基準に従っても真であるような一群の信念を見いだすことができそうにもないということになれば、われわれには、その人間を合理的で、確信していることを主張する存在だと見なす理由がないことになるし、そもそも何かを語っている存在だと見なす理由もないことになるのである[32]」。

すでにこうした定式化(この定式化はデイヴィドソンが概念図式と内容とを区別することに反対する議論を展開するときにふたたび登場する)からわかるのは、寛容という方法論的な原理は一定程度超越論的な意味を持っているということである[33]。話し手に合理性を想定することは、根源的解釈にとって不可避の前提であるだけでなく、同じ言語共同体に属する者たちのあいだで行なわれる日常のコミュニケーションにとっても不可避の前提である[34]。相互に合理性を想定することがなければ、われわれは自分たちの異なった解釈理論(あるいは考え方(Ideolekten))を越え出て相互了解のための十分な共通基盤を見いだすことはできないであろう[35]。そうだとすれば「真と見なすこと」は、言語理論と行為理論とが統合された枠組みにおいて、真である文に対する一般的「選好」(「真である文を他の文より選好する」)と改めて結びつけられることになる[36]。

行為の合理性は、普通の基準——論理的一貫性、成果志向的行為の一般的原則、経験的に明らかなことを踏まえていること――によって判定される。リチャード・ローティの批判に対する反論のなかで、最近デイヴィドソンは寛容の原理を改めて次のように定式化している。「寛容とは、われわれが理解しようとする人びとが言ったり行なったりしていることの意味を明らかにするために、彼らのなかに十分な合理性を見いだすことに関わる事柄である。というのも、もしわれわれがそうした合理性を見いだすことができなければ、われわれは彼らの言葉や思想の内容を確定することができないからである。他者のなかに合理性を見いだすということは、じつは彼らの発話や行動のなかにわれわれ自身の合理性の規範を確認するということである。ここでいう規範には、論理的一貫性の規範、行為者の本質的あるいは基本的な利害関心に適合した行為であるための規範、それに明白な事実に照らして常識的に理解できる見方であればそれを受け入れることが含まれる(37)」。

興味深いことにデイヴィドソンは、合理性の想定が照準している人間の行動の規範性を、物的なものの言語から心的なものの言語を区別するための基準としても使っている。「心的なものを物的なものに還元できないことについてはいくつかの理由がある。ひとつの理由は［……］他者の文をわれわれの文に対応させるために、解釈に際して寛容に訴える必要（！）から導入される規範的要素である(38)」。デイヴィドソンは、科学主義的な自然主義の一元論的な見方に対抗して、せめて精神と自然とのあいだの境界線だけは細いながらも維持しようとする。この英雄的な試みに対して、リチャード・ローティは強力な反論を提起することができる。なぜなら、彼の反論は、言語的コミュニケーションに根差した理性の潜勢力を弱めるというデイヴィドソン自身が追求した戦略をただ徹底させるだけのものだからである(39)。確かにデイヴィドソンが、合理的行動を完全に客体の側に押しやってしまい、言語表現の理解を客観化的態度を取る解釈者の理論的説明に還元してしまった後では、物体‐精神というパースペクティヴの二元論をどうやって保持できるのか、まったく不明である。なぜなら、デイヴィドソンが根源的解釈を行なう者にとりあえず想定する言語理解と合理性の基準もまた、天から降ってくるわけではないからである。それらについてはさらなる説明が必要なのである。

解釈者自身がどのようにして言葉を習得したのか、そもそも言語はどのようにして誕生することができたのか、こうした問題を、経験主義的な枠組みを取る根源的解釈によって明らかにすることは困難である。言語および行為能力を有する主体は、論理的に組み立てられた命題内容に対して志向的（intentional）態度を取れるからこそ「精神的存在」なのだとすれば、また言語行為やその他の行為を志向的に構成するからこそ、解釈者に合理性の想定も心理主義的な概念も要求することになるのだとすれば、今度は志向性なるものそれ自身がいかにして成立しえたのかという問題が未解明ということになる。この問題に対して、デイヴィドソンは周知のように「三項関係の」学習状況のモデルを提示することで答える。すなわち、二匹の生き物が「世界」に反応すると同時にお互いに対しても反応しあうという状況である。これによって、基礎的な言語表現の獲得という事態の、あくまでも論理的生成として、デイヴィドソンが示そうとするのは次のことである。高度に発達し高い知能を有してはいるが、まだ言語を持たず自然環境に適応しているだけの二匹の同種の生き物が、同一の意味を持つものとしてシンボルを使用することによって、感覚的な刺激を与える環境から、われわれが「志向的」と呼ぶ距離を取れるようになるということが、「われわれの」視点から、ただしあくまでも自然主義的な前提のもとで、いかにして可能でありえたかということである。

精神の志向的なあり方が成立するためには、われわれが関わることのできる諸対象からなる客観的世界の想定は不可欠である。この世界との関わりこそは、われわれが対象について言明を行ない、その言明内容に対して異なった態度を取りうるための前提である。このような叙述においては、志向的意識の成立と、命題のかたちを取るように発達した言語の成立とは等根源的である。だとすれば志向的意識は、客観的と想定された世界との関係がまだ不可欠ではない世界との相互作用の仕方から生じてくるというふうに考えることになる。そこでは世界は因果的に言語と結びつくにすぎない。この自然主義的な前提はいわゆる外在論（Externalismus）の主張と合致している。その主張によれば、言語は基礎的な知覚の語彙を介して「世界の中にしっかりと根づいて」おり、その意味論的な内容は因果的な感覚刺激を知的に処理することで形成されるという。「もっとも単純できわめて基本的なケースでは、語や文の意味は、それらが習得される対象や状況から導き出される。目の前で火が燃えているという原因にもとづいて、学習過程を通じてある文を真と見なすように条件づけられた者にとって、その文が真となるのは、目の前で火が燃えている場合である」[40]。

このような説明は、言語表現の意味と文の真理性とを、その言語表現や文を生み出す原因となり、かつそれらがそこで学習されることになる状況に還元するものである。もちろん因果的な言語ゲームにおける条件づけとして描かれる過程は、われわれは合理的な存在であるという自己理解に直観的に反している。そこでデイヴィドソンは、いかにして世界に対する、そして世界からの、志向的距離が刺激－反応のパターンに従って世界それ自体によって引き起こされたのかを説明しようとする。すなわち、相互に反応しあう二匹の生き物は、当初は刺激に対して距離を取ることなく条件づけられ、同種の生き物であるがゆえに似たような反応をしているが、やがて単に刺激それ自体を知覚するだけでなく、相互の観察を通じて相手も同一の刺激に対して同じように反応しているということを同時に知覚するようになることで、両者は刺激に対して志向的距離を獲得するようになるというのである。「これによってメルクマールの帰属先が十分確定的なものになれば、それによって、この刺激は共通の空間のなかで一定の客観的な位地を持っているという想念が意味を獲得するに至る。重要なのは、二つの私的なパースペクティヴがひとつに収斂し、それによって間主体的な空間内でひとつの位置を特定できるようになることである。とはいえ、これまでのところ、こうした図式では、被験者たちが［……］客観的なものという概念を用いているということはまったく証明されていない(41)」。

さらにいえば、一方の者が他者に関して、相手も自分と同じ対象に反応しているのだということを、どうやって知りうるのかということも、当然不明である。両者が同じ対象のことを考えているのかどうかは、それぞれが相手に関してはっきりさせなければならない。彼らはその点について了解しあうことが必要なはずである。しかしながら、そのためのコミュニケーションを両者が開始できるのは、彼らが類似のものと知覚した反応パターンを（あるいはその一部を）、同時にシンボル的表現としても使用し、それを何かを伝達するものとして他者に差し向ける場合だけである。彼らは、それぞれにとって当の反応を引き起こしたものが正確には何なのかということについて、相互にコミュニケーションしなければならないのである。「二人の個人が、それら――それぞれの想念――が相互にそのような関係にあるということを、お互いに知ることができるためには、両者のあいだでコミュニケーションがなされることが必要である。両者ともに相手に語りかけ、相手から理解されなければならない(42)」。両当事者に類似の反応を引き起こす刺激が、「彼らにとって」ひとつの客体に転化するのは、つまり共通の客観的世界のなかのひとつの対象に転化するのは、両者がお互いの反応の類似性を観察するだけでなく、いまやシンボルとして相手に差し向けられるようになった反応行動を手がかりとして「それについて」、つまりシンボル化した反応行動を通じて対象へと転化した反応誘発刺激について、互いに了解しあうようになったときからである。このように両者の類似の反応行動がコミュニケーションのために用いられるようになることで初めて、当の反応行動パターンが同一の意味を持つようになるのである。

デイヴィドソンが三項関係の図式で表現しようとしている直観的理解は明らかである。それは、客観的世界のなかの何かを指示し、それに対して志向的態度を取ることができるのは、コミュニケーションしようとすることで生み出される間主体的な関係を土台として、少なくとももう一人の話し手のパースペクティヴと調和するような、そうした話し手のパースペクティヴからであるということである。客観性は世界からの志向的距離とともに成立する。そして、話し手がこの距離を獲得できるのは、彼らが互いに同一のものについてコミュニケーションすることを学習することによってだけである。しかし、彼の仮想の学習状況に依拠してデイヴィドソンが客観性とそれと等根源的な間主体性との絡みあいをどのように説明することができるのか、その筋道をたどることは困難である。困難の原因は、外在論という認識論上の基本前提ではなく、孤独な観察者という方法論上の独我論である。

デイヴィドソンが仮定する二匹の生き物は、同じ環境のなかにいて、その環境からその都度生ずるひとつの刺激に類似の反応をすることを互いに観察するわけだが、彼らは自分たちが同一の刺激に注目しているのだということをどのようにして相互に理解しあえるのだろうか。同一の刺激を意味する何らかの概念をすでに獲得していること以外に相互理解は不可能なのではないだろうか。だが、彼らがそうした概念を獲得できるのは、彼らが同じやり方で用いる何らかの基準が存在する場合だけである。これはまさに両者にとって同じ意味を持つシンボルが存在する場合ということにほかならない。そのとき初めて、彼らは客観的に存在する類似した振る舞いについて相互に理解しあうことが可能になるであろう。確かに、かりに一方の者が——たとえば教師だとして——、ある子どもに対してすでに根源的解釈者の役割を引き受けることができるとすれば、当然彼は、彼とその子どもとが「同一のことを考えている」のかどうかを確かめるであろう。必要な場合には子どもの間違いを正そうとする限り、それは不可欠なことだからである。しかし、このような三項関係の事例によって説明できるのは、せいぜい子どもが既存の言語共同体の内部で知覚語彙の基礎的部分をどのようにして習得しうるのかということくらいであろう。二匹の生き物が環境の一部に同じように反応はするが、まだ志向的な仕方で反応しているわけではない場合、相互の行動の観察から志向性が原初的にどのように成立しうるのかということについては、まだ何も語ってはいないのである。

客観的に類似した反応を相互に知覚することから、お互いに相手は自分と同一のパターンの反応を行なっているのだという認定が成立するためには、当事者たちが同一の基準を用いていなければならない。なぜなら、異なった主体同士が客観的な類似性を確認しあうことができるのは、間主体的に定まっている特定の観点からだけだからである。ヴィトゲンシュタインが言ったように、彼らは規則に従うことができなければならないのである。つまり、当事者ではない観察者の視点から見て類似の反応が生じているというだけでは足りないのであって、当事者自身が同一の刺激ないし対象に関する反応の類似性であることを認めることが必要なのである(43)。これはすでに説明すべきことを、すなわち「種類、類似性、事実、等々を認めることはすべて［……］言語に関わる事柄である(44)」ことを前提にしている。確かにデイヴィドソンは、とりわけ志向性によって、つまり共通の客観的世界に対する関係によって特徴づけられる精神には規範性が備わっていて、その規範性が社会的な核を有しているという点を強調してはいる。しかし彼は、この社会性を、他者と共有する生活世界のなかに自分がいることを「見いだす」帰属者、したがって単に客観的に類似の行動傾向を有しているだけでなく、同時にこの一致について少なくとも直観的な意識を持っている帰属者の視点から捉えようとはしないのである。

ある社会集団に帰属している、あるいはその「一員である」ためには、自分たちの生活様式を共通の生活様式たらしめているものに関して、他の仲間とあらかじめ理解を共有していることが必要である。意味理解を理論によって導かれる説明と同一視してしまう客観主義的アプローチを選択することは、方法的独我論の立場に立つことを決めたも同然である。この立場に立てば、コミュニケーション的な同意の一切を、各自が観察者の立場からそれぞれ単独で行なう解釈の結果を整合させ重なり合わせることで得られる結果へと還元することになる。こうした単独の解釈作業では、眼前に存在し客観的に調整されてはいるが、同時に主観的にも存在しているさまざまな共通事象という基盤に依拠することができない。もしこのような立場を取らなかったならば、三項関係を導入するにしても、たとえばG・H・ミードが論ずるようなメカニズムとして導入したことであろう。すなわち、どのようにして相互行為する同種の二匹の生き物が、お互いのパースペクティヴを取り入れることで、その種特有の共通した反応パターンに意味を見いだすようになるのか、そしてどのようにして両者はこの意味をシンボルとして自由に用いることができるようになるのか、ということを説明するメカニズムである。[45]

(7) 客観主義的アプローチと対極的な立場にあるのが哲学的解釈学である。哲学的解釈学によれば、解釈のプロセスを主導するのは事前了解であり、それは経験的仮説とは違って見知らぬ他者の行動を観察することによって検証されるようなものではない。むしろ二人称の相手と対話するときのように問いと答えを通じて明確化され修正されるものである。たとえまずは共通の言語を新たに生み出さなければならないという場合であっても、対話を行なう者たちはあらかじめ共有された背景的了解の地平の内部を動き回る。こうしたやり方は、解釈者が理解できるようになるものはすべて、どれほど漠然としていようとすでにあった事前了解を明確化した結果——ただし、間違っている可能性もある——である限り、循環的なものである。その際、解釈者は、ガダマーがデイヴィドソンと一致して強調しているように、解釈の対象となるテキストは理性的な著者による言語表現としてのみ明確な意味を持ちうるという語用論的前提から出発する。こうした「完全性の先取り」を下敷きにすることで初めて、テキストが理解不能だとか表現が曖昧だということを問題にしうるのである。「明らかにこれは、あらゆる理解を導く形式的前提である。この前提が意味するのは、実際に完全な意味のまとまりを表しているものだけが理解可能であるということである[46]」。

この解釈学的な合理性の想定は、デイヴィドソンの寛容の原理と驚くほどよく似ている。しかも類似点はこれだけではない。「根源的解釈者」は、本人が真と見なしているに違いないと推定される発言を未知の話し手が行なうときの状況に眼を向けなければならないが、それと同じように、ガダマーの解釈者も、テキストと同時にテキストで扱われている事柄そのものにも眼を向けなければならない。人は、事柄そのものから「他人の意見をまさに他人の意見として分離できる」ようになるためには、その前にまず「事柄そのものにおいて理解」しあわなければならないのである。これは、文の意義はその真理条件によって規定されるという形式的意味論の原則の解釈学版である。とは言え、別の点では著しい違いもある。デイヴィドソンの解釈者は、観察者の立場から解釈者自身が定位している合理性の諸規範に未知の者も従う傾向性を持っているであろうという見なしを行なうのに対し、ガダマーの解釈者は、対話の当事者の観点から相手も共通の合理性の基準に従って理性的に発言しているだろうと想定する。行為遂行的に行なわれる合理性の想定は、客体として扱う対象に合理性を帰属させるのとは違って、合理性に関する共通の理解から、つまり単に客観的に一致しているだけではない理解から、出発するのである。

もっとも、生にとって重要な意味を持つ伝統を基盤とする対話という壮大なモデルは、多くの未解明の前提を必要としている。そこでより厳密な分析ができるようにするために、形式語用論は、解釈学が描くシナリオの全体を大幅に縮小して、了解志向的言語行為のやり取りの基本形という、いわば骨組みにあたる部分にだけ注目する。コミュニケーション的行為のマクロな次元で作動している理性のポテンシャルは、ヴィトゲンシュタインによって、規則に導かれる行動という次元で改めて微視的に探求されている。こうしたヴィトゲンシュタインの着想に刺激を受けて、フレーゲ的伝統においてダメットとブランダムに至る非経験主義的な支脈が生み出されることになったのである。カルナップ‐クワイン‐デイヴィドソンの伝統とは異なり、ダメットとブランダムが出発点とするのは、共同で遂行され規範によって規制される慣習的行為で、しかも間主体的に共有された意味連関を生み出す行為である。方法として彼らが注目するのは、いっしょにゲームを行なう者のパースペクティヴである。いっしょにゲームを行なう者は、言語能力を持った話し手の能力（Können）を明らかにするのである。

脱超越論化とは方向が逆である分析的アプローチは、「上から」出発する形式語用論的な分析にとって理想化を行なう想定のネットワークとして現われるものを、いわば「下から」発見する。つまり、この分析的アプローチの側からも示されるのは、語の意味が同一であるという想定は、より複合的な一連の想定を、つまり共通の客観的世界、言語および行為能力を有する主体の合理性、そして真理請求の無制約的性質という想定を、指し示しているということである。語の意味の同一性という最下層の理想化は、これらのさらなる理想化から切り離して考えることはできないのである。ヴィトゲンシュタインは、普遍性と同一性を持った意味が人びとのあいだでコミュニケーション可能であるという洞察を放棄することなく、フレーゲの意味のプラトニズムを退けた。ダメットは、言語の記述機能とそれにともなう客観的世界との関係に、間主体的に共有された生活形式と言語共同体の背景的合意とは異なる独自の位置づけを与えている。最後にブランダムは、討議への参加者が相互に想定しあう合理性と帰責能力を、形式語用論的な諸概念によって詳細に分析してみせている。きわめて緻密な議論の歴史におけるこれらの諸段階について、ここではもちろんごく大まかにしか触れることはできない。それによって理想化を行なう想定のネットワークが分析的なパースペクティヴからも明らかになれば十分である。

シンボル的表現の意味は、それが実際に使用される際の特殊な事情を越えている。あらゆる述語や概念に付随する意味の普遍性というこのプラトン的な契機を、ヴィトゲンシュタインは「規則に導かれる」行動という概念によって分析している。「規則に合致した」行動が観察者のパースペクティヴから見て単にある規則と一致しているだけにすぎないのに対して、「規則に導かれる」行動は、規則への定位を必要とする。つまり、行為する主体自身がその規則の概念を持っていなければならないのである。これはカントの「法に合致した行為」と「法に対する尊敬の念にもとづく」行為との区別を想起させる。だがヴィトゲンシュタインはここではまだ複雑な行為規範のことを考えていたわけではなく、単純な操作を生み出すための規則のことを考えていた。たとえば算術や論理あるいは文法の規則であり、それらはゲームの規則をモデルにして分析されるのである。

規範性は精神的活動の際立った特徴であるが、その最下層を彼はこのようにして分析していく。そもそも規則は実践的に習得されなければならない。なぜなら、すでにアリストテレスが気づいていたように、規則それ自体の適用の仕方も規則化しようとすれば、行為者は無限後退に巻き込まれてしまうので、適用の規則化はできないからである。どのように規則に従うかということに関する暗黙の知識は、自分が従っている規則はどのようなものかということに関する明示的な知識に先行しているということである。規則に従うことができるということの能力を明示化し、直観的に知っている規則をまさに規則として定式化できるためには、その前に、規則に導かれる実践に「習熟」していなければならないのである。このように規則に関する知識は実際に規則に従うことができる能力にもとづいていることから、ヴィトゲンシュタインは、実践的知識を明示化しようとする者は、すでに何らかの程度、実践に加わっている者であるという結論を導き出す(47)。

基礎的な規則に導かれる行動のこのような独特の規範性の分析から、さらに次のような結論も生じることになる。すなわち、こうした慣習的行為は共同で習得されるものであること、したがって最初から社会的性格を備えていることである。規則は「規範的」であるが、この段階ではまだ義務を課す行為規範という含意は一切なく、弱い意味で「規範的」である。つまり規則は、主体の意図をある一定の方向に「向ける」ことで主体の恣意を拘束するという意味で「規範的」である。具体的には、

――行為主体が極力、規則違反を回避しようとすることで、規則は意志を「拘束する」。規則に従うということは「違反する行為」をしないということである。

――規則に従う者は間違いを犯す可能性があり、間違いを犯せば批判を受けることになる。どのように規則に従うかということについての実践的知識と違って、所与の行動が適切かどうかを判断するためには、規則に関する明示的な知識が必要である。

――規則に従う者は、原則的に批判者の前で弁明できなければならない。したがって批判する者と行為遂行者との役割および知識の潜在的な分業が、規則に従うという概念自身のなかに含まれている。

――したがって何人も自分一人だけで独我論的に規則に従うことはできない。規則を実践的に習得するということは、慣れ親しんだ実践に社会的に参加する能力を身につけるということである。主体たちは、

弁明のために彼らの直観的な知識を反省によって相互に確認しようとするや否や、すでに自分たちが慣れ親しんだ実践のなかにいることに気がつくのである。

ヴィトゲンシュタインは、共同的実践を行なっている者たちのあいだでそのつどすでに成立している「一致」によって、フレーゲの意味の理念的な普遍性を説明する。そのような「一致」が成立しているということは、暗黙のうちに従っている規則が間主体的に承認されているということである。共同的実践を行なう者たちは、こうした背景のもとで、特定の行動をある規則の具体例と「見なしたり」、その行動は規則を「充足している」と理解したりすることができるのである。また、ある行動の正しさをめぐって論争が起こる可能性が原則的にある以上、規則が規範的に妥当するということの意味には、いつでも誰かが批判者となって「はい」または「いいえ」の態度表明をする可能性があるということが含まれている。「正しい」か「間違っている」かのいずれかという二値的なコード化によって、同時に規則に導かれる行動自身のなかに自己修正のメカニズムが組み込まれることになるのである。

もちろん、公共的な批判が最終的にいかなる審級によって判定されるのかは、さしあたり不明のままであった。直観的に前提されている規則は、所与の実践——たとえばチェスのゲームの実践——にとって構成的なものだから、批判がそうした規則にまで及ぶとは考えにくい。ヴィトゲンシュタインは、言語ゲームの文法を、マスゲームをモデルとして分析するため、（まったく議論の余地がないわけではない解釈に従えば）言語共同体で事実として根づいている一致は、正しいか間違っているかの判断にとっての否定しがたい権威であると見なしている。それは「鋤が曲がってしまう」ほど固い確信だというのである。いずれにせよこれによって、後期ヴィトゲンシュタインが行なった真理意味論から意味の使用理論への移行を理解することができるであろう。確かにフレーゲは文の意味を、文の正しい用い方を定める真理条件によって規定したわけだが、その真理条件を、言語共同体に属する者たちのあいだに根づいているローカルな背景的合意から取り出すことができるのであれば、文が真であるとか偽であるといった形式ばった仰々しい考え方をやめて、支配的な言語の使用法を直接記述するほうがより簡明ということになる。「したがって、言明あるいは言明形式の意味は、それが真であるための条件を提示することによってではなく、その使用のされ方を記述することで説明されることになる」(48)。

しかしながら、フレーゲの文脈原理を思い出すならば、この議論は説得力を失う。フレーゲの文脈原理によれば、個々の語の意味は、真なる文の意義を構成することに対する潜在的寄与によって規定される。したがって、個々の述語や概念の意味は、それぞれの語が使用される状況から直接導き出されるのではなく、文が真であるとき、個々の語が正しく用いられていることになる、そうした文の文脈から、導き出されるのである。つまり各文が真となるように用いることができる状況があって、それぞれの文の意義は全体としてそうした状況によって規定されるということである。誰かが「赤い」という述語を正しく使っているかどうか、したがって「赤い」の述語づけの規則を習得しているかどうかは、例文を挙げてもらえばわかる。たとえば赤い対象を次々と指示するなどして優秀なテスト成績を収めようと思えば、例文は当然真でなければならない。

同様に数学や論理学の規則を実際に習得しているかどうかも、その規則に応じて作られた命題が正しいかどうかで確かめられる。認知的機能を有する操作規則が問題となる限りは、その規則の「妥当」は、明示的に取り決められたゲームの規則があらかじめ存在する実践的知識に根を下ろしているわけではないのと同様に、既存の慣習化した約束事にもとづいて説明されるのではなく、規則通りに操作が行なわれたとき、その操作が真なる言明を形成するのに寄与することで説明されるように思われる。したがって、単純な認知的操作の領域においては、規則に導かれる行動にともなう規範性は、自然言語による言明の真理性や合理的受容可能性をはじめから指し示している規範性である。ヴィトゲンシュタインの教師は、生徒が規則を正しく適用して操作を行なっているかをチェックして、基本的な「はい」または「いいえ」を生徒に向かって言うわけだが、じつは、そのような基本的な「はい／いいえ」の表明がその効力を本格的に発揮する――つまり、それが妥当することの意味を初めて十全に認識させる――のは、経験的内容を持つ真理請求に対して討論の参加者が明示的に「はい／いいえ」の態度表明を行なうより複雑な段階においてなのである。

これと類似の論法で、ダメットはフレーゲの根本的な洞察の正しさを強調しつつ、後期ヴィトゲンシュタインに異を唱えている。ダメットの異論の論拠となっているのは、要するにある言明が真かどうかはその言明が事実を適切に描写しているかどうかによって判断されるのであって、その話し手がまわりの人びとの言語使用法に従っているかどうかで判断されるのではないということである。ある主張が正当なものと見なされるときに生じる認識上の権威は、言語共同体における社会的権威にのみ依拠して生じるわけではないのである。もちろん、言語論的転回以降、事態の記述は言語という媒体なしに考えられないということは明らかである。なぜなら、いかなる明晰な思想も、それに対応する主張文という命題的形式によってしか表現されえないからである。思想は言語の記述機能と結びついているのである。しかし、適切に表現された言明文が真であるのは、文の使用規則が、ある言語共同体の合意や世界像を反映しているからではなく、文の使用規則を正しく用いれば、その使用規則が文の合理的な受容可能性を保証するからである。言語の記述機能に対応する規則は、対象を指示したり事態と関係を取ることを可能にするが、それらが本当に存在あるいは存続する対象であり事態であるのかどうかの決定を下すのは、ローカルな慣習ではなく、客観的なものと想定された世界自身である。話し手たちは、世界のなかの何かについてコミュニケーションをするが、それは、客観的と想定された世界が話し手たちと「コミュニケーションをする」ということが同時になされないならば、不可能なのである。

ヴィトゲンシュタインは、「言語の文法」という表現を「生活形式の文法」という広い意味で使用している。なぜなら、言語共同体の世界像や社会的構造は自然言語の基礎的概念によって分節化されているのであり、したがっていかなる自然言語も、そのコミュニケーション機能を通じて、そのような世界像や社会的構造と「織り合わされ」ているからである。しかしながら、言語の規則もしょせんは「生活慣習」の一部であるなどと考えてはならない。なぜなら、いかなる言語も言語共同体の文化的背景や社会的な慣習的行為に対して、一定の自律性を有しているからである。言語がそうした自律性を有しているのは、言語知と世界知とが相互に影響しあうからである。一方で言語によって世界開示がなされることで初めて世界内での学習過程が可能となり、それによって世界知が獲得される。しかし他方で、世界知は世界知でこの言語知に対してこれを修正する力を保持している。なぜなら、言語の記述機能が全面的に言語のコミュニケーション的な使用法に解消されるわけではないからである。「ある陳述が真であるための条件を満たしているからといって、そのこと自体は、その陳述の使用法上の特徴ではない。[……]一般に陳述は頻繁にその陳述がなされることで信憑性を獲得するわけではない。使用頻度などよりも、われわれに必要なのは次の二つを区別することである。すなわち、単に習慣的に語られていることと、われわれの言語の使用法と発言の意味の決定因とを統制している諸原理がわれわれに語るように要求すること、あるいは語る資格を与えることの二つである」[49]。言語の記述機能が有する後者のような独自性こそは、コミュニケーションの参加者が世界のなかの何ものかについて何らかの主張を行なうときに必ず行なっているはずの客観的世界の共通の想定を想起させるものである。

（8）　他方でダメットは、フレーゲに異を唱えながら、ヴィトゲンシュタインの次のような洞察を擁護する。すなわち、言語はコミュニケーション的行為に根ざしており、コミュニケーション的行為に習熟した話し手の言語能力の解明を通じてしか、言語の構造を明らかにすることはできないという洞察である。ただし彼は、言語使用の多様な連関のなかからある特定の実践だけを優先的に取りあげて論じている。それは、主張し反論し正当化するという言語ゲームであり、意味論的に根拠づけられた「義務」と「正当化」（「言語の諸原理がわれわれに語るように要求し、語る資格を与えること」）がはっきりとテーマ化される言語ゲームである。このような合理的討議がなぜ特別扱いされるのかは、ダメットが真理意味論に与える認識論的転回によって理解される。真理条件が満たされているかどうか言語に媒介されることなく直接わかるなどという人はいないのだから、人がある文を理解できるのは、その文が真理条件を満たしていることをどうすれば認識できるのかを知っている場合だけである。そして、ある文が真であるための条件をわれわれが知るのは、話し手がその文を真であると主張するときに提示することができるであろう理由――あるいは正しい種類の理由――によってのみである。「ある人がある文を真と見なしていることと、その人がその文を積極的に主張しようとすることとは同じことだと論じた際、われわれは正しさの基準として二つの基準を区別した。すなわち、話し手たちはいかにしてある文を真であると立証するのか、あるいは真であると認めるようになるのかということに関する基準と、ある文を真と認めることがその後の話し手たちの行為の成り行きにどのような影響を与えるかということに関する基準である[50]」。

もちろん理解のこうした討議的な内部構造がはっきりと現われるのは、ある言語行為の意味がよくわからないとか妥当かどうかが疑わしいなどと感じるきっかけがあるときだけである。しかし、コミュニケーション的な言葉のやりとりには、たとえまったく意識されることがなくても、いわば討議が繰り広げられる劇場がつねに影のようにつきまとっていて、その劇場を背景としてコミュニケーション的なやりとりは行なわれているのである。なぜなら、ある発言を理解することができるのは、いかなる理由（あるいはいかなる種類の理由）によってその発言が受け入れ可能となるのかを知っている者だけだからである。このモデルによれば、日常的な普通のコミュニケーションにおいても、はっきりとしたかたちは取らないが、話し手たちは自分の発言に対してそれが受け入れ可能であるための理由を提示しているし、相互にそうした理由の提示を求め、相手の発言の位置づけを判断しているのである。つまり、一方の者が引き受けた論拠を示す義務を正当なものと見なすかどうかを、他方の者が判断するのである。

ロバート・ブランダムが、ウィルフリト・セラーズの推論的意味論と、「理由の提示と要求」という実践の見事な論理的分析とを結びつけた形式的語用論を展開するにあたり、その出発点として選んだのが以上のようなアプローチである。彼は、文を理解するとはどういうことかという、意味理論（Bedeutungstheorie）における意味論的な（semantisch）根本問題を、次のような語用論的な問題に置き換える。すなわち、ある解釈者が、ある話し手のことを、その言語行為によって言表された命題（P）に対してそれが真であることを主張している者として正しく「受け止め対処する」とき、解釈者は何を行なっているのか、という問題である。そのとき解釈者は、話し手には必要とあらば（P）が正しいことを立証する義務（commitment）があると見なすとともに、解釈者は解釈者で、話し手には（P）を主張する資格（entitlement）があると認めたり認めなかったりすることで、その真理請求（claim）に対して態度決定を行なうのである。この理論について私は別のところで論じたことがある。[51] ここでは、こうした討議において必然的に行なわれている合理性の想定についてだけ言及したい。確かにブランダムは、話し手と聞き手は相互に相手を、理由を「重視する」理性的存在と見なす、ということを議論の出発点としている。話し手と聞き手は、論拠の提示によって、原則的に批判可能な妥当請求を承認するように義務づけられたり資格が認められたりするのである。しかし、ブランダムの理論には、議論の実践には強力な先取り的理想化がともなっていると見なす、客観的な妥当に関する間主体主義的な解釈が存在しないのである。

ブランダムは、理性的な主体たちを「拘束する」ことができる言語の規範性は、より説得的な論拠が有する強制なき強制力に由来すると見なす。この強制力は、討議の実践において参加者がみずからの発言を他者に対して合理的に正当化することによって発揮される。「この力は規範的な力の一種、すなわち合理的な『当為』である。合理的であるとは、こうした規範によって拘束あるいは制約されるということであり、理由の権威に服するということである。この意味で『われわれ』と言うときには、われわれは自分たちのことを相互に理由の空間内にいるものと見なしているのである。つまり、われわれの態度や行ないに対して理由を提示したり求めたりするということである[52]」。この種の合理的な責任（responsibility）こそ、われわれが自分たちのことを言語および行為能力を有する主体と見なす際の拠りどころである。同時に、こうした理性的な自己理解こそが、ある人を「われわれの一人」と認める際に前提になる包括的な「われわれ」というパースペクティヴにとっては決定的に重要である。

興味深いことにブランダムは、みずからの著書を、パース、ロイス、ミードの伝統にならって、普遍主義的な理性概念の間主体主義的な捉え方に論及することで書き出している。これらのプラグマティストたちは、普遍主義を原則的に排除を防止することと捉えている。理性的存在が自分たちのことを「感覚的であるよりは知性的」であると見なして他の生き物から区別する際に前提にしている「われわれ」というパースペクティヴは、特殊なものの特別扱いは禁ずるが、複数主義を禁じるわけではない。「もっともコスモポリタン的なアプローチは複数主義的な洞察から始まる。われわれは何者か、あるいは、われわれはいかなる種類の存在か、と自問するとき、優劣など問題にならないさまざまな答えがありうる。そのいずれもが異なった『われわれ』という言い方を規定しており、異なった『われわれ』という言い方のそれぞれが、異なった共同体を規定している。このことは、すべての特殊な共同体のメンバーを包摂する一個の大きな共同体を指し示している。そこにおいては異なった共同体のメンバーがお互いに面識があろうがなかろうが、誰もが誰かとともに『われわれ』と言うし、また誰かに対して『われわれ』とも言う、そういう共同体である」[53]。無制約的な、つまりそのつどの文脈を越えた妥当請求とは、「ますます広範な」公衆に対して正当化されなければならないものだとすれば、この大きな共同体こそが、無制約的妥当請求の合理的な受容可能性に対する理想的な準拠点ということになるのかもしれない。ところがブランダムの議論には、この理念に対応する語用論的な等価物――たとえば複数主義的な解釈のパースペクティヴの脱中心化をいっそう推し進めることになる議論の前提のような――が見当たらないのである。私は、全体としては大いに感銘を受けるこの著作に即しながら、なぜそうした等価物が存在しないのかということを説明してくれると思われる一点を取り上げ、批判的に論じてみたい。

分析哲学の伝統全体がそうであるように、ブランダムも二人称の役割が有する認知的意義を顧みない。話し手の受け手に対する行為遂行的な態度はいかなる対話にとっても不可欠の要素であるにもかかわらず、彼はそれにまったく重要性を認めないし、問いと答えの語用論的な関係とは本来的には対話的な言葉のやりとりのことであるというふうには捉えない。こうした客観主義は、たとえば認識上の妥当性が問題になる場合に言語共同体の合意を最後の拠りどころとせずに、方法上の「社会的なものの優位」がどのように維持されるのかという問題を取り扱う際に、顔をのぞかせる。ブランダムは、権威を要求する言語共同体という集団主義的な像に対して、個々の二者関係という個人主義的な像を対置する。個人としての二人の主体が、それぞれ相手は「義務（commitments）」を負っていると見なしたり、相互に相手に「資格（entitlements）」を認めたり認めなかったりする。両者のいずれもがモノローグ的に自分の判断を形成する。つまり、いずれもが妥当請求の間主体的な承認において相手「と一致する」ことがありえないのである。確かにブランダムは「我と汝の関係」について語ってはいるが、実際にはこの関係を次のような一人称と三人称との関係として構成している。すなわち、言明の真理性を請け合う一人称と、（自分の判断は保留したままで）相手を真理請求を行なっている者と見なす三人称との関係である。この「相手を〜と見なす」という行為が討議の実践全体の基礎に置かれることで、二人称としての相手は観察される第三者へと対象化されてしまうのである。

ブランダムが解釈者を、観察された話し手が行なう発言に判断を下す公衆と好んで等置すること、そして話し手が自分の発言に対して応答してくれることを期待している受け手とは等置しないことは、偶然ではない。彼は二人称の相手に対する対話的な態度というものがありうるということをまったく考慮に入れないため、客観性と間主体性との内的な関係を、結局は「客観的なものの優位」を認めるかたちで解消するしかないと思っているようである。それぞれの言語共同体の集団的権威に対して個人が認識における独立性を確保できるのは、モノローグ的に距離をとることによって以外にはありえないと思ってしまうのである。だが、このような個人主義的な記述は、言語による相互了解の決定的なポイントを捉え損ねている。

日常的なコミュニケーションにおいては、暗黙のうちに共有されたさまざまな基本的想定が文脈を構成し、その文脈に支えられて日常的コミュニケーションが行なわれているが、自分で判断し決定を行なっている各主体の意見や意図を調整し一致させなければならないときには、ことさらにコミュニケーションの必要が生じる。いずれにせよ行為計画の調整が実際に必要になることで、受け手は私が掲げた妥当請求に対して何らかの態度を表明するはずだというコミュニケーション参加者の期待が初めて明確なかたちを取るようになるのである。そして、コミュニケーションの参加者が、自分に対する応答として肯定的もしくは否定的な反応が返ってくることを期待するのは、批判可能な妥当請求の間主体的な承認だけが、話し手と受け手の双方のその後の相互行為にとって十分信頼できる拘束力が成立するための共同性を生み出すからである。

　議論の実践は、このコミュニケーション的行為の単なる継続にすぎない。ただし、反省的レヴェルでの継続である。したがって、了解志向を保持する個々の議論参加者は、一方で共同でなされる実践にしっかり組み込まれながら、他方でテーマ化された妥当請求に対してしっかりとした理由にもとづいて、つまり、自分自身で自律的に判断せよというソフトな強制に従って、態度を表明しなければならない。いかなる集団的権威も、個々人の自由に判断を行なう可能性を制限することはないし、一人ひとりの判断能力を属領化することもないのである。この二つの側面に対応しているのが、無制約的な妥当請求の独特のヤヌス的双面である。妥当請求は、請求である限り、間主体的な承認を目指している。したがって、たとえ誰かが自分の方がもっと良くわかっていると確信していたとしても、その洞察が個人の私的な洞察にとどまる限り、それが、「いいえ」と言うことが可能な条件下で討議によって達成された合意が帯びる公的権威に取って代わることは、結局のところできない。しかし、妥当請求は、無制約的な妥当への請求である限り、実際に達成されたいかなる合意をも越えていくことを指し示している。今日ここで合理的なものとして受け入れられたものであっても、認識に関する諸条件が改善されれば誤りであることが判明することがありうるし、公衆が異なることによっても、また将来の反論によっても、誤りと見なされるようになる可能性があるのである。

討議において、無制約的な妥当請求のこうしたヤヌス的双面に正しく対処できるのは、関連するすべての理由と入手可能なあらゆる情報とが充分吟味されるという、理想化を行なう前提のもとにおいてのみである。有限な精神は、きわめて高い要求を掲げるこのような理想化によって、客観性は言語的な間主体性によって基礎づけられるのであって、それ以上遡った基礎づけはできないという超越論的洞察に対応するのである。

第3章　討議の差異化の建築術
大きな論争への小さな返答

私は、友人であるカール゠オットー・アーペルが三つの批判的な対話的提案を寄せたことに対して、ある程度適切な返答さえできないという負い目を感じつづけることだろう[1]。返答ができない理由は、彼の入念で広範にわたる考察が大きな範囲と複雑さを持っていることから説明されるだけではなく、とりわけわれわれの〔理論的な〕違いのあり様からも説明される。理論の構想の成否はその帰結が豊かであるかどうかに応じて示されねばならないのだから、ここで問題となっている理論構成上の区別は、その前提となるレヴェルにおいてはうまく論議されることはできない。構想の成否を決めるのは、論争に参加している著者自身のなすべきことではありえない。お互いの意図が非常に近く接触しあっている理論を比較する際には、直接的な参加者たちは、距離を置いて他者の論拠をまずフォローするために必要な、十分な時間をかけて解釈する根気をしばしば欠いているものである。私の印象では、当面の共通性がある者同士は得てして批判が困難であり、一方が他方の話をいわばあまりにも早くさえぎり、自分の論拠をあまりにも性急な仕方で持ち込むようにしてしまう。友情に満ちたものであっても批判的な保留は、われわれが一番一致していた時期の『認識と関心』（一九六八年）と、『事実性と妥当性』（一九九二年）との間の数十年で強められたかもしれない。この間には一方で、アーペルの強い超越論的要求と私の脱超越論化していくやり方とのあいだの開きは大きくなった。他方で、アーペルと共通のセミナーで、私はそれぞれの異なった議論戦略をお互いによりよく理解するようになれたのではないかと思う。継続された共同作業は、私に今日われわれの対話の背景となっている洞察を与えているのである。

直ちに私は、『事実性と妥当性』で企てた討議原理の規定に対してアーペルが掲げる中心的な反論に自己限定しよう（1）。この反論を論駁するために、私はまず、議論のための不可避な前提の規範的内容と、合理性のこの潜在的可能性が汲み尽くされうる妥当性の局面とを区別する（2）。したがって道徳原理は、アーペルが提案するようには、超越論的意味において規範的である議論前提だけから導出されえない。道徳原理はむしろ、義務論的に義務づける力を、討議の超越論的な内容と、基礎づけ討議にかけられる道徳的行為諸規範の妥当する意味との結びつきから借り受けるのである（3）。近代法は、主観的法、強制法、実定法、そして政治的立法者の決定に依拠した法（Recht）なのであり、この形式的性質にもとづいて、理性道徳からその機能においても基礎づけ要求においても区別される（4）。結局のところ、政治と交差する法の持つ、世界観に関して中立的な正当化の要求が、なぜ民主主義原理が道徳原理に対して独自な立場を取るのかを説明する（5）。〔アーペルと私との〕理論の構成の相違はアーペルにおいては、責任倫理学が道徳の実現のために指針を与えることによって、討議倫理学を補完することにおいても表現されている。結局、理論の建築術における相違は、メタ哲学的な（metaphilosophisch）見解の相違にもとづいているのである。私はこれについては最後にただ大雑把にだけ述べよう（6）。

（1）　私は『事実性と妥当性』において、基本権の体系の基礎づけのためにある提案を展開した。それは私的自律と公共的自律とが等根源的であるという直観を顧慮しなければならないというものだった。[2] 民主的立憲国家（Verfassungsstaat）の基礎づけを展開するときには、「法の支配」と「国民主権（Volkssouveränität）」という二つの正統化原理（Legitimationsprinzipien）は相互に前提しあっている。それに反して、ロックにまで遡るリベラリズムは、近代人の自由が古代人の自由に対して優位を持つことを主張している。そのように直観に反して民主主義原理を法治国家原理へ従属させることを、私は避けたいと思う。なぜなら、もしそうすれば、強制法・実定法を道徳的根本規範にもとづいて自然法的に根拠づけることになるからである。この〔民主主義原理を法治国家原理へ〕従属させることは、民主的憲法（Verfassung）の基礎を民主的意思形成から遠ざけるものである。私はここで、民主主義原理と人権との等根源性を基礎づける議論戦略の詳細に立ち入る必要はない。[3] アーペルとの論争の出発点を明確にするためには、この議論の動機づけを述べるだけで十分だろう。

近代的な生活条件のもとで道徳規範と法規範とが、伝統的人倫（Sittlichkeit）の宗教的形態と自然法的形態とから同時に分化することは、ただ歴史的関心の問題であるだけではない。むしろ、この両者が並行して成立していることは、高度に抽象的な行為規範の相補的な二つのタイプが、基礎づけのレヴェルにおいてではなくその仕方において区別されることを示している。近代の強制法は、正統性を保障する手続きにしたがって作られねばならない。この手続きは、理性道徳と同じようにポスト形而上学的な、したがって世界観的には中立的な基礎づけレヴェルに従っている。しかし、この民主的な手続きは自分の正統化する力を、法の上位にある〔空間時間的に制限されない〕道徳から取り出そうとすれば、空間時間的に制限された具体的な集合体（Kollektiv）の民主的自己決定の遂行的な意味を破壊してしまうことになるのである。

確かに、立法の手続きの方でも、政治的公共体のすべての構成員が民主的な意見‐意思形成へと平等に参加することを保証するように法的に制度化されねばならない。民主主義原理それ自体は、法的な言語によって構成されている。つまり、民主主義原理は、すべての市民にとっての平等な政治的参加権において具体的なかたちを持っている。確かに国家公民は、道徳的に判断する能力もまた持っているべきである。しかし国家公民は自然的人格の生活世界という法の領域外のコンテクストにおいて道徳的判断を下すのではなく、民主的権利の行使の権限を認められた国家公民という法的に制定された役割において判断を下すのである。もしそうでなければ、法の受け取り手は法の作り手として一貫して理解されることはできないだろう。その場合には、彼らが法人格の外皮を脱ぎ捨て自然的人格の道徳的判断能力を引っ張り出すときにのみ、彼らは適切に国家公民の役割を満たすことができることになってしまうだろう。

「道徳的に自立した」民主主義原理の独立性とともに、妥当する法の正統性が民主的な意見－意思形成の手続きからのみ説明される、というテーゼも同時に、危険に晒されることになる。したがって私は、さしあたりただ道徳的普遍化原則（Verallgemeinerungsgrundsatz）（U）に合うように形づくられた討議原理（Diskursprinzip）を、ただポスト形而上学的な正当化要求をまだ普遍的に、つまり行為規範一般の観点から表現しているにすぎないほど抽象的に規定した。したがって、この原理は、基礎づけ要求を後ほど特殊化していくための余地を残しているはずである。

この討議原理は、［……］実践的判断の不偏不党性（Unparteilichkeit）という意味を説明しているので、確かに規範的内容を持っている。しかし討議原理は、この規範的内容にもかかわらず道徳と法に対していまだ中立的（neutral）であるような抽象性のレヴェルにある。というのも、この原理は、行為規範一般に関わるからである。

(D)：すべての関係しうる者（alle möglicherweise Betroffenen）が、合理的討議への参加者として合意できるであろう行為規範こそが、妥当性を持つ。[4]

(D)の内容は、（われわれが後に見るように）、道徳原理と民主主義原理のレヴェルにおいて初めてそれぞれの妥当性条件の観点から特殊化されるのであるが、道徳的規則と法規範とがそれぞれその妥当性条件を満たさなければならないのは、それらが確かにオーバーラップはするがけっして同一ではない〔二つの〕妥当性領域において普遍的な承認を得るためである。[5]

これに対してアーペルは、(D)にすでに道徳原理の全規範的内容が含まれているのではないか、という疑念を表明している。「私は『実践的判断の不偏不党性の原理』という『規範的内容』に対して、道徳的性質を否認してはならないだろうと考える。もし、ハーバーマスが引き続き要請するように、『普遍的な討議原理の特殊化』によって討議原理から道徳原理を導き出すべきであるならば、である。今、道徳原理にとって、すべての関係者の『利害関係の平等な配慮』の観点『だけ』が決定的であるべきだとしても、道徳原理にとっては依然としてその観点が決定的であるはずである」[6]。疑う余地のないことは、近代法という形式的性質を持っている規範の基礎づけにとって、経験的根拠、実用的根拠、倫理的根拠、法的根拠とにならんで道徳的根拠も重要な役割を果たしていることであり、むしろ多くの場合には決定的であることである。確かに、法は一般に、〔道徳のように〕「法則に対する尊敬にもとづいて」遵守されるものでなければならない。

しかし法が道徳に違反してはならないならば、正統な法を作り出すことをコントロールする民主主義原理は、道徳的には「中立的」ではありえない。民主主義原理は、道徳原理の基礎をもなしている同一の原理（D）に、その道徳的内容を負っているように見える。したがって論争のきっかけとなる問題は、アーペルがこの考察にもとづいて、法の正統化にとって決定的な民主主義原理に対して、道徳原理が優位であることを推論しうるのかどうかである。アーペルの〔道徳と法とが〕ヒエラルキーをなしているという考えは道徳原理に対する特定の理解にもとづいているが、それは私には問題があるように思える。この〔アーペルの〕基礎づけ主義（Fundamentalismus）に対する私の留保を明確にするために、私はまず最初に、討議倫理学についてのわれわれの考察において共通の出発点となるものを想起しなければならない。

（2）真理と道徳と法についての討議理論は、ポスト形而上学的思考が、すべての規範的なものを存在あるいは主観性のあり方から導き出す強い（stark）存在論的概念から決別したという困難な状況から説明される。その代わりに、討議理論は規範的内容を次のような議論実践から得る。すなわち、われわれはこの議論実践に、不確かになる状況においていつでもすでに依拠しているのを見いだすのである――ただし哲学者や研究者の立場になって初めてというわけではなく、すでにわれわれがコミュニケーション的な日常実践のなかで、ルーティーンの中断が起こり何が正当なものとして期待できるかを反省的に確かめようとして一瞬立ち止まらざるをえない場合にである。したがって、出発点となるのは、「不可避的な」語用論的な前提という規範的内容である。議論参加者たちが、この「不可避的な」語用論的前提にそもそも暗黙裡に関わらざるをえないのは、――議論の余地のある妥当性要求を確証するという目的で――より良き論拠をめぐる競争という形態を取っている協働的な真理探究に参加するや否やのことである。結局、議論実践の持つ遂行的意味は、重要な問題に関して、そしてすべての関連する情報を基礎として、「より良き論拠という強制なき強制」が決着をつけるべきだ、ということのうちにあるのだ。人を納得させる論拠や説得力のある証拠がない場合には、何がその都度のコンテクストにおいて、良い論拠または悪い論拠として考えられうるか、を決定することも自身も議論の対象となりうる。したがって最終的には、議論の的となっている言明が合理的に受容される可能性は、「良き根拠」が、参加者たちが合理的な討議のコミュニケーション形式に関わるならば必ず行わなければならない認識状況の理想化と結びつくことにもとづいている。私は、この不可避的な語用論的な諸前提のなかで、もっとも重要なものは次の四つであると見なしている。

（a）包摂性（Inklusivität）：重要な発言をなしうるかもしれない者は誰でも、参加から除外されてはならない。

（b）コミュニケーション的自由の平等な分配：すべての者は、発言をなしうる平等な機会を持っている。

（c）誠実性条件（Aufrichtigkeitsbedingung）：参加者は、本当に思っていることを言わねばならない。

（d）偶然の外的強制、またはコミュニケーション構造に内在している強制がないこと：参加者が、納得のいく根拠の説得力によってのみ動機づけされることによって、批判可能な妥当性要求に対して「はい」や「いいえ」の態度を取ることができる。

ここでわれわれは、アーペルがその反論をもとづかせるだろう前提に出会う。というのも、彼は、これら議論諸前提の規範的内容が持つ拘束力を直ちに、義務論的に義務づけする強い意味で解釈し、そしてこの内容を反省的に確認することから直接に——平等な取り扱いの義務や誠実性の義務のような——根本規範を導出できると考えるからである。そのうえ彼は、われわれが議論において前提しなければならないものから、「共同責任（Mitverantwortung）」という未来志向的な原理を取り出そうとする。これについてはのちほどまた立ち戻って考察したいが、この共同責任の原理によって、われわれは、すべての討議参加者が「利害コンフリクトを解決するための実践的討議を実施する、つまり成立させる」[7]責任を持っていることを知るのである。私は、この直線的な外挿法〔既知の事柄から推定すること〕(*umstandslose* Extrapolation)に最初からついていけなかったことを告白せざるをえない。というのも、議論実践そのものにとって構成的でありしたがって討議の内部で避けることができない規則であっても、それらがこの現実にはありそうにない実践の外部にある行為の調整においても拘束力を持ち続けているかどうかはけっして自明ではないからである。(8)

議論の(弱い(schwach)意味における)(9)超越論的諸前提は、それらが体系的に侵害されると議論ゲームそのものを破壊することになることによって、道徳的義務から区別される。それに対して、われわれが道徳的規則に違反するとき、われわれは道徳的言語ゲームから降りる必要はない。われわれがコミュニケーション的自由の平等分配と、討議への参加のための誠実性条件を、議論の権利と議論の義務の意味において理解する場合ですらも、超越論的語用論的に基礎づけられた必然性は直接的には討議から行為へと転用されえないし、道徳的権利義務の義務論的な力、それゆえ行為制御的な力へと移し換えることはできない。同じように「包摂性」の条件も、討議に参加しうることの無制限性を越え出て、行為規範の普遍性の要求までは含んでいない。強制のないことという前提もまた議論の過程そのもののあり方にのみ関わるのであって、この実践の外部の間人格的関係に関わるのではない。

議論ゲームの規範的内容は合理性の潜在的可能性なのであり、この可能性は、妥当性要求を吟味する認識的な領域において初めて現実化されうるのであり、それも議論実践において前提された公開性、平等性、誠実性、強制のないことが、自分自身を修正し続ける学習過程のための基準となるという仕方でそうなのである。合理的討議の求めることの多いコミュニケーション形式が、その都度すべての利用可能で重要な根拠や情報を動員するなかで、参加者たちは彼らの認知的な(kognitiv)パースペクティヴを漸進的に脱中心化することを強いられる。その点では、議論前提のなかに含まれていた規範的内実（Substanz）が「行為関連性（Handlungsrelevanz）」を持っているのは、それが批判可能な妥当性要求についての判断を可能にし、そのようにして学習過程に貢献するという制限された意味においてのみのことである。しかしこのコンテクストのなかでとりわけ重要であるのは、この合理性の潜在的可能性が、テーマ化された妥当性要求の種類とそれに対応する討議タイプにしたがって、さまざまな方向性に展開されることである。

合理性が転移する方向は、妥当性要求の含意とそれぞれの含意に関連する基礎づけモデルに従っても規定される。われわれはまず第一に討議原理の独自性を理解するために、合理的討議のコミュニケーション形式の超越論的語用論的内容と、基礎づけられる行為規範のその時々の特別な妥当意味とのあいだの違いを明らかにしなければならない。討議原理は、背景的な形而上学的な想定から自立した特定の基礎づけレヴェルを規定しているが、しかしだからと言って、可能な規範的言明の妥当性の道具的または功利的意味、倫理的意味、道徳的意味、法的意味を先取りしているのではないのである。議論前提の規範的内容が、討議のなかで提出された言明形式の妥当意味と特殊な仕方で結びつく普遍的な合理性の潜在的可能性を表していることは、単純な記述的言明の基礎づけにおいてもすでに示されている。

（3） われわれが確言的言明（assertorische Aussagen）と結びつける真理性要求（*Wahrheitsansprüche*）の意味は、理想的な主張可能性に尽きるものではない。なぜなら、われわれは、主張される事態（Sachverhalt）を、客観的な世界の、つまりすべての観察者にとって同一でわれわれの記述から独立して存在する世界の構成要素であるとわれわれが語用論的に想定する諸対象と関係づけるからである。[10] この存在論的な想定は、討議を超えた準拠点を真理性討議に予め与えて、真理と正当な主張可能性とのあいだの差異を基礎づける。それにもかかわらず、議論の的となっている真理性要求をテーマ化する討議参加者は、どんな好都合な認識的条件のもとでも、命題pの真理の代わりに命題pの最善の正当化可能性を結局は受け入れることを必要としている。それは、われわれが「すべての根拠が尽くされた」と言うときにすらもそうである。われわれの誤謬可能性を意識して、われわれはこの代用品（Quidproquo）でもまず間違いはないとして受け入れるのである。なぜなら、われわれは、われわれのパースペクティヴの前進しつつある脱中心化を促進するものであることを知っているある認識状況を信頼しているからである。

さして状況が変わらないのは、決定の目的合理性または選択合理性（*Zweck- oder Wahlrationalität*）、つまり手段選択の合目的性、または二者択一される行為のあいだでの選択の有用な機能が吟味される討議においてもである。討議参加者はここでは、法則的に結びついたありうる状況からなる客観的世界を想定することを越えて、道具的行為の規則や複雑な決定戦略を基礎づけることが何を意味しているかを知るために、合理的に選択された目標を効果的に実現する言語ゲームを使いこなせなければならない。しかし経験的に中心的な問題はここでもまた、真理性要求を討議的に確証することである。

「強い」評価的言明（»starke« evaluative Aussagen）と共にもうひとつ別の妥当性要求が登場するのは、行為者がそれにもとづいて目標を選ぶか目的を設定する諸価値（Werte）そのものが問題となるや否やのことである。[11] 価値志向性を解明するのに役立つこのような討議は、比較的弱い認識的な力しか持っていない。この討議は、意識的に我がものとされた個人的な生活史のコンテクスト、または集団的な生活形式のコンテクストに関係した臨床的なアドヴァイス（klinische Ratschläge）を可能にする。この討議は、一人称単数または一人称複数の自己理解や生活構想の、真正性（*Authentizität*）の要求に即してなされている。われわれは一人称の持つ認識的な権威と、当事者自身が特権的に近づきうる主観的世界という想定とを結びつける。しかし、正義の観点のもとで、道徳的行為規範に受け入れられる一般化された価値の選択が問題になるや否や、もうひとつのまったく別のパースペクティヴが優位に立つことになる。

すべての構成員にとって「平等に良い」行為様式とはどのようなものか、という道徳の根本問題によって、われわれは正統に調節された間人格的関係の世界に関わることになる。道徳的言明の正しさ（*Richtigkeit*）への要求が意味しているのは、言明に対応した規範が受け取り手の集団のなかで普遍的な承認に値しているということである。真理性要求とは異なって、真理性に類似する正しさ（Richtigkeit）の要求は、正当化を超越したいかなる意味も持っていない。正しさの要求は、その理想的に正当化された主張可能性という意味に尽きている。(12) 合理的な受容可能性は妥当性のためのひとつの証拠であるだけではなく、むしろ合理的受容可能性のなかに、コンフリクトの状況において相争う両陣営から平等だと信じられる、つまり不偏不党な根拠を提供するはずの規範の妥当する意味がある。この最初は裁判官の姿で具体化される「不偏不党性」は、ポスト伝統的な正義理念（Gerechtigkeitsidee）へと拡大されて初めて、議論ゲームのなかで自分たちのパースペクティヴを脱中心化するように仕向けられる討議参加者の認識的な「不偏不党性」と一致するようになる。コンフリクトの不偏不党な解決という意味における「正義」と、当該の規範言明を討議的に基礎づけるという意味における「正しさ」とが幸運にも一致することは、ポスト伝統的基礎づけレヴェルにおいて初めて生じるものである。

しかしながら、議論参加者がある言明の合理的受容可能性を吟味しようとするとき、彼らがいつでもすでに強いられている認識的な解釈パースペクティヴを相互に引き受けることは、すべての関係しうる者の利害関心を平等に顧慮するという道徳的観点のもとでは、実存的に求めるところの多い（*existentiell anspruchsvoll*）パースペクティヴを引き受けるという要求へと変化する。参加者自身が個人的に（propria persona）巻き込まれている実践的問題を考慮してはじめて、議論のコミュニケーション的条件はもはや、すべての関連した発言が役割を演じて合理的動機づけによって「はい」か「いいえ」かの態度決定に至ることを保障するという意味を持つだけではなくなる。すべての論拠を誠実にまた不偏不党に考量するという無害な前提は、実践的討議の参加者に、自分の欲求と状況評価とに自己批判的に関わらざるをえなくし、他者の利害関心状況を他者のそれぞれの自己理解と世界理解のパースペクティヴから考慮せざるをえなくするのである。

したがって議論前提の規範的内容からだけでは、平等な利害関心を平等に考慮するという道徳原理は基礎づけられない。この利害関心を平等に考慮するという目標とともに、討議一般のなかに存するこの合理性の潜在的可能性が発揮されうるのは、義務を持ち行為を道徳的に正当化するということが何を意味しているかをすでに知っている場合である。いかに議論実践に参加するのかについての知は、道徳的共同体の生活経験から与えられた知識に結びつかなければならない。われわれが道徳命令の当為妥当と規範の基礎づけとに慣れ親しんでいなければならないということが明確になるのは、理性道徳によってその答が与えられた挑戦的な問いの系譜をわれわれが考察するときである(13)。

近代が開始した状況は、世界観的複数主義（Pluralismus）の突然の出現によって特徴づけられる。この状況のなかで道徳的共同体の構成員たちは、道徳的根拠が埋め込まれ、合意形成を可能にしていた世界観的‐宗教的コンテクストが解体しているにもかかわらず、コンフリクト事例において彼らのやることなすことすべてに関して、以前と同様に道徳的根拠によって論争しあうというジレンマに直面した。「よるべない（obdachlos）」近代の息子たちと娘たちとがなおも共有している唯一の統一的なコンテクストは、いまや不十分な根拠によって行なわれている道徳的争いという実践である。それゆえ彼らの共有するものの蓄えは、これらの討議の形式的性質へと収縮しているのである。参加者たちは、道徳的論争へと巻き込まれるときには、実際にはすでに関わりあっている議論諸前提の規範的内容だけを用いることができるのである。

しかしながら、この共通の討議実践の形式的性質というか細い基礎のうえに新たな背景的合意を打ち立てようと企てる目的は、過去の道徳的諸経験から生じた先行知識のことを密かに漏らしもする。参加者たちは、前近代的な生活条件のもとで属していた道徳的共同体の、「強い」伝統によって担われていた無傷の承認関係についての先行する知識にもとづかなかったならば、ポスト伝統的道徳をコミュニケーション的理性の源泉だけから再構成しようと意図することさえなかっただろう。彼らは、道徳的義務を持つこととは何か、そして義務づけする規範に導かれて行為を正当化することとは何を意味するか、をすでに知っているのである。それらの先行知識と結びついて初めて、議論一般のなかにある合理性の潜在的可能性は、世界観的コンテクストから分離した自律的な道徳の基礎づけのために利用しうるのである。[14]

いつの間にか疑わしいものとなってしまった規範の義務論的な妥当性の意味は、討議の諸条件のもとでは、利害関心を平等に考慮することというポスト伝統的な正義の理念であることが明らかとなる。さらに、規範そのものへと拡張された基礎づけ要求は、それに対応する道徳原理が欠落していることに注意を向ける。この道徳原理は議論規則として、議論の的になっている規範についての基礎づけられた合意を可能なものとしうるだろうし、したがって近代的な条件のもとでも道徳に認知的意味を維持しうるだろう。正義のポスト伝統的に純化された理念は、最初はただ仮説的にのみ導入される普遍化原則（U）[15]のインスピレーションを与える。（U）が説明しうるのは、個々の文化を越えた普遍的な義務を要求しうるとするなら、いかに道徳的問題一般が合理的に決定されうるか、ということだろう。そのときには、（U）そのものの普遍的な妥当性は、行為規範を基礎づけることがそもそも何を意味しているのかについての付随する知に導かれて、超越論的に必然的な議論前提の内容から「導出さ」れる。この導出とともに私は、アーペルによって作り上げられたモデルに従っている。それは、懐疑論者が道徳的な言明を基礎づける可能性を否定して戦いを挑んでくるならば、遂行的矛盾に陥ることを暴露することによって非‐演繹的に基礎づけを行なうモデルである。

（4）アーペルと私とのあいだで論争となっているのは、この基礎づけのやり方ではなく、非‐根拠づけ主義的な（nicht-fundamentalistisch）基礎づけゲーム（Begründungsspiel）におけるその位置価なのである。すなわち、われわれが規範性の超越論的な意味と義務論的な意味とのあいだの区別を基礎において考えるならば、討議に普遍的に備わった合理性の潜在的可能性を、義務論的な意味において義務づけるものとしては把握しないことになる。その場合には、（D）によって特殊化されることなく要求される、規範の一致可能性についての不偏不党な判断はまったくのところ、「道徳と法とに対してはなお中立的」であるものとして理解される。（D）の定式化においては[16]「行為規範」一般や「合理的討議」一般が問題となっているので、この討議原理は道徳原理や民主主義原理より抽象性のレヴェルが高いのである。ここではまだ、正当化を必要とする行為タイプも、行為がその都度正当化される特殊な妥当性局面も度外視されている。確かに、討議原理はすでに実践的諸問題に照準を合わせて作られている。つまり、討議原理が真理性問題に触れるのは、ただ事実が行為の正当化にとって関係がある限りにおいてである。そのもとで合意が目指されるべき討議条件との関係において、（D）は、行為規範一般のポスト慣習的基礎づけを要求する——しかしまだ、諸根拠が持つ、合意を達成する力が活性化されるはずの特殊化された観点を確定してはいない。

討議のなかに普遍的に含まれている、合理性の潜在的可能性は、〔第一に〕真理性、効果、概念的一貫性の観点のもとで道具的で選択合理的な行為の規則の基礎づけのために発揮されえ、〔第二に〕真正性の観点のもとで倫理的な価値志向性の基礎づけのために発揮されえ、〔第三に〕正義の観点のもとで道徳的な判断と規範の基礎づけのために発揮されうる。すでに述べたように、これらの規範諸タイプと言明諸タイプにはそれぞれ異った含意が結びついている。つまり、経験的な言明は、ある事態の存立に関わる存在論的な含意を呼び起こす。成果志向的な介入は、効果と効用最大化という道具的含意を生じさせる。倫理的問題は、善の優先という価値論的含意を持っており、道徳的問題は秩序だった間人格的関係の承認可能性という含意を持っている。このように客観的世界、主観的世界、社会的世界のあり方に関連することによって初めて、（D）が具体的な意味を持つ観点が固定されるのである。たとえば道徳原理は、正統に秩序づけられた社会的世界という観点のもとでの、（D）の特殊な運用方法として理解され、この運用方法によってわれわれは行為と規範との合理的判断を正義の観点によって下せるようになるのである。

法規範が正義の観点によっても選択されえ、また道徳と矛盾してはならないにもかかわらず、国家公民に正統な法の産出のための権限を与える民主主義原理は、アーペルが考えるようには、道徳原理に従属するものではない。〔アーペルの言うような〕法を道徳へと包摂することと実定法を法ヒエラルキーへと自然法的に組み入れることが短絡的であることを示すためには、私は法の独自の立場に立ち入らざるをえない。つまり、法は政治権力と融合した行為システムであるということだけですでに、これまで言及した規範の種類に対して独自の位置を占めるのである。このことは、（a）主観的法、（b）強制法、（c）実定法として道徳から区別される、法の形式的な諸性質から説明される。

（a） 近代法（das moderne Recht）は、主観的権利（subjektive Rechte）から作り上げられている。この主観的権利は、諸個人に対してはっきりと境界づけられた自由の余地、つまり選択意思の自由（Willkürreiheit）の領域、自律的に生活を作り上げていく領域を保証する。道徳的観点のもとではわれわれがまず第一に義務を確認し、それから自分の権利をわれわれに対する他者の義務から導出するのに対して、近代法は「君は……をすべきである（Du sollst...）」という命令の代わりに「許容（……してよろしい）（Dürfen）」を特殊化することから始まる。法義務は、平等に共有された権利を基礎にし、他者がわれわれに指し向ける正当な期待から初めて生じる。この非対称性は、明白に禁止されていないものは何でも許容する近代法の自己制限から説明される。道徳の持つ強引な力がすべての生活領域を捉え、私的良心と公的説明責任との区別をしないのに対して、法は第一義的に、私的自律的な生活領域を、公権力の恣意的な干渉から解放することに努める。法は、行動規則の選択的で非‐全体論的な形式なのであり、法が諸個人に関わるのは、生活史的に個人化された人格という具体的形態においてではなく、ただ自然的人格が、法人格つまり主観的権利の担い手という人工的に作り出され狭く限定された地位を得る限りにおいてのことである。

（b）近代法は、国家による制裁（Sanktionen）という脅しと結びついている。国家権力（Staatsgewalt）は、法律の平均的な遵守を保証し、法への服従を強制しうることによって一般的法規の正統性の副次条件を満たす。というのも、ある規範が遵守されると想定されうるのは、規範のすべての受け取り手が、他のすべての受け取り手からも同様にその規範が遵守されることを期待しうるときだけであるからである。もはや宗教的世界観に埋め込まれていない理性道徳も、道徳判断から道徳行為への移行が平均的になされるためには、社会化パターンや文化的伝承に結びついていなければならない。しかし、そのような自律的となった道徳は本来、洞察を可能にするという認知的な目的だけに向けて形成されている。善き動機づけと心情とは、洞察する主体自身の事柄であり続けている。それに対して法の制度的な性格は、諸個人を動機づけの負担から免除する。道徳とは違って、法は知のシステムであるだけではなく、行為システムでもあるのである。道徳が洞察や善き意思へと訴えるのに対して、法は合法的行為の命令へと自己制限している。法に順応する振る舞いを〔道徳のような〕「法律（則）への尊敬」という動機からこのように切り離すことは、なぜ法的規範が本質的にただ「外的な振る舞い」のみを対象としうるのかということをも説明する。

（c） 確かに政治は、法に国家的な制裁手段を与えるだけではなく、政治の方でも法を、政治を形態化し組織化する手段としても、正統化する源泉としても利用する。立法者の政治的意思に依存して成文化された法律は、支配を組織化する手段に適している。この実定的な性格から、法を制定する作り手と法に従う受け取り手という役割分担が生じる。立法のこの主意主義（Voluntarismus）も、〔ロールズのように〕構成主義的に理解された道徳にとって異質である。さらに法は、道徳的観点だけからは正当化されえない政治目標やプログラムを受容している。規則化が要求される〔法の〕題材が必要とするのは、経験的な性質の根拠、道具的‐実用的な性質の根拠、戦略的な性質の根拠、倫理的な性質の根拠を含んだ複雑な正当化である。その際、各々の新たな規則が現行の妥当する法システムに整合的に加わることができ、そして正義原理に違反しない限り法形式は損われない。道徳的根拠が蹂躙されてはならないという留保条件は、立法が民主的憲法の原理内容と結びついていることによってすでに満たされている。

（5） 最後に、アーペルによって批判された、民主主義原理の体系的な独自性を理解するために、われわれは、法と政治とが交差することから特別に生じる基礎づけの必要性を分析しなければならない。法は、一方で政治権力にとって構成上なくてはならないものであり[17]、他方でそれ自身政治権力の行使に依存するものである。つまり、法プログラムは政治意思の帰結なのである。この政治意思が、政治権力の恣意的行使という性格を失うのは、法治国家的な制御によってのみではない。立法過程は、民主的手続きを設定するという目標とともにこの過程が自分自身に適用されることによって初めて、正統性を作り出すという特質を獲得する。このようにして政治的立法者の決定は、メディアに媒介された広い公共圏における、そして民主的に選ばれた諸団体の討議的に構成された協議における包括的な意思形成の結果に依存することになる。熟議的（deliberative）政治という手続きの法的な制度化は、その正統化する力を、世界観的な前提から独立した理性的自己立法という指導理念から引き出すのである。

ここには一貫して、道徳的自己決定というカント的概念とのアナロジーがある。民主的自己立法は討議的意思形成の手続きを必要とする。この手続きは、法の受け取り手が主意主義的な意味においてだけみずからを同時に法の作り手でもあると見なせるだけではないように、民主的立法者が実践理性の洞察へと自己拘束することを可能とするものである。そこから生じるのが民主主義原理であり、それが言っているのは、それ自体も法的に構成された討議的立法過程においてすべての市民が同意しえた法のみが正統な妥当性を要求しうるということである。その際重要であるのは、この道徳的自律とのアナロジーにおける政治的［なものが持つ］独自性をわれわれが見誤ってはならないことである。

個人的人格の道徳的自己決定というモデルとのアナロジーは、具体的公共体の市民による政治的意思形成という集団的条件のもとで、選択意思の、洞察にもとづく自己拘束（*einsichtige Selbstbindung der Willkür*）を装うという点にある。しかし政治的立法と道徳的自己決定とがこのように構造的に類似していることは、一方が他方に同化されることをけっして意味しない。確かに、市民たちが公益を志向するならば、道徳的熟考に道を閉ざすべきではない。しかし、熟議的な決定実践は、憲法に適合するものとして把握された怜悧な（klug）自己保存の要請が実効的に達成されているかという点でも――それが第一義的に重要というわけではないにせよ――正統化される政治システムの一部分である。それゆえに、立法の民主的な手続きは、問題となりうる妥当性のすべての諸局面において、協議の持つ合理性の潜在的可能性を汲みつくさなければならないのである――つまりそれはけっして利害関心の平等な普遍化という道徳的観点のもとだけでのことではない。

われわれは道徳から法へと移行する際に、行為者から制度的システムのレヴェルへとパースペクティヴの転換を行なう。諸個人を道具的行為、選択合理的行為、人倫的行為、道徳的行為において方向づける諸規範は、たとえ行為者が討議の参加者として考えられていようとも、行為者のパースペクティヴから正当化される。行為者は討議参加者として、彼が成果の、利益の、善の、そして正義の局面のもとで何をなすべきかという問題に答えようとするだろう。実践理性は、参加者が実践的問題を解決するという目的を持ってアドホックに引き受ける討議のなかで具体化される。この認知的な関係は国家公民の討議のなかでも失われない。しかし法規範は、もとより制度的な（institutionell）性格を持っている。ここで実践理性は、討議実践そのものやそれが従っている議論規則のなかでのみ真価を発揮するのではない。実践理性はむしろシステム的なレヴェルにおいては、政治的行為システムそのものがそれに則って形成される諸原理において具体化されるのである。このことは、なぜ立憲秩序の一部分である民主主義原理が、道徳原理のように議論のモデルを前もって示すことで討議に関与するようには討議に関与せずに、政治的討議の制度化（*Einrichtung*）と編成（*Verflechtung*）のために基準を立てるのか、を説明する。

国家公民とその代表者たちの討議は、〔国家の〕存続のための独自の機能的要請に従う政治的な行為システムと最初から結びついている。確かに、正統な法は、特定の集団内部の間人格的関係の正しい（gerecht）秩序を考慮していなければならない。しかし正統な法は同時に、法のかたちを取って構成された行為システムをプログラム化する言語である。この行為システムは社会全体の安定と再生産のために、したがって集団的生活全体のために登場したのであって、正統な共同生活のためだけに登場したのではない。したがって法は本来的に、道徳とは異なる判断基準を要求する。道徳は、正義という唯一の局面のもとで、しかも〔法共同体の〕固有の市民だけではなく、すべての市民の基礎づけられた同意を得られるように命令を発する。政治的な、経済的な、そして文化的な存続維持命令は軽視されてはならない視点である。これらの視点のもとで、法的に一貫した諸規則は、憲法の道徳的基盤との対立に陥ることなく、経験的批判、実用的批判、倫理的批判に晒されうるのである。

このようにして、民主的に自己修正する立憲秩序は、権利システムの改良主義的な実現を持続的に行ないうるのであり[18]、アーペルがその解決のために道徳全体の範囲を越える責任倫理を導入している問題を、道徳にふさわしい仕方で解決しうるのである。

（6）近代法と政治権力（politische Macht）とを交差させることで、立法を規制する民主主義原理は、道徳原理に対して独自性を持っている。アーペルは法と権力とのこの内的連関を適切に評価しないので、法の持つ、権力を馴致する役割をも見誤るのである。その代わりに彼がもっぱら取り組んでいるのは、政治権力（Gewalt）の道徳的馴致であるが、この馴致は道徳的関係を政治的に打ち建てることを知らず知らずのうちに手助けしてしまうのである。とにかく、道徳的討議の内部では、「道徳を歴史に関係づけて適用するという問題[19]」は立てられない。なぜなら、義務論的倫理学はカントの後継者として、良き〔妥当な〕根拠から妥協を排除しているからである。無制約的に妥当する道徳的命令は、どんなに高邁な政治的目標設定とも、自分がどんなに善意であろうと妥協をすることはできない。しかしそもそも義務論的倫理学は、アーペルが倫理学のいわゆる部分Bで取り上げた責任倫理学によって補完されることを必要とするのだろうか。

道徳的命令の定言的意味は、耐え難い不正を息を飲みながら目の当たりにするときにも損われないままである。「道徳的分業」は、われわれが為さ「ねばならない」のはわれわれの力で実際に為しうるものだけである（*nemo ultra posse obligatur*）〔何人も能力以上には義務を負うことはない〕という、それ自体道徳的に正当化された原理を考慮するものであるが、いずれにせよ定言的意味は、われわれが実際的な義務の観点において「道徳的分業」を考慮する限り、どんな場合にでもいかなる妥協的な「補完」も必要としない。善く基礎づけられた規範も、それらが適用される前にさしあたり妥当するように見えるだけだとしても、それによってそれらの定言的意味の厳密さをいささかも失うことはない。確かにそれらの規範は、他の妥当する諸規範と対立する場合には、それらが「適切（Angemessenheit）」であるかどうかの入念な判断を必要とするだろう。しかしそれら諸規範の妥当性は、それらが個別事例において他の規範に対して「譲歩し（zurücktreten）」なければならないことによっては、影響を受けない。[20] かりに「道徳的なもの一般のおおよその成功」の配慮という、広い意味での「政治的」配慮を（たとえば責任倫理学的な追加された原則というかたちで）道徳そのものに含めてしまったならば、道徳的命令の当為的妥当性要求は相対化され、戦略的行為――アーペルの言い方ならば「戦略に対する戦略的（strategiekonterstrategisch）」行為――の成功条件と結びついてしまうことだろう。[21]

　普遍的な議論前提の規範的内容が、義務論的に義務づけるいかなる意味をも持たず、まして議論実践の外側で請求される同権性や相互性の直接的導出に対して何も与えないならば、この規範的実質からそれ以上の要求をどのように引き出し得るのか、が私にはますますわからないのである。アーペルは同じやり方で、「集団的行為の結果に対する、それゆえまた制度に対するすべての人間の共同責任」を基礎づけようとする。[22] 彼は議論のなかでつねにすでに前提されている規範への自己省察から、それ以上の媒介もなしに、すべての人間に対して道徳的な生活条件を世界規模で創出しようとする政治への道徳的義務を導出しようとしている。

一方で政治権力は今日まで、われわれの社会的生活のシステム的条件と制度的諸形式とに対する、意思的で集団的拘束力を有する働きかけのための唯一の手段である。他方では政治は直接的には道徳化されえない。それは、たとえ「善き支配者」というプラトン主義的モデルに従っているにせよ、革命的行為の道においてにせよ、アーペルの念頭にあるだろうような、政治的行為の徳を普遍的に道徳的に身につけさせることを通じてにせよ、同じである。それに対して、われわれの振る舞いの道徳的改良へと進むことができる唯一の道は、民主的にコントロールされた法制化による政治権力（politische Gewalt）の制度的馴致であるように見える。どんなことが可能であるかは、民主的立憲国家の複雑な発展やこの基礎のもとに戦い取られた社会国家的保障において探求することができる。さしあたり国民国家的憲法によって少なくとも部分的には制御されている政治は、その攻撃的で自己破壊的な特徴を脱ぎすてるべきであるならば、そして世界的規模で文明化して形態化する権力（Gestaltungsmacht）へと変わっていくべきであるならば、コスモポリタン的な法秩序の枠のなかでもう一度変貌しなければならないだろう[23]。

この政治的な道筋においては、道徳はあまりにも不確かな、いやむしろ誤解を招きやすい羅針盤である。アーペルが「部分B」において、道徳が全体として成功をおさめる見通しを持って道徳の妥協形態として提案しているものは、生活条件の文明化を結果としてもたらすだろう政治の、前進していく民主的法制化（Verrechrlichung）の次元を見落としている。確かに、経済的グローバル化によって政治が新自由主義的に自己解消するという流れのなかでは、この戦略にとっての対象はなくなろうとしている。つまり、意識的な自己への働きかけの手段としての政治は、自分のコントロール機能を市場に譲り渡せば渡すほど収縮する。「テロリズムとの戦い」というスローガンのもとでは「政治の消滅」は、せいぜい軍備拡張、諜報機関そして警察によって阻止されるにすぎないのである。

アーペルは、任意に行なわれる議論を営みながら必然的な議論前提の内容を反省する哲学者の討議に、三つの責務を負わせる。すなわち、（a）普遍化原則の基礎づけという回り道をすることなく、直接に道徳的な根本規範を基礎づけること、（b）「道徳的であること」への実存的な義務を示すこと、（c）道徳の歴史的実現への責任倫理学的な義務によって道徳を補完すること、である。アーペルはフッサールの超越論的な原創設（Urstiftung）を暗示しながら、この討議を「原初的（primordial）」と名づける。私は、正しい理論構築についてのわれわれの論争は結局、哲学そのものの役割についての意見の不一致に帰着すると推測している。アーペルがヨーロッパ哲学の歴史を、存在論、認識論、言語哲学と整理される三つのパラダイムの連続として再構成するのはもっともなことである。彼は、近代的思考の自己批判的な出発点と同時に、ポスト形而上学的思考の可謬主義の限界とを意識している。それにもかかわらず彼が、大げさな目標設定を負った原初的な討議という様式によって哲学的な自己反省を際立たせるときには、哲学の根拠づけ主義的理解に傾いている。結局アーペルはやはり、反省に熟達した思慮深い議論参加者の、言語的直観を直接的に、それゆえ分析以前的にありありと現在的に把握する不可謬的確信を信頼しているのである。というのも、「究極的基礎づけ」の役割を与えられた超越語用論的論拠は実際は、先取り的に揺るぎようがないが、いずれにせよ討議的には検証されえない確認であるという位置づけを持っているからである。超越語用論的論拠も論拠であるのなら、この論拠は言語的コンテクストのなかにあるはずであり、そのコンテクストはそれが持つカット面と同じ数だけの攻撃にさらされる側面を持っていることになるだろう。

確かに、ヴォルフガング・クールマンが導入したキーワード「厳密な（strikt）反省」はまた別のテーマに触れているが、ここではもはや扱えない。私は、アーペルが私の法哲学との論争のなかで際立たせた相違にだけ注意を向けるように自己制限した。これらの相違は、アプローチにおける相違である。これらの相違によっても覆い隠すことができないのは、成果における共通性と、ボンでの私の学生時代からつねに私の心にあり続けるこの友人のかけがえのない教示に負っている洞察と、なのである。

第二部　宗教的複数主義と国家公民的連帯

第4章　民主的法治国家における政治以前の基礎

われわれの討論のために提案されたテーマから思い出すのは、ヴォルフガング・ベッケンフェルデが一九六〇年代のなかごろ簡潔に定式化した問い、——自由で世俗化された国家は、自分自身では責任を持って保証できない規範的諸前提に支えられているのではないか、という問いである。[1] そこに表現されているのは、民主的立憲国家が、自分が存続するための規範的な諸前提を、自前の資源によって更新できるのかという疑念である。同じくまた、民主的立憲国家は、土着的な世界観のような、ないしは宗教的な、いずれにせよ集団的に拘束力を持つような倫理的伝統に頼らざるを得ないという推測である。もしこの推測が正しいならば、世界観的中立性を義務づけられている国家を、「複数主義という事実」（ロールズ）があるからには、苦境に陥れるのは確かであるだろう。しかしこうした帰結は上の推測そのものにとって不利な証拠であるとただちには言えない。

まずもって私は問題を二つの観点から個々に述べてみたい。認知的観点からは、この疑念は以下のような問いに関わる。つまり、政治支配は、法の完全な実定法化の後でも、世俗的な——ということは非宗教的な、ないしはポスト形而上学の、――そもそも正当化の余地があるのか、という問いである（1）。たとえそうした正統化が容認されたとしても、〔第二に〕動機づけの観点からは、次のような疑いが残る。つまり、せいぜいのところ形式的な手続きと諸原理に限定された、控えめな背景となる合意を仮定したからといって、規範的に、したがって単なる暫定協約（Modus Vivendi）を超えて、世界観的に複数主義的な公共体を安定させることができるのかという疑いである（2）。たとえその疑いが晴れたとしても、リベラルな秩序はその国家公民の連帯という助力を必要とするのであり、その連帯の源泉は、社会全体の「逸脱した（entgleisend）」世俗化のために枯渇することはありうる。この診断は否定できない。しかしこの診断から教養ある宗教の擁護者たちが、何かいわば「うまい汁」のようなものを手に入れると考えられてはならない（3）。その代わりに私が提案したいのは、文化的世俗化と社会的世俗化を二重の学習過程と見なすことである。この学習過程によって、啓蒙の伝統と宗教的教義はそれぞれの限界を反省するよう、等しく求められているのである（4）。ポスト世俗化社会に関して結局のところ問題になるのは、どのような認知的態度と規範的期待とを、リベラルな国家が、信仰を持つ市民にも信仰を持たない市民にも、相互交流において要求しなければならないかという問いである（5）。

（1）政治的リベラリズムとは（私が擁護したいのはカントの共和主義という特定の形式であるが[2]）、民主的立憲国家の規範的基礎を、宗教的にでもなくまた形而上学的にでもなく正当化しようという立場である。このリベラリズムの理論は、古典的かつ宗教的な自然法学説の強固な宇宙論的ないし救済史的な仮定を放棄した、理性的自然法の伝統にもとづいている。中世キリスト教神学の歴史、とくにスペインの後期スコラ哲学が、人間の諸権利の系譜学に属するのは明らかである。しかし国家権力の世界観的に中立的な是認の基礎は、結局一七、一八世紀哲学という世俗的起源から生じている。ずっと後になってはじめて神学と教会は革命的立憲国家の知的な挑戦を克服した。それにしても、カトリックの陣営からしても、もちろん彼らは自然の光との確固とした関係を維持していたのだから、私の理解が正しいとすれば、自律した（啓示の真理からは独立した）道徳と法の基礎づけに対しては何の妨げもなかったはずである。

カント後のリベラルな憲法原理の基礎づけは、二〇世紀に入ると、客観的な自然法（同じく実質的価値倫理学）による影響よりもむしろ、歴史主義的、経験主義的な批判の諸形式と本気で取り組まねばならなかった。私の理解によれば、コンテクスト主義に対して敗北主義的ではない理性概念を擁護し、法実証主義に対して決断主義的ではない法妥当性の概念を擁護するためには、社会文化的生活形式のコミュニケーション的あり方の規範的内容に関する弱い想定だけで十分である。中心課題は以下のことの説明である。

——民主主義的な過程が、正統な法制定のための手続きとして妥当なのはなぜか。

——民主主義と人権が、憲法制定過程において、等しく根源的に互いに組み合わされるのはなぜか。

これを説明するためには次のことが証明されればよい。

——民主主義的過程が、意見-意思形成において、包括的で議論にもとづいているという条件を満たしてゆけばゆくほど、その結果は合理的に受け入れられる可能性が強まるだろうという推測を、この民主主義的な過程が基礎づけていること。

——民主主義的に法を制定する際のこうした手続きを法的に制度化するためには、政治的な基本権とともにリベラルな基本権の保証が必要であること(3)。

この基礎づけ戦略の準拠点は、連合した市民が憲法を自分でみずからに与えることであり、すでにある国家権力を手なずける（domestizieren）ことではない。というのも国家権力は民主主義的な憲法制定の途上ではじめて生み出されるべきだからである。「樹立された」（したがって単に立憲的に手なずけられたのではない）国家権力は、そのもっとも内面の核心に至るまで法によって構成されるのであり、それゆえ法は政治的権力に余すところなく浸透している。皇帝支配下の帝国に起源を持つ、ドイツ国法学（ラーバントとイェリネックからカール・シュミットに至る）の国家意思実証主義は、「国家」または「政治的なもの」という法に拘束されない人倫的実体のための抜け穴を残していたのであるが、立憲国家においては、法以前の実体から活力を与えられるような支配主体は存在しない。[4] 憲法〔制定〕以前の君主主権と異って、いまや――多かれ少なかれ同質的な民族のエートスというかたちを取った――実体的な民族主権が埋めねばならない空白は、なくなったのである。

このように疑わしい遺産の持つ観点から解釈され、ベッケンフェルデの問いは次のように理解されてきた。つまり、完全に実定法によって構成された憲法秩序は、みずからの妥当性の根拠を認知的に確保するために、宗教ないしは何かある別の「維持する力」を必要とすると解釈されたのである。この解釈に従うならば、実定法の妥当性要求は、宗教的ないし国民的な共同体の政治以前の人倫的な確信のうちに基礎づけることを必要とすることになる。というのもそうした法秩序は、自己関係的に民主主義的に生み出された法手続きのみでは正統化されないからである。これに対して民主主義的な手続きを、ケルゼンやルーマンのように実証主義的にではなく、むしろ合法性から正統性を生み出す方法と考えるならば、「人倫」によって満たされなければならないような妥当性の不足は何ら生じない。立憲国家についてのヘーゲル右派主義的な理解に対して、カントに触発された手続き主義的見解は、憲法原則に関する、自律的で、すべての市民にとって合理的に受け入れることのできる基礎づけを主張している。

（2）以下の著述において私が出発点とするのは、リベラルな国家の憲法がみずからの正統性の要求を、自己充足的に、したがって宗教的かつ形而上学的伝統から独立して、論証をつくすという認知的な在庫品によって賄えるということである。しかしこの前提の下でも、動機づけの観点からは、ある疑いが残り続ける。民主的立憲国家が存続するための規範的諸前提は、自己を法の作り手として了解している国家公民の役割に関しては、法の受け取り手である社会市民の役割に比べて、要求の高いものとなっている。法の受け取り手に期待されているのは、彼らが主観的な諸自由（そして要求）を行使する際に法の限界を踏み越えないことだけである。自由に関わる強制力を持った法律に服することについてと、国家公民に対して民主主義的な共同立法者の役割において要求される動機づけや態度に関することについてとでは、事情は異なる。

国家公民たちは、自分のコミュニケーションの権利や参加の権利を積極的に、しかも正しく理解された自分の利益のためだけでなく、共通の福祉のために利用せねばならない。そのためには法的には強制できないが、しかし、より負担の多い動機づけが要求される。投票への義務は、命令された連帯と同じように民主的法治国家にはそぐわない。見知らぬ、名も知らぬ同じ市民のために場合によっては責任を負う用意があること、普遍的な利害のために犠牲になる用意があることというのは、リベラルな公共体の市民に対して要請されることしか許されない。それゆえ政治的な徳は、たとえほんのわずかな負担を「求められる」だけだとしても、民主主義の存続にとって本質的なのである。それらの徳は、社会化と、自由な政治文化の慣習的実践（Praktik）と思考方法における、習慣化の事柄である。国家公民という地位は、自発的な、言うならば「政治以前の」源泉からエネルギーを得ている市民社会（Zivilgesellschaft）にいわば埋め込まれている。

ここからリベラルな国家は、動機づけのための諸前提を、みずからの世俗的な手持ちの在庫からは、再生産できないと結論づけるのは性急である。市民が政治的な意見－意思形成に参加するための動機は確かに倫理的な生き方に関する構想と文化的な生活形式から活力を得る。だが民主主義的な慣習的実践は固有の政治的活力を発揮する。ベッケンフェルデの以下の問いに同意を表す回答を示唆するものがあるとすれば、ドイツで永きにわたって慣行となってきた民主主義なき法治国家だけであろう。「自由に先行して一致を生み出す絆が欠けているとき、国家としてひとつにされた民族は、個々人の自由の保証だけでどの程度生き永らえうるのか？[5]」。民主主義的に制度化された法治国家は、自分自身の幸せのために配慮する社会市民への消極的自由のみを保障するわけではない。コミュニケーション的な諸自由を解き放つことによって国家は、すべての者に共通する課題をめぐる公共的な論争への、国家公民の参加を活発化させる。探し求められていた「一致を生み出す絆」とは、民主主義的な過程のことであり、そこにおいては結局、憲法の正しい理解が討論の対象になる。

こうしてたとえば福祉国家の改革、移民政策、イラク戦争、兵役義務の廃止についての現実的な意見交換の内で、個々の政策のみならず、つねにまた憲法原理の対立する解釈が問題にされている。こうした事例においてわれわれはまた暗黙のうちにわれわれの文化的な生活様式の多様性や、われわれの世界観や宗教的信念の複数性の光に照らされつつ、連邦共和国の市民として、またヨーロッパ人として、われわれが自分たちをどのように理解しようと望むかを問題としている。確かに歴史を振り返ってみるならば共通の宗教的背景、共通の言語、とりわけ新たに目覚めた国民意識は、高度に抽象的な国家公民の連帯の生成に役立った。しかし共和主義的メンタリティはこの間、こうした政治以前の固定装置からは遠く離れていった。われわれが「ニースのために[1]」死ぬ用意がないことはヨーロッパ憲法に対する異議申し立てにはもはやならない。ホロコーストや集団的犯罪（Massenkriminalität）に関する政治的－倫理的な討議のことを考えてほしい。それらは連邦共和国の市民たちに憲法を獲得物として意識させた。自己批判的な（この間もはや例外としてではなく他の国々にも拡大した）「記憶の政治」の例は、憲法パトリオティズム的結びつきが、政治それ自身を媒介にして形成され、更新されてきた経緯を示している。

広く流布している誤解に反して、「憲法パトリオティズム」（Verfassungspatriotismus）とは、市民が、憲法原理を単に抽象的内容においてのみならず、具体的に彼らのその都度の自国民固有の歴史という文脈からわが物とすることである。もし基本権の道徳的内容がメンタリティのうちに根づくべきだとするならば、認知的な出来事では不十分である。道徳的洞察と、大規模な人権侵害に対する道徳的憤激の世界的規模の一致だけでは、政治的に制度化された世界社会へ市民を紙のように薄く統合することしか果たせないだろう（もしもいつの日か世界社会がそこで実現するとしても）。国家公民たちのもとでたとえどれほど抽象的であろうと、法的に媒介された連帯が初めて生まれるのは、正義の諸原理が、さまざまな文化的価値志向の厚く網状に織り上げられた層のなかへの、入り口を見つけ出したときである。

（3）　これまでの考察によれば、民主的立憲国家の世俗的本質は、認知的ないし動機づけの観点から見て自己安定性を危うくするような、政治的システムそのものに内在する、したがって内的な弱点を持たない。だがそうであるからといって外的なもろもろの理由が排除されたわけではない。社会全体の逸脱した近代化は、民主主義的な結びつきを確実に腐食させ、民主主義国家が法によって強制できないけれども必要としている、連帯の気質をひどく衰弱させるだろう。そのときまさにベッケンフェルデが見ていた状況が生じるだろう。裕福で平和な自由社会の市民が、孤立した利己的に振る舞うモナドに変わり、いまやただ自分たちの個人的な権利を武器のように互いに向けあうのみという状況である。国家公民の連帯がそのようにしてばらばらになって行く例証は、政治的には制御されない、世界経済や世界社会の力学という、より大きな連関のなかで示されている。

なんといっても国家行政のようには民主主義化されえない市場が、生活諸領域の制御機能をますます引き受けはじめている。この生活領域はこれまでは規範的に、したがって政治的にまたはコミュニケーションの前政治的形式を経由することにより維持されてきた。こうして私的な諸領域がますます成果を目的とした、個人的な選好を指向した行為のメカニズムへとすっかり変わってしまっただけでなく、また公共的に正統化の支配下にあった領域も収縮した。民主主義的な意見－意思形成の、がっかりさせるような機能喪失によって、国家公民の私生活主義が強められた。民主主義的な意見－意思形成は、さしあたり国家というアリーナにおいてのみある程度しか機能しておらず、それゆえ国家を超えたレヴェルへと移された決定過程にはもはや到達できない。また国際的共同体の政治的形成力への期待が弱まることで、市民の脱政治化の傾向が強まった。もろもろの紛争と、極度に分断された世界社会の甚だしい社会的不正に直面して、（さしあたり一九四五年以降始まった）国際法の立憲化の途上での相次ぐ失敗のたびごとに失望が拡がっている(6)。

ポストモダンの諸理論は、危機を理性批判の見地から把握している。この理論は、危機を、西洋近代に少なくとも素質としてあった理性の潜在的可能性が、一面的な利用によって行き詰まってしまった結果としてではなく、自己破壊的な精神的、社会的合理化の計画の、論理的な帰結と見なしている。理性への根本的な懐疑はカトリックの伝統にはもともとはそぐわない。だがカトリシズムは前世紀の六〇年代ごろまではヒューマニズム、啓蒙や政治的リベラリズムという世俗的思考を苦手としていた。そのためもう超越的準拠点への宗教的方向づけだけが、打ちひしがれた近代を袋小路から助け出せるのだという定式化が、今日ふたたび共感を集めている。私はテヘランである知り合いから、比較文化論や宗教社会学的見地からすると、西欧の世俗化というのはもともと例外的な道で、修正を必要とするのではないかと問われたことがある。その論調はワイマール共和国の雰囲気、カール・シュミット、ハイデガーやレオ・シュトラウスを思い出させる。

アンビヴァレントな近代を、コミュニケーション的理性の世俗的な諸力のみによって安定させることができるのかどうかという問いは、理性批判によって極限まで推し進めるのではなく、ドラマチックではないが、開かれた経験的な問いと考えるほうが良いと私は思う。と同時に私は、相変わらず世俗化された環境のなかでも、宗教が生き延びているという現象を単なる社会的事実として話題にしたくないのである。哲学はこの現象を、むしろいわば内側から認知的な挑戦として真剣に受け止めるべきなのだ。しかし私はこの議論の道をたどる前に、その議論とすぐ近いところにありながら、この議論とは別の方向に進む〔宗教的議論との〕対話の分岐点について、語っておきたい。理性批判を急進的に遂行することによって哲学はまた、自己に固有の宗教的・形而上学的な起源の自己反省にまで進み、しばしば神学との対話に巻き込まれてきた。また神学のほうでも理性のヘーゲル以後の自己反省という哲学的な試みに接続しようとしてきたのである。(7)

付説

理性と啓示に関する哲学的討議のきっかけは、以下のようなつねに繰り返される思考パターンである。すなわち自己のもっとも深い根拠へと反省してゆく理性は、他者に由来する自分の起源を発見する。そしてもし理性が、自分がすべてをコントロールしているという傲慢な態度にはまってみずからの理性的方向づけを見失いたくないならば、理性はこの運命的な力を承認せねばならないというパターンである。モデルとしてここで役立つのは自分の力で成し遂げた、または少なくとも引き起こした反転の修練、理性による理性の回心の修練である。シュライエルマッハーにおいて、認識し行為する主体の自己意識において反省が起きたことであろうと、キルケゴールにおいて、それぞれの実存的自己確認の歴史性において反省が起きたことであろうと、ヘーゲル、フォイエルバッハやマルクスにおいて、人倫的諸関係の挑発的な分裂において反省が起きたことであろうと、同じことである。初めには神学的な意図がなくとも、自己の限界に気づいた理性が自己を越えて他者へと向かって行く。つまり宇宙を包括する意識との神秘的融合においてであれ、あるいは救済の知らせという歴史的な出来事を絶望しながら希望することにおいてであれ、ないしは屈辱を与えられた者、傷つけられた者とのメシア的な救済の時期を早めるような連帯という形においてであれ、同じことが起きたのである。ヘーゲル以後の形而上学のこれらの匿名の神たち——包括的意識、太古の出来事、疎外されていない社会——これらを解読することは神学にとってはたやすい作業である。それらは神学にとっては、自己自身を打ち明ける人格神の三位一体性の偽名として解読されるためにある。

ヘーゲル以後の哲学的神学を更新するこの努力はかのニーチェ主義よりはるかに好ましい。というのもニーチェ主義はキリスト教的な含意を、聞くこと、聞き取り、敬虔さと恩寵の期待、来臨と出来事からただ借り出しているだけであり、かくして基本的な命題的内容が抜き取られた思想を、キリストとソクラテス以前の無規定的な古代的なものに呼び入れているからである。これに対して近代社会という分化した外被の内部で、自分が誤りを犯す可能性と脆弱な位置を自覚している種類の哲学は、世俗的でかつ普遍的に通用することを要求する言説と、宗教的で啓示的真理に依存する言説との、種的な、しかしけっして軽蔑的ではない区別を主張して譲らない。カントやヘーゲルの場合と異なり、この文法的限界設定は宗教的伝統の内容に関して——社会的に制度化された世界知を越え出て——何が真か偽かを自分から決めたいという哲学的要求を持たない。このように認知的判断を控えるのは、それが不可侵性と真正性を明らかに宗教的確信から得ている人びととその生活様式への敬意にもとづいた、宗教的伝統に対する尊敬と結びついているからだ。だが尊敬だけが理由のすべてではない。哲学には宗教的伝統に学ぶ態度を保たねばならないもろもろの理由があるのだ。

（4）善き、かつ模範的な生に関して全般的に拘束力を持つ概念から全く手を引いてしまったポスト形而上学の思想の倫理的禁欲と反対に、聖なる書物や宗教的伝統においては、過ちと救いについての、救いようのない経験をした生を救済する出口についての直観が言葉で表現され、数千年にわたり精妙に判読され、解釈学的に生き生きと保たれてきた。それゆえ宗教的共同体の教区の生活では、教条主義と良心への圧迫を避ける限りにおいてであるが、他のところでは失われてしまい専門家の職業的な知識だけではもう復活させえないものが、かなり損なわれずに残っていることがありうるのだ。私が念頭においているのは、失敗した生について、社会的な病理について、個人生活の構想の失敗について、そして歪曲された生の諸連関のひずみについての、十分にきめ細かな表現可能性と感受性である。認識的要求の非対称性という理由によって、宗教から学ぼうという哲学の態度が基礎づけられている。しかも機能的ではない、むしろ──哲学にとって得るものの多い「ヘーゲル主義的」な学習過程を思い出してみればよい──内容的な理由によって基礎づけられているのである。

キリスト教とギリシャ形而上学の相互浸透は、神学教義体系という精神的形態や──すべての観点から幸福をもたらしたわけではないが──キリスト教のヘレニズム化をもたらしただけではない。この相互浸透は、もう一方の側では純粋にキリスト教的な内容の哲学による習得をも促進した。この習得活動は、責任、自律、正当化のような、また歴史と記憶、あるいは新たな始まり、革新と復興、解放と充足、外化、内化と具現、そして個人と共同体というような規範性を帯びた概念網のなかに現われている。それらの概念の習得は根本的に宗教的な意味を確かに変形してはいるが、しかし空疎化したり価値を引き下げたり使い尽くしたりはしていない。人間が神の似姿であることを、等しく無条件に尊重さるべきすべての人間の尊厳と訳したのはそうした内容を維持する翻訳のひとつだ。この習得は、聖書の概念の内容を宗教共同体の限界を越えて他の信仰を持つ者や信仰を持たない者を含んだ普遍的公衆に対しても明らかにしている。ベンヤミンはそうした翻訳にときおり成功した者の一人だった。

宗教というカプセルに包まれている意味の潜在的な力を現世化して解き放つこうした経験を基礎にして、われわれはベッケンフェルデの定理に危険ではない意味を与えることができる。先に私は社会統合の三つの大きな媒体のあいだの、近代に根をおろしていた均衡が危険にさらされているという診断を述べたが、それは市場と行政権力が社会的連帯を、したがって価値や規範と了解を目指す言語使用とによる行為の調整を、ますます多くの生活領域から排除しているからである。それゆえ市民のあいだの規範意識や連帯がそれで養われる文化の源泉を大切に扱うこともまた立憲国家の固有の関心のうちにある。「ポスト世俗化社会」(8)について語ることの中にはこうした保守化した意識が反映されている。

この言葉が意味するのは、ますます世俗化してゆく環境のなかで宗教が持ちこたえているとか、社会がさしあたり宗教共同体の存続を頼りにしているという事実だけではない。「ポスト世俗化」という表現はまた、望ましい動機や態度の再生産に役立つという機能的な意味での貢献を理由に宗教共同体への公的な承認を表しているだけでもない。ポスト世俗化社会の公共的な意識に反映しているのはむしろ、信仰を持たない市民と信仰を持つ市民との政治的な交流にとってさまざまな帰結をともなう規範的洞察である。ポスト世俗化社会においては、「公共的な意識の近代化」が、局面の移り変わりとともに宗教的なメンタリティにも世俗的なメンタリティにも及んでおり、反省的に変化させた、という認識が貫徹する。二つの陣営が社会の世俗化を共に補いあう学習過程として把握するならば、公共性における論争的なテーマへのそれぞれの貢献を認知的根拠にもとづいても互いに真剣に受け止めることができる。

（5）一方において宗教意識は適応過程を強いられてきた。宗教は生の形式全体を構造化する権威を要求するという意味でも皆、根本的に「世界像」ないし「包括的教理」（comprehensive doctrine）である。解釈の独占と包括的な生の形成へのこの要求を宗教は知の世俗化、国家権力の中立化と信仰の自由の普遍化という条件のもとで断念せねばならなかった。社会的部分システムの機能的な分化と共にまた宗教的信徒の生活もそれをとりまく社会的環境から分離する。共同体構成員の役割は社会市民の役割から分化する。そしてリベラルな国家は、単なる暫定協約を超えた市民の政治的統合を必要とするのだから、構成員役割の先に見た分化が認知的な主張をあまりせずに、宗教的エートスが世俗化した社会から押しつけられた法律に適応するという事態をもたらせばそれで十分というわけにはいかない。むしろ普遍主義的な法秩序と平等をめざす社会道徳は内側から、一方が他のものから整合的に生じてきたようにして、信徒のエートスに接続せねばならない。この「埋め込み」についてジョン・ロールズはモジュールという比喩を使って説明している。つまり、この世俗的正義というモジュールは、確かに世界観的には中立な根拠の助けを得て構成されているが、その都度の正統派の基礎づけのコンテクストにうまく適合しなければならないのである。[9]

リベラルな国家はこの規範的な期待を宗教的信徒に突きつけているのだが、政治的公共性を通じて自分の影響を社会全体に及ぼす可能性が宗教的信徒に開かれてくる限りは、この規範的な期待は彼らに固有の利害関心と一致するのである。確かにこの寛容にともなう事後の負担は、妊娠中絶に関する多少ともリベラルな諸規則が示すように、信仰を持つ者と持たぬ者では平等ではない。しかしまた世俗的な意識にとっても、消極的な信教の自由を享受する際には負担がかからないというわけではない。世俗的意識に対しては啓蒙の限界と自己反省的につきあう訓練が期待されている。リベラルな制度を持った複数主義的な社会の寛容理解は信仰を持たぬ者や他の信仰を持つ者と交わる信仰者に対して、意見の不一致の存在を理性的に考慮せねばならないという洞察を要求するだけではない。他方においてこの同じ洞察はリベラルな政治文化の枠のなかでは信仰者と交わる信仰なき者に対してもまた要求される。

宗教的音痴である市民にとって、信仰と知との関係を世界知の観点から自己批判的に規定することは、少しも瑣末な要請ではない。信仰と知との不一致が継続すると予期されたとしてもこの予期について「理性的」という述語が期待できるのは、宗教的な信念が世俗的な知の観点からしてもまた、単に非合理的であるだけではない認識上の価値が認められるときだけである。政治的公共圏においてはそれゆえ、学問的な情報を思弁的に加工した結果であり、また市民の倫理的自己了解に密接な関連がある自然主義的な世界像は、[10] 競合する世界観的ないし宗教的見解に対し、けして一見そう見えるような（*prima facie*）優位を占めているわけではない。

すべての市民に平等な倫理的自由を保証する、国家権力の世界観的中立性は、特定の世俗主義的な世界観を政治的に一般化する考え方とは両立しない。世俗化した市民は、国家公民という自分の役割において登場する限り宗教的世界像が根本的に真理への潜在的可能性を持つことを否定してはならないし、また信仰を持つ同胞が、宗教の言葉で公共圏での討論に貢献する権利に対して、反対してはならない。リベラルな政治文化からすれば、世俗化した市民が、宗教の言葉で語られた重要な貢献を、公共圏で通用する言葉に翻訳する苦労を分かちあうことすら期待できるのである。[11]

第5章　公共圏における宗教

宗教的市民と世俗的市民の「公共的理性使用」のための認知的諸前提[1]

（1）　一九八九／九〇年の時代を画する転換以降、宗教的な信仰の伝統と宗教的な信仰共同体は、それまでほとんど誰も予想していなかったような政治的意義を獲得するに至った[2]。もちろん真っ先に思い浮かぶのは、宗教的原理主義のさまざまな変種で、近東で台頭してきただけでなく、アフリカや東南アジアの諸国、それにインド亜大陸などでも目立っている。それらは、国民同士の対立や民族的な対立と結びついていることもあるが、最近は組織的中心を持たずにグローバルに暗躍するさまざまなテロリスト集団の温床にもなっている。そうしたテロリスト集団は、尊大に感じられる西洋文明が、自分たちを侮辱することは許さないということで反発している。しかし、兆候的な現象はこれらだけではない。

たとえばイランでは、西側の支援を受けて成立した体制が腐敗していたことに対する反発から、本物の聖職者階級による支配が成立し、他の運動にとっての模範となっている。多くのイスラム諸国、それにイスラエルでは、すでに宗教的親族法が国家的な民法に取って代わったり、宗教的親族法と国家的民法のどちらを選んでもよいというふうになりつつある。アフガニスタンやイラクなどの国々では、憲法上は全体としてリベラルな秩序を取りながらも、イスラム法との両立が目指されている。宗教的なせめぎあいは、国際社会のアリーナにも登場してきている。多様な近代［multiple modernities］という政治的プログラムに結びついている希望のもとになっているのは、それぞれの偉大な文明の相貌を紛れもなく今日まで決定している各世界宗教の文化的自己意識である。西側においても、「文明の衝突」に対する懸念が広がることで、国際関係やコンフリクトの捉え方が変わってきている。「悪の枢軸」は、有名ではあるがひとつの例にすぎない。これまでは自己批判的な議論を展開してきた西側の知識人たちも、非西欧の人びとが描き出すオクシデンタリズム〔西洋に特有とされる気質や精神〕に対して攻撃的な反応を示しはじめている。(3)

地球の他の場所での原理主義は、主要には長期にわたる暴力的な植民地支配および脱植民地化がうまくいかなかったことの産物として捉えることができる。外部から押し寄せてきた資本主義的近代化は、不利な諸事情のもとでさまざまな社会的不安と文化的ゆがみを引き起こしたのである。こうした理解によれば、さまざまな宗教運動は、社会構造上の大変革や文化的に時代遅れとされること——それは、近代化が加速したりうまくいかなかったりするような諸条件のもとでは、自分たちの拠りどころを奪われることとして経験される——に対処する動きということになる。ところが、いっそう驚くべきことに、アメリカの内部で、つまり近代化のダイナミズムがもっとも成果を収めている西側社会の内部で、宗教が政治的に再活性化しているのである。もちろんヨーロッパでは、すでにフランス革命の時代から、みずからを反革命的と理解する宗教的な伝統主義の力はお馴染みである。しかし、そのようにあえて伝統の力として宗教を担ぎ出さなければならないというところに、かろうじて伝承されてはいるものの、生命力を失ってしまったのではという懐疑につねに付きまとわれていることが透けて見えていた。ところが、アメリカ合衆国において衰えることなく存続してきた強い宗教意識の政治的目覚めは、反省によって不確かなものとなったはずの力に対する懐疑には、ほとんど影響されていないようである。

第二次世界大戦が終わって以降、アイルランドとポーランドを例外として、ヨーロッパのすべての国々は、社会の近代化とともに進行した世俗化の波に覆われた。これに対して、アメリカ合衆国の場合、信仰心があつく積極的に宗教活動に関わっている人びとの割合が、この六〇年間多少の変動はあるにせよ一貫して比較的高い水準を維持していることを、すべてのアンケート調査のデータが示している。[4] より重要なことは、今日のアメリカにおける宗教的右派の活性化は、けっして伝統主義的な動きではないということである。まさに自発的に信仰心に目覚めさせるエネルギーを彼らが解き放ったがゆえに、彼らと対立する世俗的人びとのあいだに、無力感と苛立ちが広がっているのである。

西側の指導的権力たるアメリカ合衆国の、その市民社会の中心部での宗教的刷新運動は、イラク戦争によって生じた西側の政治的分裂を、文化的次元で強めることになった。[5] 死刑の廃止、リベラルな堕胎規制、性に関するさまざまな志向の同等の扱いと同性愛者が人生の伴侶となることを差別しないこと、拷問の無条件の拒否、一般に集団財――たとえば国民の安全――に対する権利の優先、等々、ヨーロッパの国々は、一八世紀後半の体制転換を図った二つの革命以来アメリカと共に選択してきた道を、単独で歩み続けているように思われる。しかしこの間、世界全体で、政治的に動員される宗教の意義が増大している。そのような背景のなかでは、西側の分裂は、ヨーロッパがそれ以外の世界から孤立しているというふうに捉えられることになる。世界史的に見れば、いまやマックス・ヴェーバーの「西洋合理主義」が、じつは特殊な道であったというふうに見えるということである。

こうした修正主義的な見方からすると、世界宗教の伝統の流れが途切れることなく連綿と続いているということは、従来主張されてきた伝統的社会と近代社会とのあいだの敷居を取り払ってしまうか、少なくともならしてしまうことであるように見える。それゆえ、近代に関する西洋の自己像は、ゲシュタルト心理学でよく試されるような反転効果にさらされる。すなわち、他のすべての文化の未来にとっての基準的模範から、特殊事例への転換である。確かに人を暗示にかけるようなこうしたゲシュタルト転換は、厳密な社会学的検証に耐えるものではないし、一見世俗化と矛盾するように見える明白な事実を整合的に解釈できるように近代化理論による世俗化の説明を発展させることもできようが(6)、そうだとしても、明白な事実そのもの、とりわけ政治的ムードの兆候的な先鋭化は、疑いえない。

前回の大統領選挙の二日後に、ある歴史家が書いた「啓蒙が退陣した日」という題の文章が新聞に載った。その歴史家は、警鐘を鳴らすように次のように問いかける。「進化よりは処女懐胎を本気で信じるような人びとを、それでもなお啓蒙された国民と呼ぶことができるだろうか。歴史における最初の真の民主主義国家たるアメリカは、［……］啓蒙の諸価値の産物であった。建国者たちは多くの点で意見を異にしていたが、当時［……］まさに近代そのものであったこれらの価値を共有していた。選挙の直前に行なわれた世論調査でブッシュ氏を支持する人びとの七五パーセントが、イラクはアルカイダと緊密に連絡を取りながら動いていたか、九・一一の攻撃に直接関わっていたと信じているという結果が出たが、もはや証拠を尊重しようという気などないかのようである(7)」。

このような事態をどのように評価するにせよ、選挙の分析が示しているのは、西洋の文化的分裂は、アメリカ国民自身の内部にも広がっているということであり、対立する価値志向――神、ゲイ、銃――は、それよりも露骨な利害の対立に、明らかに重なっていたということである。いずれにしろブッシュ大統領が勝利することができたのは、もっぱら宗教的動機から投票する人びとが彼の支持にまわったおかげである(8)。こうした政治的重みの変化は、それに対応する精神的な変化が市民社会のなかで起こっていることを示している。そして、その精神的変化が、国家および公共圏における宗教の政治的役割に関する学術的論争の背景をもなしているのである。

またしても問題となっているのは、米憲法修正第一条の最初の文の実質である。「連邦議会は、国教を樹立し、あるいは信教上の自由な行為を禁止する法律を制定してはならない」。他者の信教の自由を相互に尊重することを基本とする信教の自由(9)の実現に向けて、アメリカ合衆国は先導者の役割を果たしてきた。一七七六年にヴァージニアにおいて起草された権利章典の第一六条こそは、基本的権利として信教の自由を保証する最初の文書である。それは、信教の自由を、民主的な公共体の市民が、異なった信仰共同体の垣根を越えて相互に認めあうものとしていた。フランスの場合と違って、アメリカ合衆国において信教の自由が認められたということは、住民に自分たちの尺度を上から押し付け、それによって少数派の宗教にせいぜい寛容な態度を取るだけのお上に対して、世俗主義が勝利したということを意味するわけではない。国家権力が特定の世界観を取らないということの第一義的な意味は、信仰の強制や良心に対する圧迫によって市民を苦しめるなどということがないようにするといった否定的なものではなかったのである。むしろ、古くさいヨーロッパを見限ってアメリカに渡った人びとに対して、それぞれがそれぞれの宗教を何ものにも妨げられずに信仰することができるという積極的自由を保証しようとするものだったのである。だからこそ、宗教の政治的役割に関する論争において、今日に至るまで、すべての陣営がそれぞれ憲法に対する忠誠を誓うことができるのである。そのような信仰の自由に対する要求がどこまでならば正当であるのかという問題を、後で検討することになろう。

以下では、ジョン・ロールズの政治理論、とりわけ彼の「公共的な理性使用」という考えを承けてなされてきた議論を取りあげる。さまざまな宗教的伝統と宗教共同体が市民社会と政治的公共圏において果たすことが認められている役割、したがって市民たちの政治的な意見と意思の形成において果たすことが認められている役割に関して、リベラルな体制において要請される国家と教会の分離は何を意味するのだろうか。修正主義者の理解によれば、この境界線はどこにあるべきなのだろうか。昨今、リベラルな境界設定に関する古典的な考え方に攻撃を仕掛けている論敵たちは、複数主義的社会についての世俗主義的な限定的理解に対して、単に、国家が特定の世界観を取らないということは実は宗教に対して大変好意的なのだということを認めさせたいだけなのだろうか。それとも、リベラルな基本方針を――多かれ少なかれ気づかれないように――根本から変更しようというのだろうか。彼らはすでに近代に関する異なった自己理解の地平の内部で議論を展開しているのであろうか。

私はまず、立憲国家のリベラルな前提を確認し、ジョン・ロールズの理性の公共的使用という理念から国家公民のエートスに関して導き出される帰結を強調する(2)。次に、宗教の政治的役割に関するこのような制限的理解に対するもっとも重要な反論を取り上げる(3)。リベラルな自己理解の根本に関わる修正主義者の提案に批判を加えながら、世俗的市民と信仰を持つ市民の立場を媒介する構想を展開する(4)。もちろん、世俗的市民と信仰を持つ市民とがリベラルな国家公民の役割に関する規範的期待どおりに振る舞えるのは、両者が一定の認知的前提を満たし、それに相応しい認識態度を相手も取りうると相互に認めあうときだけである。それがどういうことを意味するのかということを、まずは近代の挑戦に対する応答として起こった宗教的意識の形態転換に即して論じる(5)。これに対して、ポスト世俗化社会で生きるという世俗的意識は、哲学の次元では、ポスト形而上学的思考としてはっきり現われている(6)。もちろん、リベラルな国家は二つの点で問題となる次のような問題に直面する。すなわち、信仰を持つ市民も世俗的市民もそのような態度を獲得できるのは、相補的な「学習過程」においてのみなのだが、それに関しては本当に学習過程の問題なのかという点で意見が分かれるし、いずれにしてもその学習過程に対して国家が――法と政策という国家が自由に用いることができるメディアを通じては――影響を与えることはできない、という問題である（7）。

（2）　民主的な立憲国家の自己理解は、「自然な」理性にもとづく哲学的伝統、したがってその伝統の申し立てによればすべての人間が等しく理解できる公共的な論拠のみにもとづく哲学的伝統の枠内で形成されてきた。この共通の人間理性という想定こそは、もはや宗教的正統化に頼れない世俗的な国家権力を正当化するための認識的基礎であり、同時にまた、制度面では国家と教会の分離を可能とするものである。こうしたリベラルな背景的理解が成立するにあたっては、近代初期の宗教戦争や宗派対立の克服が歴史的なきっかけとなった。つまり、立憲国家は、宗教戦争や宗派対立に対して、特定の世界観に立たない統治と、対等な市民の民主的な自己決定によって対応してきたのである。こうした系譜的つながりが、ジョン・ロールズの正義論の背景にもなっている[10]。

基本的権利としての良心および信教の自由は、宗教的複数主義の挑戦に対する適切な政治的対応である。つまり、これによって、認知的次元では、ある信仰を持つ人、それとは異なった信仰を持つ人、信仰を持たない人のそれぞれにとって実存的に重要な信念のあいだで対立が生じる可能性が相変わらず存続しているにもかかわらず、国家公民としての社会的交流という次元では、そうした対立の可能性を緩和することができるようになったのである。とはいえ、信教の自由を同等に保証するうえで、国家の世俗的性格は必要条件ではあるが、十分条件ではない。世俗化した国家が、それまで差別されてきた少数派に対して恩情的な好意を示し寛容になったところで、信教の自由の保証には十分ではない。信仰についての積極的権利と、他者の信仰実践によって煩わされずにいられるという消極的自由とのあいだの微妙な区別について、異なった立場の当事者たち自身が一致することが必要である。寛容の原則が、寛容の境界は抑圧的に決定されてしまっているのではという疑いを免れるべきだとすれば、どこまでは許されてどこからはもはや許されないのかという線引きに関して、あらゆる立場の人びとが同等に受け入れられるような説得的な理由を示さなければならない(11)。公正な規制が成立するのは、当事者たちが、それぞれ他者の立場にも立ってみることを学習する場合のみである。そのため適切な手続きとして推奨されるのが、十分に審議を尽くすことを要件とする民主的な意思形成である。

いずれにせよ、世俗的国家においては、政治的統治行為の基盤を非宗教的なものに求めなければならない。民主的な体制は、国家権力が特定の世界観を取らないことで生じる正統化の欠落を埋めなければならないのである。自由で平等な市民が共存するために、実定法という手段を用いて自律的かつ理性的に自分たちの生活を規制しようと思うならば、彼らは相互に基本的権利を認めあわなければならないが、そのような基本的権利は憲法を制定する実践によって成立する(12)。そうした民主的な手続きが正統性を生み出す力を持っているのは、二つの要因のおかげである。ひとつは、市民が同等に政治参加できることで、法の受け手が同時にみずからを法の作り手としても理解することが可能となることである。もうひとつは、認識的要因で、異なった立場のぶつかりあいが、あくまでも討議という形で行なわれることである。その形式によって、結論は合理的に受容可能なものであるという想定が基礎づけられるのである(13)。

市民の振る舞いと心構えに関する、法律によっては強要することのできない期待が、正統化に関する以上の二つの要因から説明される。つまり、共同でなされる自己決定の実践にきちんと参加できるための条件が、国家公民としての役割を定義するのである。それは、たとえ世界観や宗教的信念の問題では相変わらず不一致が存在していても、市民は政治的公共体の対等な構成員として相互に尊重しあわなければならないということであり、こうした国家公民としての連帯を土台に、対立する問題について、合理的に動機づけられた相互了解を目指さなければならない——互いにもっともな理由を提示する義務を負っている——というものである。ロールズはこうした文脈で、礼節のある振る舞いと公共的な理性使用に関する国家公民の義務について語っている。「市民という身分の理念は、ある道徳的な——法的ではなく——義務を課す。すなわち、彼らが主張したり賛成票を投じたりする原則と政策が、公共的理性の諸価値によってどのように支持されうるのかという根本的問題について、相互に説明できなければならないという礼節の義務である。この義務には、異なった意見のあいだで理性的な調停がなされなければならない場合に、他人の意見をきちんと聞くことと、公正な精神で決定することも含まれている」[14]。

自分たち自身の規範を基礎とし、自分たち自身で決定する、自由で平等な市民の連合がはっきりと形成されて初めて、理性の公共的使用が依拠する基盤が成立し、市民は、妥当している憲法の諸原則（の基礎づけられた解釈[15]）に照らして、それぞれの政治的態度決定を相互に正当化しあうようになる。その正当化に関して、ロールズが依拠するのが「公共的理性の諸価値」であり、別のところでは「私たちが受け入れ、他者も合理的に受け入れることができるだろうと思われる諸前提[16]」と書いているものである。なぜなら、特定の世界観を取らない国家においては、誰もが理解できる理由に照らして、いかなる立場にも偏ることなく、つまり信仰を持つ市民にとっても持たない市民にとっても、あるいは異なった信仰を持つ市民にとっても、同等に正当化されうる政治的決定だけが正当なものと見なされるからである。いかなる立場にも偏らずに正当化されたとは言いがたいような統治行為は、ある人びとが他の人びとに自分たちの意思を押し付けたことになるので、不当である。民主的な公共体の市民は、相互に理由を提示しなければならないという義務を負っているが、それは、それによってしか政治的統治が抑圧的性格を持たなくなることはないからである。以上の考察から導き出されるのが、非公共的な理由を公共的に用いる際に服すべき「但し書き」であるが、これについてはさまざまな意見がある。

国家と教会の分離の原則は、国家的制度の内部で活動する政治家と公務員に関しては、法律であれ、裁判所の決定であれ、あるいは行政命令や措置であれ、もっぱらすべての市民が同じように理解できる言葉で表現し、正当化することを義務づけるのに対して、公共圏において市民や政党とその候補者、さまざまな団体組織や、教会その他の宗教共同体などが服している条件は、それほど厳格なものではない。「第一の点は、宗教的なものであれ非宗教的なものであれ、合理的で包括的な教義を公的な政治的討論の場でいつでも持ち出してよいということである。ただし、これには条件がつく。それは、それぞれの教義が何を支持していると言われているにせよ、その支持するものを十分支持しうるだけの適切な政治的理由——包括的な教義によってのみ与えられる理由ではなく——を順を追って提示するという条件である」[18]。この但し書きが意味するのは、そのつど提示された政治的理由が、単に申し立てられるというだけではだめで、その理由がもともと帰属していた宗教的文脈から切り離されても「物を言う」ものでなければならないということである[19]。

リベラルな考え方によれば、国家が信教の自由を保証するのは、次のような条件を満たす場合のみである。すなわち、宗教共同体が自分たちの伝統のパースペクティヴから、国家の諸制度が特定の世界観を取らないことを、つまり国家と教会の分離を、受け入れるだけでなく、市民の公共的理性使用に関する制限をも受け入れることである。ロールズは、自説に対する異論を自分自身で提起した際にも、この要請にこだわっている。「憲法の体制のもとでは、彼らの包括的な教義が大いに受け入れられることはないかもしれないし、それどころかだんだん衰退さえするかもしれないのに、それでも信仰を持つ人びとが［……］

憲法の体制を承認するなどということは［……］いかにして可能なのだろうか[20]」。

ロールズは、公共的な理性使用という概念とともに、断固たる批判者も登場させたのである。批判者が異を唱えているのは、さしあたりリベラルな前提そのものではなく、リベラルな秩序の枠内における宗教の政治的役割に関するあまりにも狭い世俗主義的な規定についてである。だが、もちろん異論は、最終的にはやはりリベラルな秩序の実質的なところまで攻撃しようとしているように見える。そこで私が考えてみたいのは、憲法に照らして不当な主張に課される限界である。民主主義と国家に関する世俗主義的な理解に対する正当な批判と、立憲国家の世俗的性格と両立しないほどの政治的役割を気前よく宗教に認めてやってもよいではないかという議論とを、混同してはならないのである。

国家と教会の分離の原則が、国家的諸制度に対して要求するのは、宗教共同体と関わる際の、厳格な不偏不党性である。議会や裁判所、政府や行政機関は、他の人びとを犠牲にして特定の人びとを優遇したりすれば、特定の世界観を取らないという掟に反することになる。これに対して、国家は、宗教そのものを、したがってあらゆる宗教共同体を同等に、支援したり（保証された信教の自由と調和する形で）制約を加えたりする政策を一切控えるべきだという世俗主義の要請は、国家と教会の分離の原則の狭すぎる解釈である[21]。他方で、世俗主義は退けるにしても、それによって国家と教会の分離までやめてしまうような考えが野放図に広まるのを許してはならない。たとえば立法過程において宗教的な正当化を容認することは、後で見るように、分離の原則そのものに反することである。もっともロールズが展開するリベラルな立場は、批判者の注意を、国家的諸制度が特定の世界観を取らないことよりは、むしろ国家公民という役割の規範的含意の方に向けさせるようである。

（3）ロールズの批判者たちは、教会や宗教運動が、民主主義と人権の擁護や徹底に対して実際に政治的に好ましい影響を与えたと言えそうな歴史的事例を持ち出す。マーティン・ルーサー・キングとアメリカの公民権運動は、それまで排除されてきた少数派の人びとや周辺的集団が政治的過程に包摂されるようになるための戦いで目覚しい成果を収めた格好の事例である。これに関連して、アングロサクソンの国々でもヨーロッパ大陸の国々でも、大半の社会運動や社会主義的運動が、その動機において深く宗教と結びついていることもきわめて印象的なことである。[22]もちろん、これに反する歴史的事例、つまり教会や原理主義的運動が、権威主義的な役割や抑圧的な役割を果たしてしまう事例もあることは言うまでもない。しかし、確立された立憲国家に限ってみれば、教会や宗教共同体は一般的にリベラルな政治文化の安定化と発展に少なからず寄与している。これは、アメリカ社会のなかで強力に形成された市民宗教にはとくにあてはまることである。[23]

この社会学的発見を、国家公民のエートスの規範的分析のために利用しているのがポール・ウェイスマンである。彼は、教会と宗教共同体はアメリカの民主主義にとっての存立要件を満たしており、市民社会の行為者であると論じている。教会や宗教共同体は、自分たちにも関係する道徳的テーマについての公の論争に向けて積極的に主張を展開しているし、仲間に情報を提供したり政治に参加することの意義を説いたりすることで、政治的社会化という課題も担っているのである。しかし、ロールズの「但し書き」に従って、教会がいつでも宗教的価値と政治的価値とを区別しなければならない――一切の宗教的表現を何とか誰にでもわかる言葉で言い換えなければならない――などということになれば、教会の市民社会参加は弱まらざるをえないだろうと、ウェイスマンは論ずる。それゆえ、リベラルな国家は、教会と宗教共同体が果たしている機能を考えただけでも、彼らに「但し書き」が要求するような自己検閲を義務づけることをあきらめるべきだという。そうなれば、その分だけリベラルな国家がその市民に対して課すことができる制約は少なくなるであろう[24]。

だが、これはもちろん主要な反論ではない。国家と宗教的組織との関係で、それぞれの利害をどのように割り振ったところで、国家は、みずから信教の自由を保証している市民に対して、信仰にもとづく生活様式と両立しないような義務を課すことはできない。つまり、不可能なことを市民に要求することは許されないのである。この反論こそ、立ち入って論じなければならない反論である。

ロバート・アウディは、礼節の徳を身につけよというロールズの要請を、「世俗的な正当化の原則」と言い換える。「いかなる法律であれ公共政策であれ、それを主張あるいは支持するための適切な世俗的理由がないならば、またそれを積極的に提示する気がないのであれば、［……］それを主張ないし支持してはならないという明白な義務を、人は負っている[25]」。アウディは、この原則を補完するものとして、世俗的理由は、それと同時に存在する宗教的動機からまったく独立に自分の行動――たとえば選挙での投票――に決定的な影響を与えられるよう、十分強力なものでなければならない、という要請を付け加える[26]。だが、個々の市民の政治的‐倫理的判断に関してであれば、行動の実際の動機と公的に表明された理由との関係が重要かもしれないが、リベラルな政治文化を維持するために市民は政治的公共圏においてどのような貢献をなすべきか、というシステム論的な観点のもとでは、それはそれほど重要なことではない。というのも、政治的団体の内部での多数派形成や決定にとって重要な意味を持つことになるのは制度上の結果であり、それと結びついているのは、結局のところ明示的な理由だけだからである。

政治的な結果との関係で「物を言う」テーマ、態度決定、情報、理由は、匿名の公共的なコミュニケーションの流れに入り込み、何らかの（国家権力によって遂行される）決定にとっての認知的動機づけに寄与する――直接的に選挙民の投票に対してであれ、間接的に国会議員や官職にある者（裁判官、大臣、行政官）の決定に対してであれ——ものすべてであり、それのみである。したがって、私はアウディが動機づけに関して追加した要請は無視することにする。また、公言された動機と実際に投票用紙に記入する際の動機との区別も行なわない[27]。本質的に〔国家公民の義務の〕標準形に関わるのは、「世俗的な正当化」の要請のみである。リベラルな国家では、世俗的理由だけが物を言うのだから、信仰を持つ市民は、宗教的信念と世俗的信念とのあいだで一種の「均衡」——神学的‐倫理的均衡——を生み出す義務があるのである[28]。

この要請に対しては、信仰を持つ多くの市民にとっては、そのように自分の意識を意図的に分割しようとすれば、敬虔な生活を危険にさらさずにはすまないという反論が提起される。この反論と区別しなければならないのは、宗教的な考え方にもとづいて政治的問題に態度決定する市民の多くは、自分の偽りのない信念とは別の世俗的な理由づけを考えつくほど十分な知識もアイディアも持ちあわせていないという経験的事実の指摘である。あることを「すべきである」は、それは「可能である」を前提とするのだから、これだけでもきわめて重い事実と言わざるをえない。しかし、主要な反論には規範的響きがある。それは、宗教が信仰を持つ人の生活において果たす不可欠の役割、つまり宗教が占める「座」に関係しているのである。信者は、信仰に「もとづいて」生きている。真実の信仰とは、単に教義の問題、つまり信じている中身だけの問題なのではない。信仰とは、信者の全生活がそこから活力を得て成り立っているところのエネルギー源なのである[29]。

日常生活の隅々にまで浸透して生活全体をまとめあげるという、こうした信仰の特徴からすれば、宗教にもとづく政治的信条を、別の認知的基盤にもとづくように頻繁に頭を切り替えるなどということは、到底無理である、というのが反論側の言い分である。「私たちの社会のかなりの数の宗教的人びとにとって、正義に関する基本的問題について決定を行なう際には、宗教的信念にもとづいて決定すべきであるということが、宗教的信念に含まれている。彼らはそれを、そうするかしないか自由に選択できるような問題とは考えていない。日々の生活において、全体性、完全性、調和を達成すべく一生懸命努力すべきである、そのために神の言葉、トーラー〔モーゼの五書〕の教え、イエスの指示と模範に従うべきである、あるいは何に拠るにせよ、みずからの生活をひとつの全体として形作るべきである、というのが彼らの信念である。そして、全体というからには、彼らの社会的、政治的な生活ももちろん含まれる。彼らにとって宗教とは、彼らの社会的、政治的な生活とは別の何かに関わるものではないのである」[30]。彼らの宗教にもとづく正義の観念は、何が政治的に正しく何が間違っているかを彼らに教える。したがって、彼らに「何らかの世俗的理由からの『影響』を識別すること」はできないのである[31]。

もし以上のようなもっともな――と私には思われるのだが――反論を受け入れるならば、信教の自由を基本的権利として保証することで、こうした生活様式をはっきりと保護しているリベラルな国家が、同時にすべての信者に対して、自分の政治的な態度決定を、宗教的あるいは世界観的信念とは独立に理由づけることもできなければならないと期待するわけにはいかないであろう。こうした厳格な要求を突きつけてもよいのは、国家的諸制度の枠内で世界観における中立性義務に従わなければならない政治家だけ、つまり公的な議席を占めているかそれに立候補する者だけである[32]。

統治行為が特定の世界観にもとづかずに行なわれなければならないことは、信教の自由を等しく保証するための制度的前提である。市民は相互に憲法に同意しているはずだと想定しあわないわけにはいかないが、その同意には国家と教会の分離の原則も含まれているのである。しかし、この原則を制度のレヴェルを越えて、政治的公共圏におけるさまざまな団体や市民の態度決定にまで適用することは、いましがた取り上げた主要な反論を考慮すれば、世俗主義の過剰な一般化である。国家権力の世俗的性格から、すべての国家公民一人ひとりに対して、公的に宗教的信念を表明する際は、誰もが理解できる言葉での言い換えを補うべきであるという直接的な義務が出てくるわけではないのである。ましてや、信仰を持つすべての市民は、選挙の際、最終的には世俗的信念にもとづいて投票すべきであるなどという規範的期待は、敬虔な生活の現実、つまり信仰にもとづいて営まれる生活の現実を無視するものである。もっとも、こうした主張は、近代社会においては世俗的な社会環境が高度に発達し、そうした環境のなかで信者も生きているではないかという指摘によって批判にさらされてきた[33]。

自分の宗教的信念と世俗的理由にもとづく政策または議案とのあいだで葛藤が起こりうるのは、信仰を持つ市民も世俗的国家の体制をよき理由から受け入れたはずだからであり、その場合のみである。信仰を持つ市民は、もはや宗教によって正統化された国家秩序のなかで、宗教的に同質な住民の一員として暮らしているわけではない。したがって、信仰上の確信も、間違っていることが判明することもありうる世俗的性質の信念と絡みあっているのであり、以前は反省の要求にさらされても動ずることはない――言わば「動くことのできない動者」ではなく「不動の」動者のようなものとして――と思われていた信仰上の確信も、そのような抵抗力をとうに失っているのである[34]。実際、信仰上の確信は、近代社会という分化した建物のなかで、ますます増大する反省の圧力にさらされている。とはいえ、その人の生き方そのものに関わる宗教的信念の場合、間違いであることなどありえず、疑うことすら許されない啓示による真理という教義上の核心的権威と結びついていて、しかもその結びつきが場合によっては合理的に擁護されたりもしているため、他の倫理的な生き方の指針とか世界観とかであれば、つまり現世的な「善の考え方」であれば要求できる、一切の留保なしの討議による検証を、要求することができないのである[35]。

生き方に関わる確信の中核部分がこのように討議の埒外にあるからこそ、（特定の理解の仕方による）宗教的信念は統合的性質を持つことが可能となるのである。いずれにしろ、あらゆる宗教的生活様式を平等に保護するリベラルな国家は、宗教的市民が、政治的公共圏においては世俗的理由と宗教的理由とをみずから厳密に区別すべしという要求を、自分たちの人格的アイデンティティに対する攻撃だと感じる場合には、そうした要求をあきらめなければならないのである。

（4）リベラルな国家においては宗教と政治を制度的に分離することは必要だが、それが宗教的市民に精神的な負担や心理的負担まで強いるものとなることは許されない。とはいえ、もちろん彼らだって特定の世界観にもとづかない統治という原則を承認しているはずだということを、リベラルな国家は想定している。議会、裁判所、各省と行政機関を非公式の公共圏から分かつ制度的敷居の向こう側では、世俗的理由だけが物を言うということを、誰もが知っていなければならないし認めなければならないのである。そのためには、自分の宗教的信念を時には外側から反省的に考察してみたり、世俗的な理解と結びつけてみたりすることができる認識能力があれば十分である。こうした「翻訳に関する制度的留保条件」であれば、宗教的市民も十分認めることができるであろうし、それを認めたからといって、公的な討論に参加した途端、彼らのアイデンティティを公的な部分と私的な部分とに分裂させなければならないわけでもない。つまり、宗教的市民は、たとえ世俗的な言葉でうまく「翻訳」することができない場合であっても、みずからの信念を宗教的な言葉で表現したり理由づけたりすることを認められるべきなのである。

それを認めることで、「ひとつの言葉しか話さない」市民が政治的決定のプロセスから遠ざけられるようなことがあってはならない。なぜなら、彼らだって、たとえ宗教的理由を持ち出す場合であっても、政治的な意図をもって態度決定するからである。[36] 彼らが話せる唯一の言葉が宗教的言葉だとしても、また彼らが政治的論争に一役買うためにに表明することができるし、表明したい唯一の意見が宗教にもとづく意見だとしても、彼らは自分たちのことを、みずからが受け手となって服することになる法律を自分たちで制定する権限を与えてくれる地上の国の一員だと思っているのである。彼らは、翻訳に関する制度的留保条件を認めさえすれば、宗教的言葉で意見表明してよいのだから、たとえ立法過程においては世俗的理由しか物を言わないとしても、同胞市民が翻訳作業に協力してくれることを期待できる限り、自分たちのことを立法過程への参加者と見なすことができるのである。

政治的公共圏に向けて、翻訳されていない宗教的言葉で発言してもよいということは、単に規範的な理由からだけで正当化されるのではない。つまり、信仰を持つ人びとのなかには、私的あるいは非政治的と思っている理由を政治的に持ち出すことができないなどということになったら、宗教的生活様式が危機に陥らずにはすまない信者もいて、そのような人に対しては、ロールズの留保条件を認めるよう要求することはできないという理由からだけで正当化されるのではない。機能的な理由からも、多様な声の複合性を性急に縮減することはまずいのである。つまり、リベラルな国家は、宗教的組織が政治に参加することにも重大な関心を持っているし、宗教的意見が政治的公共圏において自由に表明されることにも重大な関心を持っているのである。信仰を持つ人や宗教共同体がまさにそうした立場から政治的にも発言しようとする意欲をリベラルな国家が殺ぐようなことがあってはならないのは、そんなことをすれば、世俗的社会が意味創出にとっての重要な資源から隔絶してしまうことにならないのか、リベラルな国家には知りようがないからである。世俗的市民であれ、異なった宗教を信仰する市民であれ、事情によっては宗教的な考え方から学ぶということが起こりうるのである。たとえば、何らかの規範的真理を伝えようとする宗教的発言のうちに、自分でも直観的には思っていたが自分自身にも明確になっていなかったような考えが語られていることに気づく、といった場合である。

宗教的伝承は、道徳的直観に対して、とりわけ人類の共存形式という繊細な問題に対して、それらを明確に表現するという点で際立った力を備えている。そうした潜在力を有するからこそ、宗教的な発言も、一定の政治的問題に対して何らかの真実を語っているかもしれないいくつかの候補のひとつとして、真摯に受け止められることになるのである。そして、そのように受け止められるということは、宗教的発言に含まれる実質的真理が、特定の宗教共同体の語彙から誰もが理解できる言語へと翻訳できるということである。ただし、「自由奔放な」政治的公共圏と、国家の諸機関とのあいだの制度的敷居がフィルターの役割を果たし、公的なコミュニケーション循環のなかで絡みあっているさまざまな意見のうち、このフィルターを通過できるのは世俗的な意見だけである。たとえば、国会においては、宗教的な態度表明や正当化を議事録から抹消する権限が、職務規定によって議長に与えられなければならない。審議し決定するための制度化された実践に宗教的な意見が取り込まれうるのは、当然必要な翻訳が国会以前の場で、つまりまさに政治的公共圏においてなされる場合のみである。

もちろんこの翻訳作業は、それに加わる能力と意欲を持つ宗教的な同胞市民にだけ一方的に押し付けられるべきではないとすれば、非宗教的市民も参加して行なう協同的な課題として理解されなければならない(37)。宗教的市民が宗教的言葉で語ることを許されるのは、翻訳に関する留保条件を受け入れる場合のみだが、彼らはそのような負担と引き換えに次のような規範的期待を抱けるようになるのである。すなわち、世俗的な国家公民が宗教的見解のうちに含まれているであろう真実に対して心を開き、対話に応じてくれることで、うまくいけば宗教的理由が誰にでもわかる論拠へと変換されていくであろうという期待である(38)。民主的な公共体の市民は、みずからの政治的な態度決定に対して理由を挙げる義務を相互に負っている。

宗教的立場からの意見が、たとえ自己検閲を受けることなく政治的公共圏において表明される場合であっても、その意見表明は、協同的な翻訳作業がなされることを頼りにしているのである。なぜなら、翻訳がうまくいかなければ、宗教的意見の実質が、国家的諸制度内での審議事項と交渉に反映し、さらなる政治過程において「物を言う」見込みはないからである。ニコラス・ウォルターストーフとポール・ウェイスマンは、このような留保条件すら付けるべきではないと考えているようである。しかし、そうなると彼らは当然ながら——リベラルな諸前提との調和をあくまでも保つという彼らの主張に反し——国家権力は特定の世界観を取らないという原則に抵触することになる。

ウェイスマンの考えによれば、何らかの世界観あるいは宗教的教義の文脈においてしか理由づけえないような政治的態度決定であっても、市民には道徳的にそのような態度決定を行なう権利があるという。ただし、その場合、当然次の二つの条件が満たされなければならない。すなわち、宗教的あるいは世界観的な議論によってのみ市民が支持する法律や政策を政府が実施することは正当なことであると、市民が確信していなければならないし、なぜそう信じるのかをいつでも説明できなければならないという二つの条件である。この緩和された但し書きは、[39]結局、一人称のパースペクティヴから普遍化テストを行なうことを要求することになる。それによってウェイスマンが確立したいと望んでいるのは、たとえ宗教や世界観にもとづくものであれ、正義の観念のもとで市民が判断を行なうようになるという事態である。市民は、それぞれ独自の教義の立場から、何がすべての人にとって等しく善いことであるかを、熟慮すべきだというわけである。しかし、この黄金律は定言命法ではない。すべての当事者が、相互に相手のパースペクティヴを引き受けてみることを義務づけはしないのである。[40]このような自己中心的に適用される手続きに従うならば、各自の世界観のパースペクティヴが、どの程度正義が実現されているのかを検討する際の、乗り越えられない地平を成すことになる。「何らかの法案を制定すべきだと公の場で主張する者は、政府がその法案を成立させることは正当なことであると思う理由を、いつでも申し述べる用意がなければならない。しかし、その人が提示しようとする理由は、標準的な考え方をする提案者にはひょっとしたら理解しがたい主張——宗教的主張を含む——に依拠したものかもしれない」。(41)

制度的なフィルターが設けられるべきだなどとは考えていないので、こうした前提のもとでは、政策や立法計画が、特定の宗教的あるいは宗派的な信念にもとづいてのみ多数派の支持を得たり実行されたりする可能性が排除されない。宗教的理由を政治的に用いることに対して、もはや一切の制限を設けるべきではないと考えるニコラス・ウォルターストーフは、こうした帰結をはっきりと引き出している。つまり、政治的立法者も宗教的論拠を用いてよいというのである。(42)しかし、信仰上の確信に関する争いを議会に持ち込んでもよいということになれば、国家権力が、民主的手続きをないがしろにして自分たちの意思を押し通す宗教的多数派の代理機関になる可能性が出てくる。

民主的な採決が、私たちがそうあるべきだと思っている通りに正しく行なわれる限り、その採決自体は何ら不当ではない。不当なのは、手続きの別の重要な要素——採決に先立つ審議の討議的性格——がないがしろにされることである。つまり、特定の世界観にもとづかない政治的統治の遂行という原則は、国家権力を用いて実行されうる一切の政治的決定は、すべての市民が等しく理解できる言葉で表現されなければならないし、正当化されうるものでなければならないということを要求するが、この原則に反することが不当なのである。宗教的に立論する多数派が、政治的な見解や意思の形成手続きにおいて、劣勢な立場にある世俗的少数派や異った宗教を信仰する少数派に対して、討議を通じて当然なすべき正当化を拒むならば、多数派支配は抑圧へと転化してしまう。民主的な手続きが正統性を生み出す力を持っているのは、すべての当事者を包摂することのほかに、十分審議するという性格のおかげである。なぜなら、手続きの結果は合理的なものであるという推定に十分な理由があると思えるのは、結局はそうした性格のおかげだからである。

しかしながら、ウォルターストーフはこうした批判には動じない。というのも、理由にもとづいて合意された憲法が含意する正統化原則を、彼は最初から拒否するからである。リベラル民主主義的な考えによれば、誰もが同意しうる原則に従って統治行為はなされなければならないということが法的に強制されることで、政治的統治はその暴力的性格を払拭する。[43] これに対して、ウォルターストーフは経験的事実を持ち出して反論する。そして、立憲国家のさまざまな実践には理想化を行なう想定が組み込まれているが、それを彼は「クエーカー教徒の集会の理想」だとあざ笑う（もっとも、全員一致というクエーカー教徒の原則は、民主主義的な手続きにとってさえ典型的ではない）。宗教や世界観にもとづくさまざまな正義の観念同士の争いは、どれほど形式的な背景的合意を共通に想定したところで解消できるものではない、というのが彼のそもそもの出発点である。リベラルな憲法への合意のうち、多数決原理は存続すべきだと考えているようだが、ウォルターストーフには、認知的に調停不能な宗教や世界観にもとづくさまざまな集団が、多数決によって共存できたとしても、それは暫定協定に対する不承不承の適応としか思えないようである。「私は同意はしないが、不本意ながら従う——決定がまったくもってひどいものだとまでは思わないならば[44]」。

このような前提に立つならば、信仰をめぐる争いで政治的公共体がばらばらになるということがいつ起こってもおかしくないということになると思うのだが、なぜそうならないのか、理由は不明である。確かにリベラルな民主主義に関する一般的な経験主義的な捉え方では、多数決による決定とは、数において優勢な陣営の実際的力に、少数派が一時的に屈することと、つねに理解されてきた。[45]しかし、こうした理論によれば、いずれの陣営もお金や安全や余暇などの基本財をできるだけ多く獲得しようとしているという点では同じであり、いずれの陣営も妥協の用意があるから採決の手続きが受け入れられるのだという。すべての陣営が同一のカテゴリーに属する分割可能な財を獲得しようとするから妥協が可能なのである。しかし、誰もが同じように認める基本財をめぐってではなく、競合する救済財をめぐって紛争が生じるや否や、この条件はもはや満たされなくなる。信仰共同体間での生き方に関わる価値観の対立に、妥協はそぐわない。憲法の諸原則に関する合意を皆で想定しあうということが背景となっている場合のみ、そのような対立は政治から切り離され、先鋭化を回避できるのである。

（5）　世界全体のなかでの人間の位置を明らかにすると主張する世界像や宗教的教義同士の対立は、認知的次元で調停することはできない。しかし、だからといってこの認知的不協和が、国家公民の共存を統制している規範的基盤にまで影響するならば、政治的公共体は、不安定な暫定協定を基盤とすることになり、それぞれ特定の世界観や宗教にもとづく共同体同士が反目しあうような状態へと分断されてしまうであろう。意見と意思を形成する共同の実践に参加する国家公民は、それぞれの政治的な態度決定に対して相互に理由を挙げる義務を負うことになるが、皆をひとつに結びつける連帯という紐帯――それを法によっては強制することはできない――が存在しなければ、彼らは自分たちのことを、そうした共同の実践に同等の権限をもって参加する者と見なすことはない。そのように相互に理由を示しあうことを国家公民が期待しあうことこそ、憲法によって統合されるリベラルな公共体と、世界観によって分断されている公共体との違いを示す一大特徴である。後者においては、信仰を持つ市民と世俗的市民の両者が関わって政治的問題で意見が対立する場合でも、両者とも相手に対して自分の意見を正当化しなければならないという義務が課されないのである。そこでは、相容れない背景的信念やサブカルチャーの拘束力が、憲法に対する同意の想定や国家公民としての連帯に対する期待を凌駕しているので、市民たちは重大な対立が生じた場合でも、相互に二人称の相手として向きあい、関わりあうという必要がないのである。

相互に理由を提示しあうことをあきらめ、お互いに関わらない方がよいという考え方にも一理あるかのように思えるのは、すべての市民に対して等しく一定の政治的エートスを求めるならば、市民のあいだで不平等な認知的負担を課すことになるという矛盾にリベラルな国家が巻き込まれてしまうからである。翻訳という留保条件と、世俗的理由の方が宗教的理由よりも制度的に優先されることは、世俗的市民であれば必要ないような学習と適応の努力を、宗教的市民に要求することになるのである。いずれにせよ、そのことは、教会の内部でも、「公共的な理性使用」の義務は特定の認知的条件のもとでのみ果たされうるがゆえに、国家が特定の世界観を取らないことに対してかなり以前から不満がくすぶり続けているという経験的観察とも一致している。しかも、「公共的な理性使用」の義務が要求するような認識態度は、その時々の所与としてのメンタリティの現われであり、そのような認識態度が何らかの動機のように、規範的期待や政治的な徳の訴えの内容とされることはない。いかなる当為もそれが可能であることを前提とする。民主的な国家公民という役割に結びついている期待は、それに相応しいメンタリティの転換が生じなければ、空しい期待ということになる。そして、自分たちはきちんと理解されず無理な要求を突きつけられていると感じる人びとのあいだに、不満を引き起こすだけであろう。

他方、私たちは、宗教改革と啓蒙の時代以来の西欧文化のなかで、宗教的意識の形態転換が実際に進行したという事実も観察してきた。社会学者は、このような「近代化」を、近代の三つの挑戦に対する宗教的意識の対応であると記述している。近代の三つの挑戦とは、複数の宗教が競合するという事実、近代諸科学の隆盛、実定法と世俗的な社会道徳の普及の三つである。これらとの関係で、世俗的市民には生じないか類似の教条的教義を信奉するときにしか生じないような認知的不協和を、伝統的な宗教共同体は何とかしなければならなかったのである。

――宗教的市民は、それまで自分たちの宗教が満たしていた言説世界の内部で、異質な宗教や世界観に遭遇することになったが、そうした異質な宗教や世界観に対して彼らは何らかの認識態度を見いださなければならない。それがうまくいくのは、彼らが自分たちの宗教的理解に対して自己反省的になり、それを、自分たちの排他的な真理請求を危険にさらすことなく、競合する救済説の諸言明と関係づける場合であり、その程度に応じてである。

――さらに、宗教的市民は、強力な世俗的知識と、社会的に制度化されている科学的専門家による知の独占に対して、何らかの認識態度を見いださなければならない。それがうまくいくのは、彼らが自分たちの宗教的立場から、信仰の教義内容と世俗的な世界知との関係を、自律的な認識の進歩と救済に関わる言明とが矛盾に陥らないような形で、原理的に規定することができる場合のみである。

――最後に、宗教的市民は、政治のアリーナにおいても世俗的知識が優先されることに対して、何らかの認識態度を見いださなければならない。それがうまくいくのは、理性法と普遍主義的道徳が想定する平等主義的な個人主義を、彼らの包括的な教義の文脈内に説得的な形で取り込める場合であり、その程度に応じてのみである。

こうした解釈学的な自己反省の営みは、当然、宗教的な自己認識の立場からなされなければならない。私たちの文化においてこうした作業を行なってきたのは、基本的には神学であるが、カトリック系では、信仰がいかに理性的であるかを一生懸命弁明しようとする宗教哲学によってもなされてきた[46]。近代が突きつける認知的挑戦に対する教義上の対応が「うまくいった」のかどうかを最終的に決定するのは、もちろん信徒たちの信仰の実践である。そして、うまくいった場合のみ、その対応は信者によって「学習過程」として理解される。新たな認識態度が「習得」されるのは、伝統的な信仰上の真理が学習当事者にとってわかりやすい形で再構成され、そこから——他の選択肢がなくなった近代の生活条件に照らして——新たな認識態度が生ずる場合である。もしも新たな認識態度が、調教あるいは強制された適応過程の単なる偶発的結果にすぎないなどということになれば、平等主義的な国家公民としてのエートスを身につけているはずと見なしうるための認知的前提条件がどのように満たされるのかという問いは、フーコー的な意味で答えるしかないであろう。すなわち、啓蒙された知は一見透明な知でありながら、じつは言説権力が貫徹していて、その権力の作用の結果として右の認知的前提条件は満たされると考えるのである。しかしながら、このような答えは、民主的な立憲国家の規範的自己了解とは当然相容れないものである。

　この民主的な立憲国家の規範的自己了解を前提として考える場合に気になるのが、まだ答えていない次の問い、すなわち、私が提案したような修正された国家公民概念は、宗教的伝統と宗教共同体に対して、やはりなお非対称的な負担を課すのではないかという問いである。歴史的に見ると、宗教的市民は、彼らを取り巻く世俗的環境に対して、啓蒙された世俗的市民であれば努力せずに身につく認識態度を取れるように学習しなければならなかった。啓蒙された世俗的市民が、類似の認知的不協和に直面することはけっしてないのである。とはいえ、彼らだっていつまでも認知的負担を負わずにいられるわけではない。というのも、宗教的な同胞市民と協力しながらつきあっていくためには、世俗主義的意識では不十分だからである。こうした認知的な適応の努力は、信仰を持つ人あるいは異なった宗教を信仰する人とつきあう際に市民は寛容であれという政治的‐道徳的要請とは違うので、両者を混同してはならない。以下で問題にするのは、宗教が人の実存的生き様に対して持ちうる意義——それは世俗的市民も期待している——を、敬意を持って受け止める能力ではなく、世俗主義に凝り固まり排他的になってしまった近代の自己了解を、自己反省によって克服することである。

世俗的市民が、宗教的伝統と宗教共同体は近代以前の社会から現代へと連綿と続いてきてはいるが、いわば古代の遺物のようなものにすぎないと思い込んでいる限り、彼らは、信教の自由を、絶滅危惧種の保護と同じような文化的自然保護としてしか理解できないであろう。彼らの見方からすれば、宗教を正当化できるようなものは宗教それ自体のうちにはもはやない。国家と教会の分離の原則も、寛大な扱いとして干渉しないという、世俗主義的意味しか持たないということになろう。世俗主義的な理解によれば、宗教的な考え方は科学的な批判にさらされることでやがて消滅するだろうし、信者も文化的および社会的近代化の進展という圧力に耐えることはできないだろうと予想される。宗教に対してそのような認識態度を取る市民に、政治的争点となっている問題に対する宗教的立場からの発言を真摯に受け止め、ひょっとしたら世俗的言葉で表現可能で、理由を示すという話し方で正当化できるような内実が含まれていないか協同の真理探究によって吟味する、などということを期待することは当然できない。

立憲国家と民主的な国家公民のエートスが前提とする規範のもとで、政治的公共圏において宗教的発言を容認することが有意味なのは、すべての市民に、宗教的発言に含まれているかもしれない認知的内実を排除しない——世俗的理由が優先し、翻訳に関する制度的留保条件がつくことを同時に尊重しながら——ということを期待できる場合だけである。宗教的市民は、いずれにせよそういう期待のもとで発言するしかないが、世俗的市民の側にとっては、このような期待は西洋の世俗化した社会ではまったく自明でないメンタリティを前提条件として要請することになる。宗教共同体が存続するという事態に認識面でも対応するポスト世俗化社会に私たちは生きているという洞察が世俗的市民のあいだで成立するためには、世俗的市民の側でのメンタリティの転換が求められるのであり、それは、ますます世俗化が進む環境のなかで宗教的意識がさまざまな挑戦に適応するのと同じくらい認知的に大変高い要求を課すことになる。みずからの限界を確かめようとする啓蒙の尺度に従うならば、世俗的市民は、宗教的な考え方との不一致は理性的に考えれば当然予想される不一致と理解するのである。

　このような認知的前提を欠くならば、公共的に理性が使用されるだろうなどという規範的期待を抱くことはできない。少なくとも、宗教的発言の中身に関する政治的討論に、道徳的にもっともと思われる直観や根拠が含まれていればそれを誰もが理解できる言葉に翻訳しようという意図をもって世俗的市民が参加する、という意味での公共的理性使用は期待できない。前提となるのは、世俗的理性が自己批判的に限界を確かめることから生じる認識態度である[47]。こうした前提が意味するのは、民主的な国家公民のエートス（私が提案した解釈によるそれ）を、すべての市民に等しく要求できるのは、宗教的市民と世俗的市民の両者が相補的な学習過程を経たときだけだということである。

（6）　私の立場からは世俗主義的に切りつめられていると思われる意識を、批判的に克服することについては、事柄の本質からして当然ながらさまざまな意見の対立が——少なくとも、宗教改革以来活発に行なわれるようになった（けっしてプロテスタント側だけではない）近代の認知的挑戦に対する神学的回答と同じくらい——ある。「宗教的意識の近代化」であれば神学が取り組んできた事柄であると見なし、当然ながら歴史的回顧という立場から特徴づけることができるのに対し、世俗主義的意識の世界観的背景の方は、延々と続いて結論の出ない哲学的論争の対象である。私たちはポスト世俗化社会に生きているという世俗的意識は、哲学的にはポスト形而上学的思考という思考形態に反映している。理性の有限性の強調や、カントとパース以来近代の経験科学の自己理解を特徴づけてきた、可謬主義的意識と反懐疑主義的な真理志向との結合は、確かにポスト形而上学的思考の主要な特徴ではあるが、それがすべてではない。反省的になった宗教的意識に世俗的意識の側で対応するものとしてのポスト形而上学的思考は、二つの面でみずからの境界を定める。すなわち、論争することを当然の前提としたうえで、一方で宗教的真理に対する判断を差し控えるとともに信仰と知との厳密な区別（そこに論争的意図はない）にはこだわる。他方で、科学主義的に切りつめられた理性概念と、理性の系譜学から宗教の教義を排除することには反対する。

ポスト形而上学的思考は、存在するものの全体がどのように成り立っているかということに関する存在論的言明を当然放棄するが、だからといって、私たちの知を、そのつどの「科学の水準」を表わす言明の集合に還元したりはしない。自然科学は人間の自己理解と自然全体のなかでの人間の位置づけに関わる理論的認識をもたらすが、そうした理論的認識と、そこから総合的に構成される自然科学的な世界像とははっきり区別すべきなのに、科学主義はしばしば、この区別を曖昧にするような議論を展開する。[48] そうした過激な自然主義は、実験による観察と法則言明と因果的説明とに還元できないようなあらゆるタイプの言明の価値を貶める。つまり、価値が低いという点では道徳的言明も法的言明も評価的言明も、宗教的言明と大差ないというわけである。自由と決定論に関する最近の論争が示すように、遺伝子工学や脳の研究やロボット工学における進歩は、精神の一種の自然化を推し進める誘因となっている。それは、責任を持って行為する人格という私たちの実践的自己理解を疑問に付し、[49] 刑法を改正すべきだという主張まで引き出しつつある。[50] だが、日常世界にまで浸透しつつある、言語および行為能力を有する主体の自然主義的な自己客観化は、市民に対して規範的な背景的合意を想定するいかなる政治統合の理念とも相容れない。

客観的世界との関係だけに固定されているわけではない多次元的な理性が、みずからの限界を批判的に解明するためのひとつの方法は、いわば改めて自分自身を振り返り固定的な見方をやめて自己の成立の経緯を再構成してみることである。その際、ポスト形而上学的思考は、西洋の形而上学の遺産だけに考察を限定したりはしない。その起源が——古代の哲学のはじまりと同じように——紀元前一千年の半ばまで遡る、つまりヤスパースが「枢軸時代」と呼んだ時代[51]にまで遡る世界宗教との内的関係も、同様に検証する。この時代に起源を有する宗教は、ギリシャ哲学と実に似たやり方で、神話の物語的な説明から、本質と現象を区別するロゴスへの移行という認知的変化を推し進めたし、哲学は哲学で、ニケーア宗教会議以来、「キリスト教のヘレニズム化」を通じて、とりわけ救済史的なモチーフと概念を一神教の伝統からたくさん取り入れたのである[52]。

それぞれの遺産の複雑な絡まりあいは、ハイデガーが考えたのとは違って、存在の思惟の線上だけで解きほぐせるものではない[53]。ギリシャ由来の「自律性（Autonomie）」や「個別性（Individualität）」といった概念にせよ、「解放（Emanzipation）」や「連帯（Solidarität）」のようなローマ由来の概念にせよ、かなり前からユダヤ-キリスト教的伝統に由来する意味がこれらの概念の意味内容となっている[54]。哲学は、宗教的伝統——もちろんアラブの伝統も含めて——と交流することで、革新的刺激を受け取るという経験を何度もしてきたが、それはもともと教義という殻に包まれていた認知的内実を、理由づけを行なう討議というるつぼのなかで取り出すことに成功した場合であった。カントとヘーゲルは、その点で模範となるような議論を展開しきわめて大きな成果を残した。二〇世紀の多くの哲学者にとってさえ、キルケゴールのような宗教的著述家——彼はポスト形而上学的に思考する人ではあったが、ポスト・キリスト教的に思考する人ではなかった——と遭遇することは、けっして異例なことではなかった。

それどころか、たとえさしあたりは理解しがたい理性の他者と見える場合であっても、宗教的伝統は、形而上学よりも強力に現在的であり続けているように思われる。いまでは疎遠になってしまった古代世界の文化のなかから唯一現在まで生き残り続けてきた要素である世界宗教が、近代という分化した建物の内部で一定の位置を占め続けているのは、その認知的内実がまだきちんと清算されていないからであるという考えを、頭から拒絶するならば、それは理性的な態度とは言えない。いずれにせよ、世界宗教に備わる意味論的可能性は、世界宗教が世俗的な真理内容を手放すならば、社会全体を鼓舞するような力を発揮するかもしれないという可能性を、排除すべきではない。

　要するに、ポスト形而上学的思考は、宗教に対して、いつでも学ぶ用意があるという態度で接すると同時に競争相手としても振る舞うのである。ポスト形而上学的思考は、信仰上の確信と公的に批判されうる妥当請求との区別にはこだわるが、宗教的教義のなかで何が理性的で何が理性的でないかを自分だけで決定できるなどという、合理主義的な思い上がりに陥らないようにする。また、理性が翻訳によって我が物とする内実が、必然的に信仰の一部でなくなるわけでもない。しかし、哲学的な手段を用いて信仰を弁護することは、宗教の競争相手であり続ける哲学の仕事ではない。宗教の独特の語り方や信仰の独自の意味を哲学が我が物にしようとする場合であっても、せいぜい宗教的経験の分かりにくい核の周りをぐるぐると回ってみるだけである。その核は、討議的思考にとってはどこまでも疎遠であり続ける。それはちょうど美的な直観に対して、哲学的反省はやはり周辺からその核心に迫ろうとするが、その核心を捉えきることはできないのと同じである。

　ポスト形而上学的思考が宗教に対して以上のように両義的な態度で接することについて立ち入って論じてきたが、それは、世俗的市民に期待されている宗教との協同のための認知的前提もまた、こうした両義的な態度のなかに現れているからである。世俗的市民は、公の論争において、宗教的同胞市民の発言から、うまくすれば誰もが理解できる言葉に翻訳できるかもしれない事柄を学ぶつもりがあるならば、然るべき認識態度を取らなければならないが、以上の態度はまさにそれに相応しい態度なのである。理性の系譜を哲学的に検証する作業は、神学による教義の再構成の営みが近代における宗教的信仰の自己啓蒙に対して果たす役割と明らかに同じような役割を、世俗的意識の自己啓蒙に対して果たす。そうした哲学的反省の努力が示しているのは、民主的な国家公民の役割が世俗的市民に対して想定するメンタリティは、啓蒙された宗教共同体のメンタリティと比べても、けっして少なくない前提を満たしていなければならないということである。そうである限り、両者がそれぞれ適切な認識態度を身につけるために要求される認知的負担は、けっして非対称的ではないのである。

（7）　さて、「公共的理性使用」（私が提起したような解釈による）が、けっして自明ではない認知的前提に依存しているという事態には、興味深くはあるが分裂をはらんだ帰結がともなうことになる。第一に、この事態は、熟議によって政治が行なわれることを基礎とする民主的な立憲国家は、そもそも認識面での要求水準が高く相当程度真理に敏感な統治形態であるということを想起させる。[55]『ニューヨーク・タイムズ』は、先の大統領選挙戦において「ポスト－真理－民主主義」が始まったと見ていたが、そのような民主主義はもはや民主主義ではない。次に、複眼的なメンタリティの要請は、民主的な法治国家がまともに機能するためには、簡単には満たせそうにもない条件を満たさなければならないということを意識させる。その条件を満たそうとして、リベラルな国家が固有の手段である行政的手段や法的手段を用いたところで、ほとんど効果はないのである。世界観が極端に食い違ってしまって原理主義的な人びとと世俗主義的な人びとに分裂した公共体という例を考えてみればわかるように、あまりに多くの市民が公共的な理性使用のための基準を満たさないようになれば、政治的統合は途端に危機に陥ることになる。そうでありながら、メンタリティは政治が作り出せるものではなく政治以前の諸事情に由来する。生活を取り巻く状況が変化すれば、それに応じてメンタリティも変化するが、その変化は無計画的である。こうした変化は長期にわたるプロセスであり、せいぜい市民自身が公的に討議を行なうことが触媒となって加速されるだけである。しかし、加速されるにしても、そもそもそれは認知的に何らかの統制が働き一定の方向性を持ったプロセスであり、学習過程と記述しうるようなプロセスなのであろうか。

以上のことから、私たちをもっとも不安にさせるのが第三の帰結である。私たちはこれまで、民主的な法治国家の市民は、法治国家が機能するために必要なメンタリティを「相補的な学習過程」を通じて獲得できるということを前提に議論を進めてきた。そのような想定に何の問題もないわけではないということを、右の例は示している。原理主義的な考え方と世俗主義的な考え方とがぶつかって公共体がばらばらになったりするのは「学習がうまくいっていない」からであるなどということを、いかなるパースペクティヴから主張しうるのだろうか。私たちは先に、民主的な国家公民に対して政治的‐道徳的観点から要求される態度についての規範的説明から、そのような国家公民のエートスを当然のこととして期待しうるために満たされなければならない認知的前提についての認識論的探求へと移行した際、パースペクティヴの転換を行なったが、それを思い出していただきたい。宗教的意識が反省的になるためには、世俗主義的意識を自己反省によって克服する場合と同じように、認識態度の転換が必要である。そのようなメンタリティの変化を「学習過程」と見なしうるのは、近代の特定の自己理解の立場からのみである。

この立場は、進化論的な社会理論という枠組みの内部であれば、もちろん擁護可能である。しかし、アカデミックな専門分野のなかでこの理論が占める位置について意見の対立があることを度外視しても、規範的な政治理論の立場からは、リベラルな国家の市民に対して、たとえば宗教の進化論にもとづいて自分たちのことを記述したり、場合によっては認知的に「発達遅滞」の状態にあるなどと序列化したりすることを要求することは、いかなる場合にも許されない。「近代化された」信仰がなおも「真の」信仰であるかどうかを決定できるのは、当事者と彼らの宗教組織だけである。他方で、ポスト形而上学的思考の包括的な理性概念には与しない、科学主義的な考え方にもとづく世俗主義が、最終的に正しいと認められるのかどうかという問題は、当面、哲学者のあいだでも決着のつかない問題である。しかしながら、機能的に必要なメンタリティを学習を通じて獲得するということがそもそも可能なのかという問いに対して、政治理論が明確に答えられないとすれば、その政治理論が規範的に基礎づけた、市民のあいだでの公共的な理性使用という概念自身、「基本的に評価が定まらない」ままであり続けるということも認めざるをえないということになる。というのも、リベラルな国家がその市民に要求できる義務は、市民が洞察にもとづいて理解できる義務だけであるが、洞察にもとづいて理解できるためには、そのために必要な認識態度が、またしても洞察にもとづいて獲得されうる、つまり「習得」されうるということが前提となるからである。

このように政治理論がみずからの制約を認めざるをえないとしても、当然ながら、私たちは——哲学者としても市民としても——民主的な立憲国家のリベラルで共和主義的な基礎に関する強い理解を、学者の内部でも政治的アリーナにおいても説得的に擁護すべきだし擁護可能であるなどと信じてはいけないということにはならない。とはいえ、この正しい理解に関する討議は、リベラルな秩序一般の正当性についてであれ、民主的な国家公民のエートスというより個別的な事柄の正当性についてであれ、規範的な議論だけでは不十分な領域にまで話は及ぶ。つまり、この論争には信仰と知の関係に関する認識論的問題も関わるのであり、それはまたしても近代の背景的理解の本質的要素にまで関係してくる。興味深いことに、哲学も神学も、知と信仰の関係を自己反省によって規定しようと試みているが、いずれの試みも近代の系譜学に関する広範な問いを提起している。

ロールズの問いを思い出してみよう。「世俗的体制のもとでは、彼らの宗教の包括的な教義が大いに受け入れられることにはならないかもしれないし、それどころかだんだん衰退さえするかもしれないのに、それでも信仰を持つ人びとが、信仰を持たない人びとと同じように、世俗的体制を支持するなどということはいかにして可能なのだろうか」[56]。政治理論の規範的説明では、結局のところこの問いに答えることはできない。一例としてカール・シュミットの政治神学の意図と根本思想を脱構築の手法を用いて継承し、さらに発展させつつある「ラディカルな正統信仰」[57]を取り上げてみよう。こうした方向を目指す神学者は、近代に固有の意義を認めず、唯名論的な議論によって近代世界の近代世界たる所以を否定する[58]。そして、そのように否定した近代世界を、今度は存在論的な議論によってふたたび「神の現実性」のなかに基礎づけようとする。このような相手との論争は、事柄そのものの内部でなされなければならない。つまり、神学的言明には神学的議論によってしか批判的に応答することはできないし、歴史的言明や認識論的言明に批判的に応答することができるのは、あくまでも歴史的議論や認識論的議論だけである[59]。

同様のことは反対の立場についても言える。ロールズの問いは、宗教的陣営に対してと同じくらい世俗的陣営にも向けられているのである。世界観としての自然主義が、その科学の口座から残高以上の引き出しを行なうならば、哲学的な根本問題についての論争は、宗教者との論争に負けず劣らず必要である。神の存在や死後の世界に関する聖書の言明の実用的な意義やそれらが伝承されてきた歴史的文脈が哲学的に明らかにならない限り、神経医学的な認識がどれほど発達しようと、そこから、神の存在や死後の世界に関して伝承されてきた言明を宗教共同体はいまや放棄すべきであるなどという要請を導き出すことはできない[60]。経験科学的言明は宗教的信念とどのように関わるのかという問題は、またしても近代の自己理解の系譜学に関わる問いである。すなわち、近代科学は、一切の真と偽の基準を行為遂行的に確定する、完全にそれ自身から理解できる実践なのだろうか。それとも、むしろ基本的には世界宗教をも包摂する理性の歴史の結果と理解しうるのだろうか。

ロールズは、「複数主義の事実」の重要性をますます認識するようになったために、『正義論』を『政治的リベラリズム』へと発展させた。早い時期に宗教の政治的役割について再考したことは、ロールズの偉大な功績である。しかしながら、このように「複数主義の事実」の重要性を認識し、宗教の政治的役割を再考することで、「自由裁量を有する」と自称する政治理論は、かえって規範的論議の射程には限界があることを意識できるようになった。すなわち、宗教の複数主義に対するリベラルな回答が、市民によって適切な回答として受け入れられるかどうかは、とりわけ、世俗的市民と宗教的市民とが信仰と知の関係の解釈作業に、それぞれの立場からであれ、取り組むかどうかにかかっているということである。その解釈作業こそが、彼らが政治的公共圏において自己反省によって啓蒙された態度を相互に取ることを可能とするのである。

第三部　自然主義と宗教

第6章　自由と決定論[1]

ドイツにおいては日刊全国紙に至るまで、意志の自由について活発な論争が行なわれているところである[2]。人は一九世紀に引き戻されたように感じている。なぜなら、いま一度、このたびは〔脳機能〕イメージング技術に支えられた、脳研究の諸成果が尊敬すべき哲学的論争に改めて現代性を与えているからである。神経学者たちや認知研究の代表者たちが、哲学者や他の精神科学者と争っているのは、因果的に閉じた世界は行為の可能な選択肢のなかから選択する自由に余地を与えないとする決定論的見解の正否をめぐってである。今回、論争の出発点となっているのは、すでに一九七〇年代にベンジャミン・リベットによって行なわれた諸実験にまでさかのぼるひとつの研究伝統の諸成果である[3]。

これらの諸成果は、心的事象を観察可能な生理学的諸条件からのみ説明することをみずからの目標とする還元主義的な諸研究戦略の正しさを確証するように見える[4]。これらのアプローチは、行為者がみずからに帰する自由〔の〕意識は自己欺瞞にもとづくものだという前提から出発する。自分が決断したのだという体験はいわば空回りする遊び車（ein leer laufendes Rad）なのである。したがって、「心的な因果（Verursachung）」[1]として把握されるような意志の自由はひとつの仮象であって、その背後にはニューロンの諸状態の、自然法則に従う徹頭徹尾因果的な結合が隠れているというのである。[5]

もっとも、このような決定論は、行為する諸主体の日常的自己了解とは両立しない。日常生活においてわれわれは、自分たちの行為についての責任ある創始者性（Urheberschaft）を差し当たり〔特別の事情が生じるまでは〕相互に帰し合わないわけにはいかない。われわれの行為が自然法則によって決定されていることが科学的に明らかになるだろうという見通しは、直観に錨をおろし、実用的に（pragmatisch）有効であることが実証されている帰責能力ある行為者という自己理解を本気で疑わせることができるわけではない。神経生物学の客観化する言語は、これまでは「私（Ich）」が演じてきた文法上の役割を演じることを、「脳」に無理矢理に要求するが、そうすることによって、このような言語は日常心理学の言語とのつながりを見いだせなくなる。「脳」が私「自身（selbst）」に代わって思考し行為するのだという主張のなかにある挑発は、疑いなく、単なる文法的な事実であるにすぎない。それで生活世界は認知的不協和から首尾よく身を守るのである。

もちろんこれが、そのような仕方で常識にぶつかって撃退される自然科学の最初の理論となるというわけではないかもしれない。この理論は、少なくとも、理論的知識の技術的応用が、たとえば、治療技術になじむことを通じて日常的実践のなかに入り込む時には、日常心理学を動揺させることになるだろう。そのような技術は、それによって将来のある時神経生物学の認識が生活世界に介入するようになることで、認識それ自体には欠けている、意識を変革するような重要性を獲得することもできるかもしれない。けれども、そもそも決定論的見解一般は、自然科学によって根拠づけられたテーゼなのであろうか、それとも自然科学的認識の思弁的解釈によって成立する自然主義的世界像の一構成部分にすぎないのだろうか。私は自由と決定論をめぐるこの議論を、心〔精神〕(Geist) の自然化の正しいやり方をめぐる論争として継続したい。

一方でわれわれは、われわれの行為のすべてに行為遂行的に伴なう自由意識という直観的には争う余地のない明証を正当に評価したいが、他方でわれわれは、人間を自然存在として含んでいる世界という整合的な描像への要求をも満足させたいのである。カントは英知界と現象界の二元論という犠牲を払うことによってのみ、自由からの因果性と自然因果性とを和解させることができた。今日われわれは、そのような形而上学的な背景〔となる〕想定なしでやっていくことを欲している。そうであればわれわれは、われわれの認識の超越論的条件についてカントから学んだ事柄を、自然進化についてダーウィンがわれわれに教えた事柄と調和させなければならないのである。

私は、まず〔第一の〕批判的部分では、還元主義的な研究プログラムは、説明のパースペクティヴの二元論または言語ゲームの二元論という困難を、随伴現象説に陥るという犠牲を払ってのみ回避することができるということを示したい。第二の建設的な部分はこのパースペクティヴの二元論の人間学的根源に注目するが、この二元論は、自然進化一元論的見地それ自身を閉め出すものではないのである。心を決定している脳と、脳をプログラミングしている心とのあいだの相互作用というより複雑な描像は、哲学的反省の成果であって、それ自身は自然科学的認識というわけではない。私は、非‐科学主義的なある種の「ソフトな」自然主義を支持している。この見解に従えば、真なる言明において表現されることができるものすべてが、またそのようなものだけが「実在的」である。けれども実在は、今日の基準によって真なる経験科学的言明と認められる、領域的に限定された諸言明の総体に尽きるものではないのである。

I　還元主義への賛否

まず私は、リベットの実験の構成と説得力に対する批判から出発して、行為の自由について現象学的に適切な概念を導入したい（1）。分析的行為論は、制約された自由（bedingte Freiheit）という非決定論的な概念と、責任ある創始者性という考えに至る道を指し示している。この二つは、原因による因果的説明とは異なる、行為の合理的説明を要求しているのである（2および3）。還元主義は、説明の相補的なパースペクティヴのあいだにある、また知の諸形態のあいだにある認識的な分裂をなんとか無効にしようと試みる。この還元主義の研究戦略が出会う困難が、本論文の第二の部分の問題提起を動機づける。すなわち、世界へのわれわれの接近を構造化していると同時に制限しているパースペクティヴの認識的二元論は、文化的な生活諸形式それ自身の自然的発展から生じてきたものではあるまいかという問題提起である（4）。

（1）ベンジャミン・リベットが、彼の神経学的観察の対象となった被験者に求めたのは、ある一定の腕の運動を自発的に始め、それを決意した時刻を記録することであった。この決意は期待された通り身体運動に先立っていた。けれども決定的に重要なのは、大脳皮質の第一次連合野[2]で観察された無意識的過程と、被験者がみずからの決意として経験した意識的活動とのあいだの時間間隔である[6]。その人自身が行為へと「決意」する前に、明らかに脳においてその行為に特有の「準備電位」の上昇が生じるのである。ニューロンで起きる出来事と主観的な体験の時間的順序に関するこの実験結果が証明しているようにみえるのは、脳過程が意識的行為を決定しており、その際、行為する者（Handelnde）がみずからに帰すような意志活動は因果的な役割を果たしていないということである。そのうえ心理学的探究は、行為者（Aktoren）

は特定の状況において行為を実行するが、その行為に行為者はようやく事後的に自分の意図をあてがうのであるという経験をも確認するのである。

もっともリベットの実験は、それに帰された、決定論的なテーゼを立証するという責任を完全に果たすことはできないだろう。明示的に与えられた実験指示は、行為者に対して行為のもくろみと実行とのあいだにほんの一瞬の時間しか許さないような恣意的な身体運動に切り詰められている。ここから、テスト結果をこのような種類の行為を越えて一般化することが許されるのかという疑問が生じるのである。この点については用心深い解釈も、観察された継起の意味するものが不明瞭なままであるというさらなる異議を逃れられない。実験のデザインは、実験の経過について知らされている被験者が、実際の行為の実行へと決意する前に、すでに行為の計画に集中していたという可能性を許容するようにみえる。しかし、そうであればニューロンで観察された準備電位の上昇は、ただ行為の計画の段階を反映しているにすぎないことになるだろう。最後により重大であるのは、原理的検討の結果提起される、決断の抽象的状況を人工的に作り出すことへと向けられた異議である。どのような実験のデザインにおいても同様であるが、ここでも何が測定されているのかという問題が立てられる。さらにそれに先行して、そもそも一般に何が測定されるべきなのかという哲学的問題も。

ノーマルな場合には行為が生じるのは、意図が、目的と選択できる手段をチャンスや資源や障害の観点から慎重に考慮することと複雑にからみ合った結果としてである。あるひとつの身体運動の計画と決断と実行を時間的に短い間に圧縮し、また、それ以上の目的や、理由のある選択肢といったコンテクストの一切から解き放つような実験のデザインでは、行為を暗黙のうちに前もって自由な行為としているもの——すなわち理由への内的連関——が欠けた人工物しかとらえることができないのである。このようにもあのようにも行為することができるという意味の自由が、ビュリダンのロバにおいて体現されているとみるのは誤った理解である。右腕をのばすかあるいは左腕をのばすかという「裸の」決断においては、たとえば自転車に乗っている人の場合であれば右か左かに曲がるように動機づけるであろうような理由とのつながりが欠けている限り、そこには行為の自由は現われていないのである。そのような熟慮とともに初めて自由の余地が開ける。「なぜなら、そもそもわれわれがこのようにもあのようにも行為できるということが、熟慮するということの意味に含まれているからである」(7)。

ある行為に賛成したり反対したりする理由が問題になってくるやいなや想定せざるをえなくなるのは、われわれが理由の考量によってはじめて到達することをのぞむ態度決定は、最初から〔3〕定まっているわけではないということである(8)。もしどのように決断すべきかという問題がまずは開かれたものでないとすれば、われわれはそもそも熟慮する必要もなくなるだろう。ひとつの意志が形成されるのは、たとえ気づかれないとしても、熟慮が行なわれるなかでのことである。そして、決断というものは、いかにそれがつかの間の、また不明瞭なものであろうと、そのような考慮の連なりのなかで熟してくるものであるから、われわれは、多かれ少なかれ意識的に遂行された行為においてのみ、自分が自由であることを経験するのである。もちろん行為には、衝動的行為、習慣的行為、偶然的行為、神経症的に強制された行為等々の、さまざまに異なった種類のものがある。けれども、意識的に遂行された行為はすべて、後から回顧的にその責任能力という点から審査されることができる。ある責任能力のある行為者について、他の人びとは彼の意図的行為に対してはいつでもその責任を問うことができる。「行為する者が意図的に行なうものは、まさしく、彼の自由に任されているものであり、それを実行することに対して彼が適切な理由をもっているものである」(9)。自由であるのは、ただ熟慮された意志のみである。

意識的な考量過程が果たす役割については、ベンジャミン・リベットものちに反省を加えている。彼は、自分の実験の諸結果を、通常の諸解釈を別の光のもとで見直すようにさせるような意味で解釈する[10]。つまり、いまでは彼は、意図と実行との中間段階にある自由意志に対して、無意識的に始められた行為が他のたとえば規範的な期待と衝突すると予測できる限り、その行為をコントロールする機能を容認しているのである。この解釈によれば、自由意志は、ともかくも否定的には、すなわち、無意識的であるがしかし正当化されない行為の性向が意識的に現実化されることに対する拒否権というかたちでは効力を発揮することができるというのである。

（2）ペーター・ビエリは、それ自身は起源をもたないが、物事のはじまりとなりうる意志の自由という考えのなかにある混乱を現象学的に説得力のあるかたちで解消した[11]。もし、「自由な決断」という活動が意味することが、行為者が彼の意志を「理由によって拘束する」ことであるとすると、決断が開かれているという契機は、それが合理的に制約されていること（Bedingtheit）を排除するわけではない。行為する者が自由であるのは、彼が自分の熟慮の結果として正しいとするものを意志するときである。不自由としてわれわれが経験するのは、われわれが自分の洞察に従って行為しようと意志するものとは異なったように行為することをわれわれに強いる、外から課せられた強制のみである。ここから——制約のもとでの自由の——二つの契機を同様に考慮する、制約された自由という考えが生じるのである。

一方では行為者は、行為の選択肢について考量することなしに、彼がどのように行為すべきかについて決定的な実践的判断に到達することはない。確かに行為者に対して行為の選択肢が現われるのは、能力、性格、諸事情によって限界づけられた可能性の空間の内部においてのことである。けれども、考量されるべき選択肢を視野に入れる限り、行為者は、このようにもあのようにも行為できると自ら信じていなければばならない。なぜなら、熟考する行為者に対しては、能力、性格、諸事情というものは、特有の状況に応じて限界づけられた「できること（Können）」に対する多数の理由へと変貌するからである。この意味で行為者は、このようにもあのようにも行為できるという無制約的な自由をもつわけではない。熟考の過程で行為者は、偶然というわけではなく――なぜなら理由がないわけではないから――合理的に動機づけられた態度決定へと到達する。諸洞察は恣意的に成立するわけではなく、規則によって形づくられるものである。行為へと決意した人は、もし別なように判断したとしたら、別なように意志したことであろう。

他方では、行為を動機づけるという理由の役割は、観察可能なある出来事が、先行する状態によって引き起こされる（Verursachung）というモデルに従って概念把握できるわけではない。判断の過程は、行為する者に対して、ある決断の起動者（Autor）となる権限を与える。因果的に説明可能な自然過程によっては、行為する者は、権限を奪われた、すなわちイニシアティヴを奪われたように感じるであろう。したがって、行為者が別なように判断していたら、彼は別なように意志「せずにはいられなかっただろう」と言うのは、単に文法的に間違っているというだけではない。われわれを肯定的あるいは否定的な態度決定へと動機づける、よりよい論拠による強制的ではない強制は、われわれが意志するものとは別なように行為するように強制する、〔われわれに外から〕課された制限による因果的強制とは区別しなければならない。「もしわれわれが創始者性をなくしてしまったとすると、それはわれわれが、思考し判断するものとして、自分の意欲と行動に影響を与えることに失敗したせいである。この意味での自由は、制約されていることと両立可能であるだけではない。それは制約されていることを要求し、それなしでは考えられないのである」[12]。

理由による合理的な動機づけとは何を意味するかについてわれわれは、「理由のやりとり」（ロバート・

ブランダム）という公共的過程への参加者のパースペクティヴからのみ説明することができる。それゆえ、観察者は討議という出来事を心的（mentalistisch）言語、すなわち、「思う」「確信させる」「肯定する」「否定する」というような述語を含む言語によって記述しなければならないのである。もし経験主義的言語であれば、文法的な理由から、何かを真あるいは偽と見なすような、諸主体の命題的態度に関連したものはすべて消去されなければならないだろう。このような観点からは、討議という出来事はいわば諸主体の背後で進行する自然の出来事へと変貌してしまうだろう。

ペーター・ビエリは確かに、制約された自由という考えを、決定論的な自然の出来事と和解させようと試みる。「選択肢について熟考することは、全体として、私の歴史と一緒になって、最後には私をあるひとつの完全に規定された意志へと拘束することになる出来事である[13]」。けれども、さらに付け加えられた「このことを私は知っているが、そのことは私〔の自由〕を妨げない」という命題は、ここで何かがうまくいっていないことを示している。私の決断が制約されているという性格をもっていることが私を妨げないのは、私がこの「出来事」を、後から振り返ってみて、たとえ暗黙のうちにであろうと、そこに自分が討議参加者として、または自己の内なる法廷において熟考する主体として参加した熟慮の過程として理解することができる限りにおいてである。なぜなら、そうであれば私が決断をしたのは、私の洞察にもとづいてであるから。けれども、もはやそこに私が態度を決定する人格として参加できないようなニューロンにおける出来事によって私の決断が決定されているということがあるとすれば、それは私を大いに妨げることになろう。それはもはや私の決断ではないであろう。参加者のパースペクティヴから観察者のパースペクティヴへの人に気づかれないパースペクティヴ変更のみが、理解可能な理由による行為の動機づけから観察可能な原因による行為の決定へと渡る橋を築いているという印象をよび起こすことができるのである。

制約された自由についての正しい考えは、理由と原因を同一の事態の二つの様相（Aspekte）であるとする、おなじみの性急な存在論的一元論を支持しない。この見解によれば、理由は、神経学によって確認可能な事象の主観的側面、いわば「体験形式」であることになる。〔複数の〕命題的内容や命題的態度のあいだに成り立つ論理的‐意味的結合のなかには、「神経生理学的な出来事の複雑な連鎖」が反映しているとされる。「そのような見解によれば、理由は、ある包括的な第三者の『内的』な体験された様相であり、原因は『外的』な神経生理学的様相であるが、この〔理由と原因を包括する〕第三者は明らかに決定論的な経過をたどるものであり、われわれ〔の理解〕に対しては根本的に閉ざされている」[14]。このような自然主義的な解釈は、ドナルド・デイヴィドソンに代表される「因果的行為論」に依拠しているというが、これは不当である。この理論によれば、願望、態度、意図、確信、価値指向は、それらが行為者がそれによって行為を実行した理由であるならば、行為の原因として妥当するというのであるが。

デイヴィドソン自身は還元主義を斥けている[15]にもかかわらず、彼が理由を原因として構想したことは、心的なものと物理的なもののあいだの溝を埋めることを約束するような行為の自由のある解釈法を示唆することになった。〔しかし〕この約束を理論が果たすことはできない。確かに、新しい因果系列を始める力をもつとされる無起源的‐無制約的自由といった過度の負担をかけられた観念論的な概念は、このような行為論の観点からは無力にされる。けれども、行為の自由を、理由による動機づけのコンテクストのなかに埋め込むことで、合理的な動機による行為の説明と原因による説明とのあいだの差異が存在しないかのようにしてしまうことはできない。同様に、制約された自由という概念は、われわれがこの行為の二つの説明を同じ――さしあたりは未知の――メダルの二つの側面に割り当てることができるというテーゼのために役立つものでもないのである[16]。

（3）行為の合理的な説明は、通常の因果的説明のように、行為という出来事が事実として生じるための十分条件を与えるわけではない。なぜなら、行為の理由の動機づけの力は、その理由が、ある一定の与えられた状況にある行為主体に対して〔のみ〕「決定的な影響を与え」、それゆえ行為者の意志を「束縛する」のに十分となるということを前提しているからである。理由による動機づけは、理由が意味を持つものとして通用するような合理的に態度決定する行為者を要求するだけでなく、自分自身の洞察によって自分が規定されるに任せる（sich bestimmen lassen）ような行為者を要求する。よりよい知識に逆らって行動することも可能な主体に関わっているために、主体Sがある理由Gによって行為Hを実行したという言明は、Gが行為Hを引き起こした（verursacht）という言明とは明らかに同値ではない[17]。通常の因果的説明とは異なり、行為の合理的説明は、任意の人びとが同じ先行条件のもとで同じ決断に至るという結論を許すものではない。理性的な行為の動機を述べることは、説明を予測へと変形させるのに十分ではないのである。責任ある起動者性（Autorschaft）には、単に理由による動機づけだけではなく、行為する者が理由に裏づけられながら、みずからに帰するイニシアティヴを取ることが属している。このことが行為者をはじめて「創始者」にするのである。

　他のようでなくこのように行為することは「彼にかかっている（an ihm liegt）」と言えるためには次の両方が要求される。彼は正しいことをしていることを確信していなければならない。けれどもまた彼は正しいことを自分自身で実行しなければならないのである。自己経験のうちに現に在る（gegenwärtig）行為の自発性は、けっして匿名の源泉なのではなく、みずからにある「できること」を帰する主体である。詳しく言うと、行為者は、みずからを自分の身体と同一視し、また行為を可能とし行為への権限を与える肉体として存在するがゆえに、創始者としてみずからを理解することができるのである。行為する者は、みずからの自由が損なわれることなしに、肉体として経験される有機的基体によって「規定（bestimmen）」されることができるが、それは彼が自分の主体的自然を「できること」の源泉として経験するからである。このような肉体についての経験のパースペクティヴに立てば、行為する者に対して、大脳辺縁系によって制御されている自律神経系の諸過程は——神経学的な観察者のパースペクティヴからは「無意識」に経過する脳過程である他の過程すべてと同じく——因果的な決定因から〔行為を〕可能にする制約〔条件〕へと変貌する。そうである限り行為の自由は、単に理由によって「制約されている」だけでなく、「自然に制約された」自由である。肉体（Leib）としての身体（Körper）は、そのつど自分自身の身体「である」からこそ、われわれが何ができるかを規定する。「規定されていることは、自己決定（Selbstbestimmung）の構成的支え（Rückhalt）である[18]」。

同様のことが、われわれがみずからを個人化してきた生活史《ライフヒストリー》のなかで形成した性格についても妥当する。行為の創始者は、それぞれが、〔生活史のなかで〕そのようになった特定の人格であり、言いかえれば、われわれが自分自身をそう理解しているように代替不可能な（unvertretbar）個人である。それゆえに、われわれの願望や選好も場合によってはよき理由のなかに数えられるのである。確かにこれらの第一次の理由は、われわれの人格的生全体に関係した倫理的理由や、なおのこと道徳的理由によって凌駕されることもありうる。この道徳的理由は、われわれが相互に人格として課しあう義務から生じる[19]。カントは、意志がこのような種類の理由によって束縛されて初めて自律あるいは自由意志と言えるという——それはつまり、単にその人格や個人の十分に理解された利害関心によってのみではなく、すべての人格に共通であるとともに平等な利害関心によって根拠づけられた洞察によって束縛されるということである。道徳的行為と定言命法的当為を優遇することは、あらゆる経験との連関から切り離され、その意味で「絶対的」な無起源的－英知的自由というインフレ的に膨張した概念を助長することになった。

それに対して、責任ある起動者性の現象学はわれわれを、有機体と生活史に根ざした制約された自由という概念に導いたが、この概念はデカルトの二実体説とも、カントの二世界説とも両立しない。参加者と観察者というパースペクティヴの方法論的二元論を、心〔精神〕と自然の二元論へと存在論化することは許されないのである。[20] 行為の合理的説明もまた、行為者が彼らの決断にさいしてコンテクストに埋め込まれており、また生の諸状況に巻き込まれているということから出発する。行為する者は、自分の力の範囲内にあることや、彼らが正しいと見なすことによって意志を規定する場合に、世界の外に立っているわけではない。彼らは自分ができることの有機的基体、生活史や性格や能力、社会的文化的環境、とりわけまた行為が行なわれる状況において現実に与えられているものに依存している。けれども行為する者はこれらの要因のすべてをある意味で自分のものとするので、これらの要因は、もはや外的な原因として意志形成に影響したり自由の意識を困惑させたりすることはできないのである。創始者はみずからを、自分の有機体、自分の振る舞いに刻印された生活史や文化、自分の動機や能力と同一視する。また判断する主体は、あらゆる外的な状況を、それらが制限並びに機会として重要である限り、自分の熟慮に取り入れる。

ここまでの議論では、説明されるべき現象をまずもって正しい光のもとにもたらすべき、行為の自由についての強いけれども非－観念論的な概念を展開してきた。この考えと結びついているのは、説明のパースペクティヴと言語ゲーム各々の克服しがたい二元論に注意を向けさせるような、行為の合理的説明の概念である。この認識的二元論は、確かに方法的意味をもつが、存在論的意味はもたない。けれどもこれまでのところではこの二元論が、整合的な世界像を求めるわれわれの要求にかなうような宇宙の一元論的把握とどのようにして一致させられうるかははっきりしない。還元主義的な研究戦略を弁護する人びとが、二つのパースペクティヴを同等に扱うことに対して懐疑的であるのは理由がないわけではない。なぜならこの戦略は、これまでつねに直観に逆らうような認識によって、常識に反して自己を貫いてきたからである。熱のような主観的に感覚される現象は、分子の運動へと還元されるのであり、誰も、色彩の違いや音の高さを分析する物理学的な概念に気を悪くしたりはしない。心と脳の相互作用と思われているものについても、ハードな因果的説明のみを信頼し、ソフトな合理的説明を錯覚にもとづく日常心理学〔の地位〕へと押しやるような研究アプローチが正しい解答をもつということがひょっとするとあるかもしれないのである。

（4）これについては、生物学的観点からも有力な論拠がある。経験科学的実在論によって、われわれはすでに、自分の有機体の持つ偶然的な装備によってわれわれに制限として課されている知覚諸領域の選択度（Selektivität）を乗り越えている。進化的認識論は、推論する思考と、知覚の理論構築的‐構成的な加工が、種の生き残りに果たす機能的重要性を強調している。「われわれの感覚諸システムは、確かにごく少数のデータから振る舞いにとって重要な諸条件を把握することには飛び抜けて適しているけれども、その際、完全性と客観性には価値を置いていない。これらのシステムは忠実に模写するのではなく、再構成するのであるが、その際、脳に貯えられた予備知識を用いる。〔……〕脳はこれらの予備知識を、感覚の信号を解釈しより大きな連関のなかに秩序づけるために役立てる。〔……〕知にもとづいたこれらの再構成は、感覚諸システムの不完全性を部分的に補償するのに貢献することができる。予備知識は欠落を埋めるために役立たせることができ、論理的推論は、つじつまのあわない点を明らかにすることを助けることができる。〔……〕さらに、技術的〔に作られた〕センサーによって、われわれの自然感覚では接近できない情報源を開拓することができる」[21]。ここで語られているのは、組織された探求によって集団的に学習することがもつ生物学的な適応上の価値である。

けれどもこのように科学というシステム——その成員は真理の協働的な探求と理由の考量に特別に訓練されるわけだが——を優遇することは、理由とその正当化が錯覚という性格をもつ〔とされる〕ことといかにして両立するのだろうか。もしわれわれが、自然科学的研究の再生産価値（Reproduktionswert）を説明するために進化論的諸前提をもちだすならば、われわれはこれらの研究に、種が生き延びるために重要な因果的役割を帰することになる。このことは、この自然科学的研究という実践を、正当化の他の実践とともにすべて随伴現象として格づけしてしまうような神経生物学的観点とは衝突する。このような随伴説的な把握は、還元主義的な研究アプローチから必然的に生じるものである。理由は、自然法則に従って変化するような観察可能な物理的状態ではないから、通常の原因と同一化することはできない。厳密な因果的説明を免れるがゆえに、理由は、無意識的で神経学的に説明可能な振る舞いを事後的に合理化する、つまり〔その振る舞いに対する〕付随的な注釈の役割を引き受けることが許されるだけということになる。われわれは、たとえ他者に対してはわれわれの行為を理由の「助けをかりて（mithilfe）」正当化するとしても、いわば原因「から（aus）」行為するのである。

これによって還元主義は高い代価を払うことになる。もし、理由と理由の論理的加工が神経生理学的観点からみて因果的役割を果たさないことになると、なぜ自然がそもそも「理由の空間」（ウィルフリード・セラーズ）のような贅沢をするのかということが進化論的観点からは謎のままとなる。理由は脂肪の玉のように意識的生のスープの表面を浮遊しているわけではない。それどころか、判断と行為の過程は、それに参加している主体自身にとっては、つねに理由と結びついているのである。もし「理由のやりとり」が随伴現象として片付けられねばならないとすると、言語能力と行為能力を持った主体の自己理解が果たす〔とされてきた〕生物学的機能のなかで残るものはもはや多くないことになろう。なぜわれわれは相互に正統化要求をしあわなければならないのだろうか。子どもたちに対してこの種の因果的には空回りする強制を教え込んでいる〔ということになるであろう〕社会化の執行機関（Agentur）からなる上部構造の全体は、いったいどのような機能を果たしていると言うのか。[22]

意識的生についての随伴現象説に対して、ジョン・サールは容易に思いつくような反論を提起した。「意識的な合理性の過程はわれわれの生の非常に重要な部分であり、またとりわけわれわれの生命の生物学的にいって大変費用のかかる部分であるので、もし、このような規模の大きな表現型（Phänotyp）がそもそも生命においてまた有機体の生き残りのために機能的役割をまったくもっていないとしたら、われわれが進化について知っていることすべてとは事情がまったく異なることになってしまうであろう」[23]。ゲルハルト・ロート[4]は、おそらくこの反論を念頭においていたのであろうが、行為者の自己理解、とりわけ「仮想的な（virtuell）自我」[24]が自分自身に帰するような行為の自由を幻想であると宣言しながらも、自我意識と意志の自由[25]を単なる随伴現象として把握することに対しては警告を発するのである。

この警告は、ロート自身の諸前提とはうまく一致しない。意識的生の独自の因果的役割が還元主義的な研究アプローチの枠組みにうまく適合するためには、「心と意識を」他の物理的状態と「交互作用する」「物理的状態として把握する」という前提がいる[26]。しかし理由や命題的内容のような意味的存在は一般に、観察可能な状態として例化されるわけではない[5]。したがって、ロート自身が理由と理由の論理的加工を随伴現象として格づけしていることになる。それでは自我意識や意志の自由についてもたいしたことはできないのである。

心的事象すべてを決定論的に脳と環境との因果的相互影響に還元し、「理由の空間」あるいはこうも言えるが「文化と社会」のレヴェルには介入する力を否定する還元主義は、自然過程すべてにおいて心〔精神〕の創設する（begründen）力が働いているとみる観念論よりも独断的に振る舞ってはいないようには見えない。下からの一元論は、上からの一元論に比べてその手続きにおいてはより科学的であるとしても、結論においてはそうではない。

このような選択肢に直面すると、われわれの自由意識を確かに自然進化からではないが、今日知られている自然科学における説明のパースペクティヴからは引き離すようなパースペクティヴ二元論が魅力を獲得する。この意味でリチャード・ローティは、われわれの説明語彙が観察可能な原因に視線を向けるものと理解可能な理由に視線を向けるものとに文法的に分裂することを、われわれの属する種がそれぞれ異なった環境――自然的環境と社会的環境――へ機能的に適応した結果として説明する。ある言語ゲームが別の言語ゲームに還元不可能なことは、ある道具が別の道具では代用不可能であることよりも人を不安にさせるわけではないと言うのである。[27] このような比較は、もしわれわれにローティとともに、理論の真理性要求を適応の成功という機能主義的な観点の下に組み入れてしまう用意があるとした場合にのみ、整合的な宇宙像を求めるわれわれの要求を静めてくれることになる。[28]〔けれども〕理論の真理性は、理論の助けを借りてわれわれが設計できる道具の成功に解消されはしない。そこで一元論的な世界解釈への欲求は存続し続ける。それでも、もしわれわれが認識的二元論のために世界自身のなかの居場所を見つけようと欲するなら、認識のカント的な諸前提を脱超越論化するという提案を伴なったプラグマティズム的な認識論はともかくも正しい方向を指示しているのである。

社会化された諸個人からなりたち、問題を解決しようとする言語共同体あるいは協働的共同体という生活形式がもつ人間中心的な観点からは、「われわれ」が世界に課す二種類のヴォキャブラリーおよび説明のパースペクティヴは、両方ともわれわれにとって「遡行不可能（nicht-hintergehbar）」なものであり続ける。このことが、われわれの自由意識が自然科学的決定論に対してもっている安定性を説明する。他方では、われわれが有機体に根ざした心を世界におけるひとつの実在（Entität）として理解できるのは、この二つの相補的な知の形式にアプリオリな妥当性を認めない限りでのことである。認識的二元論は超越論的な天上世界から降ってきたものであってはならない。それは進化的な学習過程のなかで出現したものでなければならないし、またリスキーな環境からの挑戦に対してホモ・サピエンスが認知的に対決するなかで、みずからを維持し続けてきたものでなければならないのである[29]。自然史の連続性についてわれわれは、たとえ理論的に十分満足すべき概念ではなくとも、少なくともダーウィンの自然進化とのアナロジーによってある表象をもつことができるが、この連続性が——自然科学的に客観化された自然と、間主体的に共有されたものであるためにいつでもすでに直観的に理解されている文化とのあいだにある認識的な深淵（Kluft）を乗り越えて——人間が自然存在としてそこに属するひとつの宇宙の統一性を保証するものとなるのである。

II　自然と心〔精神〕の相互作用について

さしあたり私は因果的な説明あるいは合理的な説明に特殊化された〔二つの〕言語ゲームの「遡行不可能性」の問題に立ち戻りたいが、それは、認識論的観点から見て、この二つのパースペクティヴのひとつを脇におしやることができるのかどうか、いっこうにはっきりしていないからである（5）。ひき続いて、方法論的に弁護される二元論を「ソフトな」自然主義において受けとめる（aufangen）ために、よく知られた人間学的知見を想起したい。この知見は、そのような認識的二元論が、相互に依存している同類たちにおこる認識の社会化からいったいどのようにして成立することができたであろうかという疑問について納得がゆくようにしてくれるはずである（6）。もちろん方法論的二元論もまた、神経生物学的観点からすれば、個人的な脳と文化的プログラムのあいだの「相互作用」をどのように把握するかという――決定論の問題にとって枢要な――問題に遭遇することになる（7）。

（5）われわれが知のパースペクティヴの認識的二元論の背後に「遡行できない」ということはさしあたり、対応する言語ゲームと説明モデルを互いに還元することができないということである。われわれが心的ヴォキャブラリーを使って表現できるような思考は、意味論的残余を残すことなしには、物と出来事に合わせて調整された経験論的ヴォキャブラリーに翻訳することができない。ここに、通常の科学的基準に従って心を自然化するという目標に到達できると主張するならば、まさにこのことを行なわざるをえなくなるような諸研究伝統に課せられた困難がある(30)。志向的状態あるいは命題的内容や命題的態度を物理的状態および出来事に還元しようとする唯物論であれ、コンピュータの電子回路あるいは大脳皮質の自然的な生理的状態が、心的事象や意味論的内容に割り当てられた因果的な役割を「現実化する（realisieren）」とする機能主義であれ、根本概念のレヴェルで心を自然化しようとするこれらの試みは要求された翻訳を成し遂げることに挫折することになるのである。これらの理論によって企てられた翻訳は、それ自身が、自分が取って代わるはずの心的表現の意味に暗黙のうちに依存しているか、あるいは、出発点となる現象の本質的な局面を取り逃がしていて、そのために役に立たない再定義へと至っているかのいずれかである。

このことが驚くべきことではないのは、二つの言語ゲームの文法には、互いに相容れない存在論が組み込まれているからである。フレーゲとフッサール以来われわれは、命題的内容や志向的対象を、因果的に作用しあい、時空を確定できる出来事や状態という準拠枠組のなかで個別化することはできないということを知っている。このことは、因果の概念が道具的行動の機能圏と交差していることによっても解明できる。われわれが二つの観察された世界状態AとBの継起をひとつの因果関係として（状態AがBの登場の十分条件であるという厳密な意味で）解釈する場合、われわれを暗黙のうちに導いているのは、われわれが道具的に世界に介入し状態Aを引き起こすことによって、われわれ自身が状態Bを生じさせることができるであろうという表象である[31]。因果概念のこのような介入主義的（interventionistisch）背景が、物や出来事のようにはわれわれが道具的方法で操作できない心的状態や意味論的内容がこの種の因果的説明を免れる理由を明らかにしてくれるのである。

心的なものと物理的なものにあわせて調節されたそれぞれの言語ゲームをどちらか一方に還元することがうまくいかない以上、われわれが世界から何事かを学ぶことができるためには、世界を同時に二つのパースペクティヴから考察しなければならないのではないかという興味深い問題がおのずと生じてくる。明らかに、われわれのような社会化された主体が世界に対して認知的に接近する道が開かれるためには、経験主義的な言語ゲームがわれわれをそこへと制限している観察者のパースペクティヴは、コミュニケーション的かつ社会的な慣習的実践（Praktiken）への参加者のパースペクティヴと交差（verschränken）されなければならない。われわれは一人の人格において、観察者であるとともにコミュニケーション参加者でもあるのである。

われわれが人称代名詞のシステムによって、「三」人称の観察者の役割を学ぶのは、「一」人称の話し手と「二」人称の聞き手の役割との結合においてのみのことである。言語の二つの根本機能――事実の叙述とコミュニケーション――が等根源的に相互に密接に連関しあっているのは偶然ではない[32]。話し手と受け手に向けられたこのような言語哲学的な視線――両者は一人称と二人称の役割を交換することによって、間主体的に相互に共有された生活世界を背景にして、客観的世界の何かについて相互に了解しあう――は、認識論的には反転される。すなわち、世界の客観性がある観察者に対して構成されるのはただ、世界内的な出来事についてその観察者が認知的に把握したことに対して〔他者が〕了解することが可能であるという間主体性が同時に構成される場合だけであるということになる。主観的明証の間主体的な検査が、自然の客観化の前進をはじめて可能にするのである。それゆえ、了解の過程それ自身は、その全体を客観の側に属するものとすることはできないのであり、したがって、完全に世界内的に決定された出来事として記述したり、このような仕方で客観化して「回収する（einholen）」ことはできないのである。[33]

　参加者のパースペクティヴと観察者のパースペクティヴとの相補的な交差のなかに、社会的な認知と道徳意識の発展のみならず[34]、自然的環境世界との対決のなかでわれわれに生起する経験の認知的な加工も根づいている。真理性要求は、経験のテストと、それぞれの経験の真正性（Authentizität）に――あるいは経験についてのわれわれの解釈に――対して他者が述べることができる異議の二つに耐えることができなければならない。このことは、科学の営みにおいても日常生活と何ら変わりはないのである。[35]

　概念と直観、構成と発見、解釈と経験は、研究過程においても相互に切り離せない諸契機である。実験的観察は、理論的に規定されたあるデザインの選択によって観察結果に大いに影響を及ぼすようにあらかじめ構造化されている。観察は、それらが論拠として通用し、反対者に対して弁護されることができる限りにおいてのみ、コントロールする審級の役割を引き受けることができるのである。経験することによって客観化する態度で世界のなかのあるものへと関わる観察者のパースペクティヴは、この反省段階においてはますます、論拠を述べることによって、行為遂行的態度で批判者に関わる討議参加者のパースペクティヴと交差することになる。「経験と論拠とは、世界について何事かを知ることへのわれわれの要求の基礎または根拠の二つの非自立的な構成要素をなす[36]」。

理論的な知の増大もまた観察者と参加者のパースペクティヴの相補的な交差に依存することをやめてはいないことの確認から、ヴィンガートは、行為遂行的に、すなわちわれわれの生活世界の諸実践への参加者という視点からのみ近づきうる了解関係を、自然科学的手段によって認知的に回収すること、すなわち余すところなく客観化することはできないという結論を引き出す。この理由から世界についての決定論的観点もある領域的に制限された妥当性のみを要求することができることになる。しかしながらこの論拠は、自然科学によって客観化された即自的存在者の「われわれにとって（das Für uns）」を超越論的に自立化させることを必然的な帰結とするものではけっしてない。むしろ、客観化する自然認識もまた依然として頼りとする、観察者と参加者の二重焦点による世界への接近には、進化的な学習過程の成果が表れているということができよう[37]。

（6） カントをダーウィンと和解させようとするプラグマティズム的観点からすると、遡行不可能性のテーゼは、人間学的に深く根ざした知の諸パースペクティヴの相補的な交差が文化的な生活様式それ自身と同時に成立したことを裏づけるものである。有機体としては「未熟」な新生児が助けを必要としていること、またそれに対応した長い養育期間は、人間を最初の瞬間から社会的相互作用に依存したものとし、この社会的相互作用は、人間においては、他のいかなる種よりも認知的能力の組織化と形成に深く介入している。人間においては、社会的生活（soziale Existenz）が、認知と学習の初期から始まるコミュニケーション的社会化に影響を及ぼしている。マイケル・トマセロは、すでにG・H・ミードによって強調された、同類たちを意図をもって（intentional）行為する存在者として理解するという社会的認知の能力[38]を、ホモ・

サピエンスをもっとも近い近縁の種から分離し、文化的発達を可能にさせた、進化による獲得物として特徴づける[39]。

霊長類は意図をもって行為でき、また社会的客体を生命をもたない対象から区別することができるが、彼らにとって同類たちが文字どおり「社会的客体」であることにとどまっているのは、彼らが他者のなかに別の自我（Alter Ego）を認識しないからである。霊長類は、他者を、彼らとのあいだに厳密な意味で「間主体的」な共同性を築くような、意図をもって行為する行為者とは理解していないのに対して、人間の子どもは、すでに生後九カ月という前言語的年齢で、ある準拠人物（Bezugsperson）と共同して、同一の対象へと自分の注意を向けることを学ぶ。彼らが他者のパースペクティヴをとることによって、この他者は、彼らに対して二人称というコミュニケーション的役割を引き受ける相手へと変貌するのである。すでにこの若い年齢で一人称から二人称への原型的関係によって成立する共同のパースペクティヴは、世界に対してまた自分自身に対して距離を取りつつ客観化するまなざし（Blick）にとって構成的である。「新しく獲得された社会的認知の諸能力は、子どもたちに対して、彼らが他者の立場から世界について何事かを学ぶことができ、またこの立場から自分自身について何事かを学ぶことができる可能性を切り開くことになる[40]」。社会的理解の土台のうえで、物理的な環境との認知的な対決は、人間相互の認知的交渉に依存するようになる。世界内の諸状態を観察する観察者のパースペクティヴが相互作用参加者のパースペクティヴと交差することが、成長しつつある人間たちの認知を彼らの同類たちの認知とともに社会化するのである。このようなパースペクティヴの交差は、話し手、受け手、観察者というコミュニケーション役割の文法によって制御された交換において固定されるのであるが、それが起こるのは、子どもが言語獲得のなかで人称代名詞のシステムを自分のものにすることによってである。

チンパンジーは同類たちに対象を指示したり教えたりしないのに対して、人間は教示（Unterricht）を通じてもまた協働（Kooperation）を通じても学ぶ。目の前に見いだされる文化的人工物と交渉するなかで、彼らは独力でもまた、そのなかに対象化された諸機能を発見する。チンパンジーにおいても観察されるような種類の伝統形成、儀式化および道具使用は、間主体的に共有された文化的背景知を示すものではない。理解の間主体性〔間主観性〕がなければ知の客観性もない。主観的精神〔心〕とその自然的基体である脳を、客観的精神すなわちシンボルによって貯えられた集合的知へと「結合」して再組織化することがなければ、距離を置いた世界に対して命題的態度をとるということもない。同様に、そのような仕方で客観化された自然との知的交渉の成果である技術もない。文化的環境への結びつきを見いだした社会化された脳にしてはじめて、自然進化の遺伝的メカニズムから解放された、極度に加速された累積的学習過程の担い手となるのである。

もちろん神経生物学も文化のはたす役割と認知の社会化の役割を計算に入れている。そこでヴォルフ・ジンガー〔6〕も、生得的で遺伝子に貯えられ、遺伝的に決定されている人間の脳の基本配線のなかに体化されている知と、個人的に獲得され文化的に貯えられた知とを区別している。社会と文化は青年期に至るまでは、脳に対して、構造形成的でその後の生涯においてその効果（Effizienz）が増大していく影響を与える。「思春期に至るまでは、教育過程と経験過程は、神経ネットワークの構造形成に、あらかじめ遺伝的に計画されている形成可能性の内部で刻印を与える。後に脳が成熟すると、構造設計のその種の根本的な変化はもはや可能ではない。すべての学習はそれ以後、すでに成立している結合の効率変化に限られる。文化的進化の開始以来世界の諸条件について獲得された知や、社会的現実についての知は、それゆえ、個別の脳におけるそれぞれの文化に特有の刻印のなかに表現される。初期の刻印はその際、遺伝的要因と同じぐらい持続的に脳内の諸事象をプログラミングするといえるが、それは両方の過程が回路形成の型の特殊化のなかに同じぐらいはっきりと示されるからである[41]」。

このような言明は、文化的伝承や社会的な慣習的実践によって脳が「プログラミング」されていて、それによって心と自然とのあいだの相互作用も成り立つといったことを容易に思いつかせるようにみえる。けれども、意識的体験も無意識的体験もすべて区別なく、脱中心化された脳内の諸事象によって「現実化されている」という争えない事実が、ヴォルフ・ジンガーに、文法によって制御され文化から供給を受けた意識的判断や行為の諸過程がニューロンの諸事象に影響することを排除することに満足すべき理由を与える。「諸論拠を意識的に考量することはニューロンの過程にもとづいていることが認容されるならば、それは無意識的な決断と同じようにニューロンの決定論に従っていなければならないことになる[42]」。けれども、ニューロンによる思考の現実化は、思考による脳のプログラミングをどうしても排除しなければならないわけではない[43]。

（7）　客観的精神は行為の自由が属する次元である。行為遂行的に〔行為に〕伴なう自由の意識には、言語によって社会化された諸精神が共同でそのなかを動いている、シンボルによって構造化された例の「理由の空間」への意識的参加が反映しているのである。この次元において、確信と行為の合理的な動機づけは、自然法則に還元することができない論理的、言語的、語用論的（pragmatisch）な諸規則に従って行なわれる。なぜ、脳による主観的精神の決定とは逆方向の、客観的精神による脳のプログラミングという意味での「心的因果（Verursachung）」が存在してはならないのだろうか。ジンガーはこれに対して本質的には三つの論拠によって反対する。（a）われわれは、観察を逃れる心が、脳内の観察可能な過程に与える因果的作用をどのように表象してよいのかを知らない。（b）注意することによって意識に登場してくるニューロンの諸事象は、無意識にとどまる諸過程の広大な流れの従属変数である。(c) 神経生物学は、みずからに意識的決断を帰す行為者の「自己 (Selbst)」に対して、脱中心的に作動する脳においてはその対応物を発見することができない。

(a) 相補的に交差した知の諸パースペクティヴの遡行不可能性から、実際に「因果の問題」が生じてくる。われわれの認知装置はどうやら、ニューロンの興奮状態の決定論的な作用連関が、(理由による動機づけとして体験される) 文化的プログラミングとどのように相互に作用しているかを概念的に把握できるような具合にはなっていないようである。カントの用語法を用いて表現すれば、自然の因果性と自由からの因果性がどのように相互作用しているのかが概念把握不可能なのである。確かにこの謎は〔論争の〕両方の側を同様に困惑させる。一方では、理解可能な意図が、神経学的に説明できる身体運動の「心的原因となること (mentale Verursachung)」は謎のままである。もしわれわれがこの種のプログラミングを自然因果性に同化してしまうと、何か本質的なもの、すなわちそれなしでは命題的内容や命題的態度が理解不可能になってしまう妥当性条件への関連が失われてしまう[44]。しかし、その反対の観点を取るとき、代償がより少ないわけではないが。決定論は、合理的態度をとる主体の自己理解を、自己欺瞞として説明しなければならない。

随伴現象説をとった場合のコストは、反対の立場を戯画化することによって少なくなるわけではない。「われわれの心を満たし、われわれに自由と尊厳を与えるような非物質的な心的実在がもし存在したとしても、この実在はわれわれの脳における物質的過程と相互作用することがいったいどのようにしてできるのか[45]」。しかしながら実際には、心が「実在する」のは、ただ聴覚的あるいは視覚的に知覚可能な物質的な記号的基体のなかに、すなわち観察可能な行動やコミュニケーション的表現 (Äußerungen) のなかに、

〔つまり〕シンボル的対象や人工物のなかに体化〔体現〕されること（Verkörperung）によってである。命題的に分化した言語、この文化的な生活形式の核心とならんで、その意味内容が間主体的に共有され再生産されるようなその他のシンボル形式、メディア、規則のシステムが多数ある。これらのシンボル体系をわれわれは、「認知の社会化」に向かう進化的前進とともに形成された創発的特性として理解できる。

記号、慣習的実践、対象のなかにシンボル的に体化〔体現〕された精神、すなわち「客観的」精神の存在論的位置を見間違えないためには、その二つの局面が重要である。一方では客観的精神は、パースペクティヴの相互的な取得の能力を発展させた知的な動物の脳のあいだの相互作用から生じ、いまや新しい形で相互に作用する能力を持った諸「脳」やその有機体のあいだで行なわれるコミュニケーション的かつ社会的な慣習的実践によって再生産される。他方で「客観的精神」は、個人に対して相対的な自立性を主張するが、それは間主体的に共有された意味の、それぞれ固有の規則に従って組織された一団（Haushalt）がシンボル的な形態をとるからである。文法によって固定されたシンボル使用の規則づけを通じてこの意味のシステムは、他方の側にある参加者たちの脳に影響を与えることができる。認知の社会化が進むなかで、共通の慣習的実践を習得すると同時に個別化された参加者の「主観的精神」がはじめて形成される。その後でわれわれはある共通の文化の公共空間に登場する諸主体の自己理解に言及する。行為者として彼らはこのようにもあのようにも行為できるという意識を発展させるのだが、それは彼らが理由の公共空間のなかで、態度をとるように迫ってくる妥当性要求と対決するからである。

心による脳の「プログラミング」について語ることは、コンピュータ言語に由来する描像（Bilder）を喚起する。コンピュータとのアナロジーは、それが「外的世界の内的像」をそれぞれ自分だけで発展させる孤立した意識のモナドたちというデカルト的な描像を容易に思い浮かべさせる限り、間違った手がかりを与えるものである。これでは人間の心の特徴である例の認知の社会化を見落とすことになる。けれども「プログラミング」は間違った描像ではない。明らかに、ある人間学的な発展段階において、同類たちのあいだのより強まった相互作用から、間主体的に共有され文法によって制御された意味連関という、記号によって物質化された層が生じたのである。脳の生理学は「ソフトウェア」と「ハードウェア」の区別を許容しないが、客観的精神は、個々の脳の主観的精神に対して構造形成的な力を獲得できるのである。ジンガー自身が、言語獲得に連関した脳の初期の「刻印」について語っている。個体発生の過程で個々の脳は、社会と文化のプログラムへの「接続」に必要不可欠な潜在的能力（Disposition）を獲得するように思われる。

ヴォルフ・ジンガーの懐疑はとりわけ、神経学的な観察者が、感覚刺激によって活性化された脳において、自然環境からの信号であろうと文化環境からの信号であろうと、それに対する反作用に違いを確認できないことにもとづいている。大脳の興奮状態からは、その状態が「花盛りの草原」を直接知覚したことによって生じたのか、それに対応してはいるがシンボルによってコード化された知覚によって生じたのかを見て取ることはできない。たとえば、この花盛りの草原を描いた印象派風の絵画を見るとか、小説を読んでこの花盛りの草原の記憶が心に浮かんでくるような場合が後者にあたるわけだが。体系的な違いが生じる場合でも、この違いを感覚刺激のシンボル的コード化から説明すること、すなわち、花盛りの草原が、ルノワール風の様式によって、または、小説の筋立ての文脈のなかでの意味の助けによって獲得した解釈の結果として説明することは許されないのである。「したがって、文化的な取り決めや社会的な相互行為は、脳機能に対して、ニューロンの回路形成とそれにもとづく興奮の型に作用を及ぼす他のファクターとまったく同様の仕方で影響するのである。ニューロンのネットワークにおける作用の経過に対して、ニューロンの活動が普通の感覚刺激によって起こったか、社会的信号によって起こったかという違いは、まったく役割を演じないのである[46]」。

誰も、神経学的に観察される状態が徹頭徹尾因果的に結合されていることを疑わない。しかし、文化的なプログラムが脳の動作〔能作〕（Leistungen）を通じて現実化されなければならないという事情は、すぐそれだけで知覚されたシンボル記号を理解することと、コード化されていない「普通の感覚刺激」を処理することとの違いをなくしてしまうことへと強いるわけではない。暗黙のうちに前提された因果的モデルだけが、プログラムする「心」が脳過程に作用することを排除するのである。脳は、シンボルによって表現された記号の命題的内容において、物理的環境世界に直接にではなく、間接的に、過去の諸世代の共通の認知的成果から構築されシンボルによって貯蔵された集団的知を通じて出会うのである。受容された信号の物理的特性を通じて、主観的精神へと突然変異した脳に対して開示されるのは、文法によって制御された意味連関であるが、この意味連関こそが、いまや客観化されている環境世界に対立して、間主体的に分有された生活世界という公共的空間を際立たせるものなのである。そしてこの「理由の空間」において、行為遂行的にともなう自由意識を構成する要素である意識的判断と行為が構造化されるのである。

（b） 意志の自由という現象は、意識された決断の次元においてのみ登場する。それゆえ、次なる反論は、意識的過程と無意識的過程の区別が神経学的に無意義であるということによりどころを求める。「正しく言えば、考量の過程がそれにもとづいている諸変数が、意識的な思案（Deliberation）の場合にはより抽象的な性質のものになり、おそらく、主に無意識的な動機から導かれる決断の場合よりもより複雑な諸規則に従って結合されうるという〔違いがある〕だけなのである[47]」。けれども一般的には、意識にのぼってくるのは、注意をひきつけ、短期記憶に保持されて、言語的に分節化され、宣言的記憶から呼び出されることができるような体験だけである。そしてこのような体験はせいぜいのところ、発達史的により古く深いところに横たわる範型（Mustern）に従って起こる、無意識的であり続ける諸事象の海に浮かんでいるはかない島にすぎないのである。

　意識的過程に対する無意識的過程の発生的優位は、無意識的過程と同様に意識的過程も決定論的自然法則に従っているという考えを容易に起こさせる。〔ジンガーによって〕言及されているような示差的な性質は、なぜある種の意識事象は、他の種類の過程に対しては決定権を有する因果連関を免れているのかを説明することができない。「意識的決断の変数として問題になるのは、主に、後から習得されたもの、すなわち、定式化された文化的知、倫理的定め（Setzungen）、法律、討議の規則、取り決められた行為規範などである。遺伝によって与えられた規準（Vorgabe）や、幼児期の刻印や、無意識的な学習経過を通じて脳に到達し、したがって意識化を逃れるような考量戦略、価値評価、暗黙知の内容は、それゆえ意識的決断の変数として利用できるわけではない[48]」。

　けれども、発生的な層形成が、徹頭徹尾決定論的な考察方法の優位のための論拠となるのは、脳が意識的過程を通じて処理することによって文化的な規準をも現実化するということをわれわれがあらかじめ排除することが許される場合だけであろう。確かに文化によるプログラムもそれを現実化する脳過程という下部構造がなければ行為に対する効力をもたないだろう。意識的生の有機的基体への依存は、この意識的生それ自身のなかに、肉体の意識（Leibbewusstsein）として反映している。行為する間われわれは、肉体としての自分自身と同一視するある身体に依存していることをトリヴィアルなかたちで知っている。けれども、われわれ自身がこの肉体なのであるから、われわれは自己調節的な有機体を、〔行為を〕可能にする条件の総体として経験するのである。行為できることは、肉体の意識と相伴なっている。肉体、性格、生活史は、それらが自分の肉体、自分の性格、自分の生活史として、行為をわれわれ自身の行為にする「自己」を定義するものである限り、因果的な決定因として知覚されることはないのである。

（c）第三の反論は、このようにもあのようにも行為できることから出発する行為者の自己理解の、社会的に構成されたこの「自己」〔そのもの〕に関わる。神経生物学はわれわれが主観的に経験する「自我（私）」〔の役割〕を割り当てることができるような、すべてを調整する審級を脳のなかに探し求めて無駄に終わってきた。このような神経学的観察から、ジンガーは、自我意識の幻想的性格と、自由意識の随伴現象としての位置を推論する。ジンガーは次のように強調している。「われわれのこの点における直観は、劇的に誤っている。大脳皮質領域のネットワークを示す配線図は、ある単一の集中する中心の存在を指示するいかなるものも見つからないことを示す。そのなかで『自我』が構成されるような［……］中央司令部は存在しないのである。脊椎動物の高度に発達した脳はむしろ、そのなかで巨大な数の操作が同時に行なわれる、高度にネットワーク化され〔機能が集中せずに各所に〕分配されるように組織されたシステムであることが明らかになる。この同時平行する諸過程は、単一の中心を必要とすることなくみずからを組織し、総体として、首尾一貫した知覚や相互に調整された行動へと導いていくのである」。ここから生じてくるのは、いわゆる結合問題（Bindungsproblem）、すなわち、「多数の、異なった大脳皮質領域で同時に進行する加工過程が相互に調整しあって、多様な感覚信号の首尾一貫した解釈が可能となり、さらに行為の特定のオプションに対する明確な決定が生じて、調整された運動的反作用が遂行されうるのはいったいどのようにしてか」という問いである[49]。

しかし、このような観察が意志の自由に反対する論拠として役立つのは、責任ある行為する者の自己関係が、それに対してニューロンの対応物が存在するような中央司令部を前提するという仮定のもとでのみのことである。このような表象は、体験する主観が自己意識として中央に位置し、客観の総体としての世界に向きあっているとみる意識哲学の遺産の一部である。ヒエラルキー〔の最上位に立つ〕自我の審級という描像に対する神経学的批判が、自分がひどく骨の折れる仕事をしているに違いないと信じ込んでいるとすれば、そのことは、認知科学や神経学とこの意識哲学とが密かな精神的類縁性によって結ばれていることから説明される。両者とも、「自我」と「世界」、あるいは「脳」と「環境」という二項関係から出発して、ある体験する主観の一人称のパースペクティヴから解明される主観的意識としての心というパラダイムに到達している。この両者に共通の「心的なもの」という概念は、共通の実践への参加者としての一人称（第一の人格）が関わっている二人称（第二の人格）のパースペクティヴが視界から消え去ってしまったために生じたものなのである。

ヴィトゲンシュタインがとりわけ一人称単数の代名詞の使用について示したように、物象化しつつ私〔という代名詞〕を発話すること（reifizierende Ich-Sagen）の背後には、世界のなかのひとつの実在（Entität）としてわれわれが引き合いにだせるようないかなる審級もない[50]。指標（Index）としての機能の他に、「私」という表現はいくつか別の文法的役割を引き受ける。表出的な（expressiv）言語使用においては、「私」〔という代名詞〕や心的表現の助けを借りて形成される体験文は、公衆が話し手に帰属させる体験を言い表わす機能を果たす。「私」や行為遂行的表現の助けを借りて言語化される発語内行為の遂行は、社会的諸関係のネットワークのなかで話し手に、帰責可能な行為の始動者（Initiator）としての場所を請求するという、〔行為に〕非主題的に随伴する機能を果たす[51]。われわれの議論との関わりでいま重要なのは、「私」がこれらの機能のすべてを果たすのは、人格代名詞の体系の構成部分としてのみであり、「私」はこの体系のなかでなにか特権的な地位を占めているのではないということである。

人称代名詞の体系は、一人称、二人称、三人称のあいだに対称的で可逆的な関係の脱中心化した網の目を創設する。けれども、他の自我（Alter Ego）が話し手とのあいだで取り結ぶ社会的諸関係が、この自我の自己言及的関係をはじめて可能にするとするならば、本来的に他との関係で成り立つ準拠審級（Bezugs-instanz）は、ある包括的なコミュニケーションシステムの従属変数となっている。確かに「私」は社会的な構成物として理解されるが、だからといって幻想というわけではない[52]。自我意識において、言ってみれば、個々の脳と文化的プログラムとの連結が反映しているのであるが、この文化的プログラムは社会的コミュニケーションを通じてのみ、つまり、話し手、受け手、観察者という、コミュニケーションにおいて分配された役割を通じて再生産されるのである。一人称、二人称、三人称という相互に交換可能な役割は、個々の有機体を個別化して公共的な「理由の空間」に埋め込むことにも役立つのだが、この「理由の空間」のなかで、社会化した個人は妥当性請求に対して態度を取り、責任ある〔行為の〕起動者として熟慮し、それゆえ自由に行為することができるのである。

第7章　「確かに私自身が自然の一部である」〔1〕
——理性の自然との絡みあいについて語るアドルノ
自由と自由処理不可能性との関係についての考察

〔二〇〇三年の〕アドルノ記念祭はいろいろなもので賑わっている。書籍、伝記、写真集、会議、そしてメディアや愛好家や物見高い人びとによる数多い催し。それがアドルノの気に入らなかったはずはないだろうと言わんばかりである。しかし、より広範でかつ騒々しい世間のこのような関心の活発さと対照的であるのが、専門家仲間のより静かなためらいである。彼らも同じ機会にこの偉大な哲学者・社会学者の仕事にまた改めて取り組んではいる——けれどもその際に困難を覚えているのである。アドルノの哲学的・社会理論的な仕事は、つい二〇年前に同じ場所〔フランクフルト〕で開催されたアドルノ会議〔1〕のときよりもさらに、われわれの現代的議論からはかけ離れたものになっている。今日の催しは、アドルノの理論が現代的議論と接続可能であるか否かを吟味しようとする試みなのである。すなわち、哲学者であり社会学者であったアドルノには、現在の諸論争の文脈のなかでどれだけの重要性があるのかが問題なのである。この吟味のために私が選んだのは、アドルノが、道徳哲学の講義〔2〕と『否定弁証法〔3〕』において、とりわけカントの道徳哲学と対話するなかで取り組んだ自由というテーマである。

生命科学と人工知能研究の加速された進歩は、いつのまにか、心〔精神〕（Geist）の哲学における自然主義的アプローチに新しい重要性を与えることになった。その結果、決定論と自由についての畏敬すべき論争が自然科学の諸分野に浸透することになり、そこに思いがけない反響を見いだすことになる。いずれにせよ、合衆国とは異なり、確かに社会のなかでは世俗的なメンタリティがより進展しているが、哲学的伝統においては科学主義的な自然主義という背景〔となる〕想定（Hintergrundannahmen）がけっして深くは根づいていないこの国〔ドイツ〕ではそうである。この国でわれわれが相変わらず腐心しているのは、カントをダーウィンと和解させ、「理性は自然とは異なりながらも自然の契機であるという理性の前史は、理性の内在的規定になる」（ND, 285〔邦訳三五〇頁〕）[2]とアドルノが表現したような一見パラドクシカルな事態を概念的に把握することなのである。

このアドルノの定式は、理性によって導かれその限り自由に行為する諸主体もけっして自然の出来事から解放されているわけではない、という直観を考慮に入れたものである。このような諸主体は、英知的世界にその源を見いだすことで自然的由来から切り離されることはできないのである。超越論的自由の国と、法則的に結合された自然現象の国というカントの二元論を拒否すれば、それでは自然に拘束されている意志の自由は、因果的に（kausal）閉じられた世界のなかでどのようにして理解可能な仕方で自分の場所を見いだすことができるのかという新しいかたちを取った古い問題に出会うことになる。「経験主体が実際に自由にもとづいて行動できるなら、一方で経験主体自身は自然に属しているのだから、カント的な——カテゴリーによって構築された——自然の統一は破られています。そのとき自然にはいわば隙間があることになります。この隙間は、［……］自然科学が目指している自然認識の統一性と矛盾するでしょう」（PM, 150f.〔邦訳一七二頁〕）。

この箇所でアドルノがはっきりと、自然諸科学についてのカントの特徴づけを確認しているのは、自由意志という考えが、「ある状態とそれに先行する状態との合法則的な結合」という自然因果性の概念とは両立しない[4]ということのなかにあるアポリアを復唱するためである。アドルノの議論が目標とするのは、自然の概念における、大きな影響をもたらす意味のずらしによって自由と決定論のアンチノミーを解消することである。アドルノは、自然についての科学的概念、すなわち、因果的説明を行なう自然科学の対象領域〔としての自然概念〕を、シェリング的な対象化されない能産的自然（Natura naturans）というロマン主義的概念の下位に位置づける。後者は、「われわれの」回顧的視点からは、精神の前史として解読される自然史なのである。自由処理可能（verfügbar）にされ客観化された自然に順応する道を歩むなかで、言うまでもなく、精神の領域それ自身のただなかに、第二の、いわば転倒された自然が、自然成長的な社会的諸関係という形態で成立することになるとされる。この転倒された自然の傷痕が、無意識的な諸動機がもつ因果的な力であり、そのなかでは二つのものが融合しているように見える。すなわち、自然の諸法則に従う因果性と、責任ある行為の起動者（Autor）であるという自己理解と矛盾しないような、理由による特有の因果（Verursachung）〔3〕の二つが融合しているのである。道徳発達についての精神分析的説明が、自由と決定論のいわば架け橋となる。

　逸脱しつつある（entgleisend）自然史というこの構想は、確かにアンチノミーを実際に解消するわけではないが、いずれにせよわれわれに興味深いひとつのヒントを与えてくれる。私はまず、アドルノが事のついでに展開した、日常経験される、〔行為に〕直観的に随伴している自由意識についての現象学に注意する。そのなかには、すでに、自然に制約された自由という脱超越論化された概念が潜んでいる。もっともこの概念は、自由と決定論のアンチノミーにはいまだ関わってはいないのであるが（I）。主体のなかの自然の追憶（Eingedenken）というアドルノの直観は、自然成長性からの解放という、より要求度の高い意味での自由を目指している。自然のとりことなった（naturverfallen）理性へのこのような批判もまた、カントの第三アンチノミーで展開された、自然と絡みあった（naturverflochten）理性という謎を解くことはできない（II）。それにもかかわらず、自然に制約された自由の思弁的に展開された二つの契機——非同一的他者の態度決定（Stellungnahme）の自由処理不可能性と主体的自然の自由処理不可能性——は、自然主義的な諸アプローチとの現在の対決の中心点に通じているのである（III）。

I　自由意識の現象学によせて

行為する諸主体がもつ自由意識の歪められていない現象学を目指すためには、最初の第一歩が決定的である。すなわちそのまなざしは、自己観察の主体、あるいは体験の主体性に絡めとられてはならないのである。自由の意識は、暗黙の行為意識である。現象学的なまなざしは、行為の遂行（Vollzug）に向けられなければならず、またそのなかに、直観的に随伴している背景知をかぎつけなければならない。人が何かを主題的に意図したことを行なっている際に非主題的に生じている別の何かを予想すること（Gewärtigen）は、行為遂行的な性格をもっている。アドルノが、誤って考えられた自由の英知的性格に対抗して、行為者の自己経験の「時間的現実化（temporale Aktualisierung）」を論拠に持ち出すとき、彼はこのことを強調しているのである。「自由は原理的に、時間的な行為の属性であり〔時間的にのみ現実化されうる〕のに、そうした自由が徹底的に非時間的なものの述語になりうるのはどうしてなのか。〔……〕これを理解するのは困難である」（ND, 251〔邦訳三〇八頁〕）。

われわれが、言明を「なす（machen）」けれどもそれを明示的に主張、異議、質問、忠告として主題化しないとき、われわれにはこのような仕方で言語行為の発語内的（illokutionär）意味が現在しているのである。ただし、このような様態〔やり方〕についての知識（Moduswissen）はいわば表面に横たわっているのだが。ある言語行為の発語内的意味を、さらに遡及的に（anaphorisch）記述の内容とするためには、参加者のパースペクティヴに代えて、三人称のそれをとればよい。このようにして、「人がどのようにしてあることをなすのかについての知識」は、「あることについての知識」へと転換されるのである。ただし、実践のすべての種類が、ヴィトゲンシュタインの言語ゲームのように、暗黙に意識された規則に従うこととして分析できるわけではない。われわれのすべての行為に暗黙に伴なっている自由意識は、地下深くに、あるいは遠く離れた背景にあるために、簡単に光の当たる場所に引き出すことはできないのである。重要なのは、〔自由意識に本来的な〕行為遂行的性格が、そこからのみ自由に行為する主体の自己経験に接近することが可能になる参加者のパースペクティヴに、われわれの目を向けさせることである。

　これと矛盾するのが、われわれ自身をビュリダンのロバにしてしまうような実験を行なえとの古典的な指示であり、この指示は、このようにもあのようにも行為できるという意味での選択〔意志〕の自由（Willkürfreiheit）の契機を孤立させて取り出そうとするのである。この指示は、行為遂行的に現在する自由意識というものは観察者のパースペクティヴからは滑り落ちてしまうものであるにもかかわらず、自己自身を観察する〔三〕人称（Person）のパースペクティヴをとるように誘うのである。それゆえにアドルノはこのような種類の実験をまったく別なようにやってみせる。〔講義のなかで〕自分の前にある本を持ち上げてから落とすことによって、アドルノは「選択の自由」を証示してみせるが、それはただ、学生たちに理由の公共的空間に注意させるためである（選択の自由の独我論的概念は、この空間を度外視したものにすぎない)。なぜなら、ただ教育の一環であるという社会的な期待の地平のなかでのみ、そのような実演は不条理な特徴を失うからである。「もう一度ばかばかしい実例に戻るならば、私がこの本を落とすと、私にとっては、そのことはさしあたりは私の自由な決断であると規定されます。しかし、この決断を解明する一連の他の条件がそこにはあるのです。たとえば、私は、いわゆる自由からの行為という現象を皆さんに実地に示す必要があると考え、このいまいましい本以外なにも手元になかったので、これを落としたのです。このことはさらにまた、[……]他のあらゆる可能な事柄に還元できます」(PM, 80〔邦訳九〇頁〕)。

自由から行為する人格は、いつでもすでに、そのなかで他の人格が「なぜあなたは本を持ち上げてからまた落としたのですか」と釈明を求めてくる間主体的空間のなかを動いている。それによって、われわれが行為するときわれわれの直観に対して現に在るものが有する内容的な側面の第一のものに触れているのである。行為者は、もし必要な場合にみずからの行為の動機について弁明することができなければ、自分が自由であるとは感じられないであろう。不随意的な反作用や心のうごめき(Regungen)、たとえば赤面することや青ざめること、あるいは、願望の盲目的な行動化(Ausagieren)は、行為のカテゴリーには入らない。諸行為をある主体に帰責することができるためには、その行為がある意図を現わしていなければならないのである。日常の行為において、われわれが自分を自由であると直観的に感じるのは、われわれの行為がある企図の実行であり、まさしく意志の外化(Willensäußerung)であると解釈できる場合のみである。そうでなければ、われわれは帰責可能な仕方で行為してはいないのである[5]。意志は、おぼろげな衝動とは理由があることによって区別される。その際には、熟慮された決心へと導く限りでの可能な理由のすべてが重要なのである。意志はつねに理由という媒体のなかで形成されるのであるから、行為する主体は、「彼の理由」について問われることができるのである。そして、理性とは理由の能力であるということから、「理性は意志の姿をとって、欲動を占有する」(PM, 190〔邦訳二一七頁〕)というアドルノの発言を理解できる。論弁する理性は、雑多な諸気分や心のうごめきという「材料(Material)」から意志を形成するのである(ND, 237[4]〔邦訳二八九頁〕)。〔カントの時代にはまだ無かった〕フロイトのパースペクティヴのなかにカントをおいてみる、このやや乱暴な定式化は、ともかくも、自由意識の第一の側面――すなわち、他の人格に対する責任の基礎としての意志の理性性――が、自由の意味を汲み尽くすわけでないことを暗に示している。非人格的な能力としての理性は、匿名性をもって、任意の主体の意志をすっかり捕え、それぞれの人格に、固有の行為のための余地を残さないことにもなりかねない。けれども、自由の意識のもとで行為するものは、みずからを行為の創始者(Urheber)であると理解しているのである。さらによく見ると、この起動者性(Autorschaft)の意識のなかでは異なった二つの契機が結びついている。すなわち、私がイニシアティヴをとるということと、イニシアティヴをとるのはただ一人私であることという二つの契機である。

自分が自由であると感じるということは、さしあたりはまず、何か新しいものを始めることができるということである。この「イニシアティヴをとる」ということに関して言えば、アドルノは、慣習を守って、カントの第三アンチノミーの近隣にとどまっている。すなわち、自由に行為する諸主体は、自然法則によって制御された物事の経過に介入し、新しい因果系列を、アドルノの表現でいえば「創設する(stiften)」[5]するのである。イニシアティヴをとる行為者は、そうでなければ起こらなかった何かをそれによって始動させると想定する。つまり行為遂行的態度においては、われわれの諸行為がどのように「客観的には自然因果性と関係している」(PM, 63〔邦訳七一頁〕)のかという問いはまったく姿を現わさないのである。

イニシアティヴが私に固有なものとして経験されうるためには、〔行為を〕自己に帰責することという さらなる契機が付け加わらなければならない。私は、ある新しい決定系列が設定されあるいは始動されることの、最終審級における決定的な創始者である「私」に反省的に関係することができなければならない。私があることのイニシアティヴをとるかどうか、また、このように行為するかあのように行為するかということは、「私しだい」でなければならない。理由から形成された意志と新しいはじまりという、いままで取り扱ってきた局面のもとで、自由意識の現象学は、責任ある起動者性を構成するものとして行為遂行的にはすでに想定されている事柄（Unterstellungen）を把握するのである。けれども、私が自分自身をその創始者として経験する諸行為を自己に帰責するというとき、その自己とは誰なのであろうか。この問いにアドルノは、カントの英知的自由の概念と対決するなかで答えるのだが、その答えによれば、私の肉体（Leib）と私の生活史《ライフヒストリー》とが共同して、私に帰責された諸行為の準拠点を形成するというのである。

行為者の自己経験のうちに現に在る私の行為の自発性は、匿名の源泉に由来するものではなく、私自身がそれであり、私自身がそれと同一であることを自分で知っている、あるひとつの中心に由来するのである。カントは、自己関係の源泉が存在する場所を、自由意志という超越論的主体性に、つまり可想的自我（noumenales Ich）に特定した。けれども、もし自由意志が理性的意志と同一であるとするなら、個人的な私（自我）を、自由意志のなかで根拠づけることはできなくなる。そのような自由意志は、その構造を非人格的理性によっているために個別化する力を欠いているのである。アドルノは脱超越論化することで〔カントに〕対抗しようとするが、その対抗手段の第一は、判断と行為のあいだにくさびを打ち込んで差異化することである。よき理由から、単に「善き」意志、すなわち無力な意志だけが結果として生じるのではなく、正しい行動が生じるためには、単なる意識に「何ものかが付け加わら」なければならない。

「実践は、何か他のもの、つまり意識だけでは汲み尽くされない肉体的なもの、理性に伝えられはするが理性とは質的に異なる何かをも必要とする」（ND, 228〔邦訳二七八頁〕）。行為の遂行、企図の実際の実行において、よき理由という理論的な要因を飛び越える実践的な要因を、アドルノは、「衝動（Impuls）」、「不意に現れてくるもの（jäh Herausspringend）」、「カントがまたもや、純粋意識へと移植してしまった自発性」として記述する（ND, 229〔邦訳二七九頁〕）。

この「付け加わるもの」、心的であると同時に身体的（somatisch）であり、したがってそれが属する意識領域を越え出てもいるもののなかで、身体（Körper）という有機的基体が真価を発揮することになるが、私がこの身体を私の身体として持つというのは、私が肉体としてのこの身体「である」からなのである(6)。「内的」あるいは主体的な自然を私は、自分自身がそれとして生きる肉体的存在の様態で経験する。「ところがカントは、こうした事態を転倒させていた。なるほど、付け加わるものが意識の増大にともなってますます昇華されることもあろうし、それどころか、それとともに何か実体的で単一なものという意志の概念が形成されるようになることもあろう。しかし、もし反応という運動形式がまったく抹殺され、もはや手がぴくりとも動かないとすれば、いかなる意志もないことになろう」（ND, 229〔邦訳二七九頁以下〕）。理性的意志それ自体ではなく、理性的意志がそのなかに根をおろしている主体的自然が、すなわち、身体的に生きられる私の生において体験される自然への理性的意志の有機的根づきが、自己存在、ならびに「そのたびごとに私の」行為であるという自己帰責の準拠基点なのである。

みずからの諸行為の創始者としての自己への反省的関係にとっては、肉体であることのなかで経験される私の実存の中心化は、必要条件ではあるが十分条件ではない。肉体は、ある物理的に代行不可能な（*unvertretbar*）人格の生の有機的基体ではあるが、この人格は、その生活史の進展のなかで初めて、取り違え不可能な（unverwechselbar）個人という特徴を得るのである。単に身体的な衝動——「ぴくりと動く手」——のみが、判断から行為への転換に際して付け加わるのではなく、自分自身の幸せ（Wohl）についての先駆的な実存的配慮にとっての枠組みとなる〔自分の〕生活史も付け加わるのである。理性的考慮は、まずさしあたり、自分特有の諸目標を賢明に追求するという仕方で関わってくる。「心のうごめき」、感情、衝動のこの直接的な最初の昇華は、反省の結果一度は断念されながらもさらに心をとらえ続ける幸福への要求に由来するものである。肉体的な実存に引き戻されながらも、先を思いやる倫理的意志は個人的な自己理解の輪郭を思い描くのであるが、その自己理解の地平にはさらに、他者の同様な利害関心を道徳的に顧慮することが最初に統合されなければならないのである。

　道徳的な考慮に対して開かれてはいるが、さしあたりは自己に関係する倫理的意志は、「私」が自分に対して語ることができる人格的な自己理解によって、自己を構成していくことのできる性格形成の力である。アドルノは、人格をはじめて個人（Individuum）にまで鋳造する「性格」のなかに、「自然と英知的世界とのあの仲介者、そのようなものとしてベンヤミンが運命に対置したもの」を認識した（ND, 237〔邦訳二八九頁〕）[6]。カントにとって問題であったのは実践理性と道徳的自由であるが、この両者も、自分自身の幸せが問題であるような諸人格の生活史というコンテクストのなかでのみ展開するのである。素朴な行為遂行のなかでも現に在る責任ある起動者性の諸局面を解明する自由意識の現象学は、われわれが今見ているように、それだけでは厳密にカント的な意味での「自由意志」に関わるものではない。責任ある起動者性の直観的な意味は、あらゆる行為に結びついているものであって、まず第一に道徳的行為に結びついているようなものではないのである。

　アドルノは——実用的（pragmatisch）、倫理的、道徳的理由によっていまだ特殊化されていない——この普遍的な行為意識を記述するが、この自由の経験を自然と歴史の彼方にある英知的自己に投影することはない。彼の記述は、気分によって担われ、衝動によって駆動される主体の自然史的由来を参照するように指示するのであるが、この主体は、自身の肉体的な実存様式という基礎の上で、自分の生活史についての倫理的顧慮を行なう個別化する能力によって、責任ある仕方で行動する自己として自分自身を構成する主体なのである。生成的な観点のもとでは、理性と自然との関係は非対称的である。すなわち、理性は――ダーウィンに忠実に――自然から初めて生じるのである。「自然から一時的に突出する理性は、自然と同一でもあれば非同一的でもある」（ND, 285〔邦訳三五〇頁〕）。要するに、自由意志を脱超越論化した後では、理性と自然との境界は、もはや英知的なものと経験的なものとのあいだにあるものとして規定されるのではなく、むしろ、この境界は「経験のただ中を」（ND, 213〔邦訳二五九頁〕）走っているのである。けれどもここにおいては、「自然」と自然因果性についてどのような意味で語られているのか。

アドルノは、理性によって導かれた意志を、英知的なものの領域から、行為する諸人格の肉体経験および個別化する生活史の領域へと連れ戻すことによって、無制約的な自由というアポリア的な構想を、自然から発出する自由という構想に置き換える。弁明を要する諸行為の起動者として自己を理解する行為者のパースペクティヴからすれば、自然に制約され生活史的コンテクストのなかにはめこまれた自由というこの概念は、まだ何らの謎を課すものではない。なぜなら、行為のプロセスにおいては、自然がわれわれに出会うのは正面から（frontal）のみのことであり、〔行為の〕環境として、すなわち〔行為を〕制限する諸条件や〔行為へと〕誘う諸機会や自由処理可能な諸手段からなる自然法則によって規定された領域としてのみだからである。背後から（a tergo）干渉してくる自然因果性は、行為遂行のただなかではフェードアウトしているのであり、参加者のパースペクティヴからみる限り視野に入ってくることはありえないのである。

自由意識の安定性は、対象的な——あるいは経験科学的に構成された——自然の観察者という客観化する態度から生じる知を通じて反省するに至ってはじめて危険にさらされる。参加者から観察者へのそのようなパースペクティヴの転換を行なった後で初めて、自分自身の行為の動機が、直観に反して、因果的に閉じた世界の法則的に結合された出来事の網にひっかかることができるのである。行為者の行為意識にとってみれば、みずから行為するなかでは、自由と自然因果性の統一可能性という問題が立てられることはありえない。行為者は、自分がそれに対立しまた干渉しようとする自然に対して、行為者としては、従属していると感じない。同様に、みずからの主体的自然にも依存しているとは感じないのであるが、それは、彼の行為の自発性のなかでは、肉体として自分自身がそれであるところの主体的自然と自分が同一であることを知っているからである。自分の肉体とひとつであるという前提のもとでは、内的自然の諸条件からなる組織は、自分の自由を可能にする諸条件のアンサンブルとして行為者に現われてくる。そして、欲動的自然（Triebnatur）としての有機的基体が決定的なものとして生活史のなかに突出してくる限り、行為者は、みずからの衝動に対して態度を決定することによって、この衝動を行為を動機づける諸理由に加工するような起動者としてみずからを知っているのである。

このことは、そのなかで性格と生活史が意志を形成する力を獲得するような、行為の倫理的理由についても妥当する。みずからの身体や、肉体に即した（leibnah）気分（Gestimmtheit）や欲求（Strebung）と同一化する場合と同じく、この場合も、社会化の過程や出身環境がアイデンティティに刻印する影響はなぜ自由を制限する運命として感じられないのかを説明するのは、我がものとする行ない（Akt）、多かれ少なかれ意識的な同一化の行ないなのである。原則的には、成長しつつある人間は、みずからの形成過程に対して回顧的に態度を決定し、「みずからを規定した」文化的生活諸形式、諸伝統、模範のどれを自己のものとし、どれをそうしないかを決断することができる。自己がそれらによって規定されていることは、自由の一部分であって、自由の制限ではないのである。行為者が、自分の「性格」とか性格が生成した歴史に由来する理由を強制として経験するのは、彼が「みずからのわきに踏み出し」、みずからの生活史を、中立的な（indifferent）、どのような価値評価からも解き放たれた自然の出来事としてみるようになってからなのである。(7)

理由と、理由を〔人びとのあいだで〕交換することが自由意志の形成にとっての論理的な空間を形成する。確かに理由は、たとえば意見を変更するように人に強いることがありうる。しかし、よき理由は、洞察へと強いるのであって、熟慮された意志としてのみ自由であるような意志の自由を、よき理由が制限するということはありえない。(8) 理由は、自由を制限するという意味で「強制する」のではない。理由はむしろ、不自由の経験の〔生じる〕背景をなす例の自由意識にとっては、みずからの構成要素である。ペーター・ビエリが正しく言うように、「正当であると思うもの以外の何ものも決断できないということのなかに、信頼すべき決断の自由があるのである」(9)。理由は行為を動機づけたりそれを引き起こす（verursachen）ことができるが、それはただ、熟慮する主体がその説得力に納得するという仕方においてのみである。理由が行為を動機づける力を獲得するのはただ、実践的な考慮の過程で、決断を待つのみとなった行為の選択肢に決定を与えることによってのみである。これによって理由が動機の役割を引き受ける限りにおいては、それらが引き起こすものとしての実効性（ursächliche Wirksamkeit）を獲得するのは、自然法則によってではなく文法規則によってである。ある言明のそれに先行する言明との論理的－意味論的な結合は、ある状態のそれに先行する状態との法則的結合と同じ種類のものではないのである。

II　自然成長性からの解放としての自由――主体のうちにある自然への追憶

自由意識の現象学は、したがって、自然に制約された自由という整合的な概念へと人を導く。自由を英知的な能力のひとつとするカント的構成に対抗して、われわれは、自由と不自由は無制約性と制約性の対照に還元されてはならないということに固執するのである(10)。しかしながら、英知的自由が世界から放免されていることを誤った仕方で否定することも許されることではない。アドルノには、自然から発出し自然と絡みあったままであり続ける理性の像が浮かんでいる。自由を可能にする諸条件のアンサンブルとして経験された内的自然に含まれているのは、肉体に束縛された実存の身体的衝動であり、また気分、欲求というような自己経験によって接近可能な「材料」であって、その「材料」によって初めて、討議的な熟慮の火のなかでひとつの規定された意志が鋳造されるのである。自由意志は、自分の願望や表象を反省すると同時に、〔行為の〕条件や機会、手段、可能な結果をも反省する熟慮が有する動機づけの力によって制約されている。意志形成的な思考は、行為者自身にとっても、彼の主体的自然から発出したものである。しかし、彼の視座からするとこれらの思考は、同時に科学主義的に客観化された自然に投影されることはできないのである。

自分の諸行為の責任ある起動者としての主体が現実の行為において（in actu）そのなかに自分が置かれていると知っている〔行為の〕条件の諸連関は、彼の意識には、同時に（カント的に理解された）自然因果性の意味での決定の連関として映現するということはない。光が当てられていないままに随伴する自由意識の諸現象が行為者の行為遂行的態度から接近可能である一方、相互に継起する諸状態の合法則的結合という意味での因果性を自然に帰することができるのは、観察者の客観化する態度からのみである。それゆえ、自由と決定論のアンチノミーを解消するためには、熟慮された決断という直観的に遂行される行いの自己経験と、〔それと〕同時に身体という基体において「客観的に」進行する出来事とのあいだに理解可能な関係が打ち立てられなければならないであろう。自然に制約された自由についての現象学的分析は、行為のパースペクティヴに結びついた哲学の言語と、観察者のパースペクティヴに結びついた神経学の言語とのあいだのそのような架け橋を構築するために自由に使用できるような手段を、みずからは所有してはいないのである。(11)みずからの行為に対する起動者性を責任を持って引き受けることを、観察可能で因果的に説明できる出来事に翻訳し、かつその際、どのような場合にわれわれが同一の現象について語っているのかをそれでもなお知ることができるようにするにはどうしたらよいのだろうか。

この問いは、自由と決定論のアンチノミーを解消することを望む者すべてに対して立てられなければならないものであろう。けれどもアドルノにおいてはこの問いは現われない。彼はその代わりに、因果性を、経験科学的に構成された第一の自然から、自由の抑圧という道を通って初めて社会的に構成される自然という第二の自然の領域にずらしてしまうのである。自然成長的な社会というこの独特の構想は、因果性と自由の関係を、自由に行為する諸主体の経験の地平内部で探究することを可能にする。この日常的な自由意識の地平内部でのみ、因果性一般は「強制」として、すなわち、選択肢となりうる行為の諸可能性の理性的な考量に対する可能性の空間（Spielraum）の制限として経験されるのである。

このような内的な視座からアドルノは自由と決定論のあいだのアンチノミーを真剣に受け止めるが、それはこのアンチノミーを、自由の保持に有利になるように解消するためである。「主体が展開するもろもろの決断は因果連鎖をなしているわけではない。何かが突発的に生ずるのである」（ND, 226〔邦訳二七五頁〕)。自然に制約された自由についての現象学は、ともあれ、英知的なものの国への抜け道を禁じている。「これこそ付け加わる事実的なものであって、この事実的なものにおいてこそ意識はおのれを外化するはずなのに、伝統的哲学はそれをふたたび意識としてしか解釈しない。まるで純粋な精神が介入したことがなんらかのしかたで表象可能であるかのように」(同前〔邦訳二七五頁以下〕)。確かにアドルノは、カントがその二元論的解決の提案によってそれに対して公平であろうと欲した直観に忠実である。「主体の反省だけが、たとえ自然因果性を破壊することはできないにしても、少なくとも他の動機づけの系列を添加することによって自然因果性の方向を変えることができる」(同前〔邦訳二七六頁〕)。けれども、観念論的な解決は整合的ではなく、また自然主義も現象に対して公平な説明を行なうという立証の目標をもはや目指してはいないので、アドルノは唯物論的解決を探し求めなければならないことになるが、ここで「唯物論的」というのは、そのなかで自由の構造的な抑圧が表現されているような社会的病理を因果的に探求することを意味する。この唯物論的社会理論を彼は、逸脱した自然史としての人類史という構想を大枠とし、その大枠のなかに位置づけるのである。

この構想を展開するためには三つの微妙な概念的操作が必要とされるが、この操作に対しては、われわれが自然に制約された自由についての現象学から知った内的または主体的自然の概念が決定的な役割を引き受ける。決定的なのは、一方の、われわれの肉体的実存の自発的な生の遂行において経験されるようなみずからの自然の自由処理不可能性と、他方の、客観化された外的自然の征服とのあいだにある対照である。この自由処理不可能な主体的自然と、自由処理可能にされた客観的自然というこの二つの様態(Modalität)の互いに対抗するとともに絡みあう関係(Gegenspiel)のなかには、生の哲学のなかに保存されている自然法的規範性の残余が人目につかないように隠れているのであるが、それには、私はまた後で戻ってくることにしたい。

さしあたりアドルノは、自然成長性の概念によって、留保され意識から排除された自由の社会的因果性〔という考え〕を導入する（1）。それから彼は日常的自由を、自然成長的な諸関係からの非日常的な解放へとラディカルにする。（2）。最後に彼は、合法則的に相互に継起する諸状態という自然因果性〔の概念の適用範囲〕を、自由処理可能にするという目的のために構成された自然、すなわち、因果的説明を行なう自然科学の対象領域へと制限する。この領域のなかに、道具的理性が住み着くことになるのであるが、この道具的理性の視界からは、人類の自然の運命（Naturschicksal）という〔人類を〕包みこんでいる次元は逃れ去って見えなくなっている。自然成長的な社会的諸関係の因果性は、抑圧された自由に寄生して身を養っているのであるから、反省によって克服することができる。このようにして、自由が最後の決定権を保持することが可能となるのである（3）。

（1）　自然成長性という構想の出発点は、社会的に組織され、たえずその強度を高める外的自然の征服の結果、行為する諸主体の内的自然が被ることになる運命である。理性が原初的な諸欲求から切り離されることになるのは、確かにさしあたりは、——自然からのみずからの由来を否認することはない——、怪しげなところのない自己保存の諸機能を満たすためである。理性的な熟慮のおかげで、感情と諸欲求は、まず第一段階において目的合理的行為の選好へと昇華され、次の段階では、幸福の表象あるいは失敗したのではない人生という理想へと昇華される。理性が主体的自然と調和して賢明な意志および倫理的意志の形成にたずさわっている限り、理性は「自己保存の目的のために切り離された心理的な力〔としては自然的〕であるが、しかし、いったん自然から切り離され自然と対峙させられるならば、自然の他者にもなる」（ND, 284f.〔邦訳三五〇頁〕）。しかし、自然から発出した理性は、それが——自己目的へと昇格された自己保存のために——社会的に解き放たれた、外的自然の征服の狂乱へと身をゆだねるようになり、さらにそれを越えておのれのうちなる自然を否認するに至るや否や、自然とあい争う（entzweit sich）ことになる。「理性がこの弁証法において無節操におのれを自然の絶対的対立物に仕立て上げ、おのれのうちなる自然を忘却するなら、理性は野蛮な自己保存と化し、自然へと後退する」（ND, 285〔邦訳三五〇頁〕）。

　これによって、まったく別の、それも貶下的な意味での自然の概念が舞台に登場してくる——すなわち、システムへと凝固した社会的諸関係という、意図せずに産出された自然成長性である。自分がその源である理性に対して、幸福への方向づけを書き込む内的自然とは異なって、偏狭な自己保存へと没頭した道具的理性は、自然成長的社会の原動力（Agens）になってしまうのである。「自然成長的」と言われるのは、ある種の自由の転倒によって、社会的相互行為を自由な行為の水準以下に押し下げ抑圧したために、客観化された自然の合法則性に同化してしまった社会である。互いに自己主張しあう行為者たちのあいだで解き放たれた競争と見通しがたい機能的な社会化のなかで、なるほど本来は非理性的というわけではなかった自己保存の命法は、その本来の目的であった個人と社会の幸福に逆らうようになる。なぜなら、システム的に相互に鎖で繋がれた諸個人の自己中心的な競争のなかでは、同等な自由を万人に保証する解放された社会という社会主義的な夢を鼓舞するような、異質のもののあいだでの友愛が窒息してしまうからである(12)。

　社会の自然成長性に対する批判は、アドルノが彼の自由意識の現象学によってもっぱら目的としていたものが何であったかを示すことになる。すなわち、この現象学は、不自由の諸経験が生じるための直観的背景を明らかにするという、予備的（propädeutisch）な課題をもっていたのである。不自由はただ、自由の地平のなかでしか現われてこない。不自由であるとわれわれが感じるのは、行為の可能性の空間が制限されることを、外的あるいは内的な強制として感受するときである。われわれが強制されて行為するのは、われわれが自分の意志に反して――従属させられ強要されてか、あるいは内的に依存し駆り立てられてか――何事かを行なう時である。[13] さらに、より昂進した、無気味であるとさえ言える意味でわれわれが不自由であるのは、内面化された強制をもはやそのようなものとして感受しなくなった場合である。アドルノの関心が向けられているのは、規範的諸原則の内面化を通じて、神経症的なしたがって無意識的な強制へとみずからを変換することによって、自由の仮象のなかで自らを確立する社会的強制の諸メカニズムである。自然成長的な社会は、自然法則に従っているように機能する。システムの制御は、〔直接には〕手をつけられていない自由な行為という媒体を通じて、しかし行為する諸主体の頭脳を飛び越して遂行されるのであり、主観的な自由意識を幻想に引き下げてしまうのである。

（2） われわれは、市場と官僚制的な規格化のメカニズムが、交換原理の無制限の拡張と、完璧に管理された世界の隙間のない機能主義に導くという、〔アドルノの〕全体化的想定が正しいかどうかは未決定のままにしておくことができる。[14] この線に沿ってフーコーがさらに仕事をしたのであるが。アドルノのカントとの対決という観点からは、別の問いが興味をひく。すなわちアドルノの視座からみたとき、カントの道徳哲学において表現されているのは、社会の自然成長性への異議申し立てであるのか、それとも、その道徳哲学自体が自然成長性の反映であり、――野蛮になった自己保存の鏡像でしかないのか、という問いである。アドルノが定言命法のなかに、「規範に変えられた自然支配の原理、絶対的なものに高められた自然支配の原理」（PM, 155〔邦訳一七六頁〕）以外のものを見ない時、後者が正しいように響く。万人の利害関心を平等に顧慮することという抽象的命令は、リビドー的な心のうごめきから生じる個人的な幸福要求に逆らって、「自我」にとって疎遠な「超自我」の厳格なくびきの下で、社会の規範を貫徹しようとする「自我」に欲動エネルギーを集中させるものであるようにみえる。

他方でアドルノは、彼の学生に対して、道徳哲学者たるカントの口から発せられる社会批判家の側面をもけっして隠しはしない。まさにこの形式主義と、道徳法則の無制約性へのパトスのなかに、アドルノは、平準化する代替可能化（einebnende Fungibilisierung）へと向かう傾向に対してカントが対置する「可能的なるものについての形象なき形象」（PM, 224f.〔邦訳二五二頁〕）という矯正策を発見する。すべての人格をつねに同時に目的として扱い、けっして単なる手段としてのみ扱ってはならないという命法は、市場と官僚制の機能充足に没頭することで〔各人の〕行為の固有の意味（Eigensinn）を消滅させてしまう一般的傾向に対して、勇敢に立ち向かうものであるとされる。アドルノは、抽象的に普遍的な法則の容赦のない水平化する力、──「非同一的なものをすべて併合する（annektieren）同一的なもの」[7]──に対する彼本来の批判を再三再四差し控える。それはあたかも、平等主義的普遍主義によって間主体的に展開された自由は、規範を基礎づけるに際して、差異に対しても敏感になること、また規範を状況に応じて適用することにもはや逆らうものではないことをアドルノが予感していたかのごとくである。義務と傾向性を対置することは、どんな場合でも、同情を抑圧したり、「いかなる自然的衝動をも抑圧する」ことを意味することになるというわけではない。アドルノは、願望と意志の差異を、他者の利害関心を平等に顧慮するという枠内で自身の幸せを考慮するような理由が介在するか否かに帰した。自由なのは熟慮された意志だけなのである。

躓きの石はただ、英知的なものが自然から解き放たれていることなのであり、これに対してアドルノは、実践理性の自然との絡みあいを対置する。自由が彼の興味をひくのは、われわれの行為すべてに伴なう責任ある起動者性の意識というそのトリヴィアルな姿においてではなく、自然成長的社会の呪縛からの解放としてである。「自由は、抑圧のさまざまな形態に即して、抑圧への反抗として、具体的になるのである。実際、人間がおのれを解放しようと欲しただけ、それだけ意志の自由が存在したのである」（ND, 262〔邦訳三二一頁〕）。アドルノは、第二次の意志、みずからの非自由を意識しようとする意志に解放という価値を与える。そのためには、理性と自然の歪んだ布置連関（Konstellation）から〔その成立〕基盤を奪う、理性の自己反省的努力が必要とされる。

熟慮された意志を回避して行動を決定し、病気の症状において表面化する、分離され意識から閉め出された諸動機というフロイトの分析をモデルとして、「主体のうちにある自然への追憶」が、社会的な自然の強制からの解放に道を開くというのである[15]。ここでふたたび、意識にまで高められなければならないのは、公共的討議から閉め出された諸欲求や利害関心であるが、それはこれらのものがその盲目的に決定する力を失うべきであるとするからである。内的自然と理性的意志形成とのコミュニケーションを遮断しているのは、科学的・技術的に外的自然を自由処理可能なものとすることそのものではない。「自然目的の盲目的な追求」という原理によって組織された自然成長的社会の野蛮となった自己保存がはじめて、自由を制限する因果性に出番を作るのである。この因果性が、救いようもなく拡大していく外的自然の支配と、それに対応した内的自然の抑圧とのあいだの悪循環を鎖から解き放つのである。

（3）このような諸前提のもとでアドルノは、自由と決定論のアンチノミーに解決を見つけたと思い込む。なぜなら、一方では、行為の可能性の空間の神経症的な制限が反省によって克服され、理性から切り離された内的自然の諸要素と理性との中断されたコミュニケーションが再建されたならば、それは自由の増大を意味するからである。また他方では、この追憶という解放する行ないは、天から降ってくるわけではない。束縛された自由のもたらす結果への苦しみに動機づけられて、この自己反省は、精神的外傷《トラウマ》、防衛、症状形成の合法則的連関への洞察をよりどころとしなければならない。この箇所で言うまでもなく明らかなのは、「第一の」自然から「第二の」自然へと因果性の意味をずらすことによって、自由の問題それ自身もずらされていることである。自然成長的な社会の諸強制からの解放は、行為者の自由意識と、世界が因果的に閉じていることの知として〔自由意識から〕事後的に安定性を奪う知とのあいだの根源的なアンチノミーに関わるものではないのである。

このような異議にアドルノは、人類史に二重の刻印をおす彼独特のヴァージョンの「自然史」によって答えることができるかもしれない。若きアドルノは、かねてからベンヤミンに教えられていたにしても、ジンメルの生の哲学に感銘を受け、若きルカーチが『小説の理論』で次のように表現した、「第二の自然」の理念の一つのヴァージョンを我がものとしていたのである。「このような自然は、第一の自然のように、沈黙してはいず、明白でもなく、意味から疎遠でもない。それは硬直した、疎遠となった、内面性をもはや呼び覚ますことのない意味の複合体である。それは腐爛した内面性の頭蓋骨が散らばっている刑場（Schädelstätte〔ゴルゴタの丘〕）であり、それゆえ、――もしそれが可能であるならば――心情的なものをもう一度生きかえらせる形而上学的な行ない（Akt）によってのみ（ふたたび獲得することができる）ものである」[16]。アドルノはこの診断を、文化によって引き起こされた自然との分裂の運命が近代社会に対して復讐する、と読む。それゆえ、この分裂の反省を遂行することの中に、「あらゆる文化の隠された真理がひそんでいる」（DA, 57〔邦訳八五頁〕）ことになるのである。

『啓蒙の弁証法』がこの思想を完成する。ここでは、「主体のうちにある自然への追憶」（同前）は、それが毀損されたことを示す暗号の中に解読できるような、まだ分裂していない自然の太古的諸始源（Anfänge）――それはわれわれの主体的自然の前史として再構成される――にまなざしを向けるとされる。

自然史が逸脱しつつあることは、道具的理性のせいにされるが、この理性が、容赦なく搾取される自然を、システムとして自立化した、生産諸力の盲目的な解放という社会的な命法に引き渡すことによって、それだけとれば怪しいところのないはずの、客観化された自然を自由処理可能にすることが「野蛮化する（verwilden）」ことを生じさせるのである。われわれのテーマにとっては次のような超越論的‐実用論的な想定が決定的に重要である。すなわち、同一の道具的理性が、自由処理可能にするという目的のために、環境的自然を因果性と合法則性の諸概念のもとに包摂する諸科学においても体現されている、という〔アドルノの〕想定である。これによって、汎通的に合法則的に決定された世界連関という自然主義的な像は、諸主体の自己理解に対する〔暴力的な〕力を失ってしまうことになる。なぜなら、主体のうちにある自然への追憶が、「われわれに対して（für uns）」構成された自然と、即自存在する（ansichseiend）自然との底知れぬ差異を暴くやいなや、人間の客観化された自然についての生命科学の言明は、行為する諸主体の自由意識の反省的安定性がそれに従って測られなければならない疑いえない尺度を提供することがもはやできなくなるからである。

Ⅲ　主体的自然に対する自然主義の強行措置（Durchgriff）

いまや崩壊せんとする形而上学と連帯し続けることを欲する思考であれば、経験科学的に構成された自然に対する、対象化されていない自然の優位という形而上学的な仮定の前でしりごみする必要はないであろう。けれども、われわれ後から生まれた者にとっては、逸脱しつつある自然史というような、ある種の規範を負荷された構想は――これは、歴史哲学的に動態化された自然法である――、もはや安心できるものではない。われわれがこのような思弁的な枠物語を放棄するやいなや、構成された自然についてわれわれが知っていることが、憶測された「別の」自然の運命によって相対化されるということは不可能になる。もしわれわれが、自分の知を評価する審級として、認識に対して現実主義的な態度をとるような自然科学が考える自然を承認するのなら、この醒めたまなざしによって、自由のアンチノミーの解消のために〔アドルノの〕自然史の理念が約束した利点を失うことになるのはもちろんである。そうなると、人間が自然進化の産物としてその一部となっている世界の因果的閉鎖性についての知が、行為遂行的にはどうしても根絶することのできない自由意識と相変わらず衝突していることになるのである。

　最後に私は、このような醒めた前提のもとでも、カント的アンチノミーの解消についてのアドルノの診断からなお何かを学ぶことができるかどうかを探究したいと思う。自然に頭に浮かんでくるのは、人間の遺伝子に技術的に介入することがもたらしうる諸結果についての生命倫理上の論争を、啓蒙の弁証法の光のもとで考察してみることである。なぜなら、ここでは主体的自然を実践的に自由処理可能にすることの限界も問題となっているからである（1）。もっとも、自由と決定論の問題性（Problematik）はむしろ、自然と絡みあっている理性の体験しかつ遂行する主体性を、認識的に自由処理可能にすることの限界に関わっている。アドルノの自然史の理念がもつ規範的内容は、主体的自然の自由処理不可能性に尽きるものではなく、他者と遭遇するなかで、客観化する介入（Zugriff）を逃れるような非‐同一的なものにまで及んでいるのである。このことを熟慮することから、心を自然化する試みについての現在の論争に光が投げかけられるのである（2）。

（1）　生きられた生の有機的な諸始源がもつ自由処理不可能性は、〔アドルノの〕自然に制約された自由についての現象学のなかですでにある役割を演じていた。長期的な諸目標についての理性的な方向づけは、誰も勝手にはできない内的自然の自発的な感覚や衝動と調和するべきであるという直観は、形而上学的には疑わしいところはない。主体的自然の自由処理可能性には道徳的な限界があるという直感（Gespür）は、アドルノが逸脱した自然史に全体として書き込んだ定向進化に込められた規範的なこだわり（Eigen-sinn）からは完全に独立に正当化できる。もしいつの日にか、人間の有機体がもっている遺伝的素質を操作することに成功し、それが社会的に受け入れられた習慣になったとしたとき、はたしてわれわれは、〔自己を〕形成する倫理的自由を制限されていると感じることにならないのであろうか。[17]

　われわれは、いつかは子孫のもつべき望ましい性質や素質や能力を遺伝的に操作することを許す技術を自由にすることになるかどうかを知らない。けれども、生物発生についての研究と遺伝子工学の進歩は、いつのまにか、優生学的の慣習的実践（Praktiken）への展望を開き、それと同時に「遺伝子を売るスーパーマーケットで買い物をする（shopping in the genetic supermarket）」（ピーター・シンガー）という空想を呼び出すことになったが、この空想は『啓蒙の弁証法』のなかで展開された根本思想に驚くべき現代性を与える。『啓蒙の弁証法』の診断によれば、まわりのすべてを客観〔客体〕とする権限を自分に与えるような主体が、外的自然の自由処理を拡大するためには、必ず自分の内的自然を抑圧するという代償を払わなければならない。自然的環境の客観化は、主体の内部では、〔主体自身の〕自己客観化を促進するのである。「人間の自分自身に対する支配は、可能性としてはつねに、〔……〕主体の抹殺である。なぜなら、支配され、抑圧され、いわゆる自己保存によって解体される実体は〔……〕生命体、つまり、保存さるべき当のものに他ならないからである」（DA, 71〔邦訳一一九頁〕）。

　確かに〔アドルノによって〕、自然支配と主体の崩壊とのあいだのこのような弁証法的連関は、生産力を無目標に増大させる社会的組織という第二の自然を通じて作り出されたものとされた。けれども今日われわれは、遺伝子を改変された人格が〔われわれはこのように想定したいが〕善意を持って配慮した両親に対してもつ関係を、より広い社会的文脈から切り離して取り出した場合でも、やはりこの弁証法が働いているのを見る。自由処理可能にされた外的自然とは、この場合には、将来一人の人格となる胎児の身体である。そして、崩壊する主体的自然とは、成長しつつある人格が、自分の出生前にすでに処置されていた肉体として経験することになる、受精卵から発生した有機体である。

　ところで、ある人格が自分の行為を自分自身に帰責できるのは、自分を、みずからの肉体としての身体と同一視する場合だけである。さもなければ、自分の行為の責任ある起動者としての自分自身への根源的な慣れ親しみが成立するための準拠基点が欠けていることになる。主体的自然の出生前の前史もまた、他者からの介入を逃れていなければならない。なぜなら、どんなに賢明でリベラルな、また子どもの身になって考えることのできる親であっても、その子どもがある時自分に贈られた遺伝的な持参金に同一化できなくなることをあらかじめ排除するわけにはいかないからである。〔子どもが同一化を〕拒否した場合には、プログラムされた人格は両親に対して、子ども自身の人生計画のためによりよい出発条件を与えてくれるような他のデザインをなぜ選んでくれなかったのかについて、弁明を求めるだろう。〔子どもという〕当事者のパースペクティヴからすると、両親は、行為において自分が自由であると感じるためには、自分だけがそれに対する著者性〔起動者性〕（Autorschaft）を要求できるものでなければならない生活史の招かれざる共著者（Mitautoren）として現われている。両親は、自分たちの選好にもとづいて、ある自己形成のための可能性の空間に対して自然的資源を割り当てることを決定したのだが、この空間の内部で〔子どもという〕他の人格は、将来自分の人生構想を発展させ、その実現を追求しなければならないことになるのである。このような選択が潜在的に自由を制限することになるのは、——将来の生活史の予見し得ない諸事情のもとでは――特定の遺伝的特徴がプログラムされた人格自身にとってどのような意味をもつようになるのかを誰も予見できないからである。

　市民のすべてがみずからの価値志向に従って自分の人生を調整する権利を持っているような、世界観において複数主義的な社会の規範的理解によれば、別の人格が将来その枠内でのみその人の人生を形成する自由を利用しなければならなくなる、かつては自然の宝くじに委ねられていた可能性の空間の定義に介入することは、許しがたい僭越である。〔自然に〕生成したもの（Gewordene）と作られたもの（Gemachte）とのあいだの差異が、まだ生まれていない人間の有機体のなかに浸透すればするほど、それぞれに固有の肉体の領域において、他者の意志がそのなかに固定することとなり、イニシアティヴを自分でとりまた自分自身の生き方を自分で決定するために参照される準拠基点が揺り動かされるのである。もしそのような慣習的実践に慣れてゆくならば、両親がこのような道具的態度で子どもの生活史の共著者となることもしだいにノーマルなことと感じられるようになるかもしれない。そうなれば、ますます緊密になる世代間をつなぐ行為の綱が、後戻り不可能なほど、同時代の相互作用の網に入り込んでくるようになり、主体的自然の実践的な自由処理不可能性がそれに結びついている、行為遂行的に〔行為に〕随伴する日常的自由意識を毀損してしまうことにひょっとしてなるかもしれない。

　思考実験は、新しい技術と変化した慣習的実践が沈黙のうちに貫徹していくなかでも、行為する主体の非－自然主義的な自己理解がどのようにして自己を押し通すことができるだろうかを示す。けれどもこのような、自由意識の言葉にされない掘り崩しは、本来意識の反省的安定性というわれわれの問いに関わるものではない。人間の体験しかつ行為遂行する主体性を実践的に対象化することではなく、認識的に対象化することが、自由だと思いこまれていた意志が自然によって決定されているという、〔自由意識を〕不安定にする知をもたらしうるであろう。経験科学的な意味においては、思考、命題的態度、意図、体験といった心的諸現象は、それらが観察言語に翻訳され、心的事象として余すところなく記述することができるようになるや否や、「認識的に自由処理可能」になる。そのような言語は、観察可能でありしたがって時間空間的に同定可能な事物や出来事からなる唯名論的存在論にあわせて仕立てられており、法則的に結合し因果的に説明可能な出来事という概念によって世界内の状態を解釈することを可能にする。万一このような種類の自然主義的研究プログラムが成功を収めるようなことがあれば、参加者のパースペクティヴから〔のみ〕接近しうる例の諸現象が、客観化する自己記述によって置き換えられることになるだろう。それによって、カントの第三アンチノミーの自然主義的解決を可能にするような、直観的自由意識に対する機能的等価物が見いだされるということにひょっとするとなるのかもしれない。

（2） そのような還元主義的な試みに、アドルノが関わりあうことはなかった。けれども理由を原因として構想し直そうというこれまでの試みにおいて規則的に生じてくる意味論的空隙を、アドルノならば、非‐同一的なものの痕跡として解釈することができたかもしれない。すべてのものを自分のもとに支配しようとする理性の客観化する〔暴〕力が、自己関係の次元では、自発的な内的自然の頑固さ（Eigensinn）に突き当たるように、社会的関係という水平的な次元においては、第二の人格は、第二の人格〔二人称〕の個性（Eigenart）と我意（Eigenwille）に突き当たる――つまりこの第二の人格は、〔第一の人格とは〕異なるありかたをしており、反論することができるのである。他の自我（Alter Ego）を客観化して自由処理可能にしようとする試みは、二重の観点から他の人格を傷つけることになり、そこで自由処理不可能性のさらに二つの局面を出現させるのである。

一方では、他者のもつこだわり（Eigensinn）は、普遍的な規定の介入を逃れるような、取り違え不可能な人格が有する個人性（Individualität）として自己を主張する。『否定弁証法』のアドルノは、非‐同一的なものというこの契機を、断固として際立たせるのである。(18) 生活史によって個別化した個人の唯一性（Einzigartigkeit）は、行為遂行的に、すなわち相互行為を遂行するなかでなされるべき、他者の他者性を承認することによってのみ明らかになるのである。(19) 毀損されていない間主体性だけが、等しくないものを等しいものへと同化することから保護することができる。それはまた、一方が、他方によって無理矢理併合されてしまうこと（Annektion）から守り、両者に、「許された近さにおいてありながら、遠い、相違したものであり続ける、つまり、異質のものでも自身のものでもなく、その両方の彼岸にある」（ND, 192〔邦訳二三二―四頁〕）可能性を維持してやるのである。他方では、こちらが操作できないような相手方の態度決定において、他者の規範へのこだわりが表にでてくる。〔他者を〕道具化するようないかなる試みも、自分自身の判断にもとづいて「はい」か「いいえ」かによって批判的態度をとり、それに応じて自分自身の意志から行為する代行不可能な人格であるという地位を、他者に対して拒むことになってしまう。(20) 他者の自律的な態度決定を管理することはできないのである。

　人はこの独特の抵抗を、理由を原因に還元しようとする試みが出会う概念的諸問題において思い出すように感じる。(21) この試みは、自由意識の自然化という認識のゲームにおいて最初に打たれる手である。理由による合理的動機づけは、（自由な意志とはよき理由によって規定された意志であるので、〔自然主義の立場からは〕）法則論的（nomologisch）なモデルに従った因果（Verursachung）に還元されなければならない。けれども理由は絶対的に妥当するようなものではなく、本来、コミュニケートすることができる理由――すなわちつねに誰かに対する理由である。理由のコミュニケーションは、共通言語という媒体によって行なわれるので、その結果、参加者の「はい」と「いいえ」は、「文法的」規則に従うことになる。一方の側が、他方の態度決定について三人称の客観化する態度で自由に処理することが不可能なことは、個別の話し手の意図に対して共通言語が優位していることから説明される。意味は頭のなかにある何かではない（*Meanings ain't something in the head*）（パトナム）。互いのパースペクティヴを交差させる構造の優位は、参加者をして、相互に第二の人格〔二人称〕として態度をとるように強いる。それによって誰もが、あらかじめ計算不可能な他者の態度決定に依存するようになるのである。自然言語のなかでの社会化と、ある言語共同体の成員であるという地位に行為遂行的になじんでくることによって、諸人格は理由の公共空間に足を踏み入れるのである。理由を交換しあうという実践に参加する能力によって、諸人格は、人格一般にとって本質的な、行為の責任ある起動者であるという性質を獲得するのであるが、その性質とは互いに弁明しあうことなのである。

言語のこのような社会存在論的優位に対応しているのは、説明の序列のなかで、共通の慣習的実践のなかに体現され、間主体的に分かちあわれた意味が、参加する諸個人の内的状態に対してもつ方法論的優位である。いままでのところ、間主体的に分有された慣習的実践のなかに精神〔心〕が体現されているという社会語用論的な描像（Bild）を、人間の脳におけるニューロンのプロセスあるいは計算機のなかの操作という自然主義的な描像に置き換えようとする試みはすべて、言語ゲームにおける二元論の遡行–不可能性（Nicht-Hintergehbarkeit）に突き当たって挫折してきた[22]。第一の人格〔一人称〕と第二の人格〔二人称〕が何かについてお互いにコミュニケートしあう日常言語を構成しているような、規範を負荷された語彙と、記述的言明に特殊化された科学言語の唯名論的なタイプ〔の語彙〕とのあいだにある架橋できない意味論的深淵は、観察者と参加者のパースペクティヴのあいだの深く根をおろした差異にもとづいているのである。この二つは、一方のパースペクティヴから接近できるもののすべてを他方のパースペクティヴから手に入れることはできないという意味で、相補的である。この相補性は、これまた、観察者のパースペクティヴの優位という科学主義的自然主義の根本確信を揺り動かすような認識論上の論拠によって根拠づけることができる(23)。

ある観点からみると、自然科学的な事実についての「ハード」な知は、シンボルによって構成された意味連関と慣習的実践の「ソフト」な理解に対して優れている。一方の知の形式は、「世界」との、コントロールされ、観察に依拠した対決という意味における「経験」にもとづいている。この際、われわれはこの世界を、「客観的」な、すなわちすべての観察者に対して同一であり、彼らの記述には依存しないで存在するような諸対象（すなわち可能的指示対象）の世界であると想定しているのである。他方の知の形式は、仮定的な（hypothetisch）問いと答えによってコントロールされうる、意味や諸事情の解釈や注釈（Explikation）にもとづいている。シンボル的な表出（Äußerung）の意味が解釈者に対して明らかになるのは、解釈者が自分で行為遂行的に獲得した言語能力と行為能力、すなわち共通の慣習的実践への参加者として獲得した先行理解によってである。自然科学的認識は解釈学的知と比べると、説明力と予測の能力によって優れている。この世界知の経験的内容に押されている公印は、その技術的な利用可能性である。そこで、われわれは結局はこの道を通ってしか現実を確かめることができないという印象が生じるのである。前進する「世界の脱魔術化」（M・ヴェーバー）は、コミュニケーションに依存した理解に対して、観察に依拠した知が優位するという示唆を裏書きするように見える。

このような確信が、参加者のパースペクティヴに結びついている解釈学的知の全体を、事実についての「ハード」な知によって置換できるという自然主義的想定の後ろ楯になっている。このようなプログラムがすでに挫折しているのは、客観的世界の探求それ自身が、確かに観察者のパースペクティヴから接近可能な出来事に関係してはいるが、解釈学的資源をもとにして行なわれるような、議論において決着がつけられる争いに支えられているということによっている。というのは、経験は本来、概念によって構造化されており、知の獲得の際には、それが論拠として通用し、第二の人格〔二人称〕に対して擁護されることができる限りでのみ、コントロールする審級としての役割を果たすことができるからである。概念と直観、構成と発見、解釈と経験は、認識の過程において互いに切り離すことのできない二つの契機である。経験をすることによって、客観化する態度で世界の何ものかに関係する観察者のパースペクティヴは、理論的な争いへの参加者のパースペクティヴと切り離せない。ここでは参加者は論拠を開陳することで、行為遂行的な態度で彼の批判者に関係しているのである。「経験と論拠は、世界について何ごとかを知っているというわれわれの主張の基礎あるいは根拠の二つの非自立的な構成部分である[24]」。

還元主義のプログラムがそのもっともらしさを失うことになるのは、研究の営み自身において、理解の間主体性を観察の客観性に従属させることによって、互いにかみあっている知の視点の相補性を解消することが不可能なときである。客観的世界の側からの抗議（Einspruch）という経験の審級、および世界のなかの何ものかについての表象は、他の議論参加者の側からの異議（Widerspruch）という正当化の審級、および、世界のなかの何ものかについて他の参加者と理解しあうことと内的に関連し続けるのである。われわれが世界との対決から何ごとかを学べるのは、同時に他者の批判から学ぶ能力に比例してでしかない。自然科学的知識を自然主義的な、「ハード」な事実にまで収縮した世界像へと存在論化するのは、科学ではなくて悪しき形而上学である。

言語の二元論の遡行－不可能性は、人間学的に深く根を下ろした知の視点の相補的交差が文化的生活形式それ自身と同時に成立したという想定を受け入れるようにせまる。観察者と参加者のパースペクティヴの等根源的な創発（Emergenz）は、進化の視点から、第二の人格〔二人称〕に視線を向けることで接近可能になる例の意味連関を自然科学的手段で残りなく客観化することがなぜできないのかを説明してくれるかもしれない。このことは、ある特定の認識論的見解の改訂を強いることになるかもしないが[25]、体験しかつ遂行する人間の主体性の「認識的な自由処理不可能性」は、けっして、世界から解き放たれた英知的なものに〔世界からの〕免疫性を与えることを意味するわけではない。パースペクティヴに依存した言語的二元論は、それを文化的生活形式の創発的特性と見なすならば、「ソフト」な自然主義とは両立可能なのである。

同様に、ネオダーウィン主義的認識を尊重する、自然と絡みあった理性という構想は、われわれの自由意識の反省的安定性への脅威となるわけでは少しもない。行為遂行的に現に在る（gegenwärtig）自由意識は言語的に構造化された生活形式と等根源的であることを洞察するならば、われわれはこの生活形式の自然進化という思想によって不安になる必要はないのである。

第8章　信仰と知の境界
カントの宗教哲学の影響史と現代的意義によせて[1]

キリスト教のヘレニズム化は一方的な過程ではなかった。このヘレニズム化が遂行されたのは、〔キリスト教の側が〕ギリシャの哲学を神学的に我がものとし利用するという道を通ってのことでもあった。ヨーロッパでは中世のあいだ、神学は哲学の保護者であった。自然的理性は啓示と対をなすもの（Gegenstück）として資格を認められていた。信仰と知についての討議が、教会による囲い込みから抜け出したのは、ようやく、近代初期に人文主義が引き起こした人間中心主義への転回によってのことであった。世界知〔世間知〕（Weltwissen）が自律的となり、もはや世俗の知として資格を認められることを必要としなくなった後、立証責任を負わされる側が逆転した。すなわち、宗教が理性の法廷へと召喚されたのである。これが宗教哲学の誕生のときであった[2]。カントが企てた理性の自己批判は、二つの側面に向けられている。一方の側面では、形而上学の伝承に対して理論理性がとるべき立場であり、他方の側面では、キリスト教の教説に対して実践理性がとるべき立場である。超越論的な自己反省の結果、ポスト形而上学的思考であるとともに、ポストキリスト教的思考――それは非キリスト教的思考というわけではない――

でもあるような哲学的思考が生じる。

カントは、自然および人倫の「形而上学」という名称を放棄しないし、また、英知的なものを感性的世界から切断するだけでも、彼の思想的構築物の「建築術（Architektonik）」のための支柱として、形而上学的な背景〔となる〕想定（Hintergrundannahme）をいまだに必要としたのではあったが、思弁的な理性使用と超越論的な理性使用のあいだに境界線を引くこと（Grenzziehung）によってカントは、ポスト形而上学的思考の基礎を作り出した。統一性を樹立するみずからの諸理念の力によって、世界全体の設計図を描いているのは、超越論的理性それ自身である。したがって、この理性は、自然や歴史の存在論的もしくは目的論的な構造についての実体化した発言をみずからに禁じなければならない。全体としての存在者、あるいは人倫的世界それ自身は、われわれの認識の可能的対象とはならない。このように理論理性を、経験に依存した悟性使用に認識論的に制限することと宗教哲学的に対をなすのが、「超感性的なものについてのわれわれのあらゆる理念に関して、その実践的使用の諸条件に理性を制限すること[3]」である。この両面でカントは「理性の思い上がり」に対抗するのである。

もちろん哲学の自己理解にとっては、形而上学批判は宗教批判よりも優先権を持っている。形而上学批判によってカントが戦うのは理性の思弁的なまやかしであるが、このまやかしは、単に誤謬つまり間違った言明に由来するだけでなく、みずからの認識能力の働きと到達範囲についての理性に深く根づいた幻想に由来するのである。理論的な理性使用の制限によって、カントは、それまで形而上学の戦場をおぼつかない足どりであちこちうろつきまわるだけであった哲学に、「学の確実な歩み」〔K.r.V. B.XV〕をはじめさせようとするのである。形而上学の破壊はまた、純粋実践理性にもとづく自律的な道徳を解放することにも役立つはずであるが、しかし、この破壊は、直接には、哲学自身の理論的な仕事に関係するものである。

実践的な理性使用を実定的信仰から区別する境界線を引くこと（Abgrenzung）はこれとは別の攻撃方向をもつ。理性によって宗教を飼いならすことは、哲学の自己治療に関わる事柄ではない。すなわち、それはみずからの思考の衛生のためのものではなく、一般公衆を二つの形態の独断主義から守るためのものである。一方で、啓蒙主義者であるカントは、「道徳性の自然的諸原則を二の次のことにしてしまう[1]」、教会によって硬化させられた正統主義に反対して、理性と個人的良心の権威を認めさせようとする。他方でカントはモラリストとして、不信仰の側の啓蒙された敗北主義（Defätismus）にも反対するのである。懐疑主義に反対して彼は、単なる理性の限界内で正当化されうるような、宗教の信仰内容と責務を救出しようとする[4]。宗教批判は、救出しつつ我がものとすることというモチーフと結びついているのである。

今日では、宗教的な原理主義（これは、キリスト教の外にだけ観察されるわけではない）が、宗教批判的な観点のほうに嘆かわしい現代性を与えている。しかしながら、われわれのもとでは、強調のアクセントはいつのまにか移動してしまっている。ここヨーロッパ西洋では、神中心的な自己了解および世界了解に反対する、人間中心的なそれの攻撃的な自己主張はもはや過ぎ去った戦いになってしまった。そこで、聖書の中心的内実（Gehalte）を理性信仰のなかで取り戻そうとする試みのほうが、聖職者の欺瞞や蒙昧主義との戦いよりもより興味をひくものとなったのである。純粋実践理性は、正義の理論がもたらす諸洞察だけに依拠することによって、いわば素手で、逸脱しつつある近代化（entgleisende Modernisierung）に立ち向かうことができるということをもはや確信してはいない。正義の理論には、あらゆる点で委縮しつつある規範意識を自分自身から再生させるために必要とされる、言語による世界開示（Welterschließung）という創造性が欠けているのである。

したがって、カントの宗教哲学に対する私の関心は、どうしたら、信仰の世界と知の世界の境界を消し去ることなく、宗教的伝承の意味論的な遺産を我がものとすることができるかという観点からのものである。カント自身、『諸学部の争い』の序文のなかで、「純粋な理性信仰が否定することのできない、自分自身の理論的不足」を想起させているのは、おそらく自己防護のためばかりではないであろう。この不足を補償することを彼は「理性の関心を満足させること」として把握し、このためには、歴史的に伝承されてきた信仰の教説からの刺激が「多かれ少なかれ」助けになりうると考える。そこで、理性信仰それ自身の視座からも、「それ自体においては偶然的な信仰教説としての啓示は、本質外のもの（außerwesentlich）とみなされるが、だからといって不必要で余計なものとみなされるわけではない」[5]のである。いったいいかなる理由と観点にもとづいて、宗教的な伝承は、不可知論的な、それゆえ護教論的でない意図から行なわれる宗教哲学に対しても、「余計なものではない」ことを要求することができるのだろうか。私がカントの批判的な読解から得ようとする解答は、カントの体系的な諸言明よりもむしろ、動機及び意図の宣言に支えを求めるものである。

まず最初に、カントが宗教哲学のなかで企てた境界づけ（Grenzziehung）を思い起こすことにする（1—5）が、それは、その後に宗教的内実を理性的に我がものとしようとするカントの試みの影響史と現代性に目を向ける（6—12）ためのものである。

（1）　宗教批判的な啓蒙の精神から生まれたものとして、カントの宗教哲学はさしあたり、神学というあんよ紐（Gängelband）からの世俗的な理性道徳の誇り高い独立宣言として読むことができる。すでにその序文は、トランペットの一吹き《ファンファーレ》ではじまっている。「人間は自由な存在者であるがゆえに、自己自身を理性によって無制約な法則に結びつける存在者であって、このような存在者としての人間の概念にもとづくかぎりでは、道徳は、［……］人間を超えた人間以外の存在者の理念を必要とはしないし、［……］法則以外の動機なども必要とするわけではない[6]」。世界創造者としての神を信じることも、永遠の生命を望んで救済者としての神を信じることも、道徳法則を認識し、それを端的に義務を負わせるものとして承認するためには不可欠のものではないのである。

万人を平等に尊敬するという道徳は、それが埋め込まれる任意の宗教的コンテクストからは独立に妥当する。確かにほかの場所〔著作〕でカントが認めるところでは、われわれは、道徳的諸義務が定言的に妥当するという感覚、すなわち「道徳的強要ということを十分に明瞭にしうるとすれば、その際に、ある他者とその意志（普遍立法的な理性はただこの意志の発言者にすぎない）を、つまり神を考えねばならないのである」。けれどもこの「十分に明瞭にすること」（Anschaulichmachen）は、ただ、「われわれ自身の立法的理性のなかの道徳的動機を強化する」ことに仕えるのである[7]。道徳法則の内容に関しては、われわれが道徳的立法者とみなすのが神であろうが理性であろうが何の変わりもない。「宗教は実質（Materie）すなわち客観に関して何らかの点で道徳から区別されるのではない。というのも、宗教は義務一般に関わるからである」[8]。宗教についてのある教説は、哲学的な学科としては、所与の歴史的伝承に道徳理論を批判的に適用するという意味においてのみ可能である。そうである限り、宗教哲学はまた、実践理性のみから展開される倫理学の一部分でもないのである[9]。

宗教批判的視点からカントは、実定宗教を単に外的で特殊的な「教会信仰」として描いている。提唱者（Propheten）によって創設され、教義によって伝承され、儀式の形態で実践される主要な世界宗教は、それぞれ、ある特定の歴史的証言や歴史的事実に結びつき、また、それぞれの特殊な宗教的共同体の境界のなかでのみ効力を発揮するような信仰を築きあげる。啓示された真理にもとづく教会信仰は、つねに複数形でしか現われないのに対して、自然宗教がもっている純粋に道徳的なものは、「誰に対しても伝達される」のである。「（真なる）宗教はひとつしかないが、信仰にはいろいろな様式がありうる」[10]。純粋実践理性にもとづく宗教は、組織形態も規約も必要としない。それは、「人間のあらゆる義務を遵守しようとする心情のあり方」という内面性に根ざしたものであり、「教条や厳律にではない」[11]。聖書の教説は、宗教の理性的内容と混同されてはならない覆い（Hülle）をなしているのである[12]。

この諸前提から、哲学的な「理性学者（Vernunftgelehrten）」には、神学的な「経典学者」に対して、宗教の本質的なもの（「それは道徳的‐実践的なもの、すなわち、われわれがすべきことのうちにある」）をめぐる聖書解釈について優先権を要求する権利が生じる。カントは理性を教会信仰の解釈学のための基準にまで高め、それによって「人間の道徳的改善、あらゆる理性宗教の本来の目的」を「すべての経典解釈の最上原理」となすのである[13]。『諸学部の争い』では、口調は鋭くなる。ここではっきりと、固有の権利にもとづいて聖書の真理内実について判定し、「純粋に道徳的であり、そのために間違いがない限りでのわれわれの理性の諸概念によって認識できる」ものでないものはすべて除去するという、哲学の要求が問題となっている。イタリック体〔本訳書では傍点〕で強調された「われわれの」理性への言及は、皮肉なことに、〔聖書を〕平信徒が個人的に解釈してよいというプロテスタンティズムの原則を参照することで解説されている。真正の釈義者は、理性の事実すなわち他ならぬ道徳法則をつうじてのみ立証される「われわれ自身のうちなる神」なのである[14]。

この人間中心的な基礎のうえで、合理的解釈学は、たとえば肉体の復活のような信仰箇条の多くを、歴史的な添えものとして脇に押しやらなければならない。この解釈学は、イエス・キリストの人格（Person）への神の受肉のような中心的な信仰箇条からも、その本質的な意義を剥奪し、たとえば、神の恩寵は自己活動への命法であるといったように再解釈しなければならないのである。「それゆえ聖書のなかで、われわれのうちに神聖さを生み出す外的な力にひたすら受動的に身をゆだねることを内容としているように見える箇所は、次の点が明らかになるように解釈されねばならない。すなわち、われわれは、われわれ自身のうちなる道徳的素質の発展にみずから努める必要がある、という点である」[15]。世界内における道徳的努力への義務を前にすると、罪、贖罪、宥和という救済史的なコンテクスト、また、救世主である神の遡及する力への終末論的な信頼は、その背後に退いてしまう。信仰が超越的に指示するあらゆるものを人間の純粋実践理性への再帰的指示へと主体的に読み替えることは、代価なしにはすまない。われわれは道徳的行為において、そもそも何から始めればよいのか、「われわれのために神がなしてくださったことへの信仰からなのか、あるいは（その本質がなんであれ）そのことにふさわしくなるためにわれわれがなすべきことからなのか」という問いに直面して、カントは道徳的な生き方の内在的な価値のほうを選びとる[16]。「人間は道徳的意味において何であろうと、何になるべきであろうと、善にせよ悪にせよ、人間はそれに自分自身でなるにちがいない、あるいはなったにちがいないのである」[17]。確かに人間は道徳的な行ないによって幸福への請求権を獲得するわけではなく、それによって、幸福を味わうのに値することを示すのがせいぜいである。人倫性は、誠実な人間を幸福に値するものとするが、幸福にするわけではないというのである。

（2）　宗教的伝承がこのようにして純粋に道徳的な内実に還元される限り、宗教哲学は、形而上学批判とほとんど同じく、超越論的仮象を破壊することにみずからを制限しているという印象がおのずと与えられる。けれどもカントは、宗教哲学を宗教批判の仕事だけに没頭させるわけではない。まさにカントが神学に対して、「道徳法則は、とはいえ、それだけではなんら幸福を約束しない」[18]ことを思い出させる箇所で明らかになることは、宗教哲学が、理性に対して、そこから哲学自身が刺激を得てその限り何かを学びうるような宗教的源泉を指示するという建設的意味をもっていることである。道徳法則それ自身のうちには、道徳的に功績の多い人格が幸福に値することと、その人格に実際に功績に比例して割り当てられる幸福とのあいだに「必然的な連関があるとするいかなる理由も」見いだすことはできない。とはいえ、不当に苦しんでいるものがいるという現象は深く感情を傷つけるものである。この世の不当な成り行きに対するわれわれの憤激がわれわれに誤解の余地なく語っているのは、「たとえある人間が生涯を終えるまで、少なくともはっきりわかるように自分の徳行に対する幸せに出会わず、あるいは自分の犯行に対しては刑罰を受けなかったとしても、その人間が誠実に振る舞ったのか、それとも欺瞞的に振る舞ったのか、公平に振る舞ったのか、それとも暴力的に振る舞ったのかについては、その結末はけっして同じではありえないということである。それは、あたかも「われわれが[2]」が自分のうちに、異なっていなければならないという声を聞くかのようである」[19]。もちろん、われわれが自分の徳行に比例してそのつどその分け前にあずかることを欲する幸福は、理性的な世界存在者（Weltwesen）の、この存在者が自己の本性からして得ようと努める主観的な究極目的であるにすぎない。しかし正しく行為した個人に対する幸福の個人的保証が欠如していること以上に、普遍的なものを目指す実践理性にとって、心を傷つけられるさらなる思いがある。それは、世界中の道徳的諸行為をすべて集めても、人間の共同生活の悲惨な状態を全体として改善するためには何事もできないという思いである。「［自分たちが］」創造の究極目的であると現に信じることのできた彼らを、物質という目的のない混沌の深淵へと投げ返す[20]」社会的な自然運命の偶然性に対するこの抗議こそ、「キリスト教の教説」のなかで、はっきりと聞き届けることができるものである。

つまり、宗教的福音は、無条件に妥当する道徳的命令に特有の、道徳的行為が歴史と社会においてもたらす結果に無頓着であることに、ある約束をすることで対処しているのである。「道徳法則は、とはいえ、それだけではなんら幸福を約束しない。［……］キリスト教の道徳説は、そこで、この欠如を、理性的存在者が道徳法則に全霊を捧げる世界を神の国として示すことによって補う。神の国においては、自然と道徳とは［……］、神聖な創始者を通じて調和するにいたり、神聖な創始者はこうして派生的な最高善を可能ならしめるのである」[21]。カントは聖書の「神の国」の表象を、「最高善」という形而上学的概念によって翻訳している。しかしそれは、そう予期されたかもしれないが、はめをはずした思弁的理性に正しいやり方に従うようにさとすという形而上学批判の意図をもってのことではない。宗教哲学にとっては、解答不可能な問題につきまとわれている理論理性を制限することが問題なのではなく、実践理性の使用を、厳格な義務倫理を道徳的に立法することを越えて、神と不死性の仮定的ではあるが（präsumtiv）理性的な要請にまで拡張することが問題なのである。

宗教論の序文ですでにカントは、単なる道徳的な義務の意識から純粋な宗教信仰を区別する、〔道徳的意識を越えて〕あふれ出る契機に注意している。われわれは理性的存在者として、究極目的の促進に関心をもつ。たとえその実現は、ある高次の力によって、無条件的に道徳的な行為のわれわれにとっては見通しがたい副次的結果（Nebenfolge）の幸運な集積がもたらされた結果としてのみ考えることができるとしても。確かに、正しく行為するためには目的は必要でない。それどころか、どのような目的表象も、たとえ行為する者が道徳的に行為する者であったとしても、その者をそのたびごとの定言的命令の無条件性からわきにそらせることになってしまうであろう。しかし、「次の問いの解答がどのような結果になるかについて、理性は無関心でいることなど到底できないのである。それは、このように正しく行為するとして、そこから何が生じるというのか、また正しく行為することは十分に思いのままにはならないと仮定しても、しかしなすこと、なさざることを目的としての何に向ければよいのだろうか、という問いである」[22]。純粋の宗教信仰をはじめて信仰にするものは、道徳意識を越え出る理性の欲求（*Vernunftbedürfnis*）であり、これは、「道徳的な究極目的に合致するような効果を、それもある世界において可能な効果全体を、これら〔道徳的諸法則と、法則に従う行為〕に得させるようなある力を想定する」[23]ことへの欲求なのである。

なぜこの欲求は理性的なのか、また、なぜこの関心は理性の関心のひとつであるべきなのかを示すことが、実践理性自身の事柄でなければならない。〔このことの〕証明のためには、〔『宗教論』で〕哲学が宗教の歴史的な教説に対処するのをわざわざ待つまでもない。この証明はすでに道徳理論のなかで、（目的論的判断力の批判によって側面援助され、それゆえ自然哲学の発見術的な（heuristisch）考察に支えられて）[24]行なわれていなければならないのである。架け橋として役立つのは、「最高善」という古代の概念であるが、この概念は、「神の国」という聖書の概念と同一視されることによって、終末論的内実を負荷されることができる。実際カントは、宗教的な意味論がもつ世界開示的な力を目立たずに先取りすることによってのみ、「道徳法則の約束[25]」に対する信頼を抱かせる力を逆説的に実践理性に与える要請論へと手探りで進んでいくことができたのである。

（3）　厳密に解するならば、実践理性の権限は、個々の人格に対して人倫的法則に応じて道徳的な要求を義務として課すことに限られる。「目的の国」は、そのなかであらゆる人格が、あるひとつの道徳的共同体の立法者であると同時にその法に忠実な市民として一体化された（vereinigt）ものとして考えられる理念であるが、この理念もまた、個々人それぞれに向けられた人倫的法則の内容には何ものも付け加えるものではない。確かにカントは、この超越論的理念によって、道徳法則の普遍的遵守（すなわち、「何人も彼のなすべきことをなす」）という条件のもとで確立される、（ある意味では共和主義的に秩序づけられた）ある共同生活の形式を明確に言い表わした。けれどもこの理念が、もはや個人の行為を道徳的に導くだけでなく、現象の世界のなかで協働的に（kooperativ）実現されるべき社会的・政治的な状態の理想に翻訳されたとき初めて、英知的な目的の国はこの〔現象の・地上の〕世界の国に変貌するのである。「倫理的共同体」という名前のもとで、カントは宗教哲学のなかで実際にそのような翻案（Übertragung）を企てている。けれども道徳理論の枠内では、カントは中間のステップとして、「最高善」という考えを導入しているのであるが、これも同様に、「道徳と幸福との一致」という、世界のなかのひとつの状態として構想されている。けれどもこの理想は、協働的に追求されるべき目標として表象されているのではなく、道徳法則のもとでそのつど個人的に追求される個別的目的の、集合的効果として期待されるものとして表象されているのである。

　このような、すべての道徳的行為の総和から間接的にのみ生じる一般的幸福という理想状態は、カントの道徳理論の前提のもとでは本来、義務とされることはできない。もしカントが「われわれは最高善を促進しようと努めるべきである」と言うとしても、この（人はこう言うべきだろうが）弱い当為は、高潔な目標を共同で追求しても、ただちに意図したものでない副次的諸結果の錯綜のなかに逃げ道なく巻き込まれてしまうという、人間の怜悧さ（Klugheit）の限界にぶつかってしまう。[26] 自発的には実践理性は、目的の国の英知的《ヌーメナル》な実在性を、力なくかすかに輝いているだけでいずれにせよ道徳的には拘束力のない最高善の理想というかたちで、現象的《フェノメナル》な世界へと模写する以上に進むことは許されない。「理想」をカントは、軽く扱おうとする（abwiegeln）意味でも「プラトン的」という。自然法則によって導かれている世界のなかで人倫的な協働のもたらす諸結果の複雑性を予見することは人間悟性には禁じられているから、理念を範とし、自分の目的の選択を道徳法則に従って制限する者だけが義務から行為するのである。彼には、世界のなかで理想的な状態を引き起こすという、熱狂的な（überschwänglich）、すなわち道徳法則を越え出るような目標をなお道徳的に義務づけることはできない。

それにもかかわらずカントは、興味深いことに、世界において最高善を生み出すことを道徳的義務の地位まで高めるために、あらゆる概念的手段を尽くしている。各人は世界のなかで可能な最高の善——道徳性と幸福との一般的な一致——を彼の行為の究極目的とすべしという命令は、道徳法則それ自身のなかには含まれ得ないので、他のあらゆる具体的な義務のように人倫的法則から正当化されることはできない（「それゆえ、道徳の原理を問う場合には、最高善についての教説は、〔……〕完全に無視してしまってよい」[27]）のであるが、カントは、「道徳法則に対する尊敬」のなかには「最高善への意図〔最高善を目指すこと〕」がすでに含意されていることをわれわれに説得することを欲するのである[28]。われわれは最高善を「純粋実践理性の客体の全体」として表象しなければならない。「最高善をもたらすためにできるかぎり貢献することは純粋実践理性の命令にほかならないから」である[29]。この超道徳的な命令を人が理解できるのは、「なぜそもそも道徳的でなければならないのか」という、それに対してこの命令がひとつの解答を与える問いを知るときのみなのである[30]。

けれどもこの問いは、義務感情という事実のみによって根拠づけられた人倫的法則の無条件的拘束性にかんがみて、カントにとってはそもそも立ててはならない問いである。人倫的法則の拘束性についてわれわれは、最高善の効果的促進への見通しなしに、またそれに対応した要請を想定することなしに確信できる。スピノザの例を暗示しながら、次のように言われる。「それゆえ、ある人間が、〔……〕『神は存在しない』という命題に説得されるとしても、その人間がこうした理由で義務の諸法則を単に空想された、妥当性のない、拘束力のないものとみなそうとすれば、それでもかれは、自分自身の眼には卑しい人間として映るであろう」[31]。したがって、カントがさまざまな脈絡で行なう〔最高善の義務の〕根拠づけの試みは、十分に納得させるものとはなりえないのである。あらゆる道徳的行為を道徳的に正当化された諸規範のもとにあるひとつの行為として概念把握する義務論的に根拠づけられた倫理は、自律的な意志の道徳的洞察への自己拘束を、今一度、ある目的の下に従属させることはできない。

このことにカントは異議を唱える。「実際、何ひとつ目的がないならば、そもそも意志は存在しえないのである。もちろん、たんに行為を法則どおりに強制することが問題である場合には、目的は考慮の外におかねばならないとしても、〔……〕」[32]。それゆえ一般に、悪であるのではなく道徳法則を守ろうとする決意を、ひとつの目的の下に帰属させるべきであろうか。けれども、あらゆる目的がある〔ひとつの〕道徳的判定に従うのであるならば、そのとき、いったいどのようにして、あらゆる正当な目的の全体から、なおさらに、道徳的であることそれ自身を正当化する、あるひとつの究極目的が「生じる（hervorgehen）」というのであろうか。カントは、道徳的行為が汎通的に（durchgängig）行なわれるという条件のもとでのみ考えることができる究極目的の現実化に協力するという欲求が非利己的であることを指示することで満足する。「それゆえ、人間についても、人間のはたらきも加わることによってこの世界で可能になる最高善という理念のなかにある動機は、その際に意図される自分自身の幸福などではやはりない。この理念は目的そのものであり、したがって〔?〕[3] この理念の追求は義務なのであって、そういうものとしての理念およびその追求だけが動機である。というのも、この理念には、幸福そのものの見込みが含まれているのではなくて、どんな主体であれ彼の幸福とそれに値することとが釣り合っているという見込みだけしか含まれていないのだから。そして、以上のような条件へと自己を制限する意志規定、そしてこのような全体の一員でありたいという意図を以上のような条件に制限する意志規定は、けっして利己的ではない」[33]。けれども非利己性は、ある義務の意味を形成しているわけではなく、場合によって、自分の願望に衝突するある特定の義務に従うこととの前提であるにすぎない。結局カントは、ここでは、通常彼が理解するところの「諸義務」とは同等に扱うことのできない「特別な種類の意志規定」[34]が問題となっていることを認めなければならないのである。

（4）　それにもかかわらず、なぜカントは最高善促進の義務に固執するのであろうか。神の存在の要請が、ひとつの答えを容易に推測させる。もしわれわれがそのような種類の熱狂的な義務をひとたび受け入れるならば、道徳法則がたとえ汎通的に遵守されたとしても、それによって、自然因果性に支配された世界のなかで最高善を現実化することがそもそもどうして可能なのか、という問いがさしせまったものとなる。実践理性がこの〔最高善という〕目的の遂行への協力を道徳的に義務づけられた課題となすことができるのは、この理想の実現がはじめから不可能ではない場合に限られる。理想の実現は少なくとも可能なものとして考えることができなければならない。したがって実践理性は、明らかに人間の力を越えたそのような課題をわれわれに課すと同時に、道徳性の見通しがたい諸結果を自然法則によって操られる世界の成り行きと調和させる最高の知性の可能性を当てにするように、われわれに求めるのである。「われわれは最高善を促進するよう努めるべきである（それゆえ、最高善は何といっても可能でなければならない）。以上の理由からして、この連関の根拠、すなわち幸福と道徳性との厳密な一致の根拠を含む、全自然の原因でありながらしかも自然とは別なものが存在することもまた要請される」[35]。

それならばわれわれは、道徳理論の基礎とは容易には適合しない最高善という考えに関して、カントが回りくどい議論を甘受しなければならなかったのは、神の存在を〔証明する事はできなくても〕せめて要請することができるようにするためであると想定せねばならないのだろうか。そのような動機をカントに帰すことは、この哲学がそのひとつひとつの文章に至るまでその表現となっている、何者にも惑わされない彼の精神に照らして正当ではないだけでなく信じがたい。そうではないのである。カントは道徳的な思考様式に、道徳それ自身のために、より良い世界を展望するという次元を付け加えたのであり、それはつまり、道徳的心術の自分自身への信頼を強め、それを敗北主義から防御するためであったのだ。カント哲学の秘密は「およそ絶望を思考で推し量りきることはできない（Unausdenkbarkeit der Verzweiflung）[4]」ことにあるというアドルノの格言を、私は、啓蒙主義者のナイーブさを批判したものという意味で理解するのではなく、主体的なものに固執する啓蒙主義の深淵を見つめる弁証法家カントへの同意として理解する。カントは、「神は存在せず、また［……］来世も存在しないと確信している[5]」世俗的なスピノザに、自分の目的をただ自己のなかにのみ持つ道徳的行為の〔もたざるを得ない〕惨めな帰結からくる絶望に対する免疫をもたせようと欲したのである。

　確かにカントは、信仰に場所を開けるために形而上学を止揚しようと欲した。けれども「信仰」ということで問題になっているのは、その内容よりも様態（Modus）である。彼は、信仰するという態度、信仰者の認知的習慣《ハビトゥス》の理性的な等価物を求めるのである。「信仰（端的にこう呼ばれるもの、したがって宗教的信仰だけでなく理性信仰もまた）とは、ある意図の達成に対する信頼であり、この意図を促進することは義務であるが、しかしこの意図の遂行の可能性は、われわれには洞察することができないのである[36]」。これに対する解明として脚注では次のように言われている。「信仰は、道徳法則の約束に対する信頼である。しかしこの約束は、道徳法則のうちに含まれているような約束ではなく、むしろ道徳法則のうちに私が置き入れる〔強調は引用者による〕約束であり、しかも道徳的に十分な根拠から置き入れる約束である[6]」。カントは、神聖な（sakral）性格を引き去って、約束の契機を保っておくことを欲する。意気消沈させるような〔世界全体の〕外見から道徳的心術を守るためには、道徳的心術は、世界におけるあらゆる道徳的行為がそこに総括されることができるある待望された成果が生じることへの信頼という次元が付与されることによって、拡大されるべきなのである。これによってカントは、まず第一義的に宗教的内容を概念的に手に入れようとするのではなく、宗教的信仰の様態それ自身の実用的（pragmatisch）意味を、理性に統合しようとしている。カント自身この箇所で、彼の試みについて、信（fides）というキリスト教の概念に「媚び模倣する」[7]ものであるとコメントしている。つまり理性信仰は、ある種の信憑（Für-wahr-Halten）がもつ特殊な性格を保持し続けるのであるが、この信憑は、道徳的知からは納得できる諸理由への連関を、そして宗教的信仰からは実存的な希望がかなえられることへの関心を保存しているのである。[37]

もしカント本来の諸前提の下では問題の多いものである、究極目的の現実化のために協力するという義務によって人倫的法則を補足することを、「およそ絶望を思考で推し量りきることはできない」という動機によって説明するならば、ユダヤ－キリスト教的伝承の何がとくにカントの興味を引きつけねばならなかったのかが明らかとなる。それは、神の存在という彼岸の約束ではなく（あるいは人間の魂の不死のそれでさえなく）、地上において約束された神の国への展望である。「キリスト教の教説は、たとえそれがまだ宗教の教説とは見なされない場合でも、［……］最高善の（神の国の）概念を与えるのであり、そしてそれのみが実践理性のもっとも厳格な要求を満足させる」[38]。歴史のなかで働きかける神という、プラトン的な理想のすべてを越えでた終末論的な思想は、「目的の国」の理念を、英知的なものという超越論的な青白い姿から、世界内的なユートピアへと移すことを許す。これによって人間は、自分の道徳的行為によって、地上における神の支配というメタファーからカントが〔読み取って〕哲学的に明確に表現したような「倫理的共同体」の実現を促進することは可能であるという確信を獲得するのである。

実定宗教が、われわれの想像力を刺激するイメージの宝によってわれわれに引き渡してくれた歴史的な前貸し金がもし存在しなかったとすると、実践理性には、すでに宗教的なかたちで明瞭に表現されている欲求（*Bedürfnis*）を理性的な考察の地平で取り戻すことをそれによって試みるような諸要請へと至る認識的刺激が欠けることになっていたことだろう。実践理性は宗教的伝承のなかに、「理性の欲求」として定式化された不足を補償することを約束する——ただし、歴史上存在したものを固有の合理的基準に従って我がものとすることができるならばだが——何かを見いだすのである。

カントが実定宗教と教会信仰に道具的な機能〔のみ〕を容認している限り、この認識的依存性を彼が認めることはない。カントは、人間たちが、わかりやすい範例や、預言者や聖人の模範とすべき生涯の物語、約束や奇跡、示唆的なイメージやありがたいお話を、自分たちの「道徳的不信仰」を克服するために「きっかけ」として必要とすると考え、さらにこの事情を人間性の弱さから説明する。啓示は理性の諸真理が普及するための道を短縮するのみである。啓示は教義という形式で真理を近づきやすいものとするが、この真理には人間は、権威的な指導がなくとも、「自分の理性のたんなる使用により〔……〕おのずとそれに到達できたであろう」[39]。それで最後には、教会信仰という伝統的な皮膜（Hülle）のなかから、「純粋に道徳的な信仰」が出現するのである。「皮膜は〔……〕脱ぎ捨てられねばならない。聖なる伝承という幼児期の手引きひも（Leitband）は、法規や厳律といった付録とともに、そのときは十分役立ったにせよ、しかし次第に不要になるばかりか、〔……〕ついには足枷ともなるのである」[40]。

（5）　しかし、この教会信仰を理性信仰の普及のための単なる「乗物」[8]とする干からびた宗教批判的理解にうまく適合しないのは、カントが、「教会信仰が純粋な宗教信仰の単独支配へと移行すること」[41]を「神の国が〔に〕近づくこと（Annäherung des Reichs Gottes）」（これはふたたび、現実化された「世界の最善（Weltbesten）」[9]の状態への暗号なのだが）という様相（Aspekt）の下に記述する際に、教会の組織形態が将来の体制の本質的諸特徴をすでに先取りしているとすることである。「近づくこと」という決まり文句は、主語的属格としては神の国が近づくこととして、目的語的属格としては神の国に近づくこととして理解される〔傍点は翻訳者〕。もしわれわれが——「神の国などというものを人間が創始すべきだというのは、まことに矛盾した表現」であるにもかかわらず[42]——「地上における神の国」を打ち立てることを人類自身の協働的な努力の成果として理解するならば、さしあたり複数形で登場する療養施設(Heilanstalten)は、「真の教会」に到るつらい道のりにおいて重要な組織的役割を果たすのである。神の国に近づくことは、「教会という感性的な形式で表象されうることであり、〔……〕教会の組織構成(Anordnung)は人間に委ねられた仕事であるし、また人間に要求されうる仕事だから、それを創始するのは人間の義務である[43]」。

「倫理的法則下における神の民[10]」として理解された教会共同体〔教区民〕(Kirchengemeinde)という制度に刺激されて、宗教哲学のなかでカントは、「最高善」という形而上学の色あせた遺産に対して、目に見えるかたちでの具体化を、ある生活形式という具体的形態において提示してみせる概念を形成することとなる。カントは、「倫理的共同体」の概念を、実践哲学の諸連関においてではなく、「既存の歴史に[44]」実践哲学を適用するなかで展開しているのである。明らかにここで起こっている事態は、『単なる理性の限界内の宗教』が宗教的伝承のなかから理性の前でも存立できるあらゆるものを抽出している[45]というだけではなく、むしろ、その際に理性の側でも、義務論的に狭く範囲を限定されてしまった理性の家計(Vernunfthaushalt)を拡大するための刺激を受け取っているようにみえるのである。「歴史の教説や啓示の教説[11]」がもっている理性的内実を再構成するに際してとりわけカントの興味を引きつけたのは、組織された信仰共同体が「地上における神の国の創始[12]」に対してなす貢献である。「応用宗教論」は、地上における神の国という暗号の解読のために「倫理的共同体」という理性概念を展開し、そのようにして実践理性に、英知的な「目的の国」における純粋に道徳的な自己立法を越えていくことを強要するのである。

すでに述べたように、道徳理論は「目的の国」に英知的なものという地位を与えるが、それは地上における補足を必要としない。この理念は、人倫的法則の個々の受け取り手それぞれに向けられるものである。この理念は道徳的共同体という形態での実現を必要としないが、それは、「共通の（gemeinschaftlich）客観的法則による理性的存在者の結びつき[13]」というこのモデルが、何らかの協働、すなわちある共同的な（*gemeinsam*）実践への参加を義務づけるような意味をもってはいないからである。「目的の国」は抽象的に（in abstracto）のみ、定言的に妥当する道徳法則の支配する状態を——現象の複雑な世界における行為の事実的な結果を顧慮することなく——明瞭に見せるのである。この英知的世界の公共的性格は、いわば潜在的なもの（virtuell）にとどまる。これと対をなす、世界のなかの現実的なものは、法律の下にある共和主義的市民の組織された共同体である。内面的なものと考えられた道徳性は、強制する法という媒体によってのみ、外へと歩み出ることができ、また法的行動において目に見える跡を残すことができるのである。

内と外、道徳性と合法性とのこの厳格な二元論をカントが犠牲にするのは、彼があらゆる宗教的共同体形成に書き込まれている普遍的な見えざる教会という理念を、「倫理的共同体」の概念に翻訳するときである。これによって「目的の国」は内面性の領域から歩み出て、——世界全体を包摂する教会共同体とのアナロジーにおいて——制度的な形態をとるのである。「たんなる徳の法則下での人間の結びつきは、[……]倫理的と呼べるし、法則が公共的である（öffentlich）場合、（法的‐市民的と区別されて）倫理的‐市民的[……]と呼べる[46]」。この箇所では、哲学的な概念形成および理論形成が、宗教的伝承というインスピレーションの源泉へ認識的に依存していることが、あまりにも明白になっている。

政治的共同体の「法的‐市民的状態」と並んで登場する、徳の法則のみによって組織された共同体の「倫理的‐市民的状態」〔という概念〕によって、カントは、「理性的世界存在者の究極目的[14]」に対して、新しい間主体主義的な読み方を与えている。これによって、究極目的の現実化への協力の義務もまたもうひとつの意味を獲得する。これまでは最高善を「生み出すこと（Hervorbringung）」は、むしろ、人間によって意図することはできないような、あらゆる道徳的行為の見通しがたい複雑な結果や副次的結果の総計から「生じてくること（Hervorgehen）」として考えられなければならなかった。それゆえ、究極目的の現実化への協力という奇妙な「義務」は、行為の方向づけに対して直接的影響力をもつことはできず、せいぜいのところ、行為することへの動機づけに対して影響力をもつにすぎなかった。方向づけの力をもつのは、ただ、義務がそれぞれの状況においてせよと命じるものを、どの人格もそれに従って自分で決定する道徳法則だけであったのである。もしも、徳と幸福との収斂という理想的な状態が、単に個人的な救済に関わるだけではなく、あらゆる者にとっての「世界の最善」に関係したものであるとしても、そのときでさえ、この状態を促進するという超義務（Superpflicht）は空虚なものであった。なぜなら、この超義務は、単純な義務に各個人が従うという間接的な道を通ってのみ果たされうるものであるからである。

各個人は人倫的法則に対して「直接的」な関係にある。この状況は、誠実な者全員が絶えざる道徳的行為によって促進することを希望する最高善を、カントが倫理的共同体という概念にまでもたらしたある生活形式のヴィジョンに置き換えることによって変化する。なぜなら、たとえどんなに歪曲されていようとも、そのような生活形式を先取りし（antizipieren）、それに接近しようとすることによって「その生活形式を」多かれ少なかれ具現化している教団生活のローカルな慣習的実践（Praktiken）は、より進んだ接近のための協働的試みへの「合一点」となりうるからである。「善の原理には、これ以外の仕方で悪の克服は望むべくもない。道徳的に立法する理性は各個人に法則を指定するが、そうした法則のほかにも、さらにこの理性により徳の旗が、善を愛するすべての人びとの合一点として掲げられており、それは人びとがそこに集うためである〔……〕」[47]。このようなパースペクティヴから、最上善を促進するという個人的義務は、既存のさまざまの共同体の成員に課せられた義務へと変貌する。つまり、「倫理的国家」に、すなわちそのたびごとにより広範囲にまたより包括的になる「徳の国」に合一していく義務へと変貌するのである[48]。

（6） 神と不死性の要請によっては、理性は、人倫的法則を越えたところを目指す地上における神の国への接近という理念を手に入れることはできない。むしろ、〔理念の地上への〕この投影と結びついた直観が思い起こさせるのは、正〔義〕（das Richtige）が、よりよいまた改善されつつある生活諸形式という具体的な善（das Gute）のなかに探し求めなければならない支えのことである。おそらく道徳に対して歩み寄ることになるであろうような、失敗したのではない生活諸形式という方向づけを行なうイメージが、神の助力への確信がないとしても、開示すると同時に限界づけもする、行為の地平としてわれわれの前に浮かんでいるのであるが、——それはカントのいう単数形における倫理的共同体のようなものでもなく、当為の対象（Gesollte）という確固とした輪郭を持ってでもない。これらのイメージが、用意周到な協働の試みという行動様式（Art）、——そして、この行動様式の執拗な繰り返し——へと霊感を与えまた励ますのであるが、この協働の試みは、ただ幸運な諸事情のもとにおいてのみ成功しうるようなものであるために、しばしば成果なく終わるのである。

要請論の教説が必要になった原因は、当為をして人間にできることを大きく越え出たものを目指させることになり、それによって生じた非対称を解消するために知を信仰によって拡大しなければならなくなるような、ある問題的な義務を導入したことにある。このなかには、みずからがその継承者であると同時に対抗者でもあるものとして宗教に対処しようとする、意図の葛藤によってカントが巻き込まれたジレンマもまた反映している。彼は宗教を、一方では理性の諸規準を満足させるある道徳の源泉として、他方では、蒙昧主義と狂信から哲学によって浄化されなければならないうす暗い避難所としてみている。宗教的内実を反省的に我がものとしようとする試みが、その真理性と虚偽性について哲学的に判定を下そうとする宗教批判的な目標と争っているのである。理性は、宗教というケーキを食べ尽くそうとすると同時に保存しようとすることはできない。しかしながらカントの宗教哲学がもっている建設的意図が依然としてわれわれの興味に値するのは、われわれが、ポスト形而上学的思考の諸条件のもとで、実践理性の使用のために世界宗教の表現能力（Artikulationskraft）から何を学べるかを知ろうと欲するときである。

　地上における神の支配という理念を徳の法則下の共和国という概念に翻訳することが範例的に示しているのは、カントが、批判的かつ自己批判的に知と信仰との境界線を引くことを、宗教的伝承のなかに保存されている内実がもっている可能な認知的意義に注目することと結びつけていることである。カントの道徳哲学は全体として、神的命令の定言的当為を論証という道を通って再建しようとする試みとして理解できる。超越論的哲学は全体として、超越的な神の立場をそれと機能的に等価な世界内的なパースペクティヴへと転換し、また道徳的観点として保存するという実践的な意味を持っている。[49] このような系譜学から、信仰の様態を清算してしまうのではなく、理性的に縮減（deflationieren）しようとする試みも活力をえるのである。

　カントの幻想なき観念論はそれ自身が、理論理性のペシミスティックな異議申し立てに向き合う誠実な率直さを、おびえることのない実践理性のオプティミスティックな決意と結びつけるようなある認知的態度の表現である。この結合は、本来懐疑主義におかされやすい「理性の習性《ハビトゥス》」を、敗北主義的な無関心やシニカルな自己破壊から守る。確かにカントはなお、ヘーゲルが初めてその哲学的重要性を認識した歴史意識への入口の手前に立っている。カントは宗教の内容を反省的に我がものとすることを、まだ実定宗教を純粋な理性信仰によって段階的に置き換えてゆくという展望（Perspektive）から理解しており、理性自身がそこに属している歴史的な発生連関を系譜学的に解読することとしては理解していない。けれども要請論の教説はすでにある意味で、宗教批判的理性の自己確信を、宗教がもっている内実を救出しつつ翻訳するという意図と和解させるものとなっている。

　カントの宗教哲学に対するわれわれの解釈学的視座は、いうまでもなく二〇〇年にわたる影響史によって刻印されたものである。この連関において私は、新カント主義のなかで宗教哲学的にもっとも重要な作品『ユダヤ教の源泉からの理性宗教』のもつ護教的性格を思い出す。ヘルマン・コーヘンはカントの理性宗教を、ユダヤ教の伝統に属する文献資料を詳細に解釈するための鍵として利用する[50]。彼をとりまく知的反ユダヤ主義に対抗して、彼は旧約聖書の人間主義的内容と普遍主義的意味を際立たせ、哲学的手段でもって、ユダヤ教とキリスト教の同格性を証明しようと欲するのである[51]。

　私が以下で集中的に扱うもっとも影響力を持った三人の人物は、もちろんカントの直系には属さない。ヘーゲル、シュライエルマッハー、キルケゴールは、カントが行なった信仰と知とのあいだに宗教批判的に境界線を引くことに対して、それぞれ異なった、けれども同様に大きな影響を与えるような仕方で反応した。彼らはすべて、一八世紀の息子である宗教批判家としてのカントは、啓蒙の抽象的形式に固執し続けて宗教的伝承からそれら本来の実質（Substanz）を奪ったと確信していた。偶然というわけではなくプロテスタンティズムに支配されてきたカントの宗教哲学の影響史のこの断面においては、とりわけ「宗教的現象」の切り詰められていない記述を求めて、また、理性と宗教とのあいだの正しい線引き（Grenzziehung）をめぐって争いが生じたのである。私はヘーゲル、シュライエルマッハー、キルケゴールから発する〔カントの批判に対する〕三つのメタ批判的な路線を、現在の布置連関に至るまで、非常に大雑把なかたちでなぞってみることしかできない。

（7）ヘーゲルはカントを、宗教を抽象的悟性概念によって捉え、宗教の本質的内実を何か単に実定的なものとして片付ける啓蒙主義者として批判する。思い上がった主観的理性は、このようなやりかたで、蒙昧主義と誤って考えられたものに対するピュロスの勝利〔損害の大きすぎる勝利〕を得たにすぎない、つまり、理性の誤まった超越論的自己限定（Selbstbegrenzung）が初めて、その相手として、実証主義的に切り詰められた宗教の概念を生み出すというのである。[52] この批判は、信仰と知の対立を〔カントと〕同様に理性的に拡張された知の地平の内部で止揚しようとするものである限り、それ自身依然として、カントのアプローチをよりラディカルにしたものとして理解できる。ヘーゲルは宗教の歴史を、確かに、その儀式的な慣習的実践と表象世界の広がりにおいて概念把握しているが、しかし、哲学がその伝声器であるような包括的理性の系譜学としてである。ヘーゲルもまた、宗教の真理内実を理性の基準に従って正当化するという、哲学的啓蒙の要求に固執しているのである。[53]

他方で、個別の宗教的内実を、その限界を意識した理性をつうじて選択的に我がものとすることに代わって、いまや、宗教の全体を概念把握することによって止揚することが登場してくる。哲学は、宗教の表象的思考のなかで何が理性的であるかを認識する。けれども、抱擁する哲学が打ち負かされた宗教に最終的に強いる不釣り合いな結婚は、一見優越しているパートナーにとっても諸刃の剣であるような結果を生じさせるのである。自己を自然と歴史に外化し、この他者から自己を反省的に取り戻す絶対精神という概念によって、確かに哲学はキリスト教の根本思想を吸収し、神の受肉をみずからの弁証法的思考の原理となした――けれども二重の代価を支払ってである。第一に、超越論的理性によって自己批判的に引かれていた境界線を突破することは形而上学への逆行へと導く。第二に、自己のなかで円環を描く精神――それは、絶対知という頂点に到達するや否や、あらためて自然へとみずからを解放する――という宿命論がまさに、信仰者の救済への希望がそこへと向かう新しい始まりという終末論的次元を閉ざしてしまうことである。(54)

このことに対する二重の失望――形而上学への逆行、また、実践からの理論の静寂主義的撤退に対する――が、ヘーゲル左派の弟子たちをして、カントの宗教批判を〔ヘーゲルとは〕異なった唯物論的意味でラディカルにすることへと動かしていくことになった。フォイエルバッハとマルクスは、観念論的な絶対精神の発展史を、肉体と言語に受肉し、歴史と社会のなかで状況づけられた間主体的理性という観点からまったく違ったように表現し直し、またカントの、理論理性に対する実践理性の優位を再建する。確かに彼らは醒めた態度で宗教を、引き裂かれた生活諸関係の反映として、またこの疎外された生活を自己に対して隠蔽するメカニズムとして概念把握した。(55)彼らの宗教批判は、宗教的意識を、断念された諸欲求を投射によって充足するものと解するフロイトの心理学的説明を先取りしている。けれどもカントの場合と同様、偽りである（falsch）実定性のこの破壊によって、実践的に実現されることを待ち望んでいるある真理内実が解放されるというのである。いまや、解放された社会という革命的な形態のなかにその世俗化された具体化を見いだすとされるものはまたしても、倫理的共同体としての、地上における神の国の理念なのである。(56)

宗教的内実をこのように無神論的に我がものとすることは、西洋マルクス主義において活発に継続されることになった。ここにおいて神学的な諸動機は、それがブロッホの自然哲学的に基礎づけられた希望の哲学であろうと、ベンヤミンの絶望しながらもメシア信仰に霊感を与えられた救出の努力であろうと、またアドルノの拒絶的な否定主義（spröden Negativismus）であろうと、容易に読み取ることができる。〔このような〕哲学的アプローチのいくつかは、神学自身の内部にさえ、たとえばヨハン・バプティスト・メッツやユルゲン・モルトマンにおいて、反響を見いだしたのであった。

ヘーゲルからマルクスおよびヘーゲル－マルクス主義（Hegelmarxismus）に至るまで、哲学は、カントによって受容された「神の民」の意味論的痕跡にもとづき、ユダヤ教－キリスト教的福音がもつ集団的解放の内実を我がものとしようと試みる。これに対して、シュライエルマッハーとキルケゴールにとっては、普遍的なものを目指す哲学には大きな難題を与える個人的な救いが信仰の中心をなす。この両者は、キリスト教的な、しかしポスト形而上学的な思想家である。前者は、カントによって分離された宗教哲学者と神学者という役割を交互に引き受け、後者は、宗教的著作家の役割を引受けることによって、カント的に哲学するソクラテスの挑戦に関わりあうのである。

（8） ヘーゲルとは異なり、シュライエルマッハーは、カントがその形而上学批判によって打ち込んだ境界杭を尊重する。確かにシュライエルマッハーは、宗教のなかにつねに道徳しか見いださない批判に対するヘーゲルの留保を共有している。けれども、認識論的観点ではシュライエルマッハーは、主観的理性の自己関係に固執する。彼は基礎的概念において意識哲学に属する地平の内部で、宗教的なものの固有の意味と固有の権利を際立たせることで、信仰と知の境界を、単なる理性の彼方にある真正の信仰に有利な方にずらすのである。哲学者としてはシュライエルマッハーは、宗教的信仰の内容―― fides quae creditur〔信じられるものとしての信仰、対象としての信仰〕――ではなく、信仰心のあることが、行為遂行的にはどういうことであるのかという問い―― fides qua creditur〔それによって信じられるものとしての信仰、態度としての信仰〕に関心を持つ[57]。彼は、信仰される内容を教義的に処理する学問的な神学と、信仰者の個人的な生き方に霊感を与え、またそれを支えるものである敬虔とを区別するのである。

シュライエルマッハーは、カントによる理性能力の建築術を拡張する。しかし彼は宗教的信仰に、〔理論的な〕知、道徳的洞察、美的経験と並ぶ固有の超越論的な場所を認めることによって、その建築を破砕してしまうわけではない。これらの周知の理性能力と並んで、いまや信仰心を持った人格の宗教性が登場してくるのだが、この人格は、敬虔の感情のなかで、同時にみずからの自発性とある他者への絶対的依存とを直接に意識するのである。シュライエルマッハーは、自己を確信することと神を意識することが、どのように互いに交差しているかを示す。彼の有名な議論は、受容性と自己活動性の能力によって、また、世界に対する受動的関係と能動的関係との相互作用によって特徴づけられる主体の世界内的な位置から出発する[58]。世界と関わっているある有限な主体にとっては、絶対的自由も絶対的依存性も思考可能ではない。絶対的自由が、ある状況のなかでの行為に世界が課す諸制限と相容れないのと同様、逆に絶対的依存も、それなくしては世界の諸事態を客観化して捉え処理することができなくなるような、世界からの意図的な距離とは両立しない。けれども、この主体が世界から目をそむけ、みずからの意識された生の自発性に気づいた時、主体はある絶対的依存（schlechthinnige Abhängigkeit）の感情に捉えられる。すなわち、直観的に自己を確信することを遂行する中で、主体はある他者への依存性を意識するようになるのであるが、この他者が――われわれが世界から受け取るものと、われわれが世界のなかで働きかけるものとの差異の手前にあって――われわれの意識された生をはじめて可能にするのである。

敬虔という感情についてのこの超越論的分析は、宗教的経験に対して、理論理性にも実践理性にも依存しないある普遍的な土台を与えることになる。その土台の上にシュライエルマッハーは、理性宗教という啓蒙の構想に対抗する、大きな影響を与えた代案を展開するのである。「直接的自己意識」に根源をもつ宗教的経験は、同じ根源に発する理性と同等の根源性を主張できる。理性宗教の構想とは異なって、宗教性を超越論的哲学のなかへ導入するシュライエルマッハーのやりかたは、頑強な宗教的伝統の実定性に対して、必然的にその権利を制限せざるを得なくなったり、ましてや否認せざるを得なくなったりすることはなく、社会と国家における宗教的複数主義を正当に考慮に入れることができるという利点を持っている。すなわち、宗教的内面性の敬虔主義的称揚は、さらに次のような議論に導いていく。その議論によれば、人間学的に普遍的なものである依存の感情は、敬虔感情がある特定の仕方で分節化され、すなわち象徴的な表現にもたらされ、信者のコミュニケーション的な共同体形成のなかで教会によって実践される信仰という実践的形態をとるや否や、異なった諸伝統へと枝分かれすることになるのである。

あらゆる宗教に共通の理性的根源を哲学的に洞察することは、教会が——またそれぞれの教会信仰の教義的解釈が——近代社会という差異化〔分化〕した建物のなかで正当な場所を見つけることを可能にする。このような前提のもとで、それぞれの教会は、他の信仰や不信仰に対する自分の真理性要求を傷つけることなく、相互に寛容な態度をとり、リベラルな国家の世俗的秩序を承認し、また、世界知〔世俗知〕(Weltwissen)へと専門化された諸学問の権威を尊重することができるのである。すなわち、宗教的経験一般の哲学的正当化は、神学を不必要な重荷から解放する。形而上学的な神の〔存在〕証明や、それと類似の思弁は余計なものである。神学は、その教義的な中核を扱うために最善の学問的諸方法に訴えることによって、目立たないうちに大学の内部で他と並ぶ実践的学科として存在することができるようになる。もっとも、一九世紀末と二〇世紀初頭の文化的プロテスタンティズムは、宗教と近代、信仰と知の優雅な和解のためにシュライエルマッハーがどのような代価を支払ったのかを明らかにすることになる。社会への教会の統合と信仰の私事化とは、超越との宗教的関わりからその世界内的な爆発力を奪ってしまうのである。

アドルフ・フォン・ハルナックの作品と振る舞いは、宗教的真剣さのもつ鋭さをなくしてしまうのではないかという嫌疑をみずからに招いた。宗教がみずからを抑制することで近代の精神に適応することは、宗教的共同体の連帯した行動から、世界のなかでの改良的実践の力、ましてや変革的実践のエネルギーを奪い取ってしまう。そのような前提の下では、神の現前は、個人の魂の深みへと退く。「神の国が到来するのは、それが各個人に到来すること、すなわち各個人の魂の中に引っ越すことによってである」[59]。マックス・ヴェーバーとエルンスト・トレルチはシュライエルマッハーと同様、宗教を、近代社会においても自己の自立性と構造形成力を保持し続けるある意識構成体（Bewusstseinsformation）として把握する。もちろん彼らにとっては、宗教的伝承の意味は、経験的に把握可能な証拠からのみ開示される。彼らは宗教の拘束力のある規範的内容を、リベラルで啓蒙され個人主義的である現代文化のキリスト教的根底（またこの現代文化のなかに彼らはみずからの自己理解を再発見する）を反省することによって、歴史主義の抗しがたい吸引力の中から、なんとか手に入れるのである[60]。

（9）　キルケゴールの仕事は、シュライエルマッハーの行なった、近代と和解した敬虔な実存についての鎮静剤的分析の対極をなすものである。キルケゴールは、彼の同時代人であるマルクスと、安らぐことのない近代の危機意識を共有している。けれどもマルクスとは異なりキルケゴールは、思弁的思考と堕落した市民社会からの突破口を探すのに、理論と実践の関係を逆転させるという道を通ってではなく、彼を休みなく駆り立てる、恵み深き神についてのルター的問いに対して実存的に答えることをもってする。ラディカルになった罪意識とともに、理性の自律は、認識不可能な、歴史的証言というしかたでのみ己れを伝達する神というまったく異質な威力の影のなかに沈んでしまう。近代の人間中心的な自己理解に対するこの新正統主義的な反撃は、カントの宗教哲学の影響史のなかで重要な段階をなしている。すなわちこの反撃は、理性と宗教のあいだの線引きを強化するのであるが、このたびは啓示信仰の側に立ってのことである。この際キルケゴールは、カントの行なった理性の超越論的自己制限の向かう方向を逆転させて、理性みずからの人間中心主義を攻撃させる。理性が宗教に対して境界線を引くのではなく、宗教的経験が理性を限界内にとどまるようにたしなめるのである。もちろんキルケゴールは、理性はただ理性自身の武器によってのみ打ち負かすことができることを知っている。彼は、みずからのカント的な敵役である「ソクラテス」に、ポスト慣習的な良心道徳は、それが宗教的自己理解のなかに埋め込まれて初めて、ひとつの自覚された生き方の結晶化の核となりうるということを納得させなければならないのである。[61]

そこでキルケゴールは、病理的な（pathologisch）生活形式を手がかりに、〔宗教的〕救済力のある「死に至る病」が示す徴候の諸段階を記述する――それは、まずは抑圧され、次に意識のなかにのぼってきて、ついには自己中心的な意識を転覆することを強いることになる絶望の諸形態である。絶望のこれらの異なった諸形態は、真正の自己存在を可能にするであろう実存的根本関係の失敗（*Verfehlung*）を示すいろいろな症状の発現（Manifestationen）である。キルケゴールが〔まず〕描写するのは、自己自身でなければならないというみずからの使命を確かに意識しているが、その後に他の選択肢へと逃避してしまうような人格の、〔みずからを〕不安にさせる諸状態である。「絶望して自己自身であろうと欲しないこと、あるいはまた、もっと下がって、絶望して一般にもはやいかなる自己でもあろうと欲しないこと、ないしはまた、これは最低だが、絶望して自己自身とはもっと別の人間でありたいと欲すること[62]」。ついに、絶望の源はいろいろの諸事情にあるのではなく、みずからの逃避の運動のなかにあることを認識した者は、強情(trotzig)な、[15] けれども同様に空しい試み、すなわち、「自己自身であろうと欲すること」を企てるだろう。

この最後の力業――まったく自己自身に固執する自己自身であろうと欲すること――の絶望した挫折は、有限な精神を、自己自身を超越することへと、それに伴なってまた、そのうちにみずからの自由がもとづく絶対に他なるあるものへの依存を承認することへと動かすのである。この反転は、転換点、すなわち近代的理性の世俗化された自己理解の克服を画するものである。「自己が自己自身に関係しつつ自己自身であろうと欲することにおいて、自己は自己を措定した力のうちに透明に根拠をおいている」[63]。この意識だけが真正の自己存在を可能にするのである[64]。最深の根底を反省する理性は、ある他者からのみずからの起源を発見する。そして理性は、もし自分が傲慢な自己支配の袋小路のなかでみずからの方向づけを失うべきではないとすれば、この他者の運命的威力を承認しなければならない。

シュライエルマッハーにおいては、理性の理性〔自身〕による回心は、認識し行為する主体の自己意識において始まるが、キルケゴールにおいては、実存的自己確信(Selbstvergewisserung)の歴史性(Geschichtlichkeit)において始まる。どちらの場合にも、自分の限界を意識するようになった理性が、他者へとみずからを乗り越えるのであるが、そのことは、ある宇宙的な包括者(Umgreifende)[16] への保護された依存の感情のなかでであるか、救済の歴史的生起への絶望した希望のなかでであるかという違いがあっても同様である。決定的な差異は、シュライエルマッハーが人間中心的な思考方向に固執し、実定的信仰の諸伝承がそこからはじめて由来する宗教的根本経験を哲学的に基礎づけるのに対して、キルケゴールは理性の回心を、己れを伝達するキリスト教の神の権威を前にした理性の退位としてとらえるところにある。

カール・バルトにとっては、シュライエルマッハーのような宗教性と宗教の哲学的把握は、まったくの「不信仰」であり、――そして、キリスト教の啓示は「宗教の止揚」である(65)。バルトとブルトマンは、歴史〔主義〕的（historisch）思考の吸引力に抗して、社会の世俗化の圧力に抗して、また信仰の私事化に抗して、不屈の意志をもって啓示信仰の規範的な固有の意味とキリスト教的信仰の実存に真価を発揮させるために、キルケゴールに結びつくのである。彼等は、キリスト教的信仰という福音のなかにあって〔理性によって〕統合されることができないもの、信仰と知の和解できない対立を際立たせる。けれどもこの対決は、あるポスト形而上学的思考の基礎のうえで生起するのであり、この思考が近代性批判を、（ナチス体制に対するバルトとブルトマンの政治的態度も示しているように）反動的な反近代主義から守るのである。

他方で、実存哲学もまたキルケゴールの遺産を相続している。この哲学は、自己批判的に自己を意識した生き方がもつ歴史的様態（Modus）の特徴を、ただ形式的にのみ際立たせるある倫理へと向かう道を、キルケゴールに従って歩むのである(66)。カール・ヤスパースはそれ以上に、超越と世界内在との根本的緊張を、「実存解明」という世俗的視座から理性的に再構成しようと試みる。もっとも、ヤスパースがこのことに成功するのは、ただ、哲学的言明の妥当性要求を信仰の真理の地位に同化させてしまうという代価を払ってのみなのであるが。ヤスパースは、神と不死性の要請に合わせて調整されているカントの理性信仰の構想を、哲学全体にまで普遍化したうえで、「哲学的信仰」と〔科〕学の認識様態とを区別する境界線を引くのである。これによって、哲学的教説と宗教的伝承とのあいだに家族的類似性が成立する。両者は、信仰の諸力の競争のなかにあることになる。哲学はせいぜいのところ、この争いの性格を解明すべきではあるが、争いそれ自身を論拠によって調停することはできないというのである(67)。

（10）〔以上の〕影響史のおおざっぱなスケッチから、カントの宗教哲学の現代性について何を学ぶことができるであろうか。この問いは、今日、西洋において成立した近代の規範的内実が脅かされていることを視野において提出される。ヘーゲルは近代の獲得物を、「自己意識」「自己決定」「自己実現」という諸概念によって特徴づけた。自己意識は、流動化した諸伝統が持続的に修正されるという状態のなかで、反省性が増大したことの結果である。自己決定は、法と道徳において平等主義的で個人主義的な普遍主義が貫徹することの、そして自己実現は、高度に抽象的な自我アイデンティティの諸条件の下で個人化と自己制御へと強制されたことの結果である(68)。この近代の自己理解もまた、世俗化の、それゆえ政治権力をもった諸宗教の強制から解放されたことの結果なのである。けれども今日、そのような規範的意識は、外部から、原理主義的な反近代への反動的憧憬によって脅かされているのみではなく、逸脱しつつある近代化それ自身によって内からも脅かされている。市場、官僚制、社会的連帯という統合メカニズムのあいだでの分業は、均衡を失って、各自のそれぞれの成功にのみ方向づけられた行為主体相互の交渉を優遇する経済的命令に有利になるように狂わされている。それに加えて、これまでは「自然なもの」と見なされていた人間的人格の基層にまで深く介入してくる新しいテクノロジーに馴染むことによって、自分自身との関わりにおいて体験する主体であったものがあらためて自然主義的に自己を理解するように促されているのである(69)。

規範意識のぐらつきは、社会的病理への——そして失敗した生活（verfehltes Leben）一般への——感受性が消滅しつつあることのなかでも明白となる。ポスト形而上学的に醒めてしまった哲学は、この欠陥——すでにカントが感じ取っていた欠陥——を補償することができない。哲学はもはや、人に動機づけを与えるただひとつの世界像を他のものから区別して特別扱いすることができるような類いの諸理由を自由に使うことはできない。つまり、実存的期待を満たし、人生全体を拘束力をもって方向づけ、あるいは慰めをさえ与えてくれる一つの世界像を与えることはできないのである。われわれは、カントがその要請論で、実践理性が本気で許容できるより以上の実質を宗教からかすめとろうとしたのを見たのであった。

カントが理性信仰の様態ということで考えていたことは、むしろ、宗教的共同体、あるいは一般的に言って、強固なアイデンティティを刻印する伝承によって規定された文化的グループの成員の反省された自己理解により適合する。この信仰様態は、われわれが、それぞれ特有の、真正とみなされる生き方に対してとる命題的態度に等しいものである。われわれがある生き方を確信して生きるのは、その生き方の価値を納得したときである。しかしいまでは、等しく真正であるさまざまの生き方が存在し、この点からみると、真理という妥当性と確信とのあいだには、興味深いことに大きな裂け目が開いていることになる。われわれがそのような実存的自己理解を確信すればするほど、〔生き方の〕根底にある価値判断を、普遍化可能な道徳的信念と（ましてや理論的言明と）混同することは許されなくなる。何はともあれ、われわれは自分自身――そしてわれわれと同じ〔共同体やグループの〕成員――にとって実存的意義をもつような価値の方向づけに、普遍的に承認されるべきであるという要求を結びつけたりはしないのである。

カントに抗してわれわれはまず、神の国あるいは「倫理的共同体」という表象は、本来的に複数形で登場してくることを確認しなければならない。けれども、単数形で登場してくる理性道徳および人権と民主主義の憲法による法的制度化は、ある生活形式という濃密なコンテクストのなかに埋め込まれる必要があることを洞察したのは、ヘーゲルが初めてというわけではなく、すでに宗教哲学のカントもそうであった。ただし、それらが推進力を得るのは、互いに競合する究極目的がそこに書き込まれている〔いろいろな〕世界像と生き方という多様な諸コンテクストへ埋め込まれることによってである。それらのあいだには理性的に予期されるべきある意見の相違が存在するが、この相違は、それが無言の敵対へと導いたり暴力の温床となるべきではないならば、公共的な討議において言葉へともたらされなければならない。ここにおいて哲学は、翻訳者の役割を果たすことで道徳的、法的、政治的な一致を促進することができるが、それは、哲学が、信仰者、異教徒、不信仰者の実質的な生の企図の正当な多様さのなかで解明的（aufklärend）に振る舞うが、より多くを知る競争相手として登場することはない場合に限られる。解釈者（Interpret）としてのこの役割において、哲学は、確かに哲学とは異なる諸資源に由来するが、もし哲学が哲学的概念の労働によって公共的理性の光のもとに引き出さなかったならば殻に覆われたままになっている感受性、思想、動機を再生させることに貢献することとさえできるのである。

二つのこと、すなわち、境界線を引く理性の自己批判的な抑制に対しても、また、分権主義的（partikularistisch）で、特殊言語（Sondersprache）のなかに閉じ込められている意味論的な可能性《ポテンシャル》を公共的－討議的に我がものとする産婆術的な役割に対しても、カントの宗教哲学は基準を設定した。けれども、その影響史との連関において初めて、カントの宗教哲学は、現在のわれわれのポスト世俗化社会における信仰と知の布置連関に光を投げかけるものとなるのである。すでに言及した影響史における三つのライン――ヘーゲル－マルクス主義、文化的プロテスタンティズム、実存弁証法――によることで、この変化した布置連関のそれぞれ異なった様相を際立たせることができる。最後に、この点について短く触れておこう。

（11）ヘーゲルの系譜学的なまなざしは、偉大な諸世界宗教がもつ示唆に富んだイメージと濃密な語りを、概念の労働によって反省的に我がものとされることを待っているひとつの精神の歴史として究明した。このような〔ヘーゲル的な〕視角からすると、今日においても哲学が遭遇するのは、理解できない宗教的伝承や共同体生活の把握できない慣習的実践のなかにある次のようなものである。つまり、確かに公共的理性にとって本来的に疎遠なものというわけではないが、そのまま社会全体のコミュニケーションの循環のなかに受け入れられるには謎に満ちたままであるような洞察、直観、表現可能性、感受性、交際形式（Umgangsformen）である。これらの内実は、それを土台として新しい視点を開くような新しい概念を展開することに成功するならば、萎縮しつつある規範的意識を再生する力を獲得することができる。このようにして、当時、「実定性」「疎外」「物象化」といった根本概念――偶像禁止と堕罪〔といった宗教的観念〕に由来することが否定できない概念――が知覚を一般的に変えることになったのである。それらの概念は、資本主義的近代化の凱旋行列を新しい光のもとで照らし出し、社会的病理に対して鈍感になっていた感覚を鋭敏にした。そのような概念の批判的使用は、慣れ親しんだ諸関係から正常性というベールをはぎ取ることになったのである。

文明の崩壊の後では、たとえば、過去の不正〔を受けたもの〕との「追憶的連帯」（anamnetische Solidarität）というベンヤミンの概念――まぎれもなく、最後の審判への希望が失われた穴を埋める概念――は、道徳的義務づけの彼方にある集団的責任を思い起こさせるものである[70]。単なる理性の限界内で我がものとされた神の国への接近の理念は、単に未来だけに視線を向けさせるわけではない。この理念がわれわれのなかに一般的に呼び起こすものは、怠られている救助についての、また、近づきつつある災厄に立ち向かったり、あるいは腹立たしい状況を改善しようとする共同の努力が怠られていることについての集団的責任の意識である。確かに、幸運な瞬間においてのみ、協働が成功してこれらの期待にかなうことができる。けれども、もっとも近い隣人たち（Nächste）の集団的運命に対してばかりでなく、もっとも遠い人（Fernste）のそれに対しても存在する〔われわれの〕弱い責任は、ほとんどの場合可謬的な〔誤りを犯しやすい〕（fallible）われわれの力に対して過大な要求をするものであり、時には、みずからが可謬的であることを見そこなった頑ななあるいは狂信的な精神の持ち主に道を誤らせることがあるが、だからといってそれだけの理由で、その責任がわれわれの肩からおろされるわけではない。

カント、ヘーゲル、マルクスは、世俗的な意識に、宗教的遺産のとげを感じさせた。けれどもシュライエルマッハーとキルケゴールが初めて、哲学に、宗教を目線の高さを同じくする相手として認めるように要求した。彼等はキリスト教をギリシャ的形而上学との結びつきから解放し、ポスト形而上学的思考のカント的水準に立って、キリスト教を軽蔑する人びとのなかにいる教養人（Gebildete）や無関心な人間を相手として、キリスト教を弁護したり批判したりするのである。

シュライエルマッハーは、宗教が近代の複雑性に反抗せずにはいられない単なる過去のものではない理由を説明する。彼は、教会や宗教意識や神学が、〔近代の〕文化的・社会的な分化の枠組みのなかで、他のものと時を同じくして存在する精神形態、さらには機能的に専門化された精神形態としてさえ自己を主張できるのはいかにしてかを示す。シュライエルマッハーは、引き続き前進しつづける世俗化の環境のなかで宗教が存続し続けることに順応するポスト世俗化社会の意識にとってのペースメーカー（Schrittmacher）である。それと同時に彼は、いわば内側から宗教意識の近代化を行なうのであり、この近代化によって宗教意識は、ポスト慣習的法の規範的に不可欠の諸条件や、世界観的複数主義や、学問的に制度化された世界知〔世俗知〕と互いに了解しあうことができる。ただしシュライエルマッハーは、宗教と近代との和解を、みずからまだ哲学的手段によってもたらす限り、信仰のなかに知の諸要素を探し出そうとする哲学に譲歩しているのである。

キルケゴールが初めて、ポスト形而上学的思考を、信仰の架橋できない異質性と対決させるのであり、この信仰は、世界内にとどまるアプローチをとる哲学的思考の人間中心的視座を非妥協的に拒否する。この挑戦によってはじめて、哲学は、宗教的経験の領域との真に弁証法的な関係を獲得することになる。このような経験の核心が哲学的分析の世俗化する介入を逃れるのは、美的経験が合理化の介入に反抗するのと同様である。美、醜、崇高といった諸概念でもって哲学が遂行できるのは、確かに、反省的判断力の戯れを活気づける、あの言語なき感覚的刺激のまわりを注意深く旋回することと以上のことではない。感性の源泉は悟性から逃れ去る。外部から世界のなかへと侵入してくる「超越」についても事情は同様である。すなわち、この「超越」という概念によって哲学は、「最高善の促進」へと向かうユートピア的なエネルギーという底知れないもの（Abgründige）、いわれのあるもの（Abkünftige）の周りをまわるのだが、その源泉については、脱超越論的理性はもはやいかなる支配力も要求できない。討議によって理性があとづけることができるのは、内からの超越だけなのである[71]。

哲学に対して正統派として異議を申し立てる際に持ち出される啓示という源泉が、哲学にとっては認知的に受け入れがたい不当な要求であり続ける限りにおいてのみ、哲学は、理性的な仕方で宗教的遺産のなかに自己の活力を見いだす。神か人間かという「あれかこれか」のなかでどちらかに中心化したそれぞれのパースペクティヴは、相互に転換させることができない。信仰と知のあいだのこの境界が透過性をおび、宗教的動機が偽名を使って哲学に侵入してくるや否や、理性は支えを失って、狂信（Schwärmen）へと陥ってしまう。カントの理性の自己批判はただ単に理論理性と実践理性との関係を説明するだけではなく、理性の正当化された理論的および実践的使用を、一方で形而上学的な認識要求の熱狂（Überschwänglichkeit）から、他方で宗教的な信仰確信の超感性性から区別することによって、理性自身を限界づけるべきものであった。ポスト形而上学的（およびポストキリスト教的）思考の限界をめぐる［カントの］これらの諸規定は、もしわれわれが信仰と知の関係に関して、現在の哲学的風景のなかで方向を定めることを欲するならば、今日でも依然として基準として役立つことができる。

（12）〔現代の諸方向の〕おおざっぱな位置づけのための道案内として、私は、カントの線引き（Grenzziehung）以前の形而上学的伝統に還帰する諸思考方向（a）を、ポスト形而上学的思考の限界（Grenze）を守る諸アプローチ（b）、およびこの境界標識を、境界線を引く思考を「踏み越える」ことでふたたび消し去る諸アプローチ（c）から区別したい。

（a）もちろん、哲学がいまだその揺籃のときに、イデアへの上昇と物質の束縛からの精神の解放を唱えることによって、プラトンが哲学生来のものとした思弁的欲求は、静まってはいない。それゆえ、古典的伝統がもつ議論モデルを再生させること、あるいは——自己意識というカント以後の地盤において——弁証法的に我がものとすることは、少なくとも暗黙のうちには、魂の救済にとって重要な思想を救出することに役立つものとなっている。このモチーフはしばしば（レオ・シュトラウスの場合のように）近代性批判の衝動とそれに対応した政治的意図と結びついている。けれども、西洋の形而上学の伝統を再獲得しようとすることは、つねにギリシャの始原を目指すというわけではなく、しばしば（カール・シュミットの場合のように）中世の存在神論（Ontotheologie）を目指すものでもある。その場合には、近代が加えた傷痕が癒されるのは、（存在者全体の）宇宙的秩序を観想的に確信するという道、それゆえ観想的生（bios theoretikos）と極東の瞑想の実践とのあいだに類縁性を打ち立てる「救済の道（Heilweg）」を通ってなのではないという。その時むしろ問題となっているのは、かつて新トマス主義《ネオトミズム》において、また現在イスラムの哲学においてそうであるように、一神教の教説の根本的な言明を形而上学的に正当化することである。ある特定の読み方においては、神学的ヘーゲル主義や分析的存在論も、異なる手段を用いた古典的護教論の継続と理解することができる。

（b） カントは、形而上学の全体化しようとする認識要求との断絶を前提とした、信仰と知との差異化を企てた。ポスト形而上学的思考へのこの転回は、特定の存在論的概念装置や特定の説明構造を無価値にした。この転回は、哲学を近代科学と同じ目線の高さにしたのである[72]。この転回の後、もちろん哲学は宗教に対して異なった態度をとるようになる。

近代的護教論は、従来同様カトリックの宗教哲学にその中心があるのだが、古典的護教論とは、その思考手段においてだけでなくその議論の目標においても異なっている。この両者は確かに、神学のように真理であると仮定された信仰伝統「の名において」ではなく、信仰伝統「に関して」語り、そのときどきの同時代の哲学的アプローチ（今日では批判理論からヴィトゲンシュタインにまで及ぶ）を、それぞれ好みの宗教的教説の認知的構成部分を理性的に正当化するという目的で用いる[73]。しかし、近代的護教論はもはや古典的護教論と、世俗的な社会や文化の精神的基盤からの離反を共有してはいない。近代的護教論は、批判的であると同時に護教的な意図をもって、（近代的神学と共同して）信仰伝承の内部的な合理化を行なうが、それは、宗教的複数主義、諸科学による知の独占、民主的法治国家という近代的挑戦に対して、教義的に満足できる答えを見いだすという目標を持ってのことである。

この信仰内容の合理的再構成と対極をなすのが科学主義であって、この科学主義にとって宗教的確信はそれ自体としては（per se）非真実であり幻想でありあるいは無意味なものである。このような把握によれば、正当な知は、社会的に制度化された経験諸科学の、そのつどそのつどの受容された「水準（Stand）」に支えを求めることが可能なものでなければならない。宗教的確信の妥当性も、この基準にもとづいて、またこの基準に従ってのみ測られる。それゆえ、宗教的言語ゲームは、すでに文法的理由からして全体として認知的には重要でないものとして拒否されねばならないことになる。宗教の実践的評価は、――それは危険なものと評価されるかもしれず、そのときには、ある場合には治療的に処置され、ある場合には〔撲滅するための〕戦いの対象となるのだが、そのいずれにせよ――その原因、機能、結果についての経験的研究にのみ依存するのである。もっとも、科学主義が宗教的教説と真の競争関係に入るのは、科学主義が自然科学的な世界像を描き、日常意識を自己客観化するという要求をもって、行為し体験する人格に向けられた科学的に客観化する視線を生活世界のなかにまで延長した瞬間なのである。

最後に、手続きと思考手段に関わる単なる方法的意味だけでなく、実質的な（substantiell）意味で「ポスト形而上学的」と私が名づけるのは、信仰と知のあいだを厳密に区別し、その際（近代的護教論のように）ある特定の宗教の妥当性を想定するのでもなく、また、（科学主義のように）これらの伝承全体に可能な認知的内実を認めないというのでもない不可知論的なポジションである。このポジションについても私は、（ヘーゲルに追随して）信仰の実質を哲学的概念に止揚しようとする合理主義的アプローチと、（ヤスパースのように）宗教的伝承に対して批判的と同時に学ぶ用意のあるように振る舞う対話的アプローチとを区別したい(74)。

この区分は、哲学が、宗教において何が真であり何が真でないかをみずから決定できると信じる、ないしは思い上がっているか、それとも、宗教の妥当性に関する内部的問いは合理的護教論の諸論争に委ね、宗教的伝承から認知的な内実を救い出そうとすることにのみ興味を持つかを基準としている。この意味での「認知的」なものとしては、啓示の真理の〔論議に対する〕遮断効果から解き放たれて討議へと翻訳されうるようなあらゆる意味論的内実が挙げられる。この討議に属するのは、ただ「公共的な」理由、それゆえ特殊な信仰共同体をこえて納得されることができる理由だけである。二つの討議領域（Diskursuniversen）の方法的分離は、宗教の可能な認知的内実に対して哲学が開かれていることと両立可能である。「我がものとすること」は、干渉あるいは「敵対的合併〔乗っ取り〕」の意図なしに起こる。ところで、このように寛容であると同時に、宗教的教義学とのあいだに明確な一線を画することには、ポスト世俗化社会に生きることをはっきり自覚している世俗的市民の意識状態が反映している。このような態度において、カントに由来するポスト形而上学的自己理解は、――それが正当だろうとそうでなかろうと――ニーチェをたてに取る新異教主義（Neopaganismus）とは異なるものなのである。

（c）　哲学が宗教に対してとる立場は、ただ単に論争の的となる哲学の自己理解――哲学が、いまだに何ができ、もはや何ができないかに関する――を表現しているだけではない。哲学と宗教の関係についての解釈は、近代に対するどちらかと言えば拒否的な態度、あるいは批判的に〔ではあっても〕肯定する態度を明るみに出しもするのである。それで、〔前者の立場からはたとえば〕形而上学的遺産の再生する力は近代において感じられる欠陥を補償するはずだなどと言われる。これに対して、ポスト形而上学的思考は自然と歴史から全体を世界像として構成するというような具体的内容に関わることをやめるのであるが、それは、近代の分化に、たとえ批判的な意図をもってではあってもみずからコミットしている（einlässt）からである。カントの三つの「批判」が示すように、この思考は、科学と技術、法と道徳、芸術と批評というすでに分化した妥当性領域に自己を同調させているのである。一方における宗教に対する立場決定と他方における近代に対するそれとのあいだの、ほとんどの場合は暗黙のものにとどまっている連関が最終的に明示されることになるのは、ニーチェのポストモダン的遺産相続者たちの陣営のなかにおいてである。

主題として前面に出ているのは、宿命的なそして断罪された近代を、身振りにおいては未来指示的かつ革命的に克服しようという意図である。けれどもこのたびは、「別の始まり」へと還帰する道は、「枢軸時代」（ヤスパース）以前へと人を連れ戻すのである。自己に固執し伝統を忘却した近代において頂点に達するという堕落の歴史は、形而上学と宗教の始まりのときに、すなわちソクラテスとモーゼとともにすでに開始されていたのである。このような時代診断から、〔宗教と形而上学との〕差異を均してしまうような宗教の格づけが生じる――宗教は、形而上学自身がそうであるように、存在忘却の表現であるというのである。ようやく到来しつつある神話という根源の諸力（Ursprungsmächte）だけが、ロゴスによるずらし（Verstellungen）からの待ちこがれた回心をもたらすことを可能にする。「神々の逃避または到来」についての新異教的な思弁は、ロゴスの彼方のある場所から語りながら、説得力のある論拠の力を置き去りにして、「偉大なる隠れた個別者」の呪文のような自己演出に置き換えてしまうレトリックを頼りとしなければならないのである。

皮肉なことは、このために役立つのが周知の終末論的語彙のみであることである。そこで後期のハイデガーは、戦慄（Schrecken）、冒険（Wagnis）と跳躍（Sprung）、覚悟性（Entschlossenheit）と放下（Gelassenheit）、回想（Andenken）と脱自（Entrückung）、脱却（Entzug）と到来（Ankunft）、献身（Hingabe）と贈り物（Geschenk）、性起（Ereignis）と転回（Kehre）について語るのである。同時に彼は、この言語ゲームの由来を示す痕跡を消し去らなければならない。なぜなら、キリスト教の救済の福音は、その意味論を彼が放棄することのできないものであるが、それこそを彼は長い間、「すでに過ぎ去った教会の支配」の、無意義な存在神論的幕間狂言（Zwischenspiel）へと貶めてきたからである。[75] カントの宗教哲学が行なったような理性を実践的使用に制限することは、今日では、宗教的狂信（Schwärmerei）によりもむしろ、討議的思考の厳しさから免れようとして、救済宗教の語彙がもつ約束に満ちた含意（Konnotationen）を借用しつつ利用しようとする狂信的哲学にこそむしろ当てはまるものである。このこともまたわれわれはカントに学ぶことができる。すなわちカントの宗教哲学は、全体として「宗教的な哲学」への警告として理解できるのである。

第四部　寛容

第9章　宗教的寛容
文化的諸権利のペースメーカー

（1）「寛容（Toleranz）」という語は一六世紀に、つまり宗派分裂をきっかけに、初めてラテン語とフランス語から〔ドイツ語に〕転用された。成立事情からしてこの語ははじめ、別の宗教的信仰を黙認するという狭い意味で採用された[1]。一六、一七世紀を経て宗教的寛容は法的概念となった。諸政府は寛容令を公布したが、それは官吏や正統派信仰の住民に対し、ルター派、ユグノー、教皇党といった宗教的少数集団と関わる際に寛容に振る舞うよう定めている[2]。非正統派とその活動に対する政府当局の黙認としての法的措置によって、それまで抑圧され迫害されてきた宗派に属する人びとに対して寛容な振る舞いが要求された。

英語においては、振る舞いの性質または徳としての「寛容 tolerance」は、法的措置としての「寛容〔な措置〕toleration」とは、ドイツ語におけるよりも厳密に区別されている。ドイツ語では、「寛容（Toleranz）」という表現は両方の意味で、つまり寛容を保証する法秩序と交際における寛容な振る舞いという政治的徳の両方の意味で用いられている。モンテスキューは寛容な振る舞い（Tolerierung）と寛容〔法的黙認」（Toleranz）との連続した関係を強調している。「一国の法がいくつもの宗教を受け容れるや否や、その法はいろいろな宗教相互のあいだでも寛容を義務とせざるを得ない。［……］それゆえこの法がいろいろな宗教に対し、国家を不安定にさせないよう要請するだけでなくまた、いろいろな宗教が互いに平静に振る舞うよう要請するのは理に叶っている(3)」。

この概念はフランス革命時代に至るまで宗教上の受け取り手への関連のみならず、単なる黙認という行政上の意味も保持していた。とはいえ、宗教的寛容のための哲学的基礎づけは、すでにスピノザやロック以来、一方的に宣言された宗教上の黙認という政府当局の法的行為から自由に宗教上の諸事を営む権利への道を示している。この権利は、他者の信教の自由の相互的な承認に依拠しており、また他者の宗教上の慣習的実践の押し付けを免れるという消極的な権利も含意していた。ライナー・フォルストは、信教の自由を保証するお上の「許可概念」に対し、「尊敬概念」を対置する。後者の尊敬概念は、どのような宗教を人がそのつど信奉しているかにかかわらず、いかなる人にも人間として当然備わっている、基本的人権としての信教の自由に関するわれわれの理解と合致する(4)。

ピエール・ベールはたえず新しい例を考え出して、非寛容な論敵に対し、他者のパースペクティヴを取り入れ、またみずからの規範を敵対する者の規範としても考えてみるよう勧めている。「それゆえ、ムフティ［イスラムの法律学者］がキリスト教徒のところに宣教師たちを派遣したいという願望をたまたま抱いたと考えてみよう。ローマ教皇がインディアンにそうした宣教師を送ったのと同じことだ。そして宣教師が布教者としての任を果たすためにわれわれの街に潜入したところを捕まったとしよう。そのとき、われわれキリスト教徒には彼らを処罰する資格があるとは思えない。というのももしイスラム教のトルコ人宣教師たちが日本におけるキリスト教の宣教師たちと同じ答えをしていたと考えるならば、つまり宣教師たちはキリスト教徒に対して、まだ実現されていない真の宗教を伝え、彼らの隣人たちに安寧をもたらそうとひたむきに願ってやってきたと答えたならば、しかもこのトルコ人たちをわれわれが絞首刑にしたとするならば、日本人が同じような行為をしたときにそれに不満を言うのは、本来ならば笑うべきことではなかろうか」(5)。ベールはこの点ではカントの先行者として、パースペクティヴの相互的な受容を実地に行なっており、またわれわれが「人間行為の本性」を評価する際に拠りどころにしている「諸理念」の普遍化を強く求めているのである(6)。

寛容な交際のルールの双方向的な承認にもとづくならば、威張っているためにかえって感情を害するような親切としての寛容を周知のようにゲーテに拒否させたパラドクスなるものも解決することができる。このパラドクスは、どのような寛容な行ないも、受け容れるべき範囲を限定せねばならないこと、またそのことによって寛容そのものに限界を設けざるを得ないことから生じる。排除をともわぬ受け入れはない。さて、こうした限界設定が権威的に、したがって一方的に行なわれる限り、恣意的な排除という欠陥が寛容な振る舞いにつきまとう。すべての者に平等な自由という構想と当事者すべてが確信をともにする寛容できる範囲の確定があってはじめて、寛容から不寛容という棘を抜き去ることができる。みなが平等に尊敬に値するがゆえに、互いに寛容な態度をとろうと望むようになるための条件にみなが共同で一致すべきならば、当事者でありえる人はそのつどの他者のパースペクティヴを顧慮せねばならないのである。

相互性のこうした検証条件を満たすのが、さまざまな宗教共同体の自由な共存のための周知の条件である。第一に信仰の真理を押し付けるための政治的な強制手段の放棄、同じく自分たちの仲間に対してであっても良心に反する行為を強制することを排除する、結社の自由である。この種の規範は、宗派の境界を越えて相互主体的承認が与えられるときにのみ、他者の宗教的信念とその慣習的実践の遂行を拒絶するための、単に主観的にだけ理性的な理由を凌駕する客観的理由を提供できる。人権は信教の自由から生まれたとするイェリネックのテーゼは歴史的には認められないとしても、一方における信教の自由という基本権の普遍主義的な基礎づけと、他方における立憲国家の規範的基礎、つまり民主主義や人権とのあいだの考え方の連関はなお存在するのである。

すなわち市民たちは互いに要求された寛容の限界を合意のもとに個々に明確にしてゆくわけだが、それは彼らが協議の一つの様式に従って決定したときだけ、すなわち同時に当事者であり参加者である諸党派に対し、互いのパースペクティヴを受け入れ、かつ平等に利害を考慮するよう促す様式に従って決定をしたときだけ可能である。まさにこうした協議にもとづく意思形成にはしかし立憲国家の民主主義的手続きが寄与している。宗教的寛容は寛容なやり方で、すなわち民主主義的公共体（Gemeinwesen）の市民らが信教の自由を相互に認めあうというまさにこの条件のもとで保証され得る。こうして自己の信仰を自由に行なう権利、また他者の信仰によって煩わされないという消極的な自由の権利についての外見上のパラドクスは解決される。法の受け取り手を法の作り手に高めるという民主主義的立法者の視点からすれば、相互に寛容を命じる法的行為もまた、寛容な態度を自己の有徳な責務とする考えとは合体する。

にもかかわらず、限界を設定するあらゆる寛容に内在する不寛容のパラドクスは、信教の自由を基本権へと相互的に普遍化することによっても完全には解消されず、むしろ民主的立憲国家それ自体の心臓部において世俗的な外観の下に繰り返されるかのように見える。寛容を保証する憲法秩序は憲法の敵たちに対し予防的に保護されねばならない。遅くともワイマール共和国のナチス体制への「合法的な」移行後、「戦闘的な」ないしは「防衛的な」民主主義の自己主張の独特の弁証法が意識されてきている[7]。裁判所は宗教的自由の境界への個々の問いに関しては法や憲法をもとに返答できる。しかしもし自由を保証する憲法自体が自由の敵たちの抵抗に直面した場合は、政治的自由の限界が自己関係的形式で問われてくる。民主主義は民主主義の敵をどの程度まで寛容に扱ってもよいのか?

もしも民主主義国家がみずから民主主義を放棄すべきでないとすれば、民主主義国家は憲法の敵に対して、政治上の刑法を手段としてないし政党への禁止諸規定（基本法二一条二項）や基本権実現のための諸規定（基本法十八条、同九条二項）によって非寛容の態度をとらねばならない。憲法の敵の場合も、本来は宗教的な内容にもとづく国家への敵対者が再び現われる。――リベラルな国家に敵対する政治的なイデオロギーという現世的なかたちであろうと、近代的な生活形態そのものに敵対する原理主義のかたちであろうと、同じである。しかし誰が憲法の敵を定義するのか。立憲国家の機関以外にはない。立憲国家は死活にかかわる相手の敵意と同時に、みずからの原理への裏切りからも身を守らねばならない。つまり寛容境界の一方的な確定という政府当局のやり方へとみずから逆戻りするという、こうした状況につねにひそむ危険からも身を守らねばならない。宗教的寛容は、逆説的に自己に限界を与えるという課題を民主主義にゆだねるのにひきかえ、民主主義はみずからの法媒体によって憲法上の寛容のパラドクスを取り除かねばならない。

パターナリズムにもとづいて遂行された憲法防衛はこのパラドクスを先鋭化する。というのも「客観的価値秩序」へと対象化された法は、すでにコンラート・ヘッセが見ているように、「憲法とそれにもとづく国家の保全を、むしろうまく機能する取り締まりシステムや防御のシステム［……］という形で追求する傾向が強い」からである。見過ごされてはならないのは、「自由な民主主義の内容は自由を切り縮めることによっては保障されない」ことである。(8) 戦闘的民主主義がパターナリズムの危険を遠ざけうるのは、憲法規定のそのつどの正しい解釈をめぐる、結果がわからない民主主義的な論争において、自発的にみずから調整することのできる民主主義的手続きの自己関係性を、なお活発にしてゆくことによるのである。

この目的のためには市民的不服従の扱い方を取り上げてみることが一種のリトマス試験として有効である。当然のことながら憲法は憲法解釈をめぐる対立に際しての手続きをみずから確定している。しかしリベラルな憲法の寛容な精神は、（処罰の対象からはずされてはいない）「市民的不服従」に最高裁判所による正当化を与えることによって、憲法の規範的内容が実定的な形態として凝結してきた諸制度とその運用の総体をさらに越えてゆく。市民的権利の平等な実現を目指すプロジェクトを自認する民主主義的憲法は合法的な可能性をすべて試み尽くした後で、合法的に成立した決定に対し戦いを挑む体制批判者（Dissidenten）の抵抗に寛容である。ただしそこには留保条件がある。つまり「不服従」の市民は抵抗を憲法の基本条項によって納得のいくように正当化すること、また非暴力的な、したがって象徴的な手段を用いることである[9]。この二つの条件は、法治国家として組織された民主主義における政治的寛容の――民主主義的な考えを持った反対者も受け入れ可能な――限界を明確にする。法治国家として組織された民主主義はパターナリズムに陥らずに敵から自己を防衛する。

市民的不服従の承認によって民主主義国家は、憲法の次元で繰り返される寛容のパラドクスを処理する。民主主義国家は素性の知れない体制批判者たちへの寛容な対応と自己破壊的な対応とのあいだに次のようにして限界を定める。つまり結局は憲法の敵と判明するかもしれない体制批判者は、その外見に抗して真の憲法愛国主義者であることを――つまり動的に理解された憲法プロジェクトの盟友であることを――証明する機会を与えられるのである。憲法の寛容限界に関するこの自己反省的な限界設定はそれ自身さらに市民すべてを平等に包摂するという原理の表現とも考えられる。もしも異なった信仰を持つ者（Andersglaubigen）や異なった考えを持つ者（Andersdenkenden）への寛容が正しく制度化されるべきならば、この原理の普遍的な承認が前提されねばならない。

　世界観上の複数主義と宗教的寛容をめぐる闘争とは、民主的立憲国家が成立する際の推進力であっただけではない。それらはまた今日なお立憲国家を継続して発展させるためのきっかけとなっている。私が論じようとしているのはペースメーカーとしての宗教的寛容であり、それは、多文化主義の正しい理解と、民主主義的に組織された公共体内部における、多様な文化的な生活様式の平等な共存のためのペースメーカーという意味で考えているのだが（3）、その前に私は寛容という概念をより鮮明に解釈し、双方向的な寛容への要求によってどこに過剰な負荷がかかっているか、説明しておきたい（2）。

　（2）ライナー・フォルストが近代の寛容概念に関して、拒絶（Ablehnung）、受容（Akzeptanz）、却下（Zurückweisung）という観点から区別している三つの構成要素について、われわれはすでに文中で言及してきた[10]。寛容のルールは宗教対立から生じている。われわれの探究心を挑発するのは次の点である。もろもろの信念や慣習的実践の相互拒絶が主観的にはもっともな理由にもとづいているのに、意見の不一致を認知的に解決する理性的見通しは存在しない、という点である（a）。ある信仰を持つ者、別の信仰を持つ者、信仰を持たぬ者のあいだの継続的な意見の不一致はそれゆえ社会的領域から切り離されねばならない。それにより同じ公共団体の市民としての彼らの相互行為は妨げられずに継続しうる。その切り離しのためには当然、拒絶のためのもっともな理由を中立化はしないが凌駕する、党派的ではない理由の共通に受容された基盤が必要になる（b）。法的に拘束力のある規則が最終的に要請するのは、寛容に扱われるべきものと、もはや寛容に扱われ得ないものとのあいだの限界をさだめることである。受容と却下との理由は互いの鏡像となっている〔ほどよく似ている〕のだが、それらの理由が持つ非党派性は、すでに示したように、協議による意思形成という包括的な手続き、すなわち当事者のあいだに相互的な尊敬と互いのパースペクティヴの受け入れを要請する手続きによって保障される。これに対応するのが国家に要求される中立性の規定であり、これはこれでまた宗教的権利が文化的権利へと一般化されるための規範的根拠を提供する（c）。

（a）について。拒絶を構成する要素を特定するならば、寛容な態度を必要としまた可能とする状況がそもそもどのような場合に出現するか、という問いに対する答えが得られる。「寛容」が一般に他者ないし他国人との辛抱強い、寛大な交際の気質にまで拡大されるならば、この概念の用法はあまりにも厳密さを欠くと言えよう。むしろこの概念が意味しているのは、市民たちが、拒絶された信念を保持する別の市民と交際する場合の、法的には強制できない政治的な徳である。もしもわれわれが他者の信仰ないし思想を誤っていると考え、それに対応する行状を悪いとするときであっても、われわれは他者のなかにある仲間の同じ市民を尊敬すべきである。世界観上の葛藤によって政治的公共体として分裂に陥ろうとすることから、寛容は多元的社会を守るのである。

それゆえ寛容に振る舞えるのは、異なった信仰を持つ者を拒絶するに足る、主観的に確固とした理由を持つ者だけである。寛容は無関心ではない。というのもなじみのない信念やその慣習的実践に対する無反応、ましてや他者とその他者性の尊重に対する無反応は寛容の対象を奪うからである。だが寛容を要請する拒絶の理由はただ主観的に良いとされるだけでは十分ではない。拒絶の理由は正当であると公的に認められていなければならない。偏見は理由にはならない。寛容が問題になるのは、理性的に存続している不同意を、関係者達が拒絶の理由にできるときだけである。この意味ではあらゆる拒絶がすべて理性的であるとは言えない。人種主義者や排外主義者たちにわれわれはもっと寛容にと呼びかけたりはしない。彼らの偏見を克服するよう要求し対応する。他なる存在に対してはまずもって差別の回避が、したがって平等な尊重が誰に対しても必要である。他なる思想に対して寛容が必要とされるのとは別の事柄である。

そのことによって、寛容は差別を越えた所で初めてはじまりうるという興味深い結論が生じる。信教の自由の場合と同じように、少数派がまずもって抑圧されてきた理由となった偏見が除去されてはじめて、われわれは寛容を要請できるのである。反ユダヤ主義の例にあるように、異なった信仰を持つ者の拒絶は実際徹底した偏見と結びついている。それはユダヤ系市民の法的解放以後も強力に続いている。しかしレッシングの『ナータン』における啓蒙されたキリスト教徒、イスラム教徒、ユダヤ教徒にとっては、偏見がすべて克服されてはじめて、他者の信念とその慣習的実践を拒絶する「もっともな」理由を与える信仰上の相違が現われてくる。他方で有色人種、同性愛者、女性に対応した偏見の克服の後では、理由づけられ、普遍的に正当であると認められた拒絶につながり得るような、他者ないし「別種の人」という要素はもはや残らない。

理性的に存続している意見の不一致から説明される拒絶理由の資格認定と並行して、拒絶されてはいるが寛容に扱われている見解は、それ自身実践への内的な関係を示すべきである。たとえばそのようにして救済宗教は信者の個人的救済のための意味づけというかたちで直接に行為を指示する力を持つ。ところがまた形而上学に由来する世界観または政治的イデオロギーなども、成功なり失敗なりをともなう生活のために、実践的帰結を含む規範的内容の言葉で世界や歴史ないし社会を解釈する。そのような倫理的内容をともなう諸見解のみが行為を喚起することができ、また行為を抑制する寛容を要求する資格を得る。競合しあう科学理論に対してわれわれは批判的‐検証的に関わることはできるが、寛容に振る舞うことは意味をなさない[11]。

諸理論が対立する場合、科学研究の機能的特殊化は生活世界の諸行為間の葛藤を無力化するためすでに機能している。ところがこの諸行為間の葛藤は、宗教間の闘争にあっては——個人の生き方にとって信仰上の真理が直接重要性を帯びてくるために——突然姿を現わす。科学者たちがこの種の葛藤にまず巻き込まれるのは、研究実践について、研究の外部にある個人の倫理的自己了解に密接に関わる結果が（胚研究の場合のように）予測されたときである。付け加えるならば、その際判明するのは、科学的な情報を総合的に加工した結果として生じたものである自然主義が世界観的な本質のものであること、そして倫理的な行為に指針を与える知識の重要性という点からすれば、自然主義は宗教的な説明と同じ目の高さに立っていることである。

別の面からすると、主観的にはそれなりに納得できる理由から生じているが、合理的に動機づけられた一致への理性的な見通しを欠いており、互いに葛藤に陥っているようなもろもろの見解のみが寛容を必要とする。科学者たちは、確かに原則的には批判可能だが、説得力のある解決を通例は許すであろう問題に自分たちが従事していると、前提している。科学者たちはまだ発見されていない、われわれにとってなお将来にある真理を探求する。これに対し信仰する者は過去において啓示された修正不可能な真理、競合する信仰上の諸真理に対して善い理由にもとづいて弁護されうる真理の解釈者を自認している。この点からすると互いに民主主義的な手続きに従って影響力を得ようと努力する諸党派の政治的見解をめぐる論争は、神学者達の教義をめぐる論争よりも、科学者たちの理論上の論争に近い。必要な変更を加えるならば、民主主義的な手続きによる政治的な意見をめぐる論争も、合理的に受容できる解決に達することを目ざして、関係者たちが論争に決着をつけるように方法上規制されている。確かに政治的な論争では科学者間の論争の場合よりも、理性的に予測される不一致の地平が広くなっている。しかし継続的な意見の不一致を求めるとなれば、政治的なもろもろの信念を、背景をなす世界観的な信念のなかにより強く埋め込まれているからにすぎない。

「政治的寛容」に関してはそれゆえただある狭い意味においてしか問題にすることはできない。民主主義的な日常の政治の出来事においてではなく、むしろ包括的な政治的イデオロギー間の対立に関してのみ問題にできるのである。市民たちが解決可能だと考える政治上の諸問題について論争する限りは、市民的な振る舞いで十分である。すなわち寛容は礼節をわきまえた交際における政治的な徳と同一ではない。ジョン・ロールズがそのような「市民的であるための義務」(civility)として提案した次の定義は確かに寛容に近い。「この義務に属するのは、他者の意見に耳を傾けること、公平さを保つ心構えである。それらは他者の意見に対し理性的な譲歩をいつするのかが重要になった場合求められる」[12]。だが、異なった考えをする者に対する寛容は、共同で活動したり、妥協する用意のあることと混同されてはならない。辛抱強い真理の探究、公開性、互いの信頼、正義感の追求を経たうえで、対立する信念の次元における一致が理性的には求められず、可能でもないと諸党派が判断したときに初めて寛容が必要になるのである。

(b)について。もしも寛容の要求による負荷が正確にはどこにあるのかを知りたいならば、拒絶の理由を道徳的に凌駕する、理由の受容を解明せねばならない。二重の負荷が問題である。寛容である者は、一方で自分の生活態度(Ethos)をすべての人に等しく相応しいものと認められるという限界のなかでだけ実現することを許される。他方でまた彼は他者の生活態度をこの同じ限界のなかで尊敬せねばならない。拒絶された見解や競合する妥当性請求は受容されるべきではない。自分の真理性請求や確信はしかも、そのまま手付かずの状態である。負荷は信念の相対化から生じるのではなく、信念の実践的有効性を制限することから生じる。要求は自己の宗教によって定められた生活様式や自分の世界像に登録された生活態度が、すべての人に等しい権利が認められるという条件のもとでのみ、実践にうつされ得ることからくる。

この負荷は、リベラルな憲法を持った社会の道徳と法が、自分の生活態度の起源である宗教的な信念と一致させられねばならない限り、認知的な性質のものである。それが意味するものは、宗教的意識に対し遅くとも宗教改革以来要求されてきた、認知的な適応の成果のなかに示されている。

あらゆる宗教は、生活形式を全体として構造化するための権威を要求するという意味で、根本的に「世界像」ないしは、ジョン・ロールズが言ったように「包括的な教え」(comprehensive doctrine)である。この包括的な、共同体をも包み込んで生活を形づくるようにしたいという要求は、複数主義的な社会において信徒達の生活がより大きな政治的公共体の生活から区別されるや否や、断念されざるを得なかった。もろもろの偉大な宗教は、リベラルな国家の規範的な理由をそのときみずからもう一度自己の諸前提のもとへと取り入れねばならなかった。ヨーロッパにおけるユダヤ的‐キリスト教的伝統の場合のように、両者のあいだには系譜上の連関があったときですらそうであった。人権というモラルをさまざまな宗教的世界像のうちに「埋め込むこと」を表わすため、ジョン・ロールズはモジュールという説明図式を選んだが、その図式は世界観的にはもっぱら中立な諸理由の助けを得て構成されたとはいえ、そのつどの正統派の基礎づけの諸連関にうまく適合している[13]。機能的に考えれば宗教的寛容は、宥和せぬまま継続する意見の不一致によって社会が破壊の危機に至るのを阻止するはずである。しかし教区の成員と、社会の市民とのあいだの必要な役割の区別は、忠誠をめぐる葛藤がいつまでもくすぶり続けないために、宗教それ自身の立場から、説得的に基礎づけられねばならない。

宗教的共同体形成が、世俗的共同体形成に本当にはじめて調和するのは、内部の視点からもまた、照応するもろもろの規範や価値が単に別々に区別されたときではなく、むしろ一方が他方から一貫して生み出されたときである。二つの共同体の構成員資格の差異化が暫定的な妥協(Modus Vivendi)を超えでるべきだとすると、その変化は、宗教的エートスが認知的な処理をしないままに、課せられた世俗社会の法に適応することに尽きるということは許されない。その変化は、民主主義的憲法に書き記された社会道徳が教派的エートスから認知的に分離独立することを要求する。それは多くの場合——たとえば同性愛に対する教条的な有罪判決の場合のように——長い間聖なる書物の解釈の伝統を拠り所にしてきた考えや規則の改定を不可避とする。難しい事例の場合には規則を必要とした事実の法典化をめぐって「道徳的な」ないしは「倫理的な」問題として白熱の議論が戦わされる場合すらある。それゆえたとえば妊娠中絶問題においてカトリック教会にとっては、自分たちの観点からは道徳的で、自分たちの要求からすれば普遍妥当性のある判断にもとづいた見解が、みずからの宗教的な特別のエートスの一部として公的な裁判所の手によって書き加えられねばならなかったのである。

他者のエートスの尊重についてのこうした相補的な視点によってよりはっきりとしてくるのは、寛容にともなう事後負担が信仰を持つ者と信仰を持たない者とのあいだでは不平等に分配されていることである。民主主義と人権を道徳的に「自由な立場」から、ないしは自律的に基礎づける、形而上学的な荷物とはわずかしか関わりを持たない世俗的市民の意識にとっては、正義が——ないしは道徳的視点が——実体的な善に優越する。こうした前提のもとでは、そのつどさまざまな世界像が反映しているもろもろの生活様式の複数主義から、自分の倫理的な確信との認知的不協和は生じない。というのもいまやさまざまな生活様式においてさまざまな価値への志向が体現されているにすぎないからである。そしてさまざまな価値は、さまざまな真理のようには互いに排除しあわないで、別の諸価値と共存する。

倫理的判断には一人称への関係が——つまり個別の個人の生活史への関係やまたはある集団の生活形式への関係が——書き込まれて残り続ける。それゆえある人にとって彼のコンテクストでは善いものが、別の人の別のコンテクストにあっては悪いとなりうる。他者の生活形式とその構想の価値評価が正義の判断や事実言明と同じような普遍的な同意を要求しないとすれば、われわれはあらゆる生活様式に対して同じ価値評価をしなければならないということはなく、どの一人も平等に尊重することができる。それゆえ世俗的な意識にとっては、自分の倫理が自分自身にとって真正性と優位性を持つのと同様に、他者の倫理はその他者にとって同じ真正性を持つつし、同様の優位性を持つこと、これを承認するのに何の困難もない。これに対して自分の倫理的自己了解を、普遍妥当性を要求する信仰上の真理から得ている人は、右の帰結を引き出すことができない。

信仰を持つ者ないし大きな形而上学の荷物をしょいこんだ旅行者にとっては、正義に対して善が認知的に優越する。この前提の下ではエートスの妥当性は、コンテクストを形づくる世界像の真理に依存する。その結果〔他者の〕異った倫理的な生活への指示や競合する生活諸形式と、根拠となっているみずからの世界像の排他的な妥当性請求が結びつくことになる。正しい生活についての自分の考えが、宗教的な救済への道や善の形而上学的な構想にのっとって方向付けられるや否や、ひとつの神的なパースペクティヴが、（ないしは「どこからのものでもない視野」が）生じ、そのパースペクティヴから（ないし視野から）は、他者の生活様式は単に違っているものとしてだけでなく、間違ったものとして見えてくるのである。もしも他者の倫理が単に相対化可能な価値評価の問題ではなく、真理か非真理かという問題であるならば、その人の倫理的自己了解や生活の遂行にかかわりなくどの市民も同じように尊重すべきだという要請は不当な要求を意味する。諸価値の競合とは違って、それゆえ倫理的な真理の間の矛盾は寛容を必要とする。

信仰のある者と信仰のない者のあいだの負荷のこの非対称性は、宗教音痴の市民が別の種類の寛容の要求に直面しているように見えることによって、どうにか回復される。リベラルに組織された複数主義的社会の寛容理解は、理性的に意見の不一致の継続を覚悟しなければならないという洞察を、単に他の信仰を持つ者と交際する信仰者にのみ要求しているのではない。この同じ洞察はまた信仰者と交際する無信仰者にも要求されている。世俗的な意識にとってこのことはしかし、信仰と知との関係を自己批判的に規定せよという要請を意味する。というのも、理性的な世界知と宗教的伝統とのあいだの継続的な不一致の予想が「理性的」という述語に値するのは、宗教的な信念が世俗的な知の視点から、単に非合理的とばかりはいえない認識的な地位を獲得したときだけだからである。

しかし人間精神の自然主義化の進行は、どうすれば政治理論のこの命題とそもそも一致させられるのだろう。今日「信仰と知」というテーマは、これを一七世紀以来哲学が扱ってきたのだが、遺伝学と脳研究の進歩とともにふたたび衝撃力を得た。世俗国家はいずれにせよ寛容を非党派的に保証できるのだが、それは政治的公共性において世界観的な複数主義が相互的な尊重という基礎のうえで妨げられずに――内容を先取りした規制をせずに――展開されたときに限られている。そのことにはもっともな理由がある。というのも宗教的な言葉で世界観的な観点から係争中の事柄について披瀝された政治的な意見は、他の市民たちをそれまでなおざりにしてきた観点に気づかせることができ、そのようにして多数派形成に影響を与えるからである。たとえその場合、事柄そのものが、世界観的な見地からすると不満足な記述のまま決定されたとしても。

（c）について。こうして――拒絶の理由と受容の理由の後に――第三の概念的要素が登場する。非寛容な振る舞いに対する却下理由からは、国家が中立性の要求を考慮しているかどうか、立法と司法が寛容を正しい仕方で制度化しているかどうかが明らかになる。こうしてたとえばシーク教徒がイギリスとアメリカでターバンやドルヒェン（キルパーン）〔短刀〕の着用や携帯のために、一般に適用された安全規定に対する例外措置を何とか獲得することになった。これと関連したわが国における法的係争事例では、一方における多数派であるキリスト教文化の慣習的実践と法令、他方における宗教的少数派の要求とのあいだの、限界設定が重要である。後者は信教の自由の名のもとに対等な取り扱い（公法上の団体としての承認を裁判によって戦い取ったエホバの証人のように）、ないし例外規則（たとえばターバンや清浄な食事のための）ないしは国家の給付（公立学校での母語による教育のためなど）を要請している。こうした事例の場合、裁判所は誰が、いつ、どのエートスを甘受するべきか決定せねばならない。キリスト教徒の村人がムエジン〔イスラム教の礼拝の呼びかけを行う人〕の呼びかけを甘受するべきか。地元の動物愛護家が小牛の〔ユダヤ教の典礼にのっとった〕畜殺を、無宗派または別の宗派の生徒がイスラム教徒の女性教師のスカーフを、トルコ人の父が娘の体育の授業の男女共修を甘受するべきか[14]。

（3）　信教の自由は国家の中立性に試練を与える。しばしば国家の中立性は多数派文化の優位によって危機にさらされる。というのも多数派文化は何が複数主義的社会において普遍的に拘束力のある政治文化として妥当すべきかについて自分の基準のみに従って確定しようと、自分が歴史的に得てきた定義力を誤って用いるからである[15]。こうした解きほぐされぬままの融合は、本来は手続き的な憲法に対する理解の実体化を緩慢に進行させることができる。憲法基本条項の道徳的本質はすなわち手続きによって保障される。この手続きはみずからの正統性を生み出す力を非党派的であることと平等に利害を考慮することから得ており、この正統性を生み出す力は、形式への指示を解釈し実施する際に実体的人倫性の考えがひそかに取り入れられるときには、損なわれてしまう。その際中立性の命令は世俗主義の側からも宗教の側からも容易に犯されうるのである。

一方に対してはフラール事件が、他方に対してはカールスルーエのキリスト十字架像判決に対するバイエルン政府の反応が例となる。第一の事例ではフランスの学校管理当局がイスラム教徒の女子学生に対し伝統的なスカーフの着用を禁止している。第二の事例では、娘の教室にあるキリスト十字架像に反対する、人智学者の両親の訴えを連邦憲法裁判所が認めたことに対して、州政府が抵抗している。前者では積極的な、後者では消極的な信教の自由が議論になった。キリスト教十字架像判決に反対したカトリック側は、磔刑図という象徴を「西欧的価値」の表現であり、したがって全市民に共有されるよう主張できる文化の構成要素であるとして弁護した。これは局地的に優勢な宗教儀式を政治的‐文化的に過度に普遍化した古典的な事例である。なお一九八三年のバイエルンの小学校規定にはその表現が見られた。これに対しフランスではイスラム教徒の女子学生にスカーフの着用が世俗主義の理由から禁止される。すなわち宗教は公共空間の外へと閉め出されるべき私的な事柄とみなされねばならないという理由である。これは世俗主義的な憲法解釈の事例である。ここで問題にすべきは、フランスで優勢な共和主義的解釈の伝統があまりに「強力」すぎてしまい、宗教的少数派の自己表現や、公的承認の合法的要求に関して、国家に要請された中立性に違反していないかどうかである。

　これらの係争事例から明らかになるのは、宗教的寛容の拡大が、そこにわれわれはすでに民主主義の生成のためのペースメーカーを見ていたのだが、民主主義的な立憲国家の内部でさらに広範な文化的諸権利を導入するための、刺激となりモデルともなってきた理由である。宗教上の少数派を政治的公共団体に包含することは、差別されてきた集団の権利に対する感受性を呼び覚ましまた促進する。宗教的複数主義の承認はこうした手本となる機能を獲得しうる。と言うのも、複数主義の承認は典型的なやり方で少数派の持つ包摂への権利を意識させるからである。もちろん多文化主義についての論争は、宗教的少数派の冷遇よりむしろ争点としては国の祝日の確定や公用語（複数の場合も含む）規定、民族的ないし国家的な少数派のための母語による教育の要求、そしてまた女性、黒人や先住民に対する政治、職場、大学内でのクオータ制度などを巡って行なわれている。しかし市民すべての平等な包摂という観点からすると、宗教的差別問題は、文化的ないし言語的な、民族的ないし人種的な、性的ないし身体的なもろもろの差別の系列のなかにぴたりと収まるのである。

包摂というテーマは、国家公民の平等についての二つの視点のうちのひとつにあたる。確かに少数派の差別はたいてい社会的抑圧と結びついている。しかしこれら不平等な取り扱いの二つのカテゴリーは互いに区別したほうがよい。一方は分配の正義によって測られ、他方は制限されることのない成員資格によって測られる[16]。分配的正義の観点からすると、平等な取り扱いの原則が要求するのは、すべての市民それぞれが自分の生活計画を実現するために、〔形式的に〕平等に分配された権利と自由を実際上もまた使用する、平等な機会を持つことである。政治的な闘争や社会的運動は、階級構造に由来する地位の不平等に反対し、社会的な生活の機会の再分配を目標とするのだが、分配的正義の次元における不当性の経験から原動力を得ている。これに対し特定集団のアイデンティティに関する不可侵性の承認が問題である闘争にとっては、別な不当性の経験が基礎になっている。すなわち支配的な多数派文化の尺度からすると「少ない価値しかない」と見なされるような集団に属しているために起きた軽蔑や周縁への追放、排除などの経験が基礎になっている[17]。この観点からすると宗教的差別の克服は今日、新しい種類の文化的諸権利のためのペースメーカーとなる。

差別の禁止は、宗教や性差そして性的な指向または人種などの理由によるものであろうとともかく、社会的な生活の機会の不平等な配分を第一義に問題にしているわけではない。差別の禁止はまた多くの場合、不平等な状態から生じた結果に対する補償についてはまったく目標にできていない。つまり同性愛者や女性はすべての社会層にほぼ同じ比率で分布しているのである。特定の社会生活領域からの排除が、差別された者に対して拒否されたものを示している。すなわち制限されることなく社会に所属する資格である。構造的に強化された排除のメカニズムを把握することは難かしい。確かに差別は平等な権利という表面的な旗印のもとで、非公式の交際という目立たぬ領域へ、身振り言語のなかにまで引きこもったが、しかしなおこの差別の巧妙な形式は痛みを与えるのに十分である[18]。

文化的諸権利は、自由に宗教的な行事などを営む場合と同じく、市民が自分の人格的アイデンティティを形成し維持するために必要とみなす、ある共同体のコミュニケーションや伝統、慣習的実践への接近を、すべての市民に対して平等に保証するという目的に役立つ。そのためには、自分の生まれ育った集団(Herkunftsgruppen)を優遇しなければならないわけではない。自分のまわりにある選ばれた集団をちょうどうまく拠りどころにすることもできる。とはいえ、次のこともまたしばしば真実である。つまり、国家に関する、また言語や民族に関わる少数派に属する人々にとっては自分たちの言語や生活形式の望ましい復活のための手段や機会が重要となるのだが、それは宗教的少数派にとって結社の自由や宗教上の教義の伝承や秘儀の実行が重要になるのとちょうど同じなのである。それゆえ宗教共同体の平等な権利を目指す戦いは、政治理論においても司法においても拡張された「多文化主義的公民権」を構想するための論拠や刺激を提供している[19]。

宗教的信念とその慣習的実践は、あらゆる文化のなかで信者の倫理的自己了解を形成する程の影響を及ぼしている。言語や文化の伝統もまた——つねにまた集団的アイデンティティに編み込まれつつ——言語を話す者や文化に属する者の人格的なアイデンティティの形成や維持に対して、同じような重要な影響を及ぼす。こうした認識に立つならば、「法的人格」概念の定説の修正が強く求められざるを得ない。自然的人格の個人化は社会化の過程で遂行される。そのようにして社会化された諸個人は、自分のアイデンティティを相互的な承認関係の網のなかでのみ作り上げまた安定させることができる。そのことは法的人格の不可侵性の保護にとって、またこれまであまりにも抽象的に考えられてきた（そしてあまりにも所有的個人主義に偏りすぎていた）この概念自身の間主体主義的拡張にとってさまざまな帰結をもたらす。

個人の不可侵性の保護にとって根本的な諸権利が、個人の地位を法的人格として規定する。この諸権利はまた、経験やコミュニケーションや承認の連関への接近の保証にも拡張されねばならない。それらのなかで一人の人間がみずからの自己了解を分節化し、またアイデンティティを発展させ維持できるからである。そうであれば「承認の政治」という名のもとに要請されまた導入される文化的諸権利は、もともと集団的権利として考えられる必要はない。宗教的自由のモデルにならうならばむしろ、完全な包摂を保証する主体的諸権利が重要である。[20] 人格のアイデンティティの形成と保障にとって本質的である限りにおいて、それらの権利は、すべての市民に文化的環境や諸人格間の関係や伝統への平等な接近を保証する。

文化的諸権利はしかし単に「より多い差異」や自立性を意味するのではない。差別された諸集団は「対価を払わずには」文化的平等の権利を享受できない。彼らは包摂をみずから習得しない限り、同権化された包摂の道徳の受益者とはなりえない。そのことによって差別された老人や同性愛者や障害者の人びとが困難に陥ることはないだろう。なぜならこの場合には、集団を形づくり差別の尺度を与えるような特徴が、厄介な性質の伝統と結びついていないからである。これに対し「強固な」もろもろの共同体（国家内のないし民族的な少数派、移民や先住民の下位文化、伝来の奴隷文化のような）は、共通の伝統を体現しており、固有の集団的アイデンティティを形づくってきた。[21] これらの伝統も宗教の世界像と同じように互いに競合関係に入りうる「世界へのパースペクティヴ」を開示している。[22] 相互的寛容はそれゆえ「強固な」世俗共同体に対してもまた、みずからの内部倫理と、社会的政治的環境の人権に関わるモラルとの認知的接続を要求する。「歴史的非同時性」の場合には、世俗共同体にとってそれは宗教的共同体よりも困難でさえあるかもしれない。というのも宗教的共同体は、もろもろの世界宗教の高度に発達した概念的資源を利用することができるからである。

世界観についての複数主義を取る社会において宗教的意識に要求される反省の推進力は、多文化社会の心構えのためにふたたびモデルとなっている。というのも多文化主義は、誤解されていない限り、諸集団がまったく自分のアイデンティティにもとづいて文化的に自己主張するに至るような、一方通行の道は形成しないからである。さまざまな生活形式が同じ権利を持って共存することが分離に至ってしまってはならない。共存が求めるのは国家公民たちの統合であり――そして市民の下位文化における構成員資格の相互承認である――それらは共有された政治文化の枠内にある。社会市民達がみずからの文化的独自性を形成する権限を与えられるのは、全員が――下位文化の境界を越えて――自分たちを同じ政治的公共体の国家公民と見なすという条件を満たす場合だけである。文化的権利と権限を正当化するまさにその同じ憲法の規範的基礎にもとづいて、それらはまた限界も与えられるのだ。

第10章　文化的な平等な取り扱い――そしてポストモダン・リベラリズムの限界

I

まず第一にロックにまで立ち戻る古典的リベラリズムは、政治権力を飼いならしそれを優先する目的のために使おうとして、近代法という媒体とその構想とを用いる。つまり、リベラリズムの思考方法は、あらゆる政治に先立つ個々の社会市民（Gesellschaftsbüger）の自由を保護するという目的を中心としている。リベラルな憲法の核心部分には、各人の平等な主観的自由の保護がある。この核心部分はカントの「法の普遍的な原理」に対応しており、それによれば、「各人の選択意思（Willkür）の自由は、普遍的な法律に従うことによってすべての人の自由と共存しうる」。「人民（Volk）の支配」でさえも「法律の支配」の道具であり続ける。国家公民（Staatsbüger）の政治的自律は自己目的なのではなく、社会市民の平等な私的自律を保障するという課題によってその価値が決められるのである。

リベラリズムは、二つの強い規範的直観が洗練された仕方で相互に関連している点で優れている。つまり一方で、各人の平等な（gleich）主観的自由の理念は、各人に対する平等な尊重と配慮を要求する平等主義の（egalitär）普遍主義という道徳的基準を満たす。他方で、各人の平等な主観的自由の理念は、個人主義の倫理的（*ethisch*）基準を満たすのであり、それに従えば各人は自分の生を自分の選好（Präferenzen）と信念によって形づくる（か成り行きに任せるかする）権利を持たねばならない。すべての市民の平等性（Gleichheit）が法律の普遍性において表現される一方で、その法律から個々の事例において導き出される請求可能な権利は、各々の市民に彼らの生活様式のための明確に限定された余地を与える。したがって、倫理的個人主義は、近代法が道徳から借りた平等主義的普遍主義の本来の意味なのである。

倫理的な生活構想（Lebensentwürfe）と正義問題（Gerechtigkeitsfragen）を区別することは、ポスト形而上学的に武装解除した思考の要求に適っている。哲学が宗教的世界像と競争しようとする名誉欲を放棄して以来、哲学は、傲慢にも、成功した間違えたりしていない生に関する普遍的に規律を与えるモデルを、存在神学的に、あるいは宇宙論的に、基礎づけようとすることはなくなった。それでもなお哲学が普遍的な妥当性を要求するのは、ただ「万人の等しい利害関心」に関わるもの、すなわち万人に等しく良いもの、あるいは等しく我慢できるものに関する道徳的言明だけである。このような道徳理論は、模範的な生き方、まさに万人に対して基準を与える生き方についての実質的な表象をはっきりと打ち出すことを放棄する。この点で「形式的」となった道徳は、各人に平等な尊敬と配慮を与えることという理念だけに緊密に結びついている。実定的な、強制力のある、個人主義的に構成された近代法においても、この平等性の理念は繰り返し見ることができる。つまり、平等な取り扱い（Gleichbehandlung）の権利においても、（すべての身分的特徴から純化された）「人間の尊厳」の概念においても見ることができる。

このリベラルな平等性理念には、つねに繰り返し批判が加えられてきた。まず第一に、リベラリズムによって脇に押しやられていた共和主義（Republikanismus）は、「古代人の自由」が「近代人の自由」の祭壇犠牲にされてはならないという反論によって復活した。事実、古典的なリベラリズムは、平等な倫理的自由の意味を、道具主義的に誤解された主観的権利という所有的‐個人主義的解釈へと切り詰めるように思われた。そうすることによって古典的なリベラリズムは、近代社会の諸条件のもとでも救済されるに値する重要な規範的直観である連帯（Solidarität）を逸してしまった。連帯は、私的生活領域における構成員、友人、隣人だけでなく政治的公共体の構成員としての国家公民をも単なる法関係を越えて相互に結びつけるものであるが、そのような連帯を逸してしまったのである。リベラルな法秩序の核心は、私的所有者の商業的交流や私人の宗教的良心や告白へと調整されたもろもろの自由権にある。そこから倫理的自由の「エゴイスティックに」制限された解釈を読み取ることができ、この解釈の影響は若きマルクスのアメリカやフランスの人権宣言に対する論駁にも表われている。この論駁によれば、諸個人の自由は、功利主義的に理解された「幸福の追求（persuit of happiness）」の正当化に尽きるものではなく、したがって地上の財と天上の財という利害の私的追求の権限に尽きるものではない。

この欠落部分を埋め合わせようとして、共和主義に現代において立ち戻ることは、民主主義的な国家公民の役割と結びついた、間主体的に拡張されたもうひとつの自由理解を表舞台に登場させた。このルソーへと立ち戻る〔共和主義の〕伝統において、平等なコミュニケーション権と参加権とは、主観的な私的権利の発展に役立つだけではなくむしろ、国家公民によって共同に営まれ自己目的と見なされる実践を可能にする。共和主義的観点からすれば、民主主義的な自己立法は、法に媒介されているので抽象的ではあるがどんなに抽象的なものであれ連帯を作り出す。この連帯は、ある一人の市民に別の他の市民の権利を

（武器を持ってでも）保証させるものである。主権を持つ（souverän）国民の民主主義的意思形成は、公共体の政治的生活態度（Ethos）を再生産し刷新する。平等な権利は〔リベラリズムの場合と〕同様に倫理的自由を保障するが今度は、何よりもまず社会市民の主観的自由というわけではなく、連帯する国家公民の主権として把握される自由を保障する。この主権は二分され、内側に向かっては国家共同体の構成員の共同体主義的に（kommunitaristisch）把握された政治的自由に、外側に向かってはその存在を他の諸国民（Nationen）に向かって主張する国民（Nation）の集団主義的に（kollektivistisch）把握された自由になる。

ところがこの倫理的な共和主義は、国家公民的連帯というエレメントを持つことの代償に、平等主義的な普遍主義の制限を受け入れる。各々の市民は、政治的共同体のすべての構成員によって先取り的に共有された特殊な生活態度の境界内でのみ、平等の権利を享受するのである。国家公民であることと国民的文化とが融合することによって結果として、「一色に塗りつぶされた」、文化的差異に対して感受性を持たない、市民権の解釈が生じる。特定の倫理観が浸透した共通善を、平等な倫理的自由の実質的保証よりも政治的に優先することは、複数主義の社会のなかでは相違した生活様式の差別に至り、また国際的なレベルにおいては救いのない「諸文化の戦い」に至るのである。

これらの諸問題は、平等主義的な普遍主義の観点において国家公民的連帯を活性化する際の境界を取り払い「他者」同士のあいだの連帯へと先鋭化する構想枠組みのなかで初めて根本的に解決される。ちなみに民主主義的な国家公民の主権的な意思形成は、普遍主義的な憲法原理と「人間の」諸権利とに結びつくことによって、自分たちの実践の正統な法的制度化の必然的な前提から結論を導き出すだけである(1)。人民主権の共和主義的理念と、基本権のなかに明示されている法支配の理念との組み合わせは、連帯の歴史的に成長してきた諸形態を変形はするが破壊しはしない。このリベラリズムと共和主義とを媒介する第三の解釈に従うならば、国家公民は、彼らを国民として一体化する政治的生活態度を、政治的自由に慣れ親しんだ民衆の民主主義的意思形成の自発的な成果として理解する。これまでと同様に間主体的に共有される獲得された自由意識を持つ国民であるという誇りのなかに、個々の社会市民（Gesellschaftsbürger）の私的自律と、国家公民の共同に営まれる政治的自律との内的連関が積み重なって定着したという歴史的経験が、いつの日か表出しているだろう。

国家公民は、平等に保証される私的自律的な生活形成にもとづいて自立した判断と行為とをなしうるときにのみ、彼らの政治的諸権利を適切に行使しうる。他方で、社会市民は国家公民として彼らの政治的諸権利を適切に使用しうるときにのみ、つまりもっぱら自己利害的に使用するだけではなくみなの福祉を目指して使用しうるときにのみ、切り詰められていない私的自律を平等に享受しうる。法の受け取り手が同時に法の作り手としても理解されえなければならないという、ルソーによって導入されカントによって普遍主義に方向転換された理念は、民主主義的な公共体の一体化した市民たちに、恣意的な決定をしてもよいという特別許可を与えるわけではない。市民たちが決定すべき法とは、万人から意思されえたことからその正統性が引き出されるものだけである。人がその意思するものを法の枠のなかで思うがままになしうるという主観的自由は、私的自律の核心であるが国家公民的自律の核心ではない。民主的国家公民に要求されているのはむしろ、法的に保証された選択意思的自由の基礎のもとでの、理性的 - 連帯的意思形成というより高度な自律なのである。――たとえ、理性的 - 連帯的意思形成が法的に要求されえず、強く要請され（*angesonnen*）るだけであるとしても、である。連帯への法的義務とは、木製の鉄〔名辞矛盾〕であろう。

法的に制度化された形式において機能しうるためには、民主主義そのものが権利の体系（System der

Rechte）を前提しなければならない。この権利体系の民主主義的形態化は、平等に共有される主観的権利のために「支配する」べき自然法的に基礎づけられた普遍的法律の硬直した抽象性から、古典的リベラリズムを解放する。他方で、法治国家の平等主義的な（egalitär）普遍主義が市民の倫理的個人主義を可能にするという論理は、無傷のままである。もちろんこの論理は――政治的リベラリズムのラディカル・デモクラシー的な解釈に従うならば――もはや、法の匿名的な支配というかたちで客観的に、いわば市民の頭越しに貫かれるのではない。この論理は、市民自身によって内面化された論理として、彼らの政治的意思形成の民主主義的手続きのなかで具体化される。自然法的な硬直を脱した、各人の平等な自由の理念は、自己立法の過程のなかで反省的な形態を取る。この理念は、民主主義的過程への参加者たちに、パースペクティヴを相互に引き受け利害関心を共同で普遍化することによって諸権利を認めるように促す。その諸権利とは、自由で平等な法仲間の自由意思的で自己決定的なアソシエーションというプロジェクトが歴史的諸状況に照らしてその都度要求するものなのである。

　平等な（gleich）倫理的自由を平等主義的に（egalitär）可能とすることは、民主主義的過程を通じて生み出され実現され深められる国家公民的連帯によって、手続き的な（prozessual）形態を取る。このダイナミクスは、好都合な条件がそろえば累積的な学習過程を進行させ、改革を持続させうる。その際、市民社会（Zivilgesellschaft）のなかで根づく民主主義は、政治的公共圏において、不平等に扱われている者たち、抑圧された者たち、軽蔑されている者たちの多様な抗議のための共鳴板（Resonanzboden）[1]を手に入れる。社会的不正と差別の苦しみに対するこの抗議は、国家公民的な平等性の原理が持つ普遍主義的な内容を、平等な倫理的自由という硬貨の形でその都度少しずつ掬い取る自己修正のための棘になりうるのである。

　しかしながら、政治的リベラリズムのこの民主主義的な解釈に対しても、批判が途絶えることがない。

その際私は反論のなかで、社会科学的反論、社会理論的反論、理性批判的反論とを区別したい。概念分析を行う政治理論の断固とした規範主義――と隠された観念論――に対する、興奮を覚まさせる社会学的な留保は、有益な修正をもたらす。しかしながら、この留保は一般に、「規範理論が改良主義的意味で理解されるときにも、社会的複雑性によって挫折する」という原則的反論にまで強硬になることはない。複雑な社会も法や政治という媒体を通じてまだ自分自身に働きかけうるという前提を拒否しない限り、純粋な規範的考察は土台を奪われることはないのである。

ヘーゲルからマルクスを経てフーコーに至るまで、「当為の無力」に対する社会理論的なかたちの批判は先鋭化されてきた。この見方からすれば、規範的なプロジェクトはそれ自身が、「疎外された」または「権力化された」ものとして非難される生活形式の圧倒的な全体のなかに不可欠の構成要素としてなおも属しているので、対立する現実を鋭く否認するときにはすでにもはや挫折しているのである。しかしながら、このより深みに達する批判的な診断は、「抽象的普遍」の水平化すると同時に孤立化させる告発された力を、社会的構造の事実性へと還元するのであって、転倒した規範性という、概念のなす暴力へと還元するのではない。したがって画一化する均一化と個別化は、市場と行政権力という強引なメカニズムに由来するとされる。つまり、それらのメカニズムが、コミュニケーション的なあり方をする傷つきうる生活世界の中心に浸透するとき、物象化する力となる社会統合のメカニズムに由来するとされる。交換関係と官僚的規則とが、生活世界の私的・公的領域の、コミュニケーション的なあり方をするが病理的に歪曲されもする中心領域へと侵入した結果として、社会的連帯という資源の枯渇が描かれる限り、この批判はまだ、規範そのもののなかに概念的にある矛盾へと向けられてはいない。(2)

アドルノの著作は、彼が等価交換と組織権力という、社会統合の二つのシステム的なメカニズムを理性批判的に捉える限り、批判をいっそう先鋭化する第三段階への移行を示している。彼にとってはこれら二つは、連帯的関係という強制なく個人化する形式と矛盾する道具的合理性を表現するものである。デリダは、G・ルカーチに立ち戻るヴェーバーの合理化論の伝統のなかではまだ存在していた理性批判と社会理論との結びつきを解消し(3)、政治理論の根本概念の脱構築に自己限定した。彼にとってとりわけ重要であったのは、主権と分かちがたく結びついた法の概念の持つ内的な異質性(Heterogenität)であった(4)。しかしながらデリダは、アドルノのようになお、漠然としたメシア的な希望というパースペクティヴから正義の脱構築(Dekonstruktion)を行なった。躊躇しながら期待される「出来事(5)(Ereignis)」について切実に語ることを聞くといつでも、デリダが「リベラルな平等性についての現存する排外的で抑圧的な理解を、リベラルな平等性についての、いまだ現存していない拡張された支配から自由な理解というパースペクティヴにもとづいて批判する(6)」という解釈が思い浮かぶ。

デリダは今でも、ラディカル・デモクラシーの伝統が持つ約束を想起することに刺激を受けているように見える。彼にとってそうすることが源泉となって、すべての関係を貫く普遍的な連帯を控えめに期待し続けることになる。それに対してクリストフ・メンケは、正義の脱構築という仕事に、反ユートピア的転回を与える。その際彼は、リベラリズムについての興味深い独自のポストモダン的解釈を展開する。この解釈は、民主的手続きと政治的市民参加とが平等な倫理的自由のリベラルな根本理念の規定にとって本質的な役割を果たしていないという捉え方を、古典的なリベラリズムの見解と共有している。さらに、平等な自由の概念に自己矛盾を指摘する試みは、理性批判的である。どれほど反省された平等な取り扱いであろうとも、「平等性の実現は、個人の状況を正当に評価する(Gerechtwerden)態度から生じる義務と(つねに)対立しうるから(7)」、個々人の一人ひとりの関心事を正当に評価できないだろうと言われるのである。革命、恩寵、そしてイロニーは、平等に取り扱うことと、個人的なことに正当な評価をくだすこととのあいだにある解きがたい「矛盾的な関係」についての「主権的な関わり方の三形式」である。

このメンケの構想の反ユートピア的特徴が秘かに漏らされるのは、自由の限界を反省することに固執する静寂主義（Quietismus）においてである。確かに、平等な取り扱いは実行してみればその目的は達成できないが、この脱構築的洞察はわれわれにその失敗を意識させて、個人的なことを正当に評価する試みをそれだけなおいっそう不屈に継続させるはずである。[8] メンケの把握によれば、脱構築は、哲学に自身のなすことの隠れた矛盾した本性を明らかに示すことによって、有限性を意識する練習である。[9] この意識されていなかったものの概念的分析は、「為すことと言うことの間の……遂行的矛盾」を浮き彫りにするとされる。[10] そのためにはもちろん、哲学「なるもの」が自分の為すことをどのように理解するのかがわからなければならない。

メンケによれば、哲学は最初から、「どのようにしたらわれわれの実践は成功したと言えるのか」を認識することを目指しており、哲学はこの超越論的な認識をもう一度「善への洞察」として理解する。そうすることによって哲学は、善を促進することに実践的に貢献しようともする。[11] もし哲学がこのような形而上学的な自己理解を持たないならば、この解釈によれば脱構築にはじめて意味を与える落差が欠けることだろう。成功する実践を「可能とする条件」が同時に「その成功を不可能とする条件」であるという脱構築の証明は、全体をつかもうとする形而上学的思考の概念的宇宙のなかで引き続き展開されている。というのも、〔脱構築の〕形而上学批判が向かっていく本来の敵対者は、近代のポスト形而上学的自己理解であり、この自己理解は、自己意識的で責任を持って行為する主体の自律という前提から出発している。つまり「脱構築が向けられているのは、実践の成功を可能とするのが、われわれの能力（Können）であるという哲学的前提である」[12]。この解釈によれば、脱構築は、脱魔術化した近代の持つ思考前提の自明性を打ち破るという目標を設定するのである。

このような意図にとっては、カントの平等主義的な普遍主義やその自律の概念に立ち戻る道徳理論や正義論は特別な挑戦であるにちがいない。これが、クリストフ・メンケが『ドイツ哲学年誌』(*Deutsche Zeitschrift für Philosophie*) においてふたたび企てたジョン・ロールズとの対決[13]の背景である。その優れた分析は、その明確な議論展開によってだけではなくその対象によっても傑出している[14]。メンケは平等性の理念への批判を、政治的リベラリズムの例に即して、つまり政治的公共体の市民の法的に制度化された平等性の解釈という実例に即して行なう。彼は、普遍的な法の持つ暴力的な抽象性が当事者の個人的要求に与える苦しみを、法人格間関係の領域のなかで当てはまるものとしようとした。法と政治にこのように思考を集中することは、「もうひとつの(ander)」正義つまり「気遣う(fürsorgend)」正義を支持する論拠が法を越えた領域を指し示す限りでは重要である。そうすることによって、個人的出会いと、個人的生活史を連帯的に相互に織りなして生まれるコミュニケーション的連関とから導出された道徳的に義務づける要求は、法批判の、要求度は高いが不適切な基準へと昇格するのである。

確かに法は、その正統性を本質的にその道徳的内容に負っている。しかし、構成された法秩序は、見渡すことさえできない複雑な諸関係において骨の折れる道徳の認知的・動機的要求から市民を負担免除することを目的とすることによっても、社会化によって獲得された道徳的行為志向性を補完するのである。このことから、道徳的観点における「正義」または法的観点における「正義」が問題になっているときに注意を払うべき、道徳と法とのあいだの形式上の区別が説明される。法と道徳とが矛盾してはならないということは、法と道徳とが同じ目線の高さに立っていることを意味しない。両者の差異がとくに明確に示されるのは、「隣人」に対する積極的義務からわれわれに生じた要求においてである。まさにポストモダン倫理学は「アドルノの書かれざる道徳理論と同じように、人間の正義の要求は非同一的なものと適切に関わることによって初めて満たされるという考えの周りを」[15]めぐっているのである。

アクセル・ホネットはすでにこれらのアプローチを比較する際に、過度の普遍化に陥る危険に注意を払っていた。レヴィナスが現象学的にその核心に迫った「個体的な、代替不可能な個人に対する限りない気遣い（Fürsorge）」は、実存的に先鋭化された状況にある、直接人と接するフェース・トゥ・フェースの関係においてしばしば読み取ることができる。その状況とは、道徳的な根本衝動を明らかにすると同時にしばしば積極的な徳義務（Tugendpflichten）を基礎づけるが、法義務（Rechtspflichten）にとっては典型的ではないものである。確かに司法の機能も、「特殊事情」を考慮しながら個別事例を正当に評価するように諸法を適用することのうちにある。公正な司法について言えば、われわれは、犯行実行者たちの個人的生活史的パースペクティヴにもとづけばそれぞれが別の重要性を持っている事情に対する並外れた解釈学的な感覚さえも期待するにちがいない。それがなければ、唯一の「適切な」規範も見いだされないだろうし、また十分「柔軟に」適用もされえないだろう[16]。しかしながら法人格の個人的要求はある程度、法規範の述語によって予め決定されている。法人格の個人的要求は、法人格が相互に期待してよいものに基本的に制限される。つまり、最終的には強制されうる振る舞い、法の形式規定に合致する振る舞いへと制限されるのである。法規範は、それ自体が法規範によってはじめて作られるがゆえに抽象的である共同体の構成員として相互に承認し合っている行為者たちの、間人格的な関係を制御するのである[17]。

国家公民的な平等性の、自由を保障する原理をロールズの政治的リベラリズムの例に即して脱構築しようとするメンケの洞察力のある考察が私にとって興味深いのは、とりわけ彼が古典的形態におけるリベラルな平等性理念へと自己制服することによる。彼がないがしろにするのは先行的な利害関心の普遍化であり、それは民主的立法、つまり平等な主観的自由の法的諸規定の共通に審議され受け入れられる正当化によってなされるものである（Ⅱ）。確かに、この民主的立法の観点を考慮する解釈の諸前提のもとでも多文化主義的に基礎づけられる集団権（Gruppenrechte）のアンビヴァレントな影響を考察するならば、民主的立法に対する批判は除去されえない。差別された集団の自己防衛能力を強めるはずのそのような権利は、民主主義において典型的に実現されるにもかかわらず、平等性が抑圧へと弁証法的に転倒することを肯定するように見えるのである（Ⅲ）。最後に私は、自由と平等性との結びつきの概念的一貫性を、文化的な平等な取り扱いの例に即して歴史的な観点からもう一度検討したい。詳しく言うと、宗教的共同体が文化的・社会的な近代化の要求に認知的に適応するために支払わなければならなかった代償が、規範的に期待してよいことであったかどうかということに関して検討したい（Ⅳ）。

Ⅱ

メンケが示したいのは、万人にとっての平等な倫理的自由という理念が、リベラルなプログラムを徹底させる経過のなかで自己矛盾に陥るということである。彼は、後期ロールズの特殊な解決提案、つまり重なり合う合意（übergreifendes Konsens）というモジュール（Modul）の概念に関心を示していないにもかかわらず、[18]このような脱構築という目的に関してはロールズの理論が格好の標的となる。なぜなら、ロールズの理論は、世界観が複数あるという事実を考慮に入れて、「政治的な」正義概念、つまり世界観的に中立でありすべての市民にとって平等に受け入れ可能な正義概念を明白に示しているからである。リベラルな憲法はすべての市民に、自分の「善の構想」にもとづいて生を形づくる平等な自由を保証している。倫理的自由を平等に保証することそのものが「正しい（richtig）」生の一定の実質的な理解の表現でしかないことが示されるのならば、そのように支配的になったリベラルな世界観を共有していない市民たちは彼らの自発的な生活形態のなかで制限されているように感じるにちがいないだろう。平等な倫理的自由の原理が人間中心主義的な自己理解の枠組みにおいてのみ、すなわち一八世紀のフランス啓蒙への信仰というコンテクストにおいてのみ理解されうると仮定しよう。そうだとしたら、リベラルな国家において制度化された世界観的複数主義は、長期的な視点では、すべての宗教的教説を周辺に追いやることになってしまうだろう。

ロールズは、そのような倫理的リベラリズムを避けなければならない。すなわちそれ自身、平等な権限の名のもとに、対立する教義の支持者の平等な権利を制限するだろう倫理的リベラリズムである。メンケは、ロールズと問題の定式化においては一致するが、その解決においてはそうではない。メンケの解釈によれば、世界観的に中立な正義概念を基礎としてすべての市民たちに平等な倫理的自由を保証するもっとも反省的な試みですら、概念的根拠によって挫折せざるをえない。その解釈によってメンケは確かに、われわれに万人の平等な取り扱いという基礎において正義を探求するという絶え間のない試みを止めさせようとするのではない。そうではなくわれわれはもはや、自分で正義を作り出しうると不当にも主張すべきではないとされるのである。

万人に対する正義と個人的な善とのあいだの解き難いとメンケによって想定されたコンフリクトという悲劇的意識のなかでは、政治的平等性の実現は「希望と努力との対象」にとどまっているはずである――しかし明らかに、規範と現実とのあいだにいつでも落差が存在するというありふれた意味においてではなく、「成功を保証する営みが不可能であること」を承認するというより深い形而上学的な意味においてである。ロールズの理論に対しても「正義が差し迫ってくること（Im-Kommen-Sein）」、つまり「正義の主観的実施に対して正義の支配（*Walten*）が独立する」[19]という洞察が示されるはずである。ヘーゲル的に言えば、運命の因果性は抽象的正義に対して優位を持っている――もちろんもはや支配的で客観的な、さらには絶対的な理性の名においてではないが。

政治的正義の構想は、それに対応している憲法原理が正統な立法と法適用の手続きという形式を取る場合であっても、この構想にすべての規範的内容が欠けているという意味において中立的ではありえない[20]。ロールズは、正義に適った政治的秩序に対して、市民社会において流布した倫理的生活形式や世界観に対する、目標の中立性を要求する（1）。しかしもちろん、個々の諸規範や措置がさまざまな文化集団に対して持つ影響の中立性は要求しない[21]（2）。メンケはこの二つの観点のもとで、平等主義的‐普遍主義的な憲法秩序を可能とする条件がアポリア的に、その実現を不可能とする条件であることをはっきり示すことができると考えている。

（1）国家公民的平等性の構想という目標が本当に中立であるかどうかは、市民が完全にかつ平等に包摂されているかによって判定される。すべての市民は、政治的共同体に平等に、すなわち彼らの生活様式や世界理解や自己理解が差別されることなく迎え入れられることができねばならない。確かにこの目標は、（たとえば性差別的な教説、人種主義的な教説、原理主義的な教説のように）国家公民的な平等性の原理と相容れない教義から一線を画することを要求すると同時に、まだ（たとえば未成年の子どもや法的な意味で帰責能力のない患者のように）、あるいは場合によっては一時的に国家公民や法的行為能力のある私人の役割を果たせない諸個人に配慮して権利・義務の制限を要求する。いわゆる「リベラルでない」グループの原理主義的世界観と構成員に関して特別に一線を画するという問題は、後に扱うことにしたい(22)。

メンケは目標となる中立性が、平等主義的な（egalitär）前提に依拠する集団や教義に関しても達成不可能である、というテーゼを以下の論拠によって基礎づける。われわれはヨーロッパやアメリカの憲法史を振り返ってみれば、女性の排除、下層階級の排除、非白人の排除等という、平等な取り扱いの原則を明らかに侵害している露骨な例を知ることができる。「したがって平等性のすべてのリベラルな構想は、非ー平等主義的な正義概念や秩序概念と対立しているだけでなく、リベラルな平等性の理念の過去の諸規定を乗り越える試み、そして過去の諸規定と結びついた抑圧を克服する試みでもある」（901）〔本章原注14を参照。以降メンケからの引用についても同注参照〕。基本権が苦痛とともに選別的にしか実施されなかったという非整合性を回顧的に考察することをもとに、自分を修正し続ける学習過程の進歩を考えてもよさそうなものだが、もちろんメンケはそのように推論することはない。すべての市民を平等に包摂するという理念を実現する試みが過去においてはただ部分的にのみうまくいっているだけであり、その限り平等性の理念に矛盾してきたことを、メンケはむしろ国家公民的平等性という根本的な理念の持つ非整合性の帰結として説明する。つまり彼が言うには、平等な自由というリベラルな理念がそもそも中立的な仕方で「規定さ」れえないのは、後の世代もまた、過去の誤りを修正しようと自分で試みる際に、ふたたび間違っているのではないということを知りえないからである。

確かに後の世代は目標の中立性に向かってただ「努力する」ことができても、それを「保障する」ことはできない。しかも実践理性は、理論理性に比べてより深く誤りやすい(23)。われわれは、自分たちの行なう諸改革が未来の視点から回顧して、不完全で修正が必要なものであることが新たに明らかにされうるということを排除することはできない。しかし、それら諸改革は誤っているとされるだろうか、または誤っているに違いないのだろうか。われわれがある主張を行なうときに持つ可謬主義的意識とは、主張された言明に対して行なう真理要求をわれわれが何らかの仕方で相対化し未決定なままにしておくということを意味しているのではない。われわれの認識しようとする努力のいくつかが繰り返し挫折するという、第三者の観点から回顧して得られた見解は、必ずしも、われわれが参加者のパースペクティヴにもとづいてでもはやいかなる認識にも至ることができないと思いこませるものではない。

　しかしメンケの反論はこのことを拠り所にしている。平等性の理念の中立的な規定をめぐる先行世代の努力は繰り返し挫折したが、われわれは今日ここで、彼らと根本的に異なる認識論的段階にいるわけではないので、「われわれ自身の提案や決定もまた後に回顧的に考察されれば非‐中立的なものとして見えるし、批判されること」は拒絶しえない――メンケはこの箇所で「批判されうるかもしれない（*könnten*）」（902）と言っているのではない。過去の諸世代も、あらゆる点で間違っていたというわけではなかった。二〇〇年以上にわたる持続的な憲法の伝統というアメリカの実例が示しているように、後に続く者たちは、再建期[2]においても、二〇世紀のニュー・ディールや公民権運動の時代においても、建国の父や先行者たちの誤りを正し続けた。国家公民的な平等性の理念がその時々のもろもろの制度化すらも越えた先を指し示すので、他の歴史的状況の光に照らして正義に適っていないと見られた排除は克服されうる。理論的な領域においてもそうであるように、ここでも過去の見解の相対化は過去の獲得物の清算へ至るのではなく、その拡張へと至るのである。

　私にわからないのは、国家公民的な平等性の過去の解釈において今日われわれの目を引く際立った蒙昧や、そこから生じた排除や差別という行為を、理念そのもののなかにあると言われる概念的な「不可能性の条件」からどのように説明しうるのかということである。文法的な形式に従えば普遍的な命題である諸規範は、しかし意味論的なレヴェルでは、そこで用いられている――「人格」や「人間」のような――根本概念の特殊主義的な解釈に対して冒されやすいのは確かだけれども、そのような諸規範の選別的な解釈には経験的な説明が要求される。もちろんこの経験的な説明は、平等性規範を支配的な価値観に有利なようにあらかじめ解釈する背景的世界観についての意味論へと拡張されなければならない。

この方法は、トーマス・A・マッカーシーがカントの人間学における人種的先入観の分析で従ったものである。「実質的な世界観――宗教、宇宙論、形而上学、自然史等――は、文法的に普遍的な規範に対して、屈折媒体［……］の作用を持っている。普遍的な諸規範の定式化に用いられるキー概念の意味は、性、人種、エスニシティ、階級、身分、その他の形式の集団帰属性や付与されるアイデンティティの違いが見分けられるように特徴的に変化させられていたので、当該の言葉を理解する者たちは規範の意図された適用範囲の区別を感じ取ることができるほどであった」[24]。普遍主義的な原則の選別的な解釈は、「正義」と「善」との不完全な差異化をよく示している。しかし、われわれがこの観点からも幸運にも学ぶこともできるという歴史的経験は、万人に対して平等な倫理的自由を保証するというプロジェクトが本当は矛盾しているということを裏づけるものではない。

（2）　ロールズが中立性を要求するのは、平等性を保証している個々の諸規範の影響に対してではなく、彼の正義構想全体のためである。これらの諸規範は各々の受け取り手の倫理的自己理解と生活様式に、けっして平等な仕方で影響を及ぼすのではない。メンケはこのテーゼを、脱構築をすでに半ばまで迎え入れる譲歩として考察するように見える。しかしまず第一に、この留保が向けられている現象について述べよう。正義の、善に対する概念的な優位が意味するものは、万人の平等な利害を考慮することにおいて成立するある規範が、関係者たちに時と場合によっては普遍的な制限を課すのみならず、受け取り手の集団ごとに不平等な重荷をも課すということである。この不平等な重荷とは、ある集団に他の集団よりも彼らの生活形式を形づくりにくくし、ある人々が他の者たちよりも個人的な生活目標を追求することを困難にするものである。リベラルな人工妊娠中絶規則は、信仰深いカトリック教徒に、つまり宗教または世界観にもとづくプロライフ派支持者全般に、世俗的な（sakulär）市民よりも多くの重荷を課すのである。世俗的な市民は、プロチョイス派でない場合でさえ、母親の自己決定権が胎児の生存権に一定条件のもとで優先することが許されるという思想とより痛みなく共存していけるのである。

　メンケはもういちど彼の分析を、ほんらい反平等主義的であるのではないもろもろの生活形式や世界観が侵害されることに絞る。それゆえメンケは、影響の非－中立性を、「政治的リベラリズムの、きちんとした秩序を持つ社会ではもはや存立し得ない」だろうアイデンティティ諸集団に関係づけてはならないだろう。というのも、その際ロールズは、その存続がたとえば、構成員が「国家装置をコントロールし、現実に非寛容な振る舞いをなしうる[25]」という条件と結びついている「非リベラルな」諸集団を念頭においているからである。その一例は、今日イランにおいて支配的なムッラー〔3〕によるシーア派のコーラン解釈であるだろう。しかしそれは、「善の、原則的に反平等主義ではない構想」として判断されてはならないだろう。むしろ問題であるのは、諸規範が各人の当該の利害関心を平等に考慮するという観点のもとで正当化される場合でさえ、この諸規範そのものが差異的な負担を規範の受け取り手にしばしば要求することから、平等性の理念自身に内在するアポリアを発展させうるのか、ということである。

　メンケは、平等な取り扱いの理念のすべてのより詳細な規定は抽象的に普遍的なものであり、この抽象的に普遍的なものは一人ひとりの個体的な生に暴力を加えるに違いない、という直観に導かれている。ここでは、誤った〔論理の〕転轍を避けることが重要である。われわれはいつでも認知的に次のような選択肢を持っている。つまり、集団的目標と義務づけする規範に関して政治的意見－意思形成において協働する市民たちの参加者のパースペクティヴから事態を判断するのか、それとも、代替不可能の個体として自分の生活様式について熟考する一人称のパースペクティヴから判断するのか、の選択肢である。しかし認知的な観点においては存在するこれらのパースペクティヴ転換の可能性は、規範的な観点から見ればけっして対称的に対応していることを意味するものではない。正義のパースペクティヴと自分の生の価値づけのパースペクティヴとが同格ではないのは、不偏不党であることの道徳的に要求された優先が打ち消されてはならず、この優先が自分の生活目標の倫理的優先のために恣意的に転倒されてはならないという意味においてである。

　関係者たちは、間主体的に正当化された規範が彼らの生に及ぼす影響を、彼らの主観的なパースペクティヴにもとづいて確かに個人的にもう一度評価することができる。しかし参加者が事前に――正当化過程のなかで――どのみち行なわなければならないこの選択から、たとえば一歩一歩反省を行ないそれに対応するパースペクティヴを取ってみた結果として、倫理的な自己理解を規範的に最終決定とする判断が生じることはない。

　結局のところ、二つのパースペクティヴの共棲的な融合は、正義と個人的善[26]との幸福な一致を保証する「より高次である」と思い込んでいる正義の構想に道を開くとされる。「そうであるならば、リベラルな正義の優位は、諸制度にとっての――そして諸制度の参加者としてのわれわれにとっての――優位であるのみならず、諸個人としてのわれわれにとっての優位でもあろう。つまり、リベラルな正義の優位は、政治的にのみではなく倫理的にも妥当するものであろう[27]」。その際この密かに導入された基準の持つ矛盾した本性は、平等な倫理的自由という通貨のようなかたちで分配される各々の「政治的正義」が、この基準に照らして実施不可能なものとして現われる理由をも説明する。すなわち、政治的正義がたいていの生活史の諸コンテクストにおいては、他のその都度より重要な個人的価値志向性に対していかなる優位も持っていないことには、十分な根拠があるのである。

この考察の誤りは、容易に見つけることができる。つまり、正義と「善き生」という対抗する二つのパースペクティヴはけっして共棲せずに、正当な規範的根拠によって非対称的な仕方でお互いに交差するのである。一人称の視点から企てられた倫理的自己理解は結局は、個人的な生活目標を追求することが他者を道徳的に考慮するという限界を踏み越えないという留保のもとでのみうまくいきうる。[28] 他方で、国家公民たちが――民主的な共同立法者の役割において――相互的なパースペクティヴの引き受けという手続きに結合するのは、彼らの個人的な生活目標を実存的に不当な仕方で制限されたくはない関係者たちのパースペクティヴが正義のパースペクティヴにも受け入れられるようにするためにである。

ある規範は、このような民主的な正当化という基礎のもとで初めて、適切に（angemessen）適用されうる。規範がそれぞれ個別的な事例に「適切で」あるのは、その規範に照らしてコンフリクトのすべての重要な特性と、コンフリクトに参加する諸個人の特性とが「余すところなく」考慮されうる場合である。[29] 普遍的規範の意味論的性質のみを考慮に入れこの普遍的規範が事例の特殊性と個人的生活史のコンテクストを正当に評価しえないと主張する者は、民主主義的に正当化された諸規範の「普遍性」の語用論的意味を見落としている。この種の諸規範は、合理的でその意味において普遍的に受容可能であるという想定を基礎づける、協議と決定の手続きとにしたがって見いだされ、また失効させられる。民主的法治国家が「政治的平等性によって個体的善の制限が起こりうるという問題」を無視することは、実際にはないのである（905）。影響の非中立性が固有のテーマであるのは、裁判の適用討議において初めてではなくすでに、好戦的な公共圏の仮想のシナリオにおいても、民主的立法者の政治論争においてもである。

民主的手続きが決定の正統性を包括的な意見－意思形成の討議形式に依拠させるので、平等な権利を保証する諸規範は、〔人によって〕それら諸規範の差異ある重荷を知り考量するなかでのみ成立しうる。メンケは、平等性規範の影響の非中立性を「平等性をもたらすこと」の「意図されざる帰結」（903）であると明言する。このことは、この理論家が観察者的態度を固定化していることを密かに漏らす。つまり彼は、みずからを権利と法の作り手でもあると理解する国家公民の参加者のパースペクティヴを取ることを拒んでいる。古典的リベラリズムと同じようにポストモダン・リベラリズムもまた、平等な自由という指導理念から立法を消しさるとともに民主的な要素を後景に退かせ、私的自律と国家公民的自律との弁証法的連関をおろそかにするのである。

このようにして、平等性の「決定（Bestimmung）」の過程は、観察する哲学者の頭のなかだけで生じる。参加する市民たちによるコミュニケーション実践の場所が欠けているのである。しかしこの場所においてのみ、普遍的な規範として平等な適用に至るべきものの決定の過程は、民主的意見－意思形成の形態において「自己決定」として行なわれる。関係者が彼ら自身の自己理解と世界理解の視点にもとづくと同時に相互的パースペクティヴの引き受けの条件のもとで正義と善との差異化に参加した後には、予想される除外や制限を討議的に考察した後に普遍的な同意を見いだした普遍的諸規範は、もはや彼らに、疎遠な、彼らの個体的生を歪める暴力として対立することはない。――とりわけ、諸規範の、平等性を保証する普遍性を理由として対立することはない。

民主的手続きが本来の目的に到達するためには、平等性理念の脱構築は必要ではない。政治的討議は、万人にとって平等な善に視線を向けていることによって、「諸個人が彼らの生のなかで重要で善きものに関して下す」（898）倫理的判断に当然関係し続けている。しかし参加者たちは、ある規範、たとえば以下のリベラルな妊娠中絶規則を受け入れうる。彼らにこの規則による負担がこの規範によって除かれる差別の負担と対比して許容されるように見えるとき、彼らはこの規則の影響に関してその個人的な視点にもとづいて他の市民よりも重い負担を負わねばならないけれども、それにもかかわらず正義に適ったものとして受け入れるのである。この規範が、その帰結を担わなければならない者たち全体の影響の非中立性を知り考量しながら民主的な道において正統化されねばならないので、規範的な根拠にしたがって受け入れられる非対称的な制限も、規範そのものと同様に国家公民的平等性の原理の表現なのであり――たとえば「内的な異質性（Heterogenität）」の印などではないのである。

「目標の中立性」を顧慮して企てられねばならない限界づけも（1）、実質的に平等に共有される権利の「影響の非中立性」も（2）、国家公民の平等性の理念そのものに内在しているかのように言われている「平等性の限界」に対する根拠を与えはしない。「平等性のあらゆる秩序が排除の作用と境界づけの影響によってもたらす個々人の」避けがたい「苦しみ」（906）は、概念分析の手段によっては示されえない。平等な諸権利についての、差異に対する感受性のある平等主義的な普遍主義だけが、代理されえないと同時に生活史的に置き換えられえない諸個人の持っている傷つきやすい不可侵性（Integrität）を平等に保証せよという個人主義的な要求を満足させうるのである。

Ⅲ

確かにこの言明は、脱構築が向かっていく概念的関係だけに関わっており、権力によって歪曲された事実的な関係に関わるのではない。もちろんリベラルな「平等性の秩序」は、いままで社会的不平等というはなはだしい不正を覆い隠してきた。われわれの都市のスラム街や荒廃した一帯においては、追放された者や「余計者（Überflüssigen）」が住んでいるのであり、彼らにとっては平等な権利が「平等な価値」を持っているのではない。彼らが平等性の見せかけのなかで苦しんでいるのは、安全のないことと失業から来る惨めさ、貧困と必需品にもこと欠くという屈辱、社会の外れで生活するという隔離、必要とされていないという傷ついた感情、重くのしかかってくる状況を自分の力で変化させるためには必要であろうあらゆる手段がないことと、そしてそのような手段を獲得しようとすることが拒絶されていることによる絶望である。しかし、このようなもろもろの事実のなかで、平等性の理念そのものの規範性のなかで密かに成長したパラドクスが現われて来たということにはならない。むしろ、これらの生活環境が掲げる規範的要求と、生活環境が実際にもたらす道徳的に腹立たしい光景との矛盾に気づくことが、認知的な不協和（Dissonanzen）を生み出すのである。

初期社会主義者から今日の反グローバル主義者に至るまで、実質的に理解された権利平等性への規範的要求を否定するもろもろの事実に対しての政治的抗議は燃えさかっている。そのことから、平等な倫理的自由を保証することが、その平等に共有されている権利を実際にも使用しうる機会をも含まねばならないという、社会国家的な約束は生じて来ている。社会的に恵まれていない生活環境にある市民たちは、自分の選好や価値志向にしたがって権利を利用するための機会や資源が彼らに欠けている場合には、そのための埋め合わせる補正措置を求める権利を持っている。

事実性と妥当性とのあいだの矛盾に対する眼差しが当然、社会の自己変形の政治的駆動力となりうるのは、認知的不協和が、武装解除する存在論化によって、すなわち矛盾を規範性そのものへと投影する脱構築によってその棘を失っていない限りのことである。しかしながら、差別される諸集団（Gruppen）の構成員たちにとって文化権を貫徹することが、社会権の導入のように、国家公民の平等性の原理に統制される法の展開にしたがって生じるのか、を吟味しなければならない（1）。文化権の正当化から、集団の権利と個人の権利とのあいだの気がかりな競合が説明される（2）。この競合は、平等権が抑圧へと弁証法的に転化するというパラドクスの見せかけも呼び起こすのである[30]（3）。

（1）　西洋諸国の最近の判決において、普遍的法律を不適切なほど非対称的な影響を生まないために修正する例が数多く見受けられる。たとえばシーク教徒は、オートバイに乗るときにターバンを巻いたり、公共の場で儀式用の短刀を身につけることが許されている。イスラム教徒の女性や学校の女生徒たちは、労働現場や学校で「スカーフ」をつけることが許されている。ユダヤ教徒の肉屋は、家畜や家禽を戒律に従った方法で屠殺することが許されている、等である。その際、（交通安全や動物愛護などの）普遍的な法律からの例外となることが問題となっているように見える。しかし、これらの決定を例外規則として解釈すると、平等性理念の弁証法という誤解を招きやすい考えが現われてくることになる。実際のところ、これらの事例における判決は、シーク教徒、イスラム教徒、ユダヤ教徒が、多数派のキリスト教徒の住民と同じ宗教的自由を享受する、という事情から結論を引き出しているにすぎない。問題となっているのは、「普遍的なものの特殊なものへの転化」という神秘ではなく、単なる法律や安全規則に対して基本権が優先するというありふれた事例なのである。エホバの証人教会を平等に扱うというカールスルーエの決定の事例におけるように（エホバの証人教会は、公的権利を持つ組織として承認されることによって、教会と平等の特権を享受するに至っている）、ここでもまた、権利の実質化という普通の道において文化的に平等な取り扱いを徹底することが問題なのである。

憲法の組織条項における諸規則（地域団体への自治権の委譲、文化的少数派への特別代表権の供与）、差別される集団の保護と育成のための多文化主義的政策（教育システム・労働市場・政治における人数枠制（クウォータ制）、言語プログラムと学校カリキュラムのための助成金、公用語・公的祝日・国家シンボルについての規則）は、強い独自のアイデンティティを持った集団が排除されることに対する予防措置である。そのような排除のもろもろの動向は、――とりわけチャールズ・W・ミルズの印象深い研究が示しているように[31]――形式的な平等権のもとでも密かに進行している。毎日の交流の日常形式とコミュニケーション・パターンとにおける目立たない排除のメカニズムは、ボディランゲージの意味内容に至るまで作用している。確かに「承認の政治」は、せいぜい順応した振る舞いをもたらしはするがけっしてメンタリティを変えはしない法媒体の構造的限界に突き当たる。しかし、法のようなコントロール媒体の影響の事実的な限界を、法内容の平等性という〔メンケに言わせると〕矛盾に満ちた理念の概念的制限と見誤ってはならない。

政治文化は、それが――さまざまなアイデンティティ集団の構成員のあいだにおいても――相互承認の対称的関係という特徴を持っている程度に応じて、リベラルと呼ばれる。サブカルチャーの境界を越えて広がっていくこの承認関係は、政治と法という手段によってはただ間接的にのみ促進されうるだけであり、直接に作り出されはしない。文化権と承認の政治とは、差別される少数派の自己主張する能力と、また公共圏において彼らの可視性とを増大させることはできるが、制裁という脅しによって社会的な価値目録（Wertregister）[4]を変えることはできない。多文化主義（Multikulturalismus）の目標――平等な構成員同士の相互承認――は間人格的な関係の変更を要求しており、この変更はコミュニケーション的行為と討議とによって作り出され、結局のところ民主的公共圏におけるアイデンティティ・ポリティクスについての論争によってのみ定着するのである。[32] ただし、これらの過程も、国家公民の政治的参加権とコミュニケーション権とによって構成される空間において進められる。したがって、メンケが正当にも人に説き勧める「差異の承認」を目指した「自己反省」は、――平等性が脱構築された後の廃墟の上で――法の足枷から解放されて徳の領域に歩み入るかのようなまったく異なる政治を必要としているのではないのである。[33]

「多文化主義」に関する議論は、国家公民的平等性の概念のなかでより注意深く差異化されねばならない。差別や軽蔑、社会の公共アリーナに参加していないことや自尊心を集団的に欠いていることは、政治的共同体の構成員という十分な地位が与えられていない市民の不完全で不平等な包摂（Inklusion）を指し示す指標である。国家公民的平等性の原理が、社会的正義の領域においてではなく、構成員資格の領域において侵害されているのである。地位の秩序の開放が階層化した社会における市民の間の垂直的関係に関わるのに対して、包含（Einbeziehung）の度合いは政治的共同体の構成員の間の水平的関係に関わっている。

社会階層は、社会的富の分配パターンに依存して形成される。市民はそれぞれの地位に従って、自分の選好と価値志向性とに従って形づくられた生のために、より多くまたはより少なく資源やさまざまな機会を自在に用いることができる。平等の資格を持った国家公民のあいだでは、いかなる地位秩序も、社会的不平等がどの程度正統に許容されるかという問いを投げかけている。（分配的正義という社会的に受け入れられている原則に従って）[34] 経済的搾取や社会的抑圧と見なされるものが何であれ、（自己決定的な生のために要求される手段の）剥奪と言われるものが何であれ、国家公民の平等性の原理を不完全な包摂とは違った仕方で侵害している。不平等は構成員の包摂の領域にあるのではなく、分配的正義の領域にあるのである。

ナンシー・フレイザーは、国家公民的不平等における二つの（経験的にはほとんどいつも結びついている）領域を分析的に分離することの重要性を認識し、それに対応する「再分配の政治」と「承認の政治」との区別を企てる。[35] この区別に照らせば、文化権を拡張された社会国家モデルに組み込んでしまうと、なぜ文化権の意味が損なわれるのか、が明らかになるだろう。[36] 社会権とは異なって文化権は、すべての市民の平等な包摂を可能とすることを配慮して正当化されねばならない。確かにこの考察では、経済市民と共同体構成員という二重の役割に合わせて調整された古典的な法人格の概念の拡張に至らざるを得ない。しかしこう変更することで同時に、個人的権利と状況によっては対立するに至るアンビヴァレントな集団権（Gruppenrechte）がもたらされるように見える。

（2）　文化権の標準的な正当化は、万人に対する平等な倫理的自由の保証から出発する。[37] 平等な倫理的自由は、選好に導かれた決定に対して十分に明確な選択の余地を開く主観的権利の形式を持っている。権利のある者が、倫理的にどのような生き方をするかという目的を決定する自由を享受しうるのは、その者が、行為目標を探求し目的を立てる際に多様な価値志向性を自在に使える十分に広いスペクトル〔活動範囲〕を手にしているときだけである。その者が平等な倫理的自由を事実上享受できるのはただ、彼が選好を選択する際に、内面化された文化的諸価値の方向づけする力に依拠できる場合だけである。したがって、平等な倫理的自由の使用価値は、必要な価値が作り出される文化的資源、すなわち獲得し再生産し刷新されうる文化的資源に接しうることが保証されているかどうかにかかっているのである。

文化権のこの道具的な正当化は、文化権の本来の意味を言い当てていない。文化的に形どられた選好に従って所与の選択肢から選ぶという、目的合理的に行為する個人の概念は、文化の、個々の生活様式に対する内在的な意義を解明するには、あまり役に立たない。新生児たちは有機体として未完成のまま生まれてくるので、他の人びととの養育に長期間はなはだしく依存している。新生児たちは、文化的共同体の社会的構成員としてのみ個人へと成長できる。社会化の道において、つまり意味と実践との間主体的に共有される空間のなかで成長する道においてのみ、個人は同時に、代替できない個体へと形成されうる。人間精神のこの文化的なあり方が、諸個人が間人格的関係やもろもろのコミュニケーションに、つまり相互承認のネットワークや伝統に持続的に依拠しなければならないことを基礎づける。このことが、なぜ諸個人がこの種の緊密なコンテクストにおいてのみ、自分の自己理解、アイデンティティ、そして自分の人生設計を展開し修正し維持しうるかの理由を説明するのである。

しかし平等な倫理的自由を保証することを、個人的アイデンティティの形成、再生産、継続的発展という間主体的に理解される過程へと関係づけるのであれば、それに応じて主観的諸権利の担い手としての法人格の概念を拡張しなければならない[38]。こうした背景から、文化権は、人間の尊厳が不可侵であるという原理（ドイツ基本法第一条）から直接導出した方が良いだろう。つまり、すべての市民が要求する、人格の不可侵性の平等な保護は、個人的なアイデンティティの発展・再生産・刷新に必要であったり望まれたりするコミュニケーション諸パターン、社会諸関係、伝統と承認諸関係に平等に接しうることの保証を含んでいるのである[39]。

文化権のこの役割から、なぜ文化権が軽蔑された宗教的、言語的、エスニック的、人種的少数派の構成員の（また抑圧され周縁化された女性、子ども、老人なども）不完全な包摂に反対しうるのかの理由が説明される。アイデンティティ集団がその文化的背景、社会的ネットワーク、コミュニケーション網に自由に接しうることを保証するという目標は、集団的権利の導入を理解させもする。そのような権利は、危険に晒された文化の自己防衛を保証している組織を強化する。集団権は文化的集団に、その構成員が個人的アイデンティティを形成し安定化させるために利用する資源を獲得し調達する権限を与える。

文化的な自己防衛権（Selbstbehauptungsrechte）は、アイデンティティ集団の代表者たちに、拡張された組織権限と自治権とを許容する。この自己防衛権は、平等性の個人主義的に構成された秩序のなかでは異物として扱われるタイプのコンフリクトを引き起こすので、この権利はわれわれのコンテクストにおいて特別に興味深い。典型的な権利のコンフリクトは、（ある者が他の者の権利を侵害するという）個々の法人格のあいだか、（国家権力が適法性を越えて干渉するときに）個々の市民と国家権力とのあいだで生じる。集団権の導入とともに、以下の別種のコンフリクトも生じる。すなわち、（a）さまざまなアイデンティティ諸集団がその権利または特権を衝突させる場合がある。あるいは多文化主義的要求の通常の場合に見られるように、（b）ある集団が他の諸集団の地位との関係で平等な取り扱いを要求する場合がある。さらに補足的なケースとして、（c）（たとえば白人が差別是正措置によって有色人種に対してそう考えるように）、特権を与えられた集団の構成員に対して、その構成員でない者が冷遇されていると考える場合がある。

目下のコンテクストにおいてはとりわけ、（d）集団内の抑圧のケースが興味をひく。このケースにおいては、その集団の指導者たちは、拡張された組織権と権限とを用いて、意見を異にする集団構成員たちの個人的権利を侵害してでもその集団の集団的アイデンティティを安定化しようとする。（たとえばイスラム諸国やイスラエルにおけるように）宗教的集団の共同生活が、正統的信仰によって保護され文字通り解釈された「法律（Gesetz）」によって決められているところでは、またことに家族の領域で国家的民法が宗教的民法によって補完されあるいはその代わりを務めるところでは、とりわけ女性たちと子どもたちとが自分にとって権威ある者たちの側からの抑圧に晒されることになるのである。[41] 家族における「特別な権力関係」に関して言えば、西洋諸国で成立している非宗教的な親権でさえ似たようなコンフリクトに至りうる（たとえば、トルコ人の父がその娘を、公立学校において男女共同参加の体育の授業に参加させない場合である）。

いまでは、集団権そのものが疑わしいとは考えられていない。たとえば、民主的制度が地方自治体、地方行政、半公共的施設に与える諸権利は、そのような権限委託が市民の基本権にもとづいており、したがってまた基本権とのコンフリクトには至りえないから、通例は特別のものではない。しかし、集団権によってその立場を強めるすべての文化的諸集団が、それらの内的構造のなかでリベラルな諸基準を満足させているわけではない。文化的集団は、（たとえば政党が従うようには）このような組織諸原則に従わなければならないわけでもない。従ってたとえばカトリック教会は、男女同権が憲法で保証されておりほかの社会領域では徹底されているとしても、女性たちを司祭職につけないという権利を持っている。つまり、教会はこの採用の政策を教義の本質的構成要素によって説明しており、この教義のゆえに教会は〔教皇直属の〕教育施設（Lehramt）を営んでいるのである[42]。対立意見を持っていることを脱退によって知らせたり、組織自身のうちの反対勢力の結集によって対立意見を表明することがその構成員に禁止されていない限り、リベラルな国家の見地からすれば平等性原理は侵害されていない。しかし、たとえば、ボブ・ジョーンズ大学の宗教にもとづく人種差別はどうだろうか。同校はキリスト教原理主義に立つアメリカの教育施設であるが、その権限を持つ役所が税制特権を剝奪するということで脅したとき、確かに、入学許可の制限実施を変更して黒人の学生を受け入れたが、それと同時に黒人学生と白人学生とのあいだの性的関係と婚姻を禁じたのである[43]。この二つのケースを区別するものは何だろうか。

リベラルな国家が、その存続が危機に晒されている文化的少数派の再生産を可能とするような諸条件を満たし、そのかわりに個々の構成員の基本権の侵害が生じるときまさに、メンケが主張している平等性権利が抑圧へと転化する弁証法が現われるように見える。たとえば、合衆国最高裁判所はとかく悪評高い判決において、アーミッシュ教会のウィスコンシン州最高教育機関に対する訴えを聞き届け、一般に行なわれている一〇年間の就学義務から原告たちを集団的に例外とすることを許可した。それによってアーミッシュの両親たちは、子どもたちが宗教教団の世界観と生活様式の存続とに両立しないと見なされる教材を信じ込まされたりしないように、子どもたちを第九学年と第一〇学年のクラスに出席させないことが許された。宗教的生活形式と実践の保護を求める権利は、（他のことでは法に従う）アーミッシュ教会に対しても他の宗教教団と同じように、平等性原則にもとづいて適用されなければならないが、このような権利が実際に履行されるのはただ、国家が、複雑な社会における必要な方向づけを満たすための基礎教育を受けるという子どもたちの市民権の侵害という代償を引き受けるときにのみであるように見える。

ブライアン・バリーが『文化と平等（*Culture and Equality*）』についての研究のなかで取り上げる数え切れないほど多くの例が、この古典的なモデルに従っている。バリーはこれらの例をもとにして、ウィルアム・ガルストン、チャールズ・テイラー、アイリス・ヤングのような著述家と論争を行なっている。もしそもそもこの例のような事態が起こりうるのであれば、文化的集団の平等な取り扱いを保障する集団的権利によって個人的な基本的自由が危険に晒される可能性において、国家公民的平等性の理念そのものにある矛盾を明るみに出す、自由の抑圧への逆説的転化が示されるにちがいないだろう。

（3） ウィル・キムリッカは、このパラドクスの外観をなくすために、集団権を二つのタイプに区別した。すなわち、〔1〕ある組織がその外に向かってその周囲の社会の側からの圧迫に対抗する自己防衛する正統な権利と、〔2〕ある組織がその内側で、異論を持つ集団構成員が慣習的な集団生活を不安定化させることに対抗して既存の秩序を守らせる、問題のある権利とである[44]。しかし、アーミッシュの例におけるように、同じ集団権が同時に二つの機能を果たすときには、この区別ももはや役立たない。確かに、権限を与える集団権が個体的権利とけっして衝突してはならない、ということが正しいとしても、誤ってパラドクスと考えられたものが解消されるのは、国家公民的平等性の観点のもとで正統化されたいかなる集団権も一人ひとりの集団構成員の基本権と衝突しえないことが示されえたときだけである。すなわち、リベラルな直観に従うのならば、集団の権利が正統であるのは、ただこの権利が――個々の集団構成員の文化権から導出されるという意味においての――派生的権利（*derivative Rechte*）として理解されるときだけである。

「強い（stark）」多文化主義の支持者たちはこの条件を飛び越え、基本権を制限する可能性のある集団権を排除しないような基礎づけの戦略を追求している。もし倫理的自由の平等な権利が、すべての市民に自分の個人的アイデンティティの展開と維持のために必要な文化的資源に平等に接しうることの保証を国家に義務づけるのならば、国家は、そのような文化的資源が〔現在〕利用可能であり――利用可能であり続けるように配慮しなければならない、というのである。右のダッシュが、そのような資源の現在における利用可能性から、未来における利用可能性を維持することへの、目立たないが決定的である論理的進展を示している。この進展によって初めて、「強い」多文化主義は、「生き残り（Überleben）の政治」の正当化に成功するのである。

たとえばチャールズ・テイラーは次のようなテーゼを主張する。すなわち、ケベックのフランス語系の市民の持つ、自分が生まれ育った民族的伝統を存続させる明白な権利にもとづいて、論争の的となっている義務、すなわちフランス語が生き残ることを保証するためのあらゆる必要な措置を講じるという地方政府の義務が生じる、というのである。「フランス語を、一人ひとりが利用しようとする集団的資源と見なすることができるだろうし、それゆえ新鮮な空気や緑地を維持するために行動するのと同様に、フランス語の維持のために尽力することもできるだろう。しかしこれによっては、文化的生き残りを目的とする政策の推進力を十分に捉えることができない。つまり、フランス語を選ぶかもしれない人びとのためにそれを利用可能にしておく、ということのみが重要ではないのである。……むしろまた次の点も重要なのである。すなわち、生き残り（*survivance*）の政治が望むのは、将来においても、フランス語を使用する可能性を実際に用いる人びとの集団が確実に存在するようにすることである。たとえば、未来の世代も、フランス語系としてのアイデンティティを持ち続けるように配慮することで、その集団の構成員を作り出すために積極的に努力してきている[46]」。

この論拠によって、とりわけケベック政府がフランス語系住民の親権に干渉することが正当化される。つまりこれらの市民たちは、その子どもたちを、英語の学校で教育したいと思っている可能性があるにもかかわらず、フランス語の学校へと送り出すことが義務づけられるのである。この論拠が暗黙裡に依拠している前提とは、文化的資源は個人的受容者よりもある程度優位を持っており、保護への独立した要求を基礎づける内在的価値を少なくとも持っていることである。この見解は、形而上学的に基礎づけられた善倫理学（Gütererthik）を前提としているが、ここではこれ以上立ち入らない[47]。権利が直接的に、文化的資源に関係しうるということは、けっして当たり前なことではない。というのも、もしそうならば、この集団的財（Güter）の保護が、個人的アイデンティティを保持しようという市民の利害関心からは独立して正当化されうるはずだからである。

集団的権利は、それが一人ひとりの構成員の文化権に尽力するためにある集団を強めようとするだけではなく、構成員の頭越しに集団の文化的背景を存続させるために直接的に働くならば、集団内的抑圧の可能性をはらんでいる。「諸文化は絶対に、権利が適切に帰属しうるような実在なのではない。ある共有されている文化的特性（たとえば言語）によって規定された共同体は、ある条件下では、妥当性要求を掲げるかもしれないが、その際その要求は集団の構成員の正当な利害関心から生じるのである」[48]。いうまでもなくバリーの反論は、文化的資源がその受容者に対して優位であるという教条的な主張を、同様に教条的に逆転させたものである。文化的資源の提供を保証する集団権が、そのような資源へと構成員が近づきうるという文化権からのみ正当化されるという主張はいかにして基礎づけられるのだろうか。

諸文化は権利の担い手の役割を果たしうるためには「ふさわしい種類の客体ではない」というバリーの付随的な見解は、ある手掛かりを与えてくれる。われわれが近代法秩序の個人主義的タイプを道徳的根拠にもとづいてただちには前提しないとしても[49]、シンボル的な諸対象の存在論的なあり方は、諸文化が権利の担い手としての資格を持つことに反対している。文化というものは再生産の条件を自分の力で満たすことができず、自分の意思で「はい」か「いいえ」を言う解釈者によって建設的に（konstruktiv）獲得されなければ存続できないので、それ自体では法主体にはふさわしくない。したがって、アイデンティティ集団の生き残りとその文化的背景の存続は、集団的権利によって保証されえない。ある伝承は、その受け取り手がまさにこの伝統が存続に値すると確信できるように、自分の認知的な潜在的可能性を展開しなければならない。そして諸伝統の存続のための解釈学的条件は、まさに個人的権利によってのみ保障されうるのである。

「文化」は、問題を解決する活動を可能なものとする条件の集合体（Ensemble）として把握されうる。文化は、そのなかで成長していく諸主体に、基本的な言語能力・行為力・認識力を与えるだけではなく、文法的に予め構造化された世界像や意味として集積された知の構成要素をも与える。確かにある文化は、訓練や有無を言わさぬ教化によってのみ維持されるのでもなければ、後継世代をふさわしい言語ゲームや慣習的実践（Praktiken）に知らず知らずのうちに慣れさせることによってのみ維持されるのでもない。むしろ諸伝統がその生命力を維持するのは、諸伝統が、個人的生活史の分散しかつ交差する水路にうまく入り込み、その際一人ひとりの受益者となりうる者たちの自律的判断という批判的な関門を通過することによってなのである。早ければ思春期に、伝承の本質的価値はその都度示されうる。〔文化が伝承されるためには、〕若者たちは習得した伝統の地平のなかで、意味のある生、誤ったり空虚であったりしない生を営みうると確信させられねばならない。文化的伝承が生命力を持つかどうかのテストは結局、成長期の者たちにとって、その伝承の光で照らせばさまざまな挑戦的な事態が解決可能な問題に変わるかどうかなのである。

　このテストは閉鎖的な社会のなかで行なわれても有効だが、一人ひとりが直面する選択肢が多ければ多いほど、より重要なものとなる。複数主義的社会においては文化的諸集団は、構成員が「はい」という肯定の態度決定をしうる――彼は別の選択肢を考慮して「いいえ」とも言うことができる――解釈学的フィルターを通してのみ、その〔文化的〕相続物を次の世代に伝えることができる。この経験的根拠にもとづけば、集団的権利が、ある集団の文化的な自己防衛を強めることができるのはただ、この集団的権利が同時にその個々の構成員たちに、彼らが相続物を批判的に獲得するのか、修正するのか、拒絶するのか三つのなかで反省的に態度決定するために必要となる〔活動の〕余地を現実的に保障しているときだけである。[50] 確かに、結社の自由だけでも、集団に帰属する自発性を保障することができる。しかし結社の自由は、脱退への現実的権利を保証する印にすぎない。文化的集団の生き残りのためには、意見の不一致が認められる条件のもとで伝統を習得することができるために必要な内的な余地の保証が決定的である。ドグマで覆い尽くされた文化は、とりわけ選択肢の多い社会的環境では再生産されえないのである。

Ⅳ

「強い（stark）」多文化主義に対する批判が目指すのは、国家公民的な平等性の原理がすべての文化的集団を、――自分の構成員に伝承された信念と実践とをただ無意識的に教え込むだけではなく、彼らを反省によって屈折した伝統の獲得へと導く――普遍的な規範的な期待に向き合わせることである。脱退条件の充足が難しければ難しいほど、確かに改めて膨らんでくる疑念とは、「文化的平等権」が、やはり啓蒙やヒューマニズムという人間中心主義的で世俗主義的な思考にとらわれ続けている理念であり、したがってそれを徹底させる過程で他の生活形式や世界観に対する「目標の中立性」を否定することになってしまう理念であるということである。この疑念はわれわれを、リベラルな国家が、近代的な生活諸条件のずっと前にその源泉がある伝統的な共同体と教義に対して要求する、適応することの公正さ（Fairness der Anpassungsleistungen）の問題へと連れ戻す。

次の二つの区別から出発するのが適切だろう。一方で、われわれはリベラルな秩序の規範的な諸要求を、とりわけ国家権力の世俗化へと至らざるえない社会的近代化の機能的命令と取り違えてはならない。他方で、アイデンティティ諸集団や宗教諸共同体が近代的生活諸条件一般へと構造的に適応することが意味していることは、ことにリベラルな共和国の国家公民的自律の期待や寛容の要求へと構造的に適応することが意味しているのは、神中心主義的またはコスモス中心主義的な教義や生活志向性を長期的に解消するに違いないであろうような反省圧力への従属ではけっしてなかったのである。

確かに、平等主義的である法秩序の政治的枠組みに順応しない、部族的な社会形式、生活形式、宗教儀式上の実践もある。それは、合衆国、カナダ、オーストラリアの、征服され強制的に統合され百年の長きにわたって差別されてきた先住民族に対する不正を埋め合わせする模範的な試みのなかで示されている。これらの部族は、一定の伝統的支配形式と集団主義的所有形式を維持し修復するために、広範に容認された自治を利用する。たとえこれらの諸形式が個別ケースにおいて、平等主義的原則や万人にとっての平等な権利という個人主義的関係と衝突することがあってもである。近代的な法理解によれば、本来、いかなる「国家のうちの国家（Staat im Staate）」もあってはならないということになろう。にもかかわらず、リベラルな国家の内部で（この国家の理解によれば）「非リベラル」とされる集団が自分の法秩序を持つことができるならば、このことは解決しがたい矛盾という帰結に至るのである。

かつてその祖先たちが、征服者たちの国家秩序へと統合を強いられたために、部族諸共同体に道徳的根拠にもとづいて広範な自治権が補償されるならば、個々の部族構成員の持つ諸義務は、より大きな政治的公共体の国家公民として部族構成員が持つ諸権利と衝突しうる。このような帰結は、アメリカ合衆国とカナダにおける先住民地区が持っている自治権にもとづくことによって、ことに所有権的要求と家族権的要求に対して生じるものである。このことは何よりもまた女性に関わっている。「かりに、アメリカ先住民部族のある構成員が部族評議会によって自分の権利が侵害されたと感じるならば、この者は部族裁判所において賠償を求めることができるが、（例外的な事情がない限り）連邦最高裁判所で賠償を求めることはできない［……］。憲法の権利章典の適用に対するこのような制限は、アメリカ先住民共同体内部の個人やサブグループが集団の連帯や文化的純潔性の名目によって抑圧される可能性を生み出している[51]」。

過去の国家の不正を補償するという特殊な例においては、たとえ道徳と法とが万人に対する平等な尊重の原理にもとづいていても、両者は矛盾に巻き込まれうる。なぜなら、法は自己回帰的で閉鎖された媒体であり、法自身が過去になした諸決定に対してだけは反省的に振る舞いうるが、法システムの成立する以前の過去のエピソードに対する感受性は持っていないからである。(52)その点では、この対立は確かに法のなかに映し出されるが、法から生じるのではない。リベラルでない諸集団の生活様式は、リベラルな法秩序のなかでは異物を形成する。したがって、この異質な構造を、道徳的に基礎づけて法的に容認することから生じる矛盾的な帰結は、平等主義の法そのものにとって外的なものにとどまり続ける。それとはまったく事情が異なるのは、ある宗教諸集団が、近代の差異化された組織のなかで自己主張することができるように、近代以前の起源に立ち戻るその教義と生活形式を、国家と社会との世俗化に適応させた場合である。

ユダヤ教とキリスト教は西洋文化に大きな影響を与えてきただけでなく、平等性理念の系譜のなかで重要な役割を果たしてきており、今日では両者は、リベラルな諸秩序の平等主義的な構造と個人主義的様式とに対してもはや原則的には困難を見いだしたりしない。しかし、他のすべての世界諸宗教のように、ユダヤ教とキリスト教とはかつては排他的な妥当性要求と具体化要求とを掲げていたのであり、両者の要求はもともとけっして世俗的な法秩序や支配秩序の正統性要求と一致していたのではなかった。その後、近代社会と世俗化された支配権力に取り囲まれて、宗教意識はそれ自身もしそう言いたければ「近代化(Modernisierung)」へと促されたのである。そういった例としては、伝統によって調停していたものを、反省の要求や現実主義的な脱退条件へ認知的に適応させたことが挙げられる。

そうなると今度問題となるのは、そのような適応過程において、宗教的生活態度(Ethos)が見せかけの中立性の条件へと従属することが露呈するのではないかということである。この見せかけの中立性の背後には実際は、善のもうひとつの概念の支配が、つまり世俗的な平等性エートスが単に身を隠しているのである。宗教共同体は、良心の強制を断念し、信仰的真理を自己意識的に獲得するための余地を認めるならば、国家によって課された諸規範に順応したことになるのだろうか、それともそうすることによって自分の動機に従っているのだろうか。ヨーロッパにおいては教会は、世界観に関しては中立的な国家が成立するすでにずっと前から、ヒューマニズムの人間中心的な考え方や新たな物理学の世俗的な考え方、そして資本主義経済と官僚化された行政という世俗化する圧力に対して抵抗していたし、また内的な信仰分裂の深刻な危機を克服しなければならなかった。国家権力が世界観的に中立化したことは、宗教戦争という和解なき対立に対してようやく出された政治的解答だった。そしてこの中立化は、法と秩序を維持するという国家の利益に与するだけではなく、危機的な意識状態のなかで伝統的な自己理解に修正を加えようとする宗教共同体自身の要求にも適ったものだったのである。

リベラルな国家の持つ、市民権へと一般化された宗教的自由は、複数主義的な公共体が世界観の対立によって解体するという政治危機を和らげただけではなかった。この宗教的自由は、近代の差異化された容器のなかで居場所を求めていた宗教諸共同体にも、自分たちの問題を解決するための制度的枠組みを与えた。争い合う信仰諸権力が平等に共存するための政治的解決策は、宗教的信念の持つ妥当性要求の絶対的でありそれゆえ交渉されえないという性格を考慮に入れた寛容（Toleranz）概念のうちにある。というのも、寛容は無頓着（Gleichgültigkeit）と間違えられてはならないからである。

疎遠な信念や実践に対する無関心（Indifferenz）や、ましてや他者をその他者性において価値評価することであるならば、寛容のようなものを余計なものとするだろう。寛容が要求される者たちとは、確かに認知的な意見の不一致（Dissens）ではあるが長期的な視野から見ても解決不可能な意見の不一致が問題となっていると意識して、それぞれのもっともな主観的根拠にもとづいて他者の持つ信念や実践を拒否する者たちである。むろん先入観は、正当な拒絶理由には入らない。寛容が要求され可能であるのはただ、参加者たちが、理性的な仕方で存続する意見の不一致にもとづいて拒否するときだけである。人種主義者や熱狂的愛国主義者たちに対しては、より多くの寛容を求めるのではなく、彼らの先入観を克服する要求を突きつけなければならない(53)。この特別な条件は、明らかに教条的な立場に立つ信仰諸共同体に当てはまる。しかし、信仰諸共同体が教条的な立場を改めるために支払わなければならない代償とは何だろうか。他者の寛容によって利益を得た者たち〔信仰諸共同体〕は何を要求されるのだろうか。

リベラルな国家は宗教的自由という基本権によって、信仰を持つ者たち、別の宗教の信者たち、信仰を持たない者たちのあいだの、認知的レヴェルにおいて和解できないままである意見不一致を社会的レヴェルからかなりはっきり切り離そうとするので、政治的公共体の市民たちのあいだの相互行為がその意見不一致に影響されることはない。国家にとって眼目と言うべきものは、世界観の対立の社会的破壊性を行為の結果を広範囲で中立化することによって和らげることのうちにある。それに対して宗教諸共同体にとって重要な状況とは、存続する意見不一致の正統性を国家が承認していることである。そのことによってはじめて宗教諸共同体には活動の自由が保障され、本質において不可侵の自分たちの教義という内部パースペクティヴから、他の宗教諸共同体の信仰見解や、彼らを取り巻く世俗的環境の思考形式や交流形式とも認知的に納得のゆく関係に入ることになる。このようにして、法的に保証された寛容が国家の側と宗教諸共同体の側とに対して果たす役割は、相互に補いあう。寛容は、リベラルな国家の政治的存立に役立つだけでなく、絶え間なく近代化する社会のなかで宗教諸共同体が自己防衛するのにも役立つ。しかしもう一度同じ問いを立ててよう。宗教諸共同体は、自己変革の余地を得るためにどのような代償を支払うことになるのか。自己変革を可能にする条件は同時に、不当な制約ではないのだろうか。

すべての宗教は本来、生活形式を全体として構成する権威を要求するという意味においても「世界像」や「包括的教義」である。宗教は社会の世俗化と世界観的複数主義という条件のもとでは、包括的な生活形成へのこの要求を放棄しなければならない。社会的諸部分システムの機能的分化とともに、宗教教団の生活もその社会環境から分離する。教団構成員の役割は、社会市民の役割と差異化する。そしてリベラルな国家は、単なる暫定的妥協（Modus Vivendi）を越えた市民の政治統合にもとづいているので、構成員の教団構成員の役割と社会市民の役割への差異化は、宗教的生活態度（Ethos）が世俗社会の課された法に認知的に（kognitiv）慎ましく適応することに尽きてはならない。宗教的共同体化が世俗社会化と調和するのは、規範や価値の宗教的共同体化と世俗社会化とに対応している諸命題が内的視点からも相互に差異化しているときだけではなく、一方の命題が他方の命題から整合的に生じているときである。法秩序の平等主義的な普遍主義を宗教的世界像のそれぞれの生活態度へと「埋め込むこと」について、ジョン・ロールズはモジュール（Modul）のイメージを選んでいる。つまり、このイメージは、世界観的に中立な根拠の助けを借りて構成されているにもかかわらず、それぞれの〔宗教を〕正統に基礎づけている連関〔コンテクスト〕へとうまく適合していかなければならない[54]。

しかし、平等主義的な社会道徳が教団の生活態度から認知的にそのように分離することは、国家が宗教諸教団につきつける単なる規範的要求を意味するだけではない。そのような分離は、むしろ宗教諸教団自身の利害関心、つまり近代社会の内部で自己防衛し、政治的公共圏を通じて社会全体へと自分の影響を及ぼす可能性を勝ち取るという自分自身の利害関心と一致している。宗教諸共同体は、道徳問題と倫理問題についての国民的論争に参加することを通じて、社会全体のなかでのポスト世俗的自己理解を促進できる。この自己理解によって、連続的に進行する世俗化の状況においても宗教の活力ある存続が考えられるにちがいないのである。

しかしながら、それでもまだ、宗教諸共同体がそのために国家公民的平等性の観点からすれば不当に高い代償を支払わねばならないのではないか、という問いは答えられていない。寛容の要求には、二つの側面がある。〔1〕誰しも、自分の生活態度を、ただ万人の平等な倫理的自由という境界のなかでのみ実現してよい。〔2〕したがって誰もがまた、他者の生活態度をこの境界のなかで尊重しなければならない。誰も、自分の真理要求や確信は触れられないままであるのだから、自分が拒否した他者の見解を甘受する必要はない。この寛容への要求は自分の信念の相対化からではなく、自分の信念の実践的結果の制限から生じる。つまり、自分の生活態度をただ制限して営むことができるだけであり、また他者の生活態度の実践的結果を受け入れなければならないという帰結から生じる。しかしこの寛容の結果生じる負担は、信仰を持つ者たちと持たない者たちとのあいだで対称的に配分されているのではない。

形而上学的には少ない装備しか持たず、民主主義と人権とを道徳的に「自立して」基礎づけることができる、世俗化した市民の意識にとっては、正義はなんなく実質的な善に対する優位を享受しうる。この前提のもとでは、それぞれの多様な世界観が映し出される生活様式の複数主義からは、自分の倫理的信念とのどんな認知的な不協和も生じることはない。というのも、このパースペクティヴにもとづけば、多様な生活様式においてただ多様な価値志向性が具体化しているだけだからである。そして相異なった諸価値は、相異なった真理のようにはお互いに排除しあわない。したがって世俗的意識にとっては、自分の生活態度が自分にとって真正性と優先性を持つのと同じように、他者の異質な生活態度がその者にとっては同じ真正性と優先性を持つことを認めるのにいかなる困難もない。

信仰を持つ者たちにとっては事情はまったく異なる。信仰を持つ者たちは、自分たちの倫理的自己理解を、普遍的妥当性を要求する信仰的真理からうるのである。正しい生活という考えが宗教的救済や善の形而上学的概念に定位するや否や、神的なパースペクティヴ（すなわち「どこでもないところからの眺め（view from nowhere）」）が生まれ、そのパースペクティヴからは（または、どこでもないところからは）他者の生活様式はただ単に異なったものではなく、間違ったもの（*verfehlt*）に見えるのである。他者の生活態度が、相対化されうる価値評価の問題であるのみならず真理か非真理かの問題であるならば、各自の倫理的自己理解とその生の営みとにかかわらずにすべての市民に平等な尊敬を示すという要求は、〔信仰を持つ者たちにとっては〕より大きな重荷となる。

寛容の要求が信仰を持つ者たちと持たない者たちとに対して中立的に作用するものではないことは、驚くべきことではないが、まだそれだけでは不正を表現していない。というのも、一方だけの負担が問題となっているのではないからである。代償は、宗教音痴の市民にも要求される。リベラルなあり方をする複数主義的社会の寛容理解は、信仰を持つ者たちが異なる信仰を持つ者たちと交流する際、意見不一致が存続することを彼らが理性的な仕方で考慮するべきだという洞察を持つことを要求するだけではない。同じ洞察が、信仰を持たない者たちにも、信仰を持つ者たちと交流する際に要求されるのである。世俗的な意識にとっては、信仰と知との関係を世界知（Weltwissen）のパースペクティヴにもとづいて自己批判的に規定することはけっして当たり前な要求を意味するのではない。というのも、世知と宗教的伝承とがずっと不一致であり続けるだろうという予想が「理性的である」という評価に値するのは、宗教的信念に端的に非合理ではない知的資格が世俗知の視点から認められる時だけだからである。

倫理的自由の平等な保証は、国家権力の世俗化を要求するが世俗主義的な世界観を過剰に普遍化することを禁じる。世俗化した市民たちが国家公民の役割を持って登場する限り、原則的に宗教的世界像が真理である可能性を否定してはならないし、信仰を持った市民たちが宗教的な言葉で公共的ディスカッションに参加する権利を否定してはならない。さらにリベラルな政治文化においては、世俗化した市民たちは、重要な発言を宗教的な言語から公的に通用する言語へと翻訳するという骨折り仕事に参加することを期待されうる。[55] 世俗化した市民に対する二つの期待が寛容原則の影響が中立的ではないことのバランスを完全には回復しなかったとしても、不均衡が残るからと言って寛容原則そのものの正当性が疑問視されることはない。というのも、宗教的差別の廃止によって克服されるはずの際立った不正と対比するならば、信仰を持つ者たちが非対称に分配される重荷のゆえに寛容要求そのものを拒絶するのは、馬鹿げたことだろうからである。

こうした考察は、文化的世俗化を弁証法的に理解する道を開く。もしわれわれがヨーロッパにおける公共的意識の近代化を、啓蒙の伝統と宗教的教説とにそれぞれの限界を反省させることによって宗教的メンタリティと世俗的メンタリティとを同時に巻き込み変化させる学習過程として把握するならば、そのとき偉大な諸文化と世界諸宗教との間の国際的に吹聴されている緊張も違った光のもとで見られることになる。今日では、市場、メディア、その他のネットワークのグローバル化はいかなる国民にも、資本主義的な近代化から降りることに対する見込みのある選択肢を与えていない。非西洋の諸文化も、近代化が彼らの側からも活発に進められたが不十分にしか成し遂げられていない結果として、世俗化や世界観的複数主義の挑戦を回避することはできない。非西洋の諸文化は、それぞれの「オルタナティヴな近代」の道においてのみ、西洋によって形づくられた資本主義的世界文化に対抗して自分たちの文化的独自性を主張しうるだろう。しかしそのことは次のことを意味している。つまり、それらの文化が外側から迫って来る平均化する権力と自分の文化的資源にもとづきながら対峙できるのは、ただそれらの国々においても宗教的意識が近代化に向かって内側から自分を開いていくときだけだということである[56]。これらの諸文化が、同じような諸挑戦に直面するときに、国家と教会との分離というヨーロッパ的新制度に対応するものを見いだす限り、社会的近代化の命令に建設的に適応することは疎遠な文化の諸規範に従属することを意味しないだろう。それは、西洋における信仰諸共同体のメンタリティの変化や脱伝統化がリベラルな平等性規範にただ従属することではなかったのと同じなのである。

第11章　複数主義的世界社会のための政治体制[1]

　国際法に反するイラク攻撃後の今日、「世界市民的状態」を促進するというプロジェクトが前進する可能性は、第二次世界大戦が破局を迎えた一九四五年の後に比べて、あるいは権力の二極構造が崩れた一九八九／九〇年の後に比べて、けっして小さいわけではない。それは可能性が大きいということを意味するわけではないが、それでも過去に比べて可能性が小さいわけではないという事実を見失ってはならないであろう。このカントのプロジェクトは国際連盟とともにようやく政治的な協議事項となったわけだが、ということは提唱後一〇〇年以上もかかってようやくそうなったということである。そして、世界市民的秩序を建設するという理念が、永続的な制度としてのかたちをようやく取るようになったのは国際連合の創設によってである。国連は一九九〇年代初頭より政治的重みを増し、世界政治に関する議論においてもはや無視できない存在となっている。それどころか、この世界組織〔国連〕が一方的に決定された介入に対して正当化のお墨つきを与えるように脅迫されてもそれを拒否したとき、超大国〔アメリカ〕はこの国際組織と対決しなければならないとさえ感じるようになったほどである。その後、国連を脇に追いやろうとする試みがなされたが、国連は実によくこれに耐え、延び延びになっていた全面的な改革にも着手することができた。

二〇〇四年一二月以降、事務総長によって設けられた改革委員会がまとめた提言が存在する。後で論じるように、この改革の提言は、かつての分析が聡明ではあったが誤っていたことから生まれた。この学習過程によって政治的意志が向かいつつあるのは、間違いなくカントのプロジェクトの継続という方向である。すなわち、その方向には、単に恒久平和の確立という理念が表明されているだけでない。すでにカントは、戦争や軍事的支配が存在しないことという平和の否定的な概念を、法に則った自由が含意するものとしての平和という概念へと拡張していた。今日、集団的安全保障という包括的概念は、地球上のあらゆる地域の市民が、法によって保証された自由を初めて真に享受できるような生活状況をもたらすための諸資源にまで関わっている。私たちは、カントの世界市民的体制という理念を十分抽象的に理解しさえすれば、いまなおこの理念を指針とすることができるのである。私は、世界共和国か国際連盟かというカントの二者択一は不十分であり（Ⅰ）、今日的状況のもとではカントのプロジェクトはどのように理解されうるか（Ⅱ）ということを示したい。そのうえで、このプロジェクトの前進によってかえって危機に瀕しているのが、政治的に社会を運営していくための、今日でも可能な形式の民主主義的内実にほかならないのはなぜか、ということを説明してみたい（Ⅲ）。そして最後に、このプロジェクトに合致する二つの歴史的傾向を取り上げてみるつもりである（ⅣとⅤ）。

Ⅰ

ホッブズは法と平和の確保との関係を機能主義的に解釈していた。すなわち、法に服する市民は、国家の治安権力に無条件で従うかわりに、それによる保護の保証を得るというのである[2]。これに対して、カントにとっては、平和を保障する法の機能は、自由を確立するとともにそれを保障するという、市民が正統と認める立憲体制の機能と、概念的に一体のものであった。というのも、法の妥当性は、単に違反すれば国家権力によって制裁が課されるという事実にもとづくだけでなく、本来的には法に服する側から見ても承認に値するはずであると主張しうる根拠にもとづいているからである。カントはもはや法の経験的概念によって考察をめぐらしていたのではないということである。しかし、国家中心の国際法から世界市民法への移行という構想によって、カントはルソーとも明白に異なっていたのである。

すなわち、人民の対内主権が国家の対外主権に反映する、つまり市民の民主的な自己決定が、自分たちの生活形式の外交的な――場合によっては軍事的な――自己主張に反映するという、共和主義の考えにカントは同調しなかった。カントにとっては、統治権を成立させる民主的意思の力が民族のエートスのような特殊なものに根ざしているからといって、必ずしも民主的体制が持つ統治を合理化する力が国民国家にしか及ばないということにはならなかった。というのも、国民国家の憲法上の諸原則が有する普遍主義的な意味は、民族的な習俗――当然、特定の地域に限定された憲法上の諸制度にも反映している――の限界を超えていくことを要求するものだからである。

このような二側面作戦――一方で平和の理念を法によって自由が保証されている状態と結びつけ、他方で国内での民主的な自己決定を外部に対する戦闘的な自己主張から切り離す――によって、カントの時代にはまだアメリカ革命とフランス革命から生まれたばかりであった「市民的体制」というプロジェクトを、国民国家の次元からグローバルな次元に引き上げる道が開かれた。つまり、これによって国際法の憲法化という構想が誕生したのである。こうした構想は当時の状況のはるか先を行くものであったが、その際立った革新性は、インターナショナルな法、つまり諸国家の法としてのインターナショナルな法を個人の法としての世界市民法に組み替えるという結論にあった。個人は、もはや国民国家の市民としてのみ法主体の地位を享受するのではなく、政治体制を備えた世界社会の一員としてもそれを享受することになるのである。

もっとも、カントには、国際法の憲法化は、国際関係を国内関係に転換することと同じことのように思えたようである。カントは、そのような諸国民からなる国際国家へと向かうための次の一歩として国際連盟という「代用物」を提案したが、それでも世界共和国という理念に最後までこだわった。国際連盟という「代用物」は、平和は望むが主権は持ち続ける諸国家が自由意思によって結びつくという緩やかな構想であったが、世界共和国へと向かう途中の段階として推奨されたようである。カントよりもはるか後の時代に生まれ、複数主義的で高度に相互依存的であると同時に機能的に分化もしている世界社会が、法的にも政治的にもきわめて複雑にできあがっていることを目の当たりにしている私たちが、労せずしてカントよりも問題をよく理解できるのは当然であるが、おかげで私たちは、カントの概念的制約がどこにあったのかを容易に理解できる。その制約のために、世界共和国か国際連盟かという不毛な二者択一を放棄し、国際法の憲法化という目標を、つまり「世界市民的状態」を、抽象的に規定することで世界共和国という構想から切り離し、かつ単なるユートピアとして片付けられることもないようにすることが、カントにはできなかったのである。

カントにとっては、フランスの中央集権的な共和制が民主主義的な立憲国家の模範であったが、おかげでカントは、人民の主権は分割不可能であると思ってしまったようである(3)。しかし、連邦制の多次元システムにおいては、市民の総体としての人民の民主的意思は、市町村議会、州議会、連邦議会それぞれの選挙というふうに初めから複数に枝分かれし同時並行的に機能している正統化の経路を通じて表明される。合衆国というモデル（と『ザ・フェデラリスト』で繰り広げられた論争）は、このように「分割された主権」[4]という構想が早い時期からあったことを示すものである。もしカントが連邦制の世界共和国という構想を思いついていれば、世界を包括する単一の「国際国家」が「魂のない専制政治」に陥り、標準化を強要することで諸民族が文化的な独自性とアイデンティティを失ってしまうのではないかという恐れを抱かずにすんだかもしれない。こうした心配が「代用物」を模索するきっかけであった可能性はある。しかしそれだけでは、そもそもなぜ国家という制度的形態において世界市民的状態を考えなければならないとカントが信じ込んだのか、説明がつかない。

　カントがそのように信じ込んだことに対しては、もうひとつの概念上の隘路が決定的な要因となっていたかもしれない。それは、国際組織のネットワークがますます密になりつつある今日に至ってようやく克服されつつある隘路であった。フランスで決定的役割を果たした共和主義は、政治権力の法制化が合理化の力を発揮するのは、憲法を制定して政治的支配を根本から新たに樹立する人民の意志によってであると説明していた。ルソー的な社会契約は、国家と憲法の一体性を示唆するものであった。なぜなら、両者は、ひとつの行為、つまり人民の意志という同一の根源に由来するからである。こうした伝統のなかにいたために、カントはこれと競合する憲法の伝統、すなわち国家と憲法とが概念的に一体であるなどとはまったく考えない伝統を、無視してしまった。それはリベラリズムの伝統である。それによれば、憲法とは統治を創設するものではなく、単に権力を制限すべきものであるがゆえに、国家と憲法とが概念的に一体であるなどとはまったく考えなかったのである。すでに近代初頭の身分制議会に、複数の「支配的勢力」——

貴族、聖職者、それに王と対立した都市の市民——相互の抑制と均衡という理念が体現されていた。リベラリズムはこうした理念を、さらに近代法治国家における権力の分立として発展させたのである。

権力の抑制を第一の課題とする政治体制は、「法の支配」を確立する。それによって、たとえ民主的に成立したわけではない権力関係であろうとも、それに規範の網をかぶせ、法の定めの枠内に政治的権力の使用を制限できるようになる。こうしたタイプの体制は、支配する者とされる者との同一性などということは諦めているので、憲法と国家権力と国家公民という各要素を概念的に分離することができる(5)。そこには、民主的国家において密接に結びついている各要素がばらばらになることに対して基本的な考え方において何の制約もないのである。実際、この間、さまざまな多国間ネットワークや国家間の交渉システムにおいて国家同士の協力が法制化され、その延長上にさまざまな国際組織からなる体制も形成されてきているが、それらの国際組織は、それ自体が国家としての性格を持っているわけでもなければ、組織された国家公民の意思という正統化の基盤も欠いている。さまざまな国際組織からなる体制は、特定の機能に関する各国民国家の協力を達成しようとするものであり、たとえ包括的な、つまり世界全体にまで広がったネットワークであっても、そこには国家の際立った特徴をなすメタ権限が、すなわち自己の権限をみずから定め、場合によっては拡張する、そうしたメタ権限が、存在しないのである。

以上のように、国家権力を制限するというリベラルなタイプの憲法は、国際法の非国家的な憲法化に対する概念的パースペクティヴを切り開いてくれる。つまり、世界政府を持たないが政治体制を備えた世界社会という形をとる国際法の憲法化である。国家中心の国際法から世界市民法への移行によって、国家という行為者は、自由に振る舞える余地が制限されることになるが、だからといって世界を包括する法秩序の主体であるという点では、世界市民法の主体である個々人によって圧迫を受けるようなことはない。むしろ世界市民とならんで共和主義体制の諸国家もまた、それ自体は国家を中核とするわけではない世界体制の主体であり続けるのである。しかしながら、このように、これまで競合していた法の伝統のなかで形成されてきた異なったタイプの体制を組み合わせることは、重大な問題を投げかけることになる。すなわち、国家を越えた組織という次元でなされるようになった政治的決定は、国家単位で行なわれる正統化手続きと、どのように結合されうるのか、という問題である。[6] これについては後で改めて論じる予定である。

もしかすると世界共和国という思い入れ過剰の理念の「代用物」を探究するようカントを促したかもしれない動機がもうひとつ考えられる。体制変革を成し遂げた一八世紀の二つの革命は、同時代人にも、後世の人びとにも、新たな政治的体制はたまたま好条件がそろった歴史的瞬間に、突然、民意が表明されることによって成立するというイメージを植えつけた。パリでの出来事は、興奮した民衆が自然発生的に暴動を起こし、しかもそれが好都合な条件がそろった瞬間をうまく利用したというふうに受けとめられた。共和主義体制の樹立は、神話を生み出すような創設行為と例外的状況なしにはありえないように見えたのである。革命的瞬間があるところに訪れるだけでも滅多にありそうにないことだったのだから、そのようなありそうにないことが多くのところで一斉に起こるなどということは考えられないことであったに違いない。そうした直観が、カントの次のような奇妙な言明の背後にあったのではないかと私は推測している。すなわち、地上の諸民族は、「彼らなりの国際法の理念に従うならば」、つまり主権者としての自己決定という考えに従って、ひとつにまとまって国際国家の樹立を目指すなどということを「けっして望まない」という言明である。[7]

しかしながら、この間私たちが慣れ親しんできたのは、国際法の制度化とは長い時間を要する過程であると見なすべきだということであり、しかも革命的な民衆が担い手になるのではなく、第一義的には各国民国家と地域的な国家同盟が担い手であるということである。この過程は一方では意図的に推進される。つまり国家間の条約や国際組織の創設といった古典的手段を用いて推進される。他方で、システム的連関の発展に向けて自由化された活動と意図せざる副次的結果に対する反作用としても徐々に発展しつつある。このように意図的行為と自然発生的な動きとが入り混じっていることは、たとえば政治的に意図された経済のグローバル化（商取引、投資、製造の）や――それによって生じた調整や規制の必要に対する応答としての――グローバルな経済体制の核となる制度の強化や改革などに現われている。

　このように政治的制御とシステム的な成長とが結びついて進行する過程が、長い時間を要するものとして理解されるようになったことで、国際法の憲法化の段階について、さらには程度についてさえ論じられるような気運も高まってきた。[8] そのもっとも良い例はヨーロッパの統一であろう。これは世界でもっとも進んだ事例ではあるが、その規範的準則は、今日に至るまで最終的な問いに明確に答えていない。すなわち、ヨーロッパ連合は、内部の分権化を大幅に認めながらも連邦制的に構成されるひとつの諸民族国家（Nationalitätenstaat）へと発展していくのか、それとも、国家という性質を持つことなく、これまでと同様、国家間で合意された超国家的（supranational）組織という統合水準にとどまり続けるのか、という問いである。いずれにせよヨーロッパ連合において重要な役割を果たしているのが、「過去の歩みの尊重」（Pfad-abhängigkeit）と呼ばれる決定様式である。すなわち、過去の決定の累積効果によって、たとえ加盟国の意思に反する場合があっても、将来の選択肢の幅がますます狭まる決定様式である。

　ここまで私は、国家中心の国際法を世界市民法に組み替えるというカントのアイディアを、世界規模の共和国を構想するという誤った具体化から切り離すことになる三つの観点について詳述してきた。まず第一に、分割された主権という連邦主義的な考え方と多次元システムという一般的構想があったことを想起した。次に、憲法のタイプとして統治の創設を目指すタイプと権力の抑制を目指すタイプの区別を導入し、世界政府を持たない世界社会の政治体制においては、両者は新たな結合関係に入りうるかもしれないことを示唆した。そして最後に、国際法の憲法化は少しずつ手順を踏んで進んでいくものだという理解が定着しつつあること、しかもその過程は、制定された法が各国市民のあいだに徐々に浸透して多大な効果を発揮するようになるまでは、市民によってよりは政府によって主導され担われる過程であろうことを指摘した。

以上を基礎として、かつ現存の世界の構造を踏まえるならば、世界共和国（とその現代的バリエーション）[9]に代わる構想を描くことができる。だが、そのためにはさらに政治理論において扱われてきた概念の中の三つについて変更を加えることが必要である。すなわち、

（a）国家の主権という概念を、国民国家の向こう側での新しい統治形態に適合させる。

（b）国家による暴力の独占と強制力を有する法とは概念的に密接に結びついていたが、これを、超国家的な法が各国の制裁能力によって保証されるという想定に合うように修正する。

（c）どうすれば諸国民がそれぞれの自己了解を変更できるのかが明らかになるようなメカニズムを提示する。

（a）リベラルなナショナリズムの理解によれば、国家の主権は、国際法の定める内政干渉の禁止と合わせて、人民主権という概念からの当然の帰結である。国家が外部に向かって自己主張しうるのは、内部において市民の民主的な自己決定がなされているからこそである[10]。国家は、国民が民主的に望む政治的公共体のアイデンティティと生活形式を維持し、場合によっては軍事力を用いてでもそれを他国から守る権利と能力とを保持していなければならない。内部での自己決定は、外部の他者によってなされた決定に対してしっかり保護される必要があるのである。しかし、高度に相互依存的となった世界社会の諸条件のも

とで、こうした考えを堅持することは当然困難になる。超大国でさえ、もはや自分だけの力で自国民の安全と福祉を保障することはできず、他国と協調することによってのみ何とかそれが可能である今日、「主権」の古典的意味も変わりつつあるのである。

国家の主権が国内において果たすべき役割として期待されているのは、もはや国民の安寧と秩序の維持だけではなく、いまや市民権を確実に保障することまで期待されている。また、対外的主権としては、外部の敵から自国を防衛する能力とともに、外国と協調する能力も今日必要とされている。グローバルなレヴェルや地域的レヴェルで問題が生じ、しかも国際的または超国家的な組織の枠組みにおいてしか解決できない場合、憲法の要請を実現しなければならない国家には、そうした問題を解決するための集団的努力に、同等な権利を持った者として参加する用意と能力もまた要求されるのである。[11] そして、そうした集団的努力に参加する限りは、犯罪的な国家や崩壊しつつある国家の暴力から人びとを守るという国際共同体の義務の承認が前提となるとともに、戦争する権利の放棄も前提となるのである。

(b) 興味深いことに、国際共同体は制裁を課す権利を世界組織に委ねることができるが、その世界組織自体はグローバルな暴力の独占権を持つわけではない。法が強制力を有することに関する従来の想定に反し、立法権限を有する超国家的な審級と、超国家的に制定された法を守らせるための正統な実力行使という手段を留保する国家的審級とが乖離するのである。個々の主権国家は、国連の構成員として軍事力の使用を決定する権利を形式的には安全保障理事会に譲渡したことになっている(正当防衛の場合は除く)にもかかわらず、暴力の独占は個々の主権国家のもとで継続しているのである。集団的安全保障システムにおいてこれまで取られてきた行動様式から判断すれば、安全保障理事会によってなされる介入の決定が有効であるためには、十分な能力を持った十分多くの構成員が共同決定された使命を遂行するためにいつでもその能力を使う用意があるということを示すだけで十分である。このように上位に位置づけられた法規範が拘束力を持つのは、形式上は下位に位置づけられた構成諸国が「支えている」からという循環的構造の実例を提供しているのがヨーロッパ連合である。ブリュッセルとストラスブールで制定された法を守らせるための実力手段は、その法を自国に「適用する」個々の国にこれまでどおりとどめおかれるのである。

（c）ヨーロッパ連合の例は、「規範効果仮説」(12)を理解するうえでも格好の例である。この仮説が成り立たなければ、世界市民的状態というカントのプロジェクトは経験的な説得力をほとんど持ちえなかったであろう。政治的エリートたちによって超国家的なアリーナでなされることになった法の作成は、「予言の自己成就」方式で効力を発揮する営みである。こうした法の制定は、法が段階的に施行される過程で徐々に法の受け手の意識が変化することを、あらかじめ想定しているのである。つまり、法の制定にともなう活発な討論を通じて、最初は単なる字句の朗読程度に承認されただけであった条文の精神が、徐々に受け手の内面に浸透していくことが期待されているのである。そうした受容は、それぞれの国家と市民の両方で等しく進むことが期待されている。建設的に開始され循環的に自己関係するこうした学習過程を通じて、協定の締約者である各国の役割理解が変化する。つまり、まずは主権者として合意した協調行動に慣れるにしたがって、自分たちは自律的に決定する集団的行為者であるという自己理解が、権利と義務を有する組織の構成員であるという意識に徐々に変化していくのである。こうした過程を通じて、主権国家もまた、国際共同体の一員として、あるいは国境を越えて広がるネットワークで共に活動する者として引き受けた義務に、自国の利害を従属させることを学習することができるのである。

II

以上の予備的説明を踏まえるならば、世界市民的状態というカントの理念を、確かに現実の先を行ってはいるが現実とのつながりを失っていないものとして展開することができる。すでに別のところで概要を述べたことがあるが、[13] 私は政治体制を備えた世界社会を、世界政府が存在しなくてもこれまで欠落していた世界内政（Weltinnenpolitik）を可能にする、とくにグローバルな経済政策と環境政策の分野でのそれを可能にする、多次元システムとして記述したいと思う。国家中心の国際法システムでは、一種類のプレーヤー、つまり国民国家と、二つの競技分野、つまり内政と外交あるいは国内の案件と国際関係しか問題にならなかったのに対して、創設される世界市民社会の新しい構造は、三種類の集団的行為者をともなう三つのアリーナが存在するという点が際立った特徴である。

超国家的アリーナに登場するのは唯一の行為者だけである。国際共同体が制度的なかたちとして見いだしたのは、厳密に確定された政策分野でのみ行為可能で、それ自身は国家の性格を持たない世界組織である。国連には、任意にみずからの権限を確定したり拡張したりする権限はない。国連は二つの機能のために、すなわち国際的な安全の確保と人権のグローバルな徹底とを、効果的にそしてとりわけ非選択的に達成するために権限が認められているが、同時にこの根本的ではあるが厳密に規定された二つの機能だけに限定され続けもする。したがって、遅れている国連改革は、中核的な制度の強化だけでなく、同時に、枝分かれするように膨大に存在する（さらに別の国際機関とも絡みあっている）国連に付随する組織や特別な組織を機能に応じて統廃合することも目指さなければならない。[14]

この世界組織における意見形成や意思形成は、もちろん各国の議会でのコミュニケーションの流れに結びついていなければならないだろうし、非政府組織が議論に参加することも認められるべきだろうし、活発な世界の世論による観察にもさらされるべきであろう。しかし、この世界組織の改革が適切になされたとしても、その直接の構成員はやはり国民国家であって、世界市民ではない。この点では、どちらかと言えばカントの国際国家よりは国際連盟と同じである。なぜなら、世界共和国が存在しなければ、どれほど慎ましいものであったとしても世界議会は存在しえないからである。国際法的な条約というさしあたり唯一利用可能な手段を用いて集団的行為者がみずから作り出すしかない秩序のなかに、当の集団的行為者が跡形もなく融解してしまうわけではないのである。この世界組織が、権力によって裏打ちされた合法的平和主義の支柱であるべきだとすれば、引き続きこれからも国ごとに組織された権力が中心となって支えられなければならないのである[15]。諸個人とならんで諸国家もまた世界市民法へと転換した国際法の主体であり続ける。それによって、国際共同体は一人ひとりの市民に対して、場合によってはその人の政府に逆らってでも基本的権利にもとづく保護を保証することができるのである。

　国際共同体の一員として諸国家はまた、「ミレニアム開発目標」という崇高な名称のもとで国連が発表した壮大な目標との関係でも、特別な地位を保持しなければならない。世界市民の保護については、この間、国際人権規約によって一貫して発展してきたが、その対象はもはやリベラルで政治的な基本的権利にだけ限定されることはなく、むしろ「権能を与える」実質的な生活条件、つまり、この世で困難に直面し重荷を背負った人びとが、それによって初めて形式的に保証された権利を実際に行使できるようになる、そうした生活条件にまで及ぶようになってきている[16]。ますます複雑になる世界社会は調整の必要もまた増大させるが、すでに今日、国家間（transnational）のネットワークと組織という舞台のうえには、そうした必要を満たすためのさまざまな仕組みが増え、重なりあっている[17]。しかし、国家という行為者ならびに非国家的行為者のあいだでの調整は、国境を越える諸問題のうちの特定の分野にとってのみ有効な規制の形式である。広い意味での「技術的」問題（単位の標準化、テレコミュニケーションの規制や大災害に対する備え、疫病の感染拡大の防止や組織犯罪との戦い）であれば、情報交換、協議、検査、協定といった手続きで十分である。悪魔はどこでも細部に宿るので、こういう問題の場合も、対立する利害の均衡を図ることは必要である。しかしこうした問題は、真に「政治的」性格を有する問題とは違う。そうした問題は、たとえば世界的なエネルギー政策と環境政策、あるいは財政政策と経済政策など分配に関わる諸問題がそうであるように、根深い原因があってそう簡単には変わらない各国社会の利害状況に関わる問題である。こうした将来の世界内政問題に関しては、問題を具体化し調停する必要があるが、そのための制度的枠組みも行為者もいまのところ存在しない。現存の政治的ネットワークは特定の機能に特化しており、最良のケースではできるだけ多くの関係者が参加して問題に多角的に取り組む組織が作られているが、その場合も各国政府代表者以外に誰が参加を認められようと、責任を負い発言権を認められているのは政府代表者である。いずれにしても、現存の政治的ネットワークは、たいてい立法する権限とそれに対応する政治的意思形成のための制度的枠組みを形成してはいない。かりにそのような枠組みが成立したとしても、そのような取り決めを実行に移すことができるような集団的行為者がやはり欠けているであろう。私が念頭においているのは、それぞれの大陸全体を代表して交渉するための全権を持ち、交渉結果を実現するために必要な権力を自由に行使できるような地域体制（regionale Regime）である。

中間的アリーナに登場するのが数えられる程度の数のグローバルプレーヤーであったならば、システム的に統合された、つまり自然発生的に統合された世界経済と世界社会が自ずと生み出す調停の必要を、政治が目的意識的に満たすことができるであろう。そうしたグローバルプレーヤーは、次々と提携を結んではそれを変更したり、勢力の均衡を柔軟に達成したり、交渉によって拘束力を持った妥協を実現しそれを実行に移したり――とりわけ世界規模の環境と経済に関わる機能システムをどのように構造化しどのような枠組みで制御するかという問題で――といったことができるために、十分強力でなければならないであろう。もしそのようなことが可能であったならば、国家間の舞台上に、これまで私たちが知っているような国際関係がかたちを変えて――国連の実効的な安全保障体制のもとでは、たとえ最強のグローバルプレーヤーであっても、紛争解決のための正統な手段として戦争に訴えることは認められないだろうから、それだけでもすでにかたちを変えている――存続していくことになるであろう。中間的次元あるいは国家間の次元には、さしあたり、アメリカ合衆国を除けば、有能な行為者が存在しないという問題は、私たちの注目を、国民国家という第三の次元に向けさせることになる。

　全世界規模でこの次元が形成されたのは、植民地解放が進むことによってであった。ようやく二〇世紀の後半に、多くの国民国家から成る包括的な共同体が成立したのであり、この時期に国連の構成員の数は五一から一九二へと増加した。このように、国民国家は比較的最近の政治的構成物である。国民国家は、「生まれながらの」行為者として、またこれまで同様もっとも自発性に富みもっとも強力な行為者として、国際的アリーナに登場するが、今日苦境に陥っている。世界経済の相互依存が強まり、世界社会のリスクが国境を越えたリスクであることが、自由に振る舞える余地も一連の正統化過程も領土によって限界づけられている国民国家に難題を突きつけているのである。地球規模での結びつきの増大は、政治的決定に責任を持って参加する者とその決定の影響を被る者との一致という民主主義理論の想定が現実と合っていないことをとっくに証明してしまっているのである[18]。

それゆえ、あらゆる大陸の個々の国家は地域連合を——いずれにしても緊密な協調体制を——築かなければならないと思っている（APEC、ASEAN、NAFTA、AU、ECOWAS、OAS等々）。しかし、そうした地域的同盟はほんのはじまりにすぎない。各国民国家は、国家間の次元で世界内政の集団的担い手としての役割を引き受けようと思うならば、つまりグローバルプレーヤーとしての行為能力を獲得し、国家間の協定という結果に対して民主的な正統化がなされるようにしなければならないとすれば、政府間の協調体制の構築というレヴェルを超えてともに成長しなければならない。そうしたより強固な政治体制の構築に向けて模索を始めたのは、第一世代の国民国家だけであった。自己破滅的な過激なナショナリズムが蔓延していたヨーロッパでは、政治統合を目指そうとする気運が生まれたのである。

　ヨーロッパ連合は今日、少なくともグローバルな行為能力に対する正当な継承権を有すると見なされるところまではきている。その政治的重みは、中国やロシアのような「生まれながらの」大陸的政治体制にほぼ匹敵しつつある。しかし、国家社会主義という移行段階によって、比較的最近、古い帝国の社会体制から抜け出た中国やロシアと違い、ヨーロッパ連合は他の地域にとって模範の役割を果たすことができるかもしれない。なぜなら、かつてはばらばらであった各国民国家の利害を、一段高い統合の次元で調整し、それによって新たな規模の集団的行為者を生み出しつつあるからである。ただし、ヨーロッパ連合が地域的な行為能力形成の模範となりうるのは、その政治的統合の水準が、対外的にも対内的にも民主的に正統化された共通の政策を追求できるところまで達している場合のみである。

　ところで、ここまで私は、政治体制を備えた世界社会において、三つのすべての次元で前進を妨げる効果を持ちうる文化的複数主義に言及してこなかった。今日、全世界的に観察される世界宗教の政治化は、国際的次元でも緊張を高めている。文明の衝突などと称されるこうした対立は、政治体制を備えた世界社会という枠組みにおいて、とりわけ国家間の交渉システムにとって重荷になりかねない。しかし、右に概略を示した多次元システムの枠組みが確立されるならば、それまでに各国民国家は学習を積み重ね、自己理解も振る舞い方も変化させているであろうから、こうした対立の処理も比較的容易になるであろう。

そうした学習過程が関わる項目のひとつは、世界組織の規範を内面化し、国家間のネットワークに賢く参入することで自分たちの利益を守る能力を身につけることである。政治体制を備えた世界社会においては、主権国家は、形式的には暴力の独占を放棄しないものの、同時に国際共同体の平和的一員であり、国際的組織で共にプレーする有力なメンバーの一人である、という自覚を持たなければならないのである。学習過程が関わるもうひとつの項目は、国民国家が形成される歴史と密接に結びついていてなかなか変わらない意識の有り様を克服することである。各国民国家が地域的連合を形成してグローバルな行為能力を持った行為者へと成長する過程で、国民意識を、つまり、いずれにしろ高度に抽象的にならざるをえない国家公民としての連帯にとっての現存の基盤を、もう一回り拡張しなければならないのである。民主的な国家公民のエートスによって醸成される寛容の精神が、すでに国民国家の枠内において十分定着していればいるほど、宗教やエスニシティやナショナリズムの動機にもとづいて大衆が動員される可能性は小さくなるであろう。

さて、そろそろこの辺で、「当為の無力」という抗議の声が上がることであろう。新しい世界秩序に関するカントのプロジェクトが他のヴィジョンに対して規範的に優っているということについては、ここでは立ち入ろうとは思わない(19)。しかし、規範的にどれほど優れた基礎づけがなされたプロジェクトであろうと、現実がそれに対応しないならば、何の成果ももたらさないことは言うまでもない。ヘーゲルはカントに対してそうした批判を行ない、盲目的な現実に理性的理念を単に対置するかわりに、歴史の現実を理念の現実性を示すものへと格上げしようとした。しかし、そのように歴史哲学によって理念を擁護しようとしたことで、ヘーゲルもマルクスもかえって大恥をかくことになってしまった。そこで、カントの修正されたプロジェクトに対応する二つの歴史的傾向に話を進める前に、そもそもこのプロジェクトとともに決定的に重要になる問題を思い出しておきたい。すなわち、そもそも私たちは、政治体制を備えた民主的な公共体という観念世界に別れを告げるべきなのか、それとも国民国家の次元では過去のものとなりつつあるこの世界を、ポスト国民国家的（postnational）状況に向けて継承発展させることができるのか、という問題である。

Ⅲ

憲法に関する近代的な考え方において、はっきりと焦点が当てられているのは市民と国家の関係である。しかし、はっきりとではなくても、国家と「市民社会」（マルクスおよびヘーゲルの意味での）[20]を包摂する、つまり行政国家と資本主義経済と市民社会の全部を包摂する全体の法秩序もまた構想されることがつねである。経済は、近代国家が租税国家として私法によって組織された市場でのやりとりに依存しているということだけで、すでに重要な意味を持つ。そして、市民社会は、社会契約論において市民同士の関係のネットワークとして――リベラルな憲法の構想におけるように、効用の最大化を目指す社会市民同士の関係としてであれ、共和主義のモデルにおけるように、連帯しあう国家公民同士の関係としてであれ――テーマとなった。

もちろん、自由で平等な市民からなる公共体を法によって構成することが憲法の本来のテーマである。

「安全保障」「権利」「自由」によって、一方では政治的公共体の対外的な自己主張にアクセントが置かれ、他方では自由で平等な個人がみずからを統治する連合体の一員として相互に認めあった権利を保障することにアクセントが置かれる。また、憲法は、国家によって組織化された権力がどうすれば正統な権力と見なされるようになるのかをも定める。しかしじつは、「権利と自由」の問題をどう解くかに応じて、主要な機能システムとしての経済と、公共的な意見－意思形成の基盤としての市民社会のそれぞれが国家の組織的権力との関係で果たすべき役割が、暗黙のうちに決まってしまうのである。

国家が果たすべき課題が、秩序の維持と自由の保障という古典的な課題にとどまらずにどんどん増えていくにつれて、憲法秩序には暗黙のうちに包括的な決定がなされているという面があるということがしだいにはっきりしてくる。資本主義社会では社会的不正は是正されなければならないし、リスク社会では多くの人が危機にさらされることを防がなければならないし、複数主義的社会では複数の文化的生活形式の同権が確立されなければならない。資本主義によって生み出される格差、科学と技術がもたらすリスク、文化や世界観の複数主義が生み出す軋轢、これらに国家は対応を迫られることになるが、いうまでもなく、これらは政治と法という手段に簡単になじむような問題ではない。しかし、だからといって国家が社会全体に対する政治的責任から逃れられるわけではない。なぜなら、国家自身が、私的な機能システムの――とりわけ経済の――システム統合的働きと、市民社会の社会統合的働きの両方に依存しているからである。国民の生活保障と問題の予防に取り組む国家は、各機能システムの独自の要請と市民社会の独自のダイナミズムの両方に対して、いわば司会役となって折り合いをつけなければならない[21]。コーポラティズム的な交渉システムは、こうした新しいスタイルの具体的な現われであるが、そこにおいても国家は、これまで同様、憲法に――あるいは、時代状況に応じた憲法の解釈に――準拠しなければならないのである。

憲法が定める政治的体制が、国家、経済、市民社会の三者と密接に結びついていることは、社会学的には次のように説明することができる。すなわち、すべての近代社会は、三つのメディア——私たちはそれを「権力」「貨幣」「相互了解」と呼んでいる——によって統合されているということである。機能的分化の進んだ社会では、社会的関係は、組織か市場か合意形成（つまり、言語的コミュニケーションと価値と規範）を通じて形成される。それぞれに対応する社会構成のタイプは、官僚制国家、資本主義的経済、市民社会において濃密に発展する。政治的体制が目指すのは、これらのシステムが、「公共の福利」という想定された尺度に従ってそれぞれの機能を満たすように、法というメディアの助けを借りて三者を一定のかたちにまとめ相互の調和を図ることである。公共の福利の最大化に貢献しうるためには、憲法は、法秩序全体の構造形成的な働きに依拠して、各システムに特有の誤った発展を阻止しなければならない。

かくして、国家の組織的権力は、抑圧的権力やパターナリスティックな保護監督、標準化の強制などの誤った道に進むことなく、権利と自由を保証しなければならない。経済は、公正な分配の基準に反することなく（できるだけ多くの人の生活を改善すべきではあるが、何人たりとも不利益を与えてはならない）、生産性と豊かさを増進しなければならない。市民社会は、集団主義や強制的統合に堕することなく、あるいは分断や極端な世界観的対立を引き起こすことなく、自立的な国家公民相互の連帯を図らなければならない。要請される公共の福利は、「国家の機能不全」（不十分な権利保障や抑圧）によってのみ危機に瀕するわけではなく、「市場の機能不全」や連帯の崩壊によっても危機に瀕するのである。(22) 公共の福利といってもその中身は曖昧でつねに異論がともなうことの最大の理由は、相互依存関係にあるこれら三者間でバランスを取らなければならないことである。

国家が秩序維持と自由の保障という国家固有の課題をうまく達成している場合であっても、経済がしっかり機能して、国民が承認する社会的補償の配分のための前提を作り出さないならば、また活発な市民社会が、公共の福利を大切にしようとする動機づけを十分に生み出さないならば、国家は、必要な正統化の水準を継続的に確保することはできない[23]。その逆も言える。したがって、憲法が定める体制は民主的国家に対して、政治的公共体が存続するための経済的、文化的な前提条件を確保することに対してパラドクス的責任を負わせることになる。パラドクス的というのは、国家は政治的圧力と法的強制という利用可能な手段を用いて、そうした前提条件の確保に影響を与えたり促進したりできるし、それによって政治的に「統治可能」にすることもできるが、だからといって必ずうまくいくということを法によって保証することはできないからである。失業や階層分化といった問題は、連帯の希薄化同様、禁止や行政措置によって解決することはできないのである。

憲法に書き込まれた社会像と、国家が社会に働きかけるために自由に用いることができる手段が限られた効力しか持たないこととのあいだにはギャップがある。しかし、このギャップは、国民経済が国民国家の枠内に収まり、比較的同質な住民同士の連帯が国民意識によって支えられていたあいだは、それほど大きな問題にならなかった。一九四五年以降、固定為替相場制をともなった自由貿易体制が地球の西側半分に確立するようになると、確かに国際貿易に向けて国境は開かれたが、相変わらず国民国家の社会的文脈に埋め込まれたままだった経済システムは、国家の介入に対して敏感であり続けた。こうした状況のもとでは、各国の政府がそれぞれの領土内で自由に振る舞える余地は相当大きかった——そして十分大きいと見なされもした——ので、公的に重要な社会的過程を政治的に統制することは可能であるということを、まだまだ前提にすることができた。

社会が市民の意思にもとづき国家機関を通じてみずからに働きかけるという、憲法が想定するような社会が存立しうるかどうかの鍵を握っているのが、この「政治的統制可能性」の想定である。市民を法律の作り手にすると同時に、その法律の受け手として市民がそれに服するという憲法の民主的内実を左右するのが、この自分に働きかける可能性である。社会が政治的手段を用いてみずからに働きかけられる程度に応じてのみ、市民の政治的自律は内実を獲得しうるのである。私たちの文脈においては、これこそが決定的に重要な事柄である。政治が責任を負う分野が拡大し、コーポラティズム的な交渉システムができただけでもすでに国民国家の正統化チャンネルには負担がかかり、規範的に容認できるぎりぎりのところまできていたのだが[24]、新自由主義的な経済体制への転換によって、このぎりぎりの線も突破してしまったからである。

これまで正当な理由から国民国家が行なってきた給付やサーヴィスの民営化が、今日どんどん進行している。こうした民間企業への委譲にともなって、これらの給付やサーヴィスを用意し提供することと、憲法が定めていることとの結びつきがゆるんできている。民営化が国権の中核領域——公的な安全保障や軍隊、刑の執行、あるいはエネルギーの確保など——にまで及ぶようになれば、そうしたリスクはますます高まるであろう。さらに、これとは別に経済のグローバル化が政治的に目指され、経済の独自のダイナミックな展開が可能となって以来、民主的な立法者の無力化が進んでいる。法的安定性と自由の保証、公正な分配と対等な共生などに深く関わっている社会的過程に対して、政治的統制がどんどん及ばなくなりつつあるのである。いずれにしろ、民主的な国家に求められる責任と、国家が実際にできることとのあいだには、大きな溝ができつつある[25]。

多くの広範な次元で市場の規制緩和と交通と情報の流れの国際化が進むにつれて、新たな規制の必要が生じてくるが、それを受けとめ対応するのが国家間のネットワークと組織である。そうしたネットワークにおける政治的決定は、たとえ各国政府の役人が共同作業を行なった結果であったとしても、それぞれの国民国家の公的活動に甚大な影響を与えるにもかかわらず、各国民国家の正統化過程と結びついてはいない。ミヒャエル・ツュルンは、こうした発展の帰結について次のように記している。「国民国家内での民主的な政策決定過程は、かくしてその投錨地を失いつつある。各国内での決定過程に取って代わりつつある組織や行為者は、もちろん各国政府に対して何らかの仕方で説明を行なう責任を一番負っているが、同時に国民国家の枠内で暮らす当該規制の受け手からすれば政府以上に遠い存在で関与のしようがない。こうした新たな国際的制度がそれぞれの国民国家社会の内部の事柄にまで影響を与えるようになれば、『委任された、したがって統制された』権限という観念は、代理という主要な意味ではもはや維持できない(26)」。

このような記述がもし当たっているとすれば、ポスト国民国家的状況は、私たちに悩ましい二者択一を迫っていることになる。すなわち、私たちは、自由で平等な市民が連合して自己統治を行なうという高邁な憲法の理念をあきらめ、法治国家と民主主義に関する社会学的に冷めた解釈、つまり法治国家と民主主義の外見だけがかろうじて残るような解釈で満足しなければならないのであろうか。それとも、輝きを失った憲法の理念を国民国家という基盤から切り離し、政治体制を備えた世界社会というポスト国民国家的形態においてよみがえらせなければならないのであろうか。当然ながら、哲学的な思考実験によって、この理念の規範的内実が世界政府を持たない世界市民社会において、概念的にどのように止揚されうるのかということを示して見せるだけでは不十分である。世界そのもののうちに、理念に対応する経験的事態があるということを示すことができなければならない。

国民国家はだいぶ前から高度に相互依存的な世界社会に振り回されるようになっている。世界社会の部分システムは——加速された情報とコミュニケーションの流れ、地球規模での資本移動、取引の流れ、生産の連鎖、技術移転、大衆の観光、仕事を求めての移動、科学の交流、等々をともなって——国境などお構いなしに活動する。国民国家ごとの社会と同様に、このグローバルな社会も権力、貨幣、相互了解というメディアによって統合される。国民国家の次元で政治と法という手段を用いてこれらの統合のメカニズムをかなりうまく機能させてきた体制が、超国家的次元や国家間の次元では絶対うまくいかないなどということはないはずである。国家公民としての連帯と政治的体制の制御能力とが、国民国家の枠内にとどまらなければならない社会存在論的な理由が、私には見当たらない。しかし、先に述べたように、哲学的な思考実験によって、憲法の理念の規範的内実が世界政府を持たない世界市民社会において、概念的にどのように止揚されうるのかということを示して見せるだけでは不十分である。

グローバルな多次元システムが実現すれば、国家が果たすべきと見なされていた古典的役割、すなわち安全と権利と自由の保証は、平和の確保と人権のグローバルな徹底という役割に特化する超国家的な世界組織に委ねられるであろう。しかし、この世界組織は、世界内政の膨大な課題、すなわち、一方には階層化された世界社会における生活水準の極端な格差を是正し、エコロジカルな不均衡を改善し、大勢の人びとをさまざまな危険から守ることに関わる課題があり、他方にはそれぞれの文化が実質的に同等の権利を持てるようになることを目指して世界的文明同士の対話によって文化間の相互理解をもたらすことに関わる課題があるが、そうした膨大な課題には取り組まないであろう。こうした問題のためには、国家間の交渉システムの枠組みによる違った対処の仕方が必要である。こうした問題を、直接的に、つまり権力と法を用いて、その気がなかったり能力がなかったりする国民国家の意向を無視して、解決することはできない。これらの問題は、国境を越えて活動する機能システムの固有の論理と、それぞれの文化や世界宗教の独自性に関わっており、政治は、賢明な利害の均衡、理知的な制御、解釈学的に開かれた精神などによって、これらの問題に対処しなければならない。

世界市民的体制の理念に対応する傾向を世界そのもののうちに見いだそうとするとき、超国家的次元と国家間の次元とを区別することで、私たちは、一方では懸案の国連改革に（Ⅳ）、他方では現在のグローバル・ガヴァナンスの形式の正統化不足がますます意識されるようになってきていることから生じるダイナミズムに（Ⅴ）注目することになる。

Ⅳ

ジョン・ロールズは、存在と当為の乖離を反省することで、「理念的な理論」と「現実的な理論」とを区別した。この方法上の区別は、カントの本体（Noumena）の世界と現象の世界の区別を、まだ十分に脱超越論化するものではなかった。理念は、私たちの日常的な慣習的実践（Pratiken）の不可避的に理想化を行なう前提を通じて社会的現実のなかに入っていくのであり、そうした目立たない仕方で社会的事実としての抵抗力を獲得するのである。たとえば、市民が政治的選挙に参加するのは、政治学者が観察者のパースペクティヴから政党の勢力図や人びとの投票行動についてどれほど冷めた報告を行なおうと、参加者のパースペクティヴからは自分たちの投票は当然大事であると思っているからである。また、訴訟依頼人は、これまで同様、法律の専門家や裁判官が規範や手続きの曖昧な部分について何を言うにせよ、自分たちの争いに対して公平な判断と正しい判決が下されるはずだという期待を抱いて裁判所に向かう。しかしながら、理念が効力を発揮するのは、あくまでも既存の、あるいは慣れ親しんだ、慣習的実践の理想化を行なう前提を通じてのみである。慣習的実践が、たとえば法律によって創設される制度という支えを得るようになってはじめて、その制度が機能するために必要な擬制や想定もまた事実として真剣に受け止めなければならなくなるのである。

国連はそうした制度である。この国際法の制度の枠内で、数十年前から強い規範的要請を帯びた新しい取り扱い方法や手続きが形成されてきている。私は、ようやく始まったこの世界組織の改革の軌跡をたどることでカントのプロジェクトの現実的内実を検証してみたい。それによって私たちは、第一義的には規範的論拠によって展開される理論の地盤から離れて、急速に発展しつつある実定法の分野の建設的な理解を目指す。この間、国際法は、国家の法の妥当様式と同じように妥当するようになってきており、それによってその位置づけも変わってきている。国家間の次元では、「従来なかったような国家の法と超国家的法の混合、さまざまな私的契約の混合、公法の混合が問題」になっており、超国家的次元では、「さらに、世界憲法が形成されつつある」[27]。これによって、国家の法と国際法との関係に関する二元論的捉え方と、国家の法と国際法はグローバルな法体系のなかで融合するという一元論的主張とのあいだの論争は、そもそもその対象を失ってしまった[28]。

いずれにしろ、国際法の急速な発展は、今日多くの専門家から、国際法の主体および世界市民へと格上げされた個々の法人格の法的立場の強化を目指して諸国家からなる国際共同体によって推進されつつある「立憲化」として受けとめられている[29]。コフィー・アナンによって設置された委員会も[30]、すでに国連憲章が四つの革新的考えによって示していたのと同じ方向で予定の国連改革が進められることを、当然の前提としている。すなわち、国連憲章は、

（a）平和の確保という目標を（カントと同じように）全世界での人権の徹底という政策と明確に結びつけ

（b）暴力の禁止を、制裁措置と平和を強制する介入の示唆によって裏づけ（それによって、国家間の紛争解決の手段として戦争を行えば処罰を受けることになるという見通しが生まれた）

（c）個々の国家の主権を、世界平和と集団的安全保障という目標との関係で相対化し

（d）あらゆる国家を包括的な世界組織に参加させることで、国連の法が優先され普遍的な拘束力を持つようになるための重要な前提を作り出したのである。

（a）国際連盟と違い、国連憲章は第一条の第一項および第三項で、世界平和という目標と「人種、性、言語、宗教による差別なく、すべての者のために人権及び基本的自由を尊重すること」とを結びつけている。かつては国民国家の内部でのみ保証されていた憲法の諸原則を全世界的に妥当させるべしというこの義務は、安全保障理事会で何を議題に取り上げるかということにもますます影響を与えているし、ここ二、三十年は、平和を破壊したり攻撃をしかけたり国際的な安全を脅かしたりといった事態がなぜ起こるのかということについてますます徹底した解釈を促してきた。改革委員会は、こうした展開から帰結を引き出す際、危機の防止、個人の自由権と参加権の保証、非人間的な生活状況からの解放という密接不可分な三点にまで「新たな安全保障に関する合意」の中身を拡張した。改革委員会は、危機の原因を古典的な国家間の紛争から内戦と国内の無法状態、国際テロリズム、大量破壊兵器の所有、国境を越える組織犯罪にまで広げただけではない。発展途上国の現状を踏まえ、こうした危機の原因の一覧に、多くの住民が貧困と病気、社会的周辺化と環境破壊などによって無権利状態に置かれていることも付け加えたのである。

このようにして、国際的安全の確保は、（一九六六年の総会で可決された）市民的、政治的権利と、経済的、社会的、文化的権利に関する規約を守るべしという要請と概念的に一体化するのである。その際、改革委員会は、安全保障概念の非軍事化を意識的に推し進める。そのことは、たとえば一九一九年に国際

的に大流行したインフルエンザによってたった一年で推定一億人が死んだということは[31]、第一次世界大戦の全期間中の残忍な戦闘行為よりもはるかに多くの犠牲者をインフルエンザはもたらしたということであると述べているところに表われている。「大量の死や生活チャンスの縮小をもたらしたり、国際的システムの基礎単位としての国家を危うくするような出来事や過程はいかなるものであれ国際的な安全保障にとっての脅威である（TCC, 12）」。

（b）　国連憲章の核心をなすのは、違反行為に対しては然るべき制裁措置を講ずる権限を安全保障理事会に認めることと合わせての暴力の全面禁止である。国際連合機構自身が決定する強制措置を別にすれば、暴力の全面禁止に対する制約は、厳密に規定された自己防衛の権利だけであり、それが認められるのは明確に確認できる攻撃によって自分たちが直接的脅威にさらされる場合だけである。改革委員会は、一方で予防的先制攻撃の権利を不当に行使する大国に対して、安全保障理事会の決定が優先することを強調する。[32]しかし他方で、安全保障理事会の軍事的介入権は堅持する。「集団的に承認を受けた力の行使は、今日までだ明確な規則ではないかもしれないが、もはや例外的なことではない（TCC, 81）」。改革委員会は、この間実施された一国内の紛争への介入との関係でもこのことを強調する。「ジェノサイドその他の大規模殺害、民族浄化、人道主義的国際法に著しく違反する行為に対して、主権を有する政府が有効な対策を取ることができなかったり取る意思がないことが判明した場合、人びとを守るべき集団的国際的責務が存在する、それは最後の手段としての軍事的介入を承認する安全保障理事会によって果たすことが可能である、という今日広まりつつある規範を、私たちは支持する（TCC, 203）」。

これまでの失敗や欠陥の分析を踏まえて、信頼の置けない一面的な問題の捉え方や、似たような事例でありながら不当にも異なった扱いがなされてきたこと（TCC, 86–88, 201）が批判されている。[33]報告書では以下の点に関する改革案が提起されている。
——ありうる制裁措置とその監視についてより厳密に規定すること
——平和の維持（piece-keeping）という目標と平和の促進（piece-enforcing）という目標とをより適切に区別すること
——国際連合機構は、軍事介入の後、紛争終結後の平和創造（post-conflict piece-building）のための建設的諸課題に取り組まなければならないが、それぞれの課題を適切に位置づけること
——正統な実力行使のみが許される条件を厳格に定めること（脅威の深刻さ、適切な目標、最後の手段、均衡の取れた手段、さまざまな帰結のバランス）

しかしながら、改革委員会は、軍事力の使用を世界警察的な実力の使用に転換することによって、人道的な国際法にとってどういう帰結が生じることになるのかという問いには答えていない。つまり、安全保障理事会が決定した目的を達成するために軍事力を用いる場合に問題となるのは、もはやいかに節度ある軍事力の使用にとどめるかということではなく、世界警察的な実力の使用はあくまでも世界市民の基本的権利を守るためのものであるということである。世界市民の基本的権利が、彼らの政府あるいはその他の国内で暴力を用いて略奪行為をはたらく者たちに抗して、守られなければならないのである。

（c）憲章の文面を素直に読むかぎり、古典的国際法にもとづく介入禁止を追認するように見える第二条第七項と、安全保障理事会に介入権を認める第七章との間には齟齬がある。実際、こうした不整合のために、しばしば安全保障理事会はきちんと仕事をすることができなかったし、とりわけ犯罪的な政権や何もしないことで実質的に共犯的である政権のもとで人道にもとる悲惨な事態が生じても主権を盾に取られてしまえば手出しができなかった[34]。しかし、大量殺人、大規模弾圧、民族浄化、迫害などが行なわれたり、

餓死や病気の感染を放置する政策が取られたりするのをただ見ているだけで何の介入も行なわないならば、国際共同体は、世界のすべての地域で人権擁護に努めるべしという義務に反することになる（TCC, 200–203）。改革委員会は、国連はユートピア的プロジェクトのために創設されたのではないということを思い出すように促している。安全保障理事会が作られたのは、むしろ、「諸原則」に十分な「政治的権力」の裏づけを与えることで、国際関係を強制的法のもとに服させんがためだったのである（TCC, 13f.）。

暴力の独占が崩れ拡散が進む現在、それがうまく機能しうるのは、安全保障理事会に十分な権威が備わることで、あらゆる場合に、国連の法を優先的に貫徹させるための制裁措置の発動に構成員の協力を得られる場合のみである。安全保障理事会の改革の提言——構成、選出手続き、権限付与に関して——は、それに対応するものである。すなわち、改革によって有力な構成員が進んで協力するようになることと、当然ながら簡単には自律的プレーヤーからチームの一員としてのプレーヤーへと自己理解を変化させようとはしない超大国にたがをはめることを目指している。

必要な場合には、抵抗する国民国家や無能な国民国家に抗してでも、これまで同様それぞれが正統な暴力使用という手段を独占している他の加盟諸国が力を合わせることで、暴力の禁止と基本的人権とを徹底させなければならない。これは、ヨーロッパ連合の例が示しているように、けっして非現実的な前提ではないが、超国家的次元における世界組織においてはまだ達成されていない前提である。この点で、安全保障理事会は、それぞれの地域の連合体とよりいっそう緊密に協力しあうことが望ましい。国連で決めたことを実行することに対して、各地域の近隣諸国の軍隊が自分たちの地域において特別の責任を負っていることは明らかだからである。

優先されるべき法を守らせるために各国の暴力独占を利用するということを前提にするならば、各国の

「主権における平等」をどう理解すべきかという教義的問題もうまく解決できる。「国連憲章に署名することで、各国は主権の有するさまざまな特権から恩恵を被るだけでなく、責任も引き受けることになる。ウェストファリア体制において初めて国家主権という考え方が打ち出されたとき、どのような認識が支配的であったにせよ、今日明らかなことは、国家の主権には義務がともなうということである。すなわち、各主権国家は、自国の人民の福利を守るとともに、より広い国際共同体に対する義務を果たさなければならないのである（TCC, 29）」。国民国家はこれまで同様強力な権限を備えてはいるが、いまや世界共同体の誤りを犯すこともありうる一員として振る舞うのである。主権国家は、基本権として明文化された人権を自国の領土内で保証するという課題を負っているが、立憲国家は民主的に合意を目指す市民の委託を受けてこの課題を果たす。しかし、各国の市民は、同時に国際法の主体――世界市民――という身分においては一種の損害保証を世界組織に委ねたのである。つまり、各国の政府がもはや基本権を保証する能力がなかったり、その意思がなかったりしたときには、安全保障理事会が代わりにその役割を引き受けるのである。

（d）　国際連盟が先進的なリベラル諸国によってのみ構成されようとしたのに対して、国連は最初からすべての国家を参加させることを目指して設立された。現在の国連は、リベラルな体制の国家のほかに権威主義的な国家も包摂しているし、ときには独裁体制の国家や犯罪的な国家さえも参加させている。こうした国々は、形式的に承認した憲章の文言に反する振る舞いをしたり、彼らも一端を担っていることになっている国連の取り組みに反する行動をとったりしている。したがって、世界憲法が普遍的に妥当するための必要条件はいちおう満たされているが、それによってかえって世界憲法に拘束力はないということを認めてしまっているようなものである。この意識的に引き受けられた事実性と妥当性との不一致が劇的なかたちであらわになるのが、拒否権を認められた大国によって人権侵害がなされる場合である。これらの国は、自分たちを批判するような決議が安全保障理事会でなされようとしても、それらをことごとく阻むことができるのである。同じような理由から、他の制度や手続きも、二つの基準の使い分けによって信頼が損なわれている。そのことがとくに当てはまるのは人権委員会での取り組みであり、この委員会は早急に抜本的な改革を行なうべきである。「人権の促進と擁護に本気で取り組む気があるということをみずからの行動で示さないような国が、人権を強化するための基準設定を行うことはできない（TCC, 283）」。[35]

他方、規範と現実との乖離は、権威主義的な加盟国に対しては逆に現実を規範に合わせるように圧力をかけることになる。国際社会の認識が変化し、安全保障および人権に関する確立した基準に従わない国家に対しては非難が公然となされるようになったことで、国際法の承認はかなり実質的なものとなってきている。ある国家の主権が承認されるためには、自国領土内での法と秩序の維持ができていれば十分であるという実効性原理は、今日すでに正統性原理によって大幅に押しのけられてしまった。[36] たとえばヒューマン・ライツ・ウォッチやアムネスティ・インターナショナルのように世界的に活動している監視組織が定期的に行なう報告は、不正な国家から正統性を剥奪することに多大な貢献をなしている。

この点に関して、以前からその承認が待ち望まれている国際刑事裁判所は、特別の意義を有している。もしこの裁判所ができれば、国際法における犯罪の構成要件を詳細に規定し、将来的には関連する安全保障理事会の決定の是非をも判断することになろうが、この裁判所が行なう決定は、いかがわしい評判の国家の主権主張に対する超国家的法の拘束力を強化したり、各国の暴力の独占に対する国連の自律性を全般的に強化したりすることになるだけではない。政治的な大規模犯罪や不正な政権に憤りを感じて世界のあちらこちらで盛り上がる世論に対しても、この裁判所の下す決定は大いに権威を与えることになるであろう。

V

上述の話は、国際組織でなされる政治的決定の正統化の必要性に関する問題およびその必要を満たすことは可能かという問題に関わってくる。国際組織は主権国家間の多角的な取り決めを基盤として成り立っている。そうした組織が、「国民国家の向こう側での統治」に関わる諸課題に直面することになれば、増大した正統化の必要性は、国際法的に拘束力を有する協定がせいぜい締約国の民主的体制によって享受していた正統化の様式と水準を超えてしまう。国際的な安全と人権に関する基準が守られているかどうかを監視する国連の場合も、こうしたアンバランスに直面しているように思われる。

改革委員会は、国連総会での審議に非政府組織を参加させることを提案しているが（TCC, 24）、もしそれが実現すれば、少なくとも世界的公共圏でのこの世界組織の決定に対する認知度は高まるであろう。もし加盟各国の国民議会と連携することができれば、おそらくそれもまたアンバランスの是正に役立つであろう。[37] いずれにしても国家の主権が、単独で決定する能力からしだいに共同決定する能力を意味するようになるにつれて、「対外的な事柄」は執行権の秘密事項に属するなどという従来の考え方は時代遅れになりつつある。とはいえ、幻想に陥らないようにしよう。こうした改革は、確かに大いに望ましいものではあるが、これだけで超国家的な決定と各国内の民主的に進められる正統化過程との間に十分な結びつきを作り出すことはできない。両者のあいだの溝は埋まらないままである。

他方で、もしも安全保障理事会が改革され、国際刑事裁判所（ＩＳＴＧＨ）も世界的に承認され、両者がいっしょに機能するようになったならば、そのとき生じる正統化の必要性は、やはりまだ上記の溝を埋める必要があるような性質のものかどうか、という問いが浮上する。そこでよくよく観察してみるならば、超国家的な次元における正統化の問題は、国家間の次元の場合とは違った答えが必要だということがわかるはずである。すなわち、国際法は人権の発展と説明の固有の論理に従うものであり、国際政治がますますこの発展に定位するようになってきている限り、超国家的次元で生じる課題はどちらかといえば政治的というよりは法的性質のものなのである。政治体制を備えた世界社会ができれば、そのことはいっそう当てはまるかもしれない。改革された世界組織が世界的公共圏（もちろん今のところあまり制度化されていない）にしっかり埋め込まれさえすれば、中核的ではあるが大多数の加盟国が関わるわけではない二つの機関が行なう決定に対して十分な正統化が得られると思われるが、それについては二つの理由がある。

安全保障理事会は公正な規則に従って、つまり不偏不党の立場で事案の取捨選択をせずに、平和の確保と人権擁護という法的に扱いうる問題に取り組むものと仮定しよう。さらに、国際刑事裁判所は、（さしあたり集団虐殺、人間性にもとる犯罪、戦争犯罪、攻撃などと称されている）主要な事実構成要件を法理論的に細かく分類し規定しているものと仮定しよう。そのようにきちんとしたかたちで機能するならば、この世界組織は、世界規模での背景的合意が三つの点で成り立っていることを当てにすることができるであろう。すなわち、第一に実質的に拡大された安全保障概念にもとづく政治的な目標設定に関する合意であり、第二に総会で可決されすでに多くの国によって批准された人権規約と国際慣習法という法的基盤（要するに、強行規範という国際法の中核部分）に関する合意であり、第三に改革された世界組織が課題の解決に取り組むときのそのやり方に関する合意である。この課題解決の取り組みが承認を得られるだろうと期待できるのは、私たちが想定するように、民主主義に関わる長期にわたる学習過程の成果を反映した原則と手続きが堅持されるときである。法的形式を取る現存の手続きが規範的拘束力を有することに対する信頼は、いわば前貸しされた正統化によって支えられているが、その前貸しは試練を経た民主主義諸国の模範的歴史がいわば人類の記憶に対して用立てたものである。

もちろんこのような合意の想定だけでは、なぜ私たちは世界的公共圏に批判的機能が備わっているだろうと見なしてよいのかということの説明にはなっていない。しかし、すでにカントはこの点で楽観的であった。なぜなら「地球上の一箇所で起こった権利侵害であっても、地球上のあらゆるところで感じ取られる」からである。[38]実際、超国家的次元でなされる戦争か平和か、合法か不法かの決定は、今日――ヴェトナムやコソヴォやイラクへの介入、あるいはピノチェト、ミロシェヴィッチ、サダムの場合のように――世界的規模で注目を集め批判的な反響を呼び起こす。普段はばらばらな世界市民社会は、こうした重大な決定に対する自発的反応を通じて、個別の問題ごとにまとまりを見せるのである。大規模な人権侵害や暴力禁止に対するあからさまな違反によって世界中でいっせいに沸き起こる道徳的な憤りの声から、さらには社会の大混乱や大規模な自然災害によって犠牲になった者たちに対して示される共感からも、徐々に世界市民的連帯の息吹が――さまざまな文化や生活形式や宗教のあいだの大きな隔たりを乗り越えて――感じられるようになりつつある。

普遍主義的な正義の道徳から生じる否定的な義務――人間性にもとる犯罪や防衛のためではない戦争を行わない義務――はあらゆる文化に根づいているし、幸いなことに、世界組織の諸機関が自分たちの決定を正当化する際の拠り所としている厳格な法律論にもとづく基準にも対応している。しかし、国家間の交渉によって何らかの規制について決定を行なう――安全、権利、自由といった古典的な課題のリストにとどまらない――ためには、これだけでは土台として不十分である。分配に関する問題では、国民国家の内部であれば、民主的な手続き（たとえまともとは言えない劣悪なものであったとしても）によってのみ満たされうるような正統化の必要が発生する。しかし、世界共和国という夢を放棄してしまえば、これと同じような手続きを国家間の次元で期待することはできない。ここで正統化不足が生じることになり、ますます問題として意識されるようになってきている[39]。そこで最後に、この挑戦に対する三つの反応を取り上げ、その特徴を描いてみたい。

国連は、国民国家の向こう側での統治という新たな形態によって突きつけられることになる正統化問題に対して、正しい記述を与えてはいるが、無力なアピールでそれに対応しようとしている（a）。新自由主義的で法複数主義的な立場からすると、この問題は現状を危機に陥れるようなものではまったくない。なぜなら、世界規模の私法社会という考えからすれば、正統化に対する要求はそれほど重要ではなくなるからである。しかし、多数派の志向に沿うわけではない制度の正統化力を持ち出してみても、あまり説得力はない（b）。正当化問題の重要性を低く見積もることになる新自由主義の経済理論がかりに正しいと仮定しても、これまで政治的に規制していた生活領域を市場の制御機能に委ねることは、やはり悩ましい問題を引き起こす。すなわち、政治が対処しうる余地を世界的に狭めることを政治的に決定するということに対して、私たちは責任を取ることはできるのか、という問題である（c）。

（a）　国際的な安全保障という概念の拡張によって、国際共同体は、平和政策と人権政策という中心的課題に取り組むだけでは済まされなくなった。国際的な安全保障と世界の発展に関する諸課題とを結びつけることに関しては、本来的には経済社会理事会が中心的役割を果たすべきであった。しかし、国連はこの分野で瞬く間に限界にぶつかってしまった。国際的な経済体制の構築は、国連の枠組みの外で、アメリカ合衆国のヘゲモニーのもとで行なわれてきたのである。この経験は、次のような冷めた記述のうちにも反映している。「国際的な経済問題に関する決定、とりわけ金融と貿易の分野でのそれは、長いこと国連の手を離れて行なわれてきたし、どれほど制度的な改革を行なったところで、それを元に戻すことはできないであろう（TCC, 274)」。加盟国の主権の平等を前提とする国連は、どちらかといえば政治的駆け引きによって利害の均衡を達成するよりは規範に従って進められる合意形成に向いているのであり、したがって政治的具体化という課題には適していないのである。

他方で、世界経済の多国間協議のための諸制度（ＧＥＭｓ）――第一義的には世界貿易機関（ＷＴＯ）と世界銀行（ＷＢ）と国際通貨基金（ＩＭＦ）――もまた、安全保障に関する新たな合意のパースペクティヴからはじめてひとまとまりのものと見なされるようになった諸課題にとても取り組めそうにない。国際組織同士の協力について「セクト主義的断絶」などと言われるのは、こうした文脈においてである。各国の財務大臣と国際通貨制度とのコミュニケーションにせよ、経済成長担当大臣と国際的な経済成長プログラムとのコミュニケーションにせよ、あるいは環境大臣と国際的な環境問題機関とのコミュニケーションにせよ、いずれも自己言及的に閉じたコミュニケーション循環をなしてしまっており、それだけですでに問題の適切な把握を妨げてしまっている。「さまざまな国際的制度と各国は、発展の問題に一貫した、かつ統合されたやり方で取り組むように自分たちの組織を整えるということをしてこなかった。そうした努力をする代わりに、貧困や感染病、環境破壊などを別々の脅威として扱い続けている。［……］持続可能な発展のための諸問題に取り組むためには、各国は、対外援助、テクノロジー、貿易、為替の安定、経済成長政策などを含むさまざまな分野と問題について横断的に交渉しなければならない。それらをひとまとめにして交渉することは困難であり、きわめて大きな経済的インパクトを与えうる諸国のハイレヴェルの配慮とリーダーシップが求められる」（TCC, 55f.)。

個別部門の専門部局から特定の権限のみを与えられて派遣される政府の役人だけでなく、包括的な権限を有する政府あるいは閣僚の代表者が集まって、諸問題を全体的関連のなかで検討し、柔軟に決定ができるような制度を作るべきだという要請は、はっきりと意識してはいなくとも、「分散化する世界秩序」を擁護する法複数主義に対する応答と見なすことができるであろう。しかしながら、拘束力を持たないG８の首脳会談であれ、協力関係を深めるために特別に構成されたG20やG77の集まりであれ、恒常的な世界内政の確立に向けた説得力のある見通しがそれらの集まりから生み出される可能性はほとんどなさそうである。今日の国民国家は、アメリカと中国（それにロシアも加えるべきかもしれないが）を除けば、世界政というゲームを共に演じる有能なプレーヤーという役には適していない。そうしたプレーヤーとなるためには、各国民国家は、大陸ごとに、あるいはそれに準ずる規模で、ひとつにまとまる必要があろうが、そのために民主主義を大幅に犠牲にするようなことはあってはならない。

（b）以上のような世界内政というヴィジョンと対立する構想には、現存のグローバル・ポリシー・ネットワークの構造に結びついているという利点がある。法複数主義者の考えによれば、分化が進んだ世界社会では、機能的な必要性から国家間のネットワークが発達してきており、それによって、従来は国ごとに組織されていたがいまや国境を越えて発展しつつある各機能システムのあいだのコミュニケーションが、その密度を高めつつある。ネットワーク化された情報の流れは、自発的な規則の生成を促し、さまざまな基準の調和と調整、競争の活性化と規制、さまざまな学習過程の調停と相互の刺激にも貢献する[40]。国民国家の向こう側で機能的結びつきが発達し、水平的な影響関係が強まるにつれて、権力関係にもとづく垂直的な従属関係は後景へと退いていく。アン・マリー・スローターは、こうした分析を、国家主権の分散化というテーゼと結びつけている[41]。

国家主権の分散化という見方からすると、特定の機能に関わる活動や交換関係が、領土という境界内に組織化される権力に対抗して、ますます大きな構造形成力を発揮するようになるために、国家間のネットワークの主要な担い手、つまり協定を結ぶ各国政府が、逆にそのネットワークから影響を受けるようになる。そうしたネットワークの遠心力によって、国家の主権は水平方向に分散していくのである。国家の主権とは、それぞれの機能ごとに自律的な部分権力の総和にすぎなくなる。国家は、自己の権限をみずから決めるという権限を喪失し、対外的にも対内的にも単一の考えを持った行為者として振る舞うことができなくなる。国家主権の分散化と見なされるこうした事態によって同時に明らかになるのは、上からであれ外からであれ調整のために各国の社会に対して対応を迫る決定が、国民国家という枠組みにおいて組織される人民主権から、ますます切り離されることである。実質的にＧＥＭｓ〔世界経済の多国間協議のための諸制度〕の手に移りつつある権限や決定であっても、確かに形式上は各国政府が政治的責任を負うべき事柄であり続ける。しかし、それらが各国のアリーナにおいて民主的な国家公民の公的な批判や態度決定に委ねられることは、事実上ない[42]。他方で、各国レヴェルでますます不足しつつある正統化を埋め合わせるような仕組が、国民国家の向こう側で生まれつつあるかと言えば、それはさっぱりなのである[43]。

　スローターは、この正統化問題について提案を行なっているが、それは問題を解決するというよりは、むしろ問題をますます際立たせるような提案である。「政府間ネットワークのメンバーは［……］第一に［……］一国の政府の権限を越えるような事柄に関与する際には、国内の事柄に関与する際と同じ程度に、国内の選挙民に対してきちんと説明［できなければならない］。第二に、グローバルな統治機構に参与する者として、各メンバーは、自分たちの活動の拠り所となるとともにあらゆる人びとの権利と利害を考慮に入れるような規約を持たなければならない[44]」。だが、代表派遣された官僚が、各国に対して拘束力を持つが、自国の選挙民は受け入れないような内容の取り決めについて交渉するとき、彼らは誰に対して責任があるということになるのだろうか。それに、世界的に見て各国の軍事力や経済力に著しい格差があるように、国際組織における交渉力にも著しい格差があるときに、すべての諸国民の共通の利害が何なのかをいったい誰が決めるのだろうか[45]。

スローターの提案より見込みがありそうなのは新自由主義の弁明戦略で、彼らに言わせれば過剰である、正統化要求の負担を免れることを狙っている。それによれば、国際組織に官僚を派遣する各国政府が民主的に選ばれた政府でありさえすれば、たとえ各国で民主的な討論が公然となされなかったとしても、国際的取り決めを行なうことは十分正統化されるという。こうした捉え方からすれば、GEMsの内部で交渉力に不均衡があることも、何ら深刻な問題ではない。というのも、各国の代表者からなる団体というモデルで捉えること自体が間違っているからである。正統化という点で不十分さがあるとしても――交渉の過程がより透明になり、より良い情報を当事者が入手できるようになり、場合によってはNGOも参加するようになるならば――事柄の相互理解にはそれなりの合理性があって、もっぱらその合理性の自己正統化力で十分埋め合わされるというのである。模範となるのは、多数派の意向に沿うことはあまり問題にならず、それよりも高度な専門性が重視される制度である。「現代の民主主義諸国では、司法制度［……］や中央銀行のように多数派の意向に沿うわけではない制度が大きな役割を果たしてきたし、ますます大きな役割を果たしつつある。［……］国際的な制度、とりわけグローバルな制度の説明能力は、国内の類似の制度のそれよりも優っていかもしれないのである[46]」。

しかし、負担の免除を意図する類比は誤解を招くものである。中央銀行の独立性は、通貨の安定のためには何らかの決定が必要であり、しかもその決定は専門家に委ねてよいという（この点以外では意見の対立のある）前提によって説明される。これに対して、GEMsの決定は、各国の社会において異なった政治的見解が争っているような利害状況に重大な影響を与えるのであり、場合によっては国民経済全体の構造にさえ影響を与える。そうした理由から世界貿易機関（WTO）では紛争調停のための手続き（Dispute Settlement）と上訴委員会（Appellate Body）を設けているが、両者とも第三者の利害も考慮しなければならないことになっている。これらの手続きと委員会は、たとえば、一方における経済的利害と、他方における健康や環境の保護に関する規範、あるいは消費者や就労者の保護に関する規範とのあいだの紛争に対して決定を下す。しかしながら、このように多数派の意向に沿うことなく仲裁裁判所の役割を果たし、その「報告書」が拘束力を持った「判決」として機能するような仕組を設けなければならないということ自体、かえってWTOの正統化不足を明らかにするものである。(47)

立憲国家という枠組みにおいては、司法の正統性は基本的に次の二点にもとづいている。すなわち、裁判所が用いる法はあくまで民主的立法者が定める法であること、そして裁判所の決定は政治的手続きを経て修正されることもありうることである。WTOには、国際的な経済法の分野で何らかの規範を提示したり変更したりできるような立法機関が存在しない。多大な労力を要する多国間交渉であっても立法機関の代わりにはならないので、継続的な法の形成を促すのは、詳細な根拠づけにもとづく報告を提出する紛争調停機関であり、したがって潜在的には紛争調停機関が立法機能をも担っているのである。そのようにして成立する国際法的義務は、たとえ明確な正統化がなされていなくとも各国の法体系に影響を与えうるし、（アメリカ合衆国とEUのあいだで争いになったホルモン問題の場合のように）素早い対応を迫ることもありうるのである。(48)

（c）　政府の政策のネットワークを過剰な正当化要求から解放してよいとする議論にもし説得力があるとすれば、それは、自由主義的な世界経済体制が正統な経済体制と見なされ、GEMsはその構成要素として国家の経済への干渉を排して市場の世界規模での規制緩和を推し進めようと活動している、ということが当然のことと見なされる場合だけであろう。世界規模の「私法社会[49]」を作り出そうという新自由主義のプログラムと、各国政府によって操られ、官僚主義的に職務遂行がなされる現存のＧＥＭｓの組織構造とのあいだには、相通じるところがある。自由化された市場を通じて世界社会を統合し、福祉や環境問題などのそれ以外の義務はそれぞれの国民国家に押し付けるという役割分担が企図されているが、そうなればいかなる形式のものであれグローバル・ガヴァナンスは一切必要ないということになってしまうであろう。こうした見方からすれば、世界内政などというヴィジョンは危険な妄想ということになる。

だが、本当に危険なのはいったい何なのだろうか。二〇〇三年一一月、米国民主主義基金創設二〇周年記念に際してブッシュ大統領は改めて目指すべき社会について印象深く語ってみせたが[50]、そのような社会のプロジェクトを世界中に広めることに関して、世界中の人びとが賛成しているわけではない。それどころか、いわゆるワシントン・コンセンサスが依拠する理論――厳密にいえばシカゴ学派の学説と近代化理論の特定ヴァージョンとを結合したもの――は、間違っていることもありうる理論であり、現に活発に論争がなされている。しかし、他のあらゆる理論同様にこの理論が誤りであるということが判明する日が来るかもしれないということが問題なのではない。それよりも心配なのは、長期にわたる世界経済の新自由主義的な構造改革がもたらす結果である。すなわち、政治的な規制という形式をやめて市場メカニズムに委ねるという政策自体が、その政策の恒常化につながるという事態である。なぜなら、そもそも政治的介入の余地が縮小すればするほど、政策転換は難しくなるからである。システムの自己制御力が発揮されるようにということで政治がみずから望んで政治的活動の範囲を制限するならば、いったん選択されたコースを修正するために必要な手段を将来の世代から奪うことになりかねないのである。たとえ各国が、「意識的かつ民主的に『福祉国家』であるよりも『競争国家』であることを望むという決定を行う」場合であっても、その民主的な決定が、その決定それ自体を改めて民主的に撤回する可能性をなくしてしまうような社会へと、社会の構成を変えてしまうようなものであるならば、民主的な社会の基盤そのものを破壊することになってしまうであろう。[51]

現在の決定から将来生じるかもしれない事態に対するこうした評価は、新自由主義の予想がはずれる場合に備えてだけやっておいたほうがよいわけではない。かりにその理論的想定がほぼ正しかったとなった場合であっても、「資本主義の文化的矛盾[52]」というかつての表現が新たな意味を帯びることになるかもしれないのである。資本主義的な近代化に取り組み、今もなお推し進めている西側諸国の内部においてさえ、いくつかの社会モデルが競合している。新自由主義者たちは、豊かさを加速度的に増大させるためには、貧富の格差が生じ、それによって文化的・社会的な代償を支払うことになっても甘受すべきだと考えているのかもしれないが[53]、すべての西側諸国が自分のところでも、また世界全体でも、そうした代償を払ってもよいと考えているわけではない。ましてや世界市場へ参入し社会の近代化にともなう変動を受け入れることで自分たちの固有の生活形式を適応させたり変形させたりするのはやむをえないと思ってはいるが、それを放棄したり輸入された生活形式に取って代わられることを容認したりはしない異質な文化圏においては、ある程度政治的活動の余地を保持しておくことに対する関心はきわめて大きい。文化的に多様な相貌を持つ複数主義的な世界社会——さまざまな近代（multiple modernities）[54]——が、政治的な武装解除を進めて完全に規制をなくしてしまうような世界市場社会と折り合いをつけながらやっていくことはできない。つまり、そのような世界市場社会においては、異なった世界宗教によって形づくられた非西欧文化が、みずからの資源にもとづいて近代が達成した成果を我が物としていくための行動の余地がなくなってしまうであろう。

訳者あとがき

ここに翻訳したのは、Jürgen Habermas, *Zwischen Naturalismus und Religion, Philosophische Aufsätze*, 2005, Suhrkamp Verlag, Frankfurt am Main である。末尾に掲げる初出一覧からも明らかなように、二〇〇〇年代前半に発表された一連のハーバーマスの民主的法治国家、市民社会、宗教、時局に対する考察を収めたものである。英訳 *Between Naturalism and Religion*, translated by Ciaran Cronin, 2008, Polity Press, Cambridge が既に出版されており、適宜参照した。また、ハーバーマスが本書中で引用している文献についてはできる限り訳書を参照し指示したが、全体の統一上必要な場合には表現に適宜手を加えたことをお断りしておく。

ハーバーマスの略歴を記す。一九二九年ドイツのデュッセルドルフでドイツの典型的な教養市民階級の家庭に生まれた。ゲッティンゲン、チューリヒ、ボンの各大学でドイツ文学、心理学、社会学、哲学を修め、五六年フランクフルト社会研究所のアドルノの助手となり、ホルクハイマー、アドルノの理論を生産的に発展させ始める。六一年『公共性の構造転換』を教授資格論文として提出し、ハイデルベルク大学教授となる。六四年フランクフルト大学教授となり学派の代表的存在となる。七一年にはフランクフルト大学を去りマックス・プランク研究所所長となる。八二年以降はフランクフルト大学に戻り、ホルクハイマー記念講座教授を勤め、九四年退官する。六〇年代初頭のポパーらとの実証主義論争、六〇年代末のガダマーらとの解釈学論争、ルーマンとのシステム論論争、八〇年のポスト構造主義論争、八六年の歴史家論争以降も多方面にわたる社会的・政治的発言を通じて、ドイツの思想界をリードし、国際的にも大きな影響を与えてきた。主な著作に、『理論と実践』（六三）、『認識と関心』（六八）、『社会科学の論理』（七〇）、『史的唯物論の再構成』（七六）、社会理論の体系化を試みる『コミュニケーション的行為の理論』（八一）、『道徳意識とコミュニケーション的行為』（八三）、『近代の哲学的ディスクルス』（八五）、民主的法治国家論を展開した『事実性と妥当性』（九二）、『他者の受容』（九六）などがあり、その多くが翻訳されている。二〇〇四年一一月には「京都賞」受賞のため日本を訪れている。本書第1章と第6章とは、その時の講演内容である。

本論集は、『事実性と妥当性』（一九九二年）で示された討議理論、民主的法治国家論を前提としてそれをさらに多方面に展開したものである。『事実性と妥当性』と本書の間には、二〇〇一年九・一一事件、イラク戦争等があった。本書の内容には、これらの事件をきっかけに、国際的な理論の関心が、グローバル化された社会の不平等、宗教的原理主義の台頭等に大きく移ったことが反映している。

ハーバーマスは「序文」において、本書のタイトルの意味を要約している。そこではハーバーマスは、行き過ぎた科学主義・自然主義の進展と、新たな正統主義的な宗教意識の覚醒という二つの状況を受けて、それらに対して自身の脱超越論化した理性のあり方を対置しようとする。脱超越論化した理性のあり方は、さらに別な個所で、差異に対して感受性を持つ普遍主義的な理性のあり方、可謬主義的ではあるが敗北主義的ではないポスト形而上学的な思考の立場と言い換えられていく。ここで行き過ぎた科学主義としてハーバーマスの念頭にあるのは、最近の人間の胚や脳、妊娠中絶、植物状態の患者の取扱い等に見られる、すべてのものを観察可能なものへと還元する自己客観化・自己道具化への傾向である。また新たな宗教意識の覚醒として念頭にあるのは、信仰共同体が再活性化し世界的に政治化する事態であり、そのなかには宗教的原理主義の台頭も含まれている。それは、西洋近代のポスト形而上学的な自己理解を根本的に批判しようとする挑戦を孕んでおり、文化的・社会的な合理化がもたらした「世俗化」に対する反発である。

この二つの陣営はその出自から言えば、片や啓蒙の無批判な後継であり、片や啓蒙への断絶である。またこれら二つの形態は、アカデミックな学問的な対立を引き起こしているだけでなく、現実の政治勢力としても対立するに至っている。ハーバーマスはこれらの対立の片側に立つのではなく、むしろこの両者が「密かな共犯関係」にあることを喝破する。この両者は、民主的法治国家の政治文化として、自己反省を欠き世界観的に非和解的に分極しているならば、国家公民的なコモンセンスを危機にもたらすのである。したがってハーバーマスの戦略は明らかである。二つの側に対して、――これは哲学的伝統に即して「信仰と知」と呼び変えられているが――距離を取り、信仰と知のそれぞれの境界を反省的に確認し、リベラルな国家公民的なエートス・徳・コモンセンスを確立し民主的法治国家の政治文化を危機から救うことである。

ハーバーマスによれば、近代立憲国家は平和的な宗教的複数主義を可能とするために考え出された。つまり、世俗的な支配権力を世界観に関しては中立的に行使することが、様々な信仰共同体に対して、平和で寛容な共同生活を保障できる。しかしまた、『事実性と妥当性』で示されているように、フォーマルな世俗的な政治権力が中立的に十分に機能しうるためには、インフォーマルな市民的公共圏が活性化された政治文化を持たねばならない。ハーバーマスが本書で焦点を当てているのは、喧騒に満ちた市民的公共圏における政治的意思・意見形成を担うのは、そこで出会う宗教的市民と非宗教的市民とであることである。この両者が市民的公共圏で対話し国家公民的連帯を確立することが、信仰と知との反省的な和解を示している。このような宗教のあり方としてハーバーマスの念頭にあるのは、公民権運動におけるマーティン・ルーサー・キング牧師や旧東ドイツの民主化運動のなかでキリスト教会が果たした役割であろう。ハーバーマスが、民主的法治国家は市民的公共圏が活性化されなければ十全に機能しないというとき、市民的公共圏の参加者たちに、なんらかの政治的徳、市民的礼節に満ちた態度、お互いに対する認知的態度が前提されており、それは歴史的学習過程において既に形成されていなければならないとする。そこでは西洋近代の学習過程が前提となっているだろう。参加者に求められる認知的態度とは、宗教的市民の側では、自分の信仰と世界観的な複数主義との関係を反省的に洞察できねばならず、信仰を世俗的国家と普遍主義的社会道徳と調和させ、制度化された科学の知的特権とも調和させていなければならないことである。非宗教的世俗的市民の側に要求される認知的態度とは、宗教的な言葉で表現された発言が合理的な内容を持っているかもしれないことに偏見を持ってはならず、内容を宗教用語から一般に通用する言葉へと協同的に「翻訳」する準備がなければならないことである。ハーバーマスの言うポスト形而上学的思考は、この両者それぞれと一線を画しながらも、この両者の対話のなかで反省的に示されていくものと考えられるだろう。

この「序文」で示されたハーバーマスの立場は、本書全体の基本的理論的構図を示すものでもある。そこでは、「宗教音痴」を自認していたハーバーマスが、科学主義と宗教的正統主義との不毛で硬直した対立を乗り越えるために、信仰と知、宗教的市民と非宗教的市民との対話を、民主的法治国家のコモンセンスの形成のために必要欠くべからざるもととして位置づけているのを見ることができる。

ハーバーマスは、二〇〇一年九・一一の約一か月後になされたドイツ書籍協会平和賞受賞記念講演「信仰と知識」(『引き裂かれた西洋』大貫敦子／木前利秋／鈴木直／三島憲一訳、法政大学出版局所収)において、早くも九・一一以降の世界の趨勢を見極め進むべき方向を指し示すかのように、信仰と知とを対話させる姿勢を打ち出していた。二〇〇四年一月にハーバーマスが、後に教皇ベネディクト一六世となるラッツィンガー枢機卿と対話を行ったこともその線上にある。両者の論文を収めた『ポスト世俗化時代の哲学と宗教』(ユルゲン・ハーバーマス、ヨーゼフ・ラッツィンガー、フロリアン・シューラー編、三島憲一訳)では、現代社会が、公的政治生活が脱宗教化する世俗化が進行するだけではなく、そのなかで信仰共同体が一定の重要な役割を果たす「ポスト世俗化社会」であることが論じられている。本論集においても、ハーバーマスのプロジェクトが持つ啓蒙的・反宗教的なイメージは払拭され、宗教的共同体のエートスがポスト形而上学的な道徳の、豊かな源泉、「意味創出」の資源の一つとして位置づけられている。「序文」においても、宗教的伝承は、「欠落したもの」「断念されたもの」を語ることにおいて、ネガティヴな形で「善き生」についての示唆を与えうるものとされる。しかし当然そこでは、宗教の側でも、原理主義的なあり方を脱し価値中立的な立憲国家を受容し、世俗的市民と対話可能な政治的徳を身につけるほど政治文化的に成熟していなければならない。その際重要な役割を果たしているのが、お互いに理性的には一致できなくとも自分の信念に基づいて生活を構成する倫理的自由を許容する「寛容」の作法である。市民的公共圏のなかで相互に異なる文化的背景を持った者同士が語り合い、政治文化を活性化することが民主的法治国家の成立を可能にすることは、八〇年以降に提出された新たな「市民社会(civil society, Zivilgesellschaft)」のハーバーマス的な具体的イメージをなすものであろう。

二〇〇五年に原書が出版された本書には、その後の世界状況と関連して様々な問題提起が可能であろう。イラク戦争の終結、リーマンショックを引き金とする世界的金融危機、ネオリベラリズムの浸透と経済的不平等の拡大等を即座に思い起こすことができる。社会において、階級的分断ラインが深く浸透していくなかで、宗教的市民と世俗的市民との対話を呼びかけることが、どの程度今日なお有効な市民社会像であるのか、問われるところであろう。また本書では、宗教的自由は法治国家における文化的権利として語られており、権利主張している「文化の政治」としては、さらにジェンダー、セクシュアリティー、エスニシティ等のパースペクティヴが考えられる。ハーバーマスが宗教的寛容を多様な文化的な生活様式の共存のペースメーカー（先導者）と捉えるとき、その寛容概念を多様な文化のパースペクティヴへと拡大することが必要であろう。ハーバーマスが提起するグローバル化する複数主義的世界社会における市民的公共圏を考察するとき、キリスト教以外の多様な宗教を信仰する市民が考えられ、その際彼らが自分の宗教的言語を使うことが世俗的市民の側に過剰な負担を強いないだろうかといった問いなどにも考察が必要だろう。本書には多くの問題提起を投げかけることができるだろうが、訳者としてはここでそれらに立ち入ることはせず、読者の判断に委ねたい。

本書の基本的構造の概略を示す。本書第一部は、ハーバーマスの間主体主義的で脱超越論的な理性のあり方を、原理的な理論問題として扱っている。そこでは、そもそも幼年期に生じた理論への関心、脱超越論化する理論枠組み、アーペルの討議倫理学との差異が検討される。

第二部では、民主的法治国家の民主主義的な手続きが正統性を生み出すこと、公共的な論争への市民参加の重要性、世俗的な市民と宗教的市民との対話の必要性が語られている。

第三部では、自然主義と宗教との間に立つポスト形而上学的な思考の立場が、自由意志の問題を参加者と観察者のパースペクティヴの相補性から捉えること、信仰と知の境界をカントの立場を踏襲して守りつつも宗教の世界開示の力を我がものとすることの必要性が語られている。

第四部では、民主的法治国家における宗教のあり方として「寛容」の重要性、平等な取扱いと文化的権利との関連、平和化された世界秩序の体制へのカントの世界市民体制と連なる考察が示されている。

以下、この論集の各章の内容を要約して示す。

第1章「公共空間と政治的公共性」は、第二〇回京都賞思想・芸術部門受賞記念講演会講演（二〇〇四年一一月一一日）の記録である（二〇一四年八月一六日現在、以下のホームページこの講演の日本語・英語・ドイツ語版を読むことができる。http://www.inamori-f.or.jp/laureates/k20_c_jurgen/lct.html）。ハーバーマスはここで自己の四つの経験と並行させて自らの思想の展開を説明している。（1）幼少時の手術により他者に深いところまで依存しているという感覚が先鋭化したこと、（2）他の子供たちに理解してもらうために、共同体を作り出す言語の力と、相互性が拒絶されるという危険を食い止める保護装置としての道徳に関心を持ったこと、（3）大戦終結後の世代的経験と、ハイデガーの著書をきっかけとした政治と哲学の衝突に衝撃を受けたこと、（4）それを回避するために、社会統合と連帯を再生産する政治的公共性の理論形成が必要であると考えるに至ったことである。

第2章「コミュニケーション的行為と理性の脱超越論化」の課題は、カントの純粋理性の「理念」を、コミュニケーション的行為の「理想化を行う前提」へ変更する、すなわち脱超越論化するという試みに対する「分析哲学者たちの無理解」に取り組むことである。この試みで特に理解しにくいのは、「行為遂行的に前提される反事実的な想定が事実として果たす役割」であろうとして、本章第一部では、議論のための諸前提として四つの「理想化を行う前提」について、カントとのつながりを振り返りながら説明している。第一に共通の客観的世界の想定、第二にコミュニケーションの相手に対する合理性の想定、第三に妥当性要求の無制約性、第四に自己中心的なパースペクティヴから距離を取るよう要求することである。第二部では心理学主義へのフレーゲの批判、デイヴィドソンの寛容の原理、ダメットによる批判的なヴィトゲンシュタイン受容、了解を討議的な理由のやりとりとして理解するブランダムの構想と辿りながら、分析哲学も言語実践に関して形式語用論と似たような規範的記述を行うようになってきていることを論じる。

第3章「討議の差異化の建築術」は、かつてともに討議倫理学の構築に携わったカール＝オットー・アーペルの理論と、現在のハーバーマスの『事実性と妥当性』で示される討議理論との差異を明確にしようとするものである。ハーバーマスは、討議原理を、ポスト形而上学的な正当化要求をただ行為規範一般の観点から表現しているというように非常に抽象的に規定し、その上でそれを、道徳・倫理・有用性・法の領域に種別化する。これは、道徳原理で一元化するアーペルとは異なっている。またハーバーマスによれば、道徳原理はアーペルが主張するようには超越論的意味において規範的である議論前提のみから導出されえず、道徳的義務や行為の正当化とは何かについての先行知識に基づいて初めて利用されうるものである。ハーバーマスが法制定の正統化を基礎づける民主主義原理は、アーペルが言うようには道徳原理に還元されえず、主観的権利、強制法、実定法を持つ制度システムと関わっているものである。

第4章「民主的法治国家における政治以前の基礎」は、ヴォルフガング・ベッケンフェルデの問い――「自由で世俗化された国家は、自分自身では責任を持って保証できない規範的諸前提に支えられているのではないか」に、認知的観点、動機づけ、「ポスト世俗化社会」という三点から回答した論文である。認知的観点とは、民主主義的な手続きは合法性から正当性を生み出す方法であり、国家権力が法によって浸透されているならば、妥当性を十分保持していると認知的に確認できることである。動機づけに関しては、公共的な論争への市民参加を活発化することが、政治的な徳、「一致を生み出す絆」となる。最後に社会全体の逸脱した近代化に対しては、哲学と神学とが、ともに補い合う学習過程を引き受けることにおいて回答できるとしている。

第5章「公共圏における宗教」では、一九八九／九〇年以降の宗教の世界的活性化、その政治的意義の増大、そして政教分離の原則を否定しかねない「修正主義的」議論の台頭を受けて、公共圏における宗教の政治的役割について、ジョン・ロールズの「公共的な理性使用」という考えに連なる議論を展開する。ロールズは、政治的公共圏において宗教にもとづいて主張を行うことを肯定したうえで、それに「但し書き」をつけたが、それが「自己検閲」を要求することになるとか、宗教的理由と世俗的理由を厳格に分けることを要求することは敬虔な信仰生活に抵触するといった批判を招くことになった。そうした批判を受けてハーバーマスは、議会や裁判所などの国家的諸制度においては、宗教にもとづく主張は誰にでもわかる言葉に翻訳されなければならないが（「翻訳に関する制度的留保条件」）、それ以外の公共圏においては、国家公民としての役割にともなう規範的期待（互いに理由を提示して相互了解を目指す）以外には条件をつけないという提案を行う。ハーバーマスによれば、宗教的市民がその宗教的見地から来る政治的主張を公共の議論で提出できなければ、宗教の持つ意味創出の力は損なわれる。それを禁ずるのは、行き過ぎた世俗主義の見解である。世俗的市民には、「翻訳」作業への積極的協力が要請されるとともに、宗教が「近代化」にともなう認知的挑戦に対応しなければならなかったのと同じように、世俗的市民には「ポスト形而上学的思考」の習得が要求される。そうした、宗教的市民と世俗的市民の両者の相補的な学習過程こそが民主的な国家公民のエートスを形成しうるのである。

第6章「自由と決定論」はハーバーマスが第1章の記念講演の翌日に行った京都賞記念ワークショップ

での受賞者講演（二〇〇四年一一月一二日）である。本書の題名の一部ともなっている「自然主義」について、とくに現在の脳科学の進展がドイツで大きな哲学的論争をひきおこしている自由意志の問題を主題にして論じている。その前半で、論争の出発点となっているリベットの実験が検討され、この実験から自由意志を否定することの不当性が指摘される。その上で、間主体的な「理由のやりとり」（ブランダム）に参加することで「制約された自由」をなりたたせる参加者のパースペクティヴを、原因による因果的説明を行なう観察者のパースペクティヴに還元する「還元主義」的な「自然主義」が不可能なことが示される。後半では、相互に還元不可能な、参加者と観察者の二つのパースペクティヴの相補的な交差の成立過程が、トマセロの知見などを援用して人間学的に説明される。さらにハーバーマスのとる「非－科学主義的なある種のソフトな自然主義」の立場からは、脳による主観的精神の決定とは逆方向の、言語等にシンボル的に体現された「客観的精神」による脳のプログラミングが存在しうるとされ、これが「理由の空間」とそれによる自由を可能にすることが展望される。

第7章「確かに私自身が自然の一部である」は、アドルノ生誕百年の二〇〇三年に、フランクフルトで開かれたアドルノ会議に際しての講演である。アドルノの現代的意義を論じながら、テーマとしては第6章と同様、自由と決定論の問題が中心となっている。アドルノが現象学的に示した自由意識は、「理由の公共的空間」への参加を前提とし、かつ、みずからの肉体および生活史に制約された「自然に制約された自由」の意識であった。そこでアドルノにとっては、理性は、自然から発出し自然と絡み合ったままでありつづけるものであった。この点がまずハーバーマスによって積極的に評価される。しかし、アドルノが「逸脱した自然史」として示した構想、すなわち、外的自然の征服のために内的自然そのものが抑圧され、そこに第二の自然としての自然成長的社会関係が成立して人間の自由がそこなわれるという構想に対しては、ハーバーマスは、「生の哲学」による形而上学的前提があるとして批判的であり、また、この構想によっては、本来の自由と決定論のアポリアは問題がずらされただけで解決されてはいないとする。以上の問題点にもかかわらずハーバーマスは、現在の生命倫理上の問題を参照すれば、主体的な自然の自由処理可能性には、それを超えると自由意識が破壊されてしまう道徳的限界があるというアドルノの直観は正当化されると言う。その上で、第6章と同様に、観察者と参加者のパースペクティヴの相補性という観点から、科学主義的自然主義が批判される。

第8章「信仰と知の境界」は、カント以降の「ポスト形而上学」の時代において、哲学が宗教にどのように関わってきたか、また関わるべきかをめぐる考察である。ここでのハーバーマスの主要な問題意識は、正義をめぐる哲学理論だけでは現在の萎縮した規範意識を再生させるには不十分であり、哲学は、カントの引いた信仰と知との間の境界線を守りつつも、宗教のもつ世界開示の力を「救出しつつ我がものとする」ことが必要であるというものである。前半では、カントの宗教哲学に立ち戻り、カントが単に、哲学の立場から宗教を批判するだけでなく、純粋な理性道徳の観点を越えて、地上における「神の国」の実現というキリスト教の展望を「我がものとする」ように試みたことを積極的に評価する。後半では、カントの宗教哲学の影響史として、ヘーゲル－マルクス主義、シュライエルマッハーから始まる文化的プロテスタンティズム、キルケゴールの創始した実存弁証法の三つのラインが素描され、それぞれの意義が検討される。最後に、カントが引いた信仰と知の境界線を「踏み越え」ようとする後期ハイデガーの「宗教的な哲学」が批判されている。

第9章「宗教的寛容――文化的諸権利のペースメーカー」は、民主的法治国家における宗教のあり方について以下の三点を主張している。(1) 排除を伴わない寛容はない。この排除の恣意性を避けるためには、個々の問題に関して、可能な限りの当事者が相互性に基づいて協議し、限界を設定せねばならない。それが寛容の原則である。（２）ライナー・フォルストの寛容の三つの構成要素（拒絶、受容、却下）について。拒絶とは、他者の宗教的信念を否定できること。受容とは、市民の相互行為を維持するためのルールを認める（受容する）ことであり、リベラルな憲法下の法と道徳に一致することという限界を設けることである。却下とは、上の限界の例外を裁判所が認めることである。（３）ハーバーマスは、多文化主義の正しい理解のため、また多様な文化的な生活様式の平等な共存を進めるためのペースメーカーとして、宗教的寛容の経験は役立てることができるという提案を行っている。

第10章「文化的な平等な取り扱い――そしてポストモダン・リベラリズムの限界」は、リベラルな原理である平等な取り扱いと、文化的差異・倫理的自由との関連を考究した論文である。メンケのようなポストモダン倫理学は、万人にとって平等な倫理的自由という理念がその徹底のなかで本質的に自己矛盾に陥ると考えている。しかしハーバーマスは、平等主義的正義が文化的なものを取り入れる形で発展させ得ると考える。「平等な諸権利についての、差異ある感受性のある平等主義的な普遍主義」が、ハーバーマスの目指すものである。ハーバーマスは、差異ある諸集団において文化権が徹底される例を検討し、集団の権利と個人の権利との競合を論じる。ハーバーマスは、相異なる信仰的集団が共存するための解決策を寛容概念のうちに見出し、それは、各自が自分の生活態度を万人の倫理的自由という境界のなかで実現すると同時に、他者のそれをその境界のなかで尊重することを意味している。

第11章「複数主義的世界社会のための政治体制」においてハーバーマスは、アメリカのイラク戦争の混乱が続くなかの二〇〇四年一二月の国連の「脅威、挑戦、変革に関するハイレベル委員会」の報告を受けて、それが示す方向は「間違いなくカントのプロジェクトの継続という方向であ」り、「私たちは、カントの世界市民的体制という理念を充分抽象的に理解しさえすれば、今なおこの理念を指針とすることができる」と主張する。その際ハーバーマスは、世界共和国か国際連盟かというカントの二者択一は不十分であるとして、カントの構想をポスト国民国家的状況に合わせて、超国家的次元、国家間の地域体制の次元、国民国家次元から成る「多次元システム」として展開する。そして、そのために、第一に国家主権を国民国家を越えた新しい統治形態に適合させること、第二に国家による暴力の独占を超国家的な法が各国の制裁能力によって保証されるように修正すること、第三に諸国民の自己了解の変更を可能にするメカニズムとして「規範効果仮説」が有効であることの三点を提案する。こうした提案との関係で注目される課題は、国連安全保障理事会の改革、国際刑事裁判所の設置と運営、新自由主義的な市場経済が文化的に多様な相貌を持つ複数主義的な社会を不可能にすることを批判すること等である。

以上、自然主義と宗教の間の多様な可能性を、脱超越論化した理性のあり方、民主的法治国家の正統性と公共圏における市民参加、ポスト世俗化時代における宗教のあり方、世界市民体制等、多様なトピックとして示したものが本書である。

翻訳書の作成の経緯について。東北地方に在住しフランクフルト学派に関心を持っていた訳者四人が、二〇〇五年の原書発行と同時に作業を開始した。作業は、八幡平にあるホテルの会議室で年二回の合宿を中心に、各自で訳稿を準備するとともにそれを相互に検討する形で行った。途中で、訳者の一部は各地に転出したが、時には合宿で、時にはEメールを使うことで作業を継続した。訳文については各担当者が責任を負っているが、いずれの訳も他の訳者の点検を経ており、最後に庄司が全体の訳稿をチェックした。この訳者あとがきは前半部を日暮が、後半部のまとめ部分を各章の訳者が執筆した。翻訳における訳語の統一は一部の専門用語についてのみ最小限の範囲で行った。

各訳者担当章
庄司信：第2章、第5章、第11章
日暮雅夫：序文、第3章、第10章
池田成一：第6章、第7章、第8章
福山隆夫：第1章、第4章、第9章

なお、本翻訳書の刊行を企画した法政大学出版局編集部の方々、特に最後に編集担当を引き継がれた前田晃一氏には、改めて感謝したい。

二〇一四年八月

訳者一同

訳者

庄司　信（しょうじ　まこと）

1958年生まれ．日本赤十字秋田看護大学非常勤講師．社会哲学・社会学．主な著作に，「自己形成論序説」（秋田経済法科大学編『経済学部紀要』第28号，1998年），アクセル・ホネット『正義の他者』（共訳，法政大学出版局，2005年），アルブレヒト・ヴェルマー『倫理学と対話』（共訳，法政大学出版局，2013年），クリスティアン・ボルフ『ニクラス・ルーマン入門』（単訳，新泉社，2014年）など．

日暮雅夫（ひぐらし　まさお）

1958年生まれ．立命館大学産業社会学部教授．社会哲学．主な著作に，『討議と承認の社会理論——ハーバーマスとホネット』（勁草書房、2008年），『批判的社会理論の現在』（共編，晃洋書房，2003年），アクセル・ホネット『正義の他者』（共訳，法政大学出版局，2005年），「承認論の現代的座標——ホネット社会理論の展開」（『思想』No.935. 岩波書店，2002年）など．

池田成一（いけだ　しげかず）

1953年生まれ。岩手大学人文社会科学部教授．社会文化思想論．主な著作に，『〈文化〉を考える』（共著，御茶の水書房，2008年），『賢治とイーハトーブの豊穣学』（共編，大河書房，2013年），マーティン・ジェイ編『ハーバーマスとアメリカ・フランクフルト学派』（共訳，青木書店、1997年），アクセル・ホネット『正義の他者』（共訳，法政大学出版局，2005年）など．

福山隆夫（ふくやま　たかお）

1948年生まれ．東京慈恵会医科大学教授を経て、現在同大学講師．哲学・倫理．主な著作に，『物象化と近代主体』（共編，創風社，1991年），「解放の倫理——フランクフルト学派」（『現代倫理学の展望』，勁草書房，1986年所収）、アクセル・ホネット『正義の他者』（共訳，法政大学出版局，2005年），「医療におけるスピリチュアリティ」（『唯物論研究年誌』12号，唯物論研究協会編，青木書店，2007年）など．

著者

ユルゲン・ハーバーマス（Jürgen Habermas）
1929年ドイツのデュッセルドルフ生まれ．ゲッティンゲン，チューリヒ，ボンの各大学でドイツ文学，心理学，社会学，哲学を修め，56年フランクフルト社会研究所のアドルノの助手となり，フランクフルト学派第二世代としての歩みを始める．61年『公共性の構造転換』で教授資格を取得し，ハイデルベルク大学教授となる．64年フランクフルト大学教授，71年マックス・プランク研究所所長を歴任，82年以降はフランクフルト大学に戻り，ホルクハイマー記念講座教授を務め，94年退官．60年代末のガダマーらとの解釈学論争，ルーマンとの社会システム論争，さらに『コミュニケーション的行為の理論』(81) をはじめとする精力的な仕事，86年の歴史家論争以降の多方面にわたる社会的・政治的発言を通じて，ドイツ思想界をリードし，国際的にも大きな影響を与えてきた．2004年11月には「京都賞」を受賞．主な著書に、『史的唯物論の再構成*』(76)，『近代の哲学的ディスクルス』(85)，『遅ればせの革命』(90)，『討議倫理*』(91)，『事実性と妥当性』(92)，『人間の将来とバイオエシックス*』(01)，『引き裂かれた西洋*』(04)，『ああ，ヨーロッパ』(08) などがある（*は小局刊）．

《叢書・ウニベルシタス　1018》
自然主義と宗教の間
哲学論集

2014年10月24日　初版第1刷発行

ユルゲン・ハーバーマス
庄司 信・日暮雅夫・池田成一・福山隆夫 訳
発行所　一般財団法人 法政大学出版局
〒102-0073 東京都千代田区富士見2-17-1
電話03(5214)5540／振替00160-6-95814
製版，印刷　平文社／製本　積信堂

Printed in Japan

ISBN978-4-588-01018-7

索引

事項索引

＊本訳書では，事項索引と人名索引とを分けることにし，事項に関しては，英訳書を参考にしつつ，独自に項目のリストアップを行った．原語一語を基本とし，形容詞もリストアップしたが，特に重要と思われる〈形容詞／修飾語句＋名詞〉もリストに含めた．

ア行

アイデンティティ・ポリティクス（的） identitätspolitisch　328

生き残り／生き残ること Überleben　163, 184, 186, 335-338

意見－意思形成 Meinungs- und Willensbildung　4, 5, 25, 95, 96, 121, 123, 126, 322, 324, 367

意志の自由 Willensfreiheit　171, 172, 177, 186, 199, 201, 205, 216, 224, 第 6 章註 10

意識哲学 Bewusstseinsphilosophie　47, 202, 262

イスラム教徒（の） Moslem, Muslim, muslimisch, islamisch　291, 298, 299, 327, 第 9 章註 14

イスラムの哲学 islamische Philosophie　275

意味創出 Sinnstiftung　150

意味論 Semantik　64, 66, 246, 279

因果的行為論 kausale Handlungstheorie　180

インフォーマルな informal　5

影響史 Wirkungsgeschichte　237, 240, 259, 266, 269, 271

エートス／生活態度 Ethos　3, 122, 131, 138, 144, 158-160, 165, 166, 293, 295, 296, 298, 307, 341, 344, 351, 365

エスニシティ，エスニック的 ethnisch　320, 331, 365

エホバの証人 Zeuge Jehovas　298, 327

カ行

懐疑主義 Skeptizismus　239, 259

解釈学（的） Hermeneutik, hermeneutisch　4, 16, 51, 60, 78, 79, 129, 157, 234, 235, 242, 259, 314, 337, 338, 372, 2 章註 17

科学主義（的） Szientismus, szientistisch　1, 71, 161, 166, 205, 217, 234, 276, 277

学習過程 Lernprozeß　4, 7, 30, 38, 57, 58, 73, 85, 100, 101, 120, 129, 131, 138, 139, 158, 160, 165, 188, 192, 194, 309, 318, 347, 350, 359, 365, 382, 386

価値 Wert　102, 130, 136, 141, 184, 243, 294, 295, 296, 326, 330, 344, 345, 368, 第 5 章註 32, 37

価値評価 Wertschätzung　200, 216, 295, 296, 342, 346

可謬主義的 fallibilistisch　6, 52, 161, 319, 293
貨幣 Geld　368, 372
神の国 Reich Gottes　245, 246, 252-255, 257, 261, 265, 270,272
還元主義（的）Reduktionismus, reduktionistisch　171, 173, 174, 180, 183, 185-187, 231, 235
観察者 Beobachter　5, 7, 46, 47, 69, 75, 76, 77, 78, 101, 179, 182, 190-193, 198, 203, 215, 218, 234, 第 2 章註 43, 第 5 章註 46
観察者のパースペクティヴ Beobachterperspektiv　25, 65, 69, 80, 190-193, 208, 218, 233-235, 373
慣習的実践 Praktik　32, 41, 48, 54, 55, 123, 124, 190, 195, 197, 228, 230, 233, 234, 256, 260, 271, 284, 285, 289, 290, 291, 298, 301, 338, 373
間主体性，間主体的 Intersubjektivität, intersubjektiv　1, 7, 8, 16, 17, 25, 29, 39, 41, 48, 51, 54, 56, 74-76, 79, 80, 82, 90-92, 188, 191, 193, 194, 197-199, 209, 223, 232, 233, 235, 261, 306, 308, 322, 331
寛容（な）Toleranz, tolerant　3, 4, 131, 137, 139, 140, 158, 264, 278, 283-297, 298, 302, 342, 343, 345, 第 5 章註 47, 第 9 章註 1
記憶の政治 Gedächtnispolitik　125
帰責能力のある／帰責可能な zurechnungsfähig　32, 33, 43, 44, 46, 49, 80, 172, 202, 209
規則に導かれた行動 regelgeleitetes Verhalten　32
基礎づけ Begründung　5, 52, 94, 95, 97, 101, 104-106, 109, 121, 122, 286, 355
基礎づけ主義 Fundamentalismus　98,
起動者（性）Autor, Autorschaft　178, 181, 183, 203, 206, 210, 211, 213-215, 217, 223, 229, 233
却下 Zurückweisung　289
客観化する，客観化的 objektivieren, objektivierend　1, 29, 47, 55, 60, 71, 161, 172, 188, 191-194, 199, 206, 215, 217-219, 221, 226-228, 231, 233, 235, 236, 263, 277, 第 7 章註 11
客観性 Objektivität　29, 36, 39, 41, 51, 75, 90, 92, 184, 191, 194, 235
客観的自然 objective Natur　219
客観的精神 objektiver Geist　17, 194, 195, 197, 198
客観的世界 objective Welt　29, 33, 36, 37, 40, 42, 48, 49, 54-56, 62, 65, 66, 72, 74-76, 79, 102, 107, 161, 234, 235
機能主義（的）Funktionalismus, funktionalistisch　187, 189, 222, 351
狂信（的）Schwärmerei/Schwärmen, schwärmerisch　258, 273, 274, 279
共同体主義的 kommunitaristisch　307
共和主義 Republikanismus　120, 306, 307, 351, 353
拒絶 Ablehnung　289, 290, 291
近代 Moderne　2, 7, 104, 126, 127, 134, 136, 138, 156-160, 163-167, 264-266, 269, 273, 275, 278, 312, 313, 341, 347, 391
近代化 Modernisierung　24, 125, 130, 134, 135, 156, 159, 160, 239, 269, 272, 273, 315, 339, 341, 343, 347, 348, 391

グローバル化 Globalisierung　114, 347, 356, 370
敬虔 Frömmigkeit　263
経験主義的 empiristisch　67, 68, 72, 121, 154, 179, 190, 第 6 章註 8
形式語用論的前提 formalpragmatische Voraussetzung　29
形而上学（的）Metaphysik, metaphysisch　7, 35, 40, 101, 120, 122, 127-129, 162, 163, 173, 225, 226, 228, 235, 237, 238, 243, 245, 251, 254, 258, 261, 262, 264, 273-276, 278, 279, 291, 295, 296, 305, 312, 317, 320, 336, 345, 346
系譜学的 genealogisch　32-34, 49, 63, 259, 271
啓蒙 Aufklärung　2, 23, 120, 126, 132, 136, 156, 160, 227, 240, 259, 264, 339, 347
ケベック Quebec　335-336
決定論（的）Determinismus, deterministisch　161, 171-175, 179, 180, 186, 188, 189, 192, 195, 196, 200, 205, 206, 218, 224, 227, 第 6 章註 5
限界 Grenze　6, 31, 115, 120, 123, 128, 130, 132, 143, 160, 161, 227, 228, 260, 267, 274, 275, 285, 286, 288, 293, 303, 312, 323, 325, 328, 347, 351, 384
言語 Sprache　18, 19, 31, 32, 36, 38, 41, 42, 49, 51, 57, 63, 65, 67, 71-73, 77, 79, 84-86, 88, 90, 96, 111, 124, 151, 161, 172, 179, 190, 195, 197, 218, 231, 233, 235, 239, 261, 301, 337, 347, 375
言語的二元論 Sprachendualismus　236
言語理論 Sprachtheorie　16, 64, 70
現象学（的）Phänomenologie, phänomenologisch　174, 177, 183, 206, 207, 211, 213, 217-219, 221, 227, 314, 第 9 章註 18
憲法の敵 Verfassungsfeind　286-288
憲法パトリオティズム Verfassungspatriotismus　125
権利 Rechte　33, 59, 100, 108, 120, 123, 125, 132, 152, 230, 242, 262, 284, 286, 293, 299-303, 305-309, 315-317, 324-327, 330-337, 340, 357-359, 367, 368, 372, 376, 383, 387, 第 9 章註 14, 20, 第 10 章註 36
原理主義（的）Fundamentalismus, fundamentalistisch　4, 52, 134, 144, 164, 165, 239, 269, 287, 317, 318, 333
権力 Macht, Gewalt　26, 112, 158, 325, 367, 368, 372, 第 10 章註 4
行為意識 Handlungsbewusstsein　207, 214, 215, 第 7 章註 11
行為の合理的説明 rationale Handlungserklärung　174, 181, 183
公共圏／公共性 Öffentlichkeit　13-15, 24, 59, 110, 131, 132, 137, 142, 149, 328
公共体 Gemeinwesen　2-4, 25, 95, 110, 120, 123, 137, 140, 141, 151, 154, 155, 164, 165, 286, 289, 290, 294, 303, 306-308, 313, 340, 342, 343, 357, 366, 367, 369
公共的空間 öffentlicher Raum　16, 17, 25, 199, 208
公共的な理性使用 öffentlicher Vernunftgebrauch　137, 141, 143, 156, 164, 166, 第 5 章註 15
合理性 Rationalität　32, 33, 42-45, 47,

70, 71, 78, 79, 94, 100, 101, 104, 186, 388
合理的な受容可能性，合理的に受容可能 rationale Akzeptabilität, rational akzeptabl　39, 40, 52, 53, 84, 89, 103, 140
護教論 Apologetik　275-277
国際刑事裁判所 der Internationale Strafgerichtshof　380-382
国際法 Völkerrecht　126, 351, 352, 354-357, 361, 374, 377, 379, 380, 382, 序文註 4
国連 die Vereinten Nationen　349, 350, 358, 360, 361, 363, 374, 375, 378-381, 384, 385, 第 11 章註 33
国民国家 Nationalstaat　351, 357, 360, 361, 363-366, 369-372, 375, 378, 379, 381, 383, 384, 386, 387, 390, 第 11 章註 15
個人主義 Individualismus　157, 302, 305, 309
国家公民 Staatsbürger　4, 6, 96, 107, 111, 123-126, 132, 138-141, 143, 144, 148, 151, 155, 156, 164, 165, 303, 304, 306-308, 317, 323-324, 329, 340, 346, 354, 365, 366, 372, 387, 第 5 章註 37
国家権力 Staatsgewalt　3, 108, 121, 122, 131, 137, 139, 140, 145, 148, 152, 153, 332, 339, 342, 346, 351, 354
国家の中立性 Neutralität des Staates 298
コミュニケーション的理性 kommunikative Vernunft　32, 67, 105, 127
コモンセンス Commonsense　3
語用論的 pragmatisch　28-33, 35-37, 39, 42, 43, 47-50, 54, 58, 59, 78-80, 87, 89, 98-101, 115, 195, 233, 323
根源的解釈 radikale Interpretation　70, 72
コンテクスト化 Kontextualisierung　30

サ行

差異 Differenz　93, 101, 180, 211, 223, 226, 230, 233, 263, 264, 267, 276, 279, 294, 302, 307, 313, 320, 321, 324, 325, 329, 341, 342, 344
最高善 höchstes Gut　245-250, 252, 254, 256, 274
再分配 Umverteilung　300, 330
差別 Diskriminierung　19, 20, 135, 139, 290, 291, 299-302, 307, 309, 315, 317, 319, 325, 327, 328, 329, 332, 333, 340, 347, 375
参加者 Teilnehmer　3, 5, 7, 14, 20, 32, 33, 41, 42, 46, 49, 50, 53, 54, 58-63, 80, 84, 85, 88, 91, 93, 97-105, 111, 115, 150, 183, 197, 202, 208, 215, 286, 309, 319, 322, 324, 325, 343
参加者のパースペクティヴ Teilnehmerperspektiv　179, 190-193, 208, 214, 231, 233-235, 319, 322, 324, 373
暫定協定 Modus Vivendi　154, 155
三位一体（性）Dreifaltigkeit　128
シーク教徒 Sikh　327
自我意識 Ichbewusstsein　186, 201, 203
自己意識 Selbstbewusstsein　17, 128, 134, 202, 264, 267, 269, 275, 312, 342
自己決定 Selbstbestimmung　24, 57, 95, 110, 139, 140, 182, 269, 309, 321, 324, 329, 351, 355, 357
市場 Markt　114, 126, 130, 222, 223,

269, 310, 328, 347, 366, 368, 370, 384, 390, 391
自然（の）因果性 Naturkausalität　173, 196, 206, 210, 214, 215, 217, 219, 220
自然化 Naturalisierung　1, 7, 161, 173, 189, 227, 232
自然史 Naturgeschichte　173, 187, 188, 194, 227, 236
自然主義（的）Naturalismus, naturalistisch　1, 2, 6, 8, 71-73, 132, 161, 167, 169, 172, 173, 180, 188, 205, 207, 219, 226, 230-236, 269, 292, 297
自然進化 natürliche Evolution　173, 187, 188, 194, 227, 236
自然成長性，自然成長的 Naturwüchsigkeit, naturwüchsig　206, 207, 217, 218, 220-225
実践理性 praktische Vernunft　33, 43, 44, 54, 110, 111, 213, 223, 237, 238, 239, 241-248, 250, 252, 253, 255, 258, 261, 263, 270, 274, 318
実存弁証法 Existenzdialektik　271
私的生活 privates Leben　13, 306
自発性 Spontaneität　181, 211, 212, 215, 263, 338, 363
私法社会 Privatrechtsgesellschaft　384, 390
市民社会（的）Zivilgesellschaft, zivilgesellschaftlich　2, 5, 123, 135, 136, 137, 144, 265, 309, 317, 360, 366-369, 371, 372, 383
市民的不服従 ziviler Ungehorsam　26, 288
社会的世界 soziale Welt　17, 53, 55, 56, 57, 62, 107
自由意志 freier Wille　177, 182, 206, 211, 213, 214, 216, 217, 201, 206
自由（の）意識 Freiheitsbewusstsein　173, 187, 188, 199, 201, 206-208, 210, 211, 213, 215-218, 221, 222, 225-227, 230, 232, 236, 308, 第 6 章註 23, 第 7 章註 11
宗教（的）Religion, religiös　1, 8, 95, 104, 108, 117, 119, 120, 122, 124, 126-128, 130-132, 134-137, 139, 140, 142-148, 150, 152-155, 166, 167, 169, 237-247, 251-254, 258-260, 262-264, 266-269, 271-274, 276-279, 283-293, 295-302, 305, 306, 316, 320, 321, 327, 331-334, 339-343, 345, 346, 364, 365, 372, 375, 383, 391
宗教的意識 religiöses Bewusstsein　2, 7, 138, 156, 160, 161, 165, 261, 294, 303, 347
宗教的共同体 religiöse Gemeinschaft　3, 129, 241, 255, 265, 270, 294, 303, 315, 344
宗教的市民 religiöser Bürger　3-6, 133, 149, 151, 156-160, 168
宗教的正統主義 religiöse Orthodoxie　1, 2
宗教的複数主義 religiöser Pluralismus　3, 4, 139, 264, 276, 299
宗教哲学 Religionsphilosophie　157, 237, 238, 239, 240, 241, 243, 245, 247, 254, 258, 259, 262, 266, 269-271, 276, 279
自由処理可能（性）Verfügbarkeit, verfügbar　206, 214, 219, 220, 224, 226-229, 231
自由処理不可能（性）Unverfügbarkeit,

unverfügbar　204, 207, 219, 227, 230, 231, 236
修正主義的 revisionistisch　135
集団権 Gruppenrechte　315, 330-335, 337
集団的安全保障 kollektive Sicherheit 350, 358, 375
集団的責任 kollektive Haftung　272
集団的行為者 kollektiver Aktor 359-362, 364
終末論的 eschatologisch　243, 246, 252, 261, 279
主観的精神 subjektiver Geist　66, 194, 195, 197-199
主観的世界 subjective Welt　56, 65, 102, 107
主観的理性 subjective Vernunft　260, 262
主権 Souveränität　95, 122, 307, 311, 312, 351, 352, 353, 355-359, 365, 375-377, 379- 381, 385-387
主体（性）Subjekt, Subjektivität　16, 17, 29, 30, 34, 35, 36, 41, 42, 44, 46, 47, 49, 50, 54, 55, 57, 64, 65, 67, 72, 79, 81, 88, 90, 128, 161, 172, 179, 181, 183, 185, 190, 196, 197, 205, 206, 208, 209, 210, 214, 216, 218, 222, 224, 236, 249, 263, 267, 269, 312, 337, 354, 355, 361, 374, 379,
主体的自然 subjective Natur　182, 207, 212, 215, 217, 219, 220, 225, 226, 227, 228, 229, 230
主体のうちにある自然への追憶 Eingedenken der Natur im Subjekt　217, 224-226
受容 Akzeptanz　34, 285, 289, 293, 297, 359
少数派 Minorität　137, 139, 144, 153, 155, 291, 298, 299, 300, 301, 302, 328, 331, 333
承認 Anerkennung　56, 57, 58, 62, 90, 91, 97, 103, 130, 285, 288, 298, 299, 300, 302, 329, 351, 358, 376, 380, 382, 第 10 章註 36
承認の政治 Politik der Anerkennung 302, 328, 330
新異教主義 Neopaganismus　278
新異教的 neuheidnisch　279
神学 Theologie　4, 5, 121, 127, 128, 157, 160, 166, 237, 240, 243, 263, 264, 276, 第 5 章注 46
進化的な学習過程 evolutionärer Lernprozess　188, 192
進化的認識論 evolutionäre Erkenntnistheorie　184
新カント主義 Neukantianismus　259
信教の自由 Religionsfreiheit　132, 137, 139, 142, 143, 145, 147, 159, 284-286, 291, 298, 299
信仰 Glauben　3, 4, 5, 131, 132, 133, 137, 146, 157, 158, 161, 163, 166, 168, 237, 240, 242, 246, 251, 253, 200, 258, 286, 288, 290, 296, 297, 316, 343, 346
信仰共同体 Glaubensgemeinschaft　2, 3, 133, 137, 155, 254, 277
信仰を持つ者／人 Gläubige　130, 132, 139, 142, 150, 158, 167, 288, 289, 290, 291, 295, 296, 343, 345-347
新自由主義（的）／ネオリベラル neoliberal　114, 370, 384, 388, 390, 391
真正性 Authentizität　102, 107, 129, 191,

296, 345
身体 Körper　181, 182, 215,
心的な因果 mentale Verursachung　174, 175, 181, 182, 196, 200, 212, 213, 215, 217, 218, 229, 300
新トマス主義／ネオトミズム Neothomismus　275
真理意味論 Wahrheitssemantik　31, 66, 67, 82, 86
随伴現象説 Epiphänomenalismus　173, 186, 196
枢軸時代 Achsenzeit　7, 162, 278
生活史 Lebensgeschichte　14, 15, 102, 182, 183, 201, 212, 213, 214, 215, 216, 229, 230, 232, 295, 323, 338
生活世界 Lebenswelt　17, 30, 35, 36, 40-42, 47, 48, 51, 52, 55, 58, 63, 76, 96, 172, 191, 192, 199, 277, 291, 310
正義 Gerechtigkeit　58, 102, 103, 105, 107, 111, 112, 125, 147, 295, 296, 300, 311, 313, 314, 316, 317, 319, 320, 322, 323, 324, 345
正義の理論 Theorie der Gerechtigkeit　239
政治的公共圏 politische Öffentlichkeit　3, 5, 132, 137, 145, 147, 149-152, 159, 168, 309, 344
政治文化 politische Kultur　2, 25, 123, 132, 144, 145, 298, 303, 328, 347
静寂主義的 quietistisch　261
正統性 Legitimität　95, 96, 108, 122, 308, 313, 324, 343, 389
青年期 Adoleszenz　15, 21, 194
生の哲学 Lebensphilosophie　219, 225
制約された自由／制約的な自由 bedingte Freiheit　174, 177-180, 183, 206, 207, 214, 217, 218, 219, 227
西洋マルクス主義 westlicher Marxismus　261
世界開示的 welterschließend　41, 42, 246
世界観的中立性／特定の世界観を取らない weltanschauliche Neutralität　119, 132, 137, 138, 140-143, 152, 156
世界観的複数主義 weltanschauliche Pluralismus　104, 273, 316, 344, 347
世界市民的状態 weltbürgerlicher Zustand　349, 352, 353, 359, 360
世界市民法 Weltbürgerrecht　351, 352, 354, 356, 361
世界社会 Weltgesellschaft　8, 125, 126, 349, 352, 354, 357, 360-365, 371, 372, 382, 386, 390, 391
世界宗教 Weltreligion　134, 135, 162, 163, 168, 241, 258, 271, 303, 364, 372, 391
世界政府 Weltregierung　354, 357, 360, 371, 372
世界像 Weltbild　1, 2, 19, 84, 85, 131, 132, 155, 161, 172, 183, 235, 269, 270, 277, 278, 293-296, 302, 305, 337, 344, 346
世俗化 Säkularisierung　2, 3, 119, 120, 126, 127, 130-132, 135, 136, 138, 139, 159, 160, 261, 267-269, 271, 273, 274, 278, 339, 341, 342, 344-347
世俗主義 Säkularismus　3, 6, 7, 132, 137, 138, 143, 148, 158, 159, 160, 164, 165, 166, 298, 299, 339, 346
世俗的市民 säkularer Bürger　3, 6, 133, 138, 150, 155-160, 163, 164, 168, 278,

295
善 das Gute　107, 111, 148, 243, 256, 257, 295, 296, 312, 316, 320, 321, 324, 341, 345, 346
選択の自由 Willkürfreiheit　208
相互性 Reziprozität　20, 113, 285
相互了解 Verständigung　50, 58, 67, 70, 90, 141, 368, 372,
創始者（性）Urheber, Urheberschaft　172, 174, 178, 181-183, 210, 211, 212, 245
遡行不可能（性）Nicht-Hintergehbarkeit, nicht-hintergehbar　188, 192, 196
創発（的）Emergenz, emergent　172, 174, 178, 181-183, 210-212, 245
ソフトな自然主義 weicher Naturalismus　197, 236
存在神論（的）Ontotheologie, onto-theologisch　275, 279
存在忘却 Seinsvergessenheit　279

タ行
第二の自然 zweite Natur　218, 225, 228
脱構築 Dekonstruktion　28, 311-313, 315,320, 324, 325, 第 10 章註 9
脱中心化 Dezentrierung　63, 89, 102
脱超越論化，脱超越論化する，脱超越論化された Detranszendentalisierung, detranszendentalisieren, detranszendentalisiert　8, 29, 30, 34, 35, 37, 40, 47, 49, 63, 79, 94, 187, 206, 211, 214, 373
多文化主義（的）Multikulturalismus, multikulturalistisch　289, 299, 301, 303, 315, 328, 329, 332, 335, 339
多様な近代 multiple modernities　134,
地位 Status　108, 233, 255, 268, 297, 302, 329, 332, 352
知識人 Intellektuelle　25, 26, 134
超越論的 transzendental　28, 29, 32, 34-37, 39-41, 45, 47, 48, 50. 57, 63, 70, 92, 94, 100, 101, 106, 115, 173, 188, 192, 205, 211, 226, 237, 238, 243, 246, 252, 258, 260, 261, 263, 264, 266, 274, 312, 第 2 章註 34,
超国家的 supranational　356-360, 372-374, 378, 380-383
追憶 Eingedenken　207, 224-226
追憶的連帯 anamnetische Solidalität　272
伝記 Biographie　14, 204
討議 Diskurs　15, 19, 20, 40, 53, 54, 59-61, 87, 94, 99-102, 104, 106, 111, 115, 124, 162, 165, 166, 237, 271, 277, 328
討議原理 Diskursprinzip　94, 96, 97, 101, 106
動機づけ Motivation　95, 108, 145, 178, 180, 181, 195, 196, 232, 256, 369
討議倫理学 Diskursethik　94, 98
道具的行動／行為 instrumentelles Handeln　102, 111, 190
道具的理性 instrumentelle Vernunft　220, 221, 226
統制的な言語行為 regulative Sprechakte　54
道徳（的）Moral, moralisch　20-22, 24, 32, 44-47, 54, 56-58, 60 62, 63, 94-98, 103, 105-109, 111-115, 121, 141, 152, 160, 213, 238, 240-243, 245-249, 251, 255, 257, 258, 262, 269, 271, 278, 293, 295, 302, 305, 313, 314, 322, 323, 326,

340, 341, 345, 383, 第 10 章註 52
道徳原理 Moralprinzip　94, 97, 98, 104-107, 111, 112, 第 3 章註 5
道徳哲学 Moralphilosophie　204, 222, 258
道徳法則 Sittengesetz/moralisches Gesetz　43, 223, 241-251, 255, 256
徳／徳行 Tugend　3, 123, 145, 244, 256, 257, 283, 290, 293, 329, 第 10 章註 33
独我論 Solipsismus　75, 77,

ナ行

内的世界 Innenwelt　56
内在的実在論 interner Realismus　36, 37, 第 2 章註 11
肉体 Leib　182, 211, 212, 215, 229, 230, 239
二元論 Dualismus　173, 183, 187-189, 205, 233, 235, 236, 255, 第 7 章註 6
認識態度 epistemische Einstellung　138, 156-160, 164-166
認識的二元論 epistemischer Dualismus　174, 183, 187-189
人称代名詞 Personalpronomina　190, 193, 203
認知的不協和 kognitive Dissonanz　155, 157, 158, 172, 295, 326, 第 7 章註 11
認知的負担 kognitive Bürde　156, 158, 164
認知の社会化 Vergesellschaftung der Kognition　194, 197, 198
能産的自然 Natura naturans　206
脳のプログラミング Programmierung des Gehirns　195

ハ行

パースペクティヴ二元論 Perspektiven-dualismus　71, 173, 174, 183, 184, 187, 189
敗北主義 Defätismus　239, 251
反懐疑主義的 antiskeptisch　161
反近代主義 Antimodernismus　268
反事実的 kontrafaktisch　31, 45, 46, 57, 60, 65, 第 11 章註 39
非寛容 Intoleranz　284, 287, 321, 第 9 章註 1
ビュリダンのロバ Buridan’scher Esel　176, 208
平等主義（的）Egalitarismus, egalitärer　157, 158, 269, 309, 318, 340, 341, 344
平等主義的（な）普遍主義 egalitärer Universalismus　58, 60, 223, 305, 307, 309, 313, 317, 325, 344
平等な取り扱い Gleichbehandlung　99, 300, 305, 311, 312, 315, 316, 318, 321, 327, 332, 334
フェミニズム（的）feministisch　第 10 章註 50
負荷 Bürde　289, 293, 296
不可知論的 agnostisch　240, 277
複数主義（的）Pluralismus, pluralistisch　3-5, 8, 88, 89, 104, 119, 120, 132, 138, 139, 168, 230, 264, 273, 276, 289, 294-299, 303, 307, 316, 338, 342, 344, 345-347, 352, 367, 384, 386, 391
普遍化原則 Verallgemeinerungsgrundsatz　96, 105, 115,
不偏不党性 Unparteilichkeit　58, 96, 97, 103, 143
プラグマティズム，実用的 Pragmatis-

mus, pragmatisch　8, 16, 22, 29, 97, 109, 112, 167, 172, 187, 192, 213, 252, 第 6 章註 29
プラグマティズム的な認識論 pragmatistische Erkenntnistheorie　187
プロテスタンティズム（の）Protestantismus, protestantisch　242, 259
文化（的）Kultur, kulturell　1, 2, 7, 16, 17, 19, 21, 25, 32, 44, 56, 85, 105, 108, 112, 120, 121, 124, 125, 130, 134-136, 157, 159, 163, 174, 183, 187-189, 192-200, 203, 216, 225, 235, 236, 270, 273, 276, 289, 299-303, 307, 315, 327, 330-333, 336-341, 347, 348, 353, 367, 369, 372, 383, 391, 第 9 章註 22, 第 10 章註 40
文化権／文化的諸権利 kulturelle Rechte　299-302, 327, 328, 330, 331, 335-337, 第 9 章註 20, 第 10 章註 40
分割された主権 geteilte Souveränität　353, 356, 第 11 章註 4
文化的プロテスタンティズム Kulturprotestantismus　264, 271
分析哲学 analytische Philosophie　34, 64, 89
文明の衝突 clash of civilizations　134, 364
ヘーゲル－マルクス主義 Hegelmarxismus　262, 271
ペースメーカー Schrittmacher　4, 273, 289, 299, 300
法 Recht　4, 25, 94, 96-98, 106-109, 111, 112, 119, 121-123, 139, 269, 278, 286, 287, 293, 304, 310, 311, 313, 314, 324, 327-329, 340-342, 351, 352, 357-359, 367, 372, 374, 375, 378, 380, 389, 第 5 章註 28, 第 10 章註 17, 52
包摂 Inklusion　59, 299, 300, 302, 329-331
法複数義的 rechtspluralistisch　384, 386
法的人格 Rechtsperson　301, 302
暴力の独占 Gewaltmonopol　357, 358, 365, 378, 380
ポスト慣習的 postkonventionell　106, 266, 273
ポストキリスト教的 nachchristlich　237, 274
ポスト形而上学的 nachmetaphysisch, postmetaphysisch　2, 6-8, 95, 96, 98, 115, 138, 160-163, 166, 237, 238, 258, 262, 268, 269, 273-278, 305, 312, 第 5 章註 37
ポスト国民国家的 postnational　26, 366, 371
ポスト世俗化社会 postsäkulare Gesellschaft　120, 130, 138, 160, 271, 273, 278
ポストモダン postmodern　126, 278, 311, 314, 324
翻訳 Übersetzung　149, 151, 152, 163, 189, 第 5 章註 37
翻訳に関する制度的留保条件 institutioneller Übersetzungsvorbehalt　149, 150, 159

マ行

見えざる教会 unsichtbare Kirche　255
民主主義 Demokratie　22, 24, 25, 121, 123, 124, 143, 144, 154, 164, 286-288, 295, 299, 308, 309, 315, 345, 371, 382,

386, 第 5 章註 24, 28, 39, 第 11 章註 21
民主主義原理 Demokratieprinzip　94-98, 106, 107, 109-112, 第 3 章註 5
民主的法治国家 demokratischer Rechtsstaat　2, 123, 164, 165, 276, 323
無信仰者／信仰を持たない者
⊠Ungläubige　4, 120, 130, 139, 167, 295, 343, 346, 297
無条件の妥当 unbedingte Geltung　29
命題的態度 propositionale Einstellung　179, 180, 189, 194, 196, 231, 270
命題的内容 propositionale Gehalte　66, 128, 180, 186, 189, 196, 199
蒙昧主義 Obskurantismus　239, 258, 260
目的の国 Reich der Zwecke　246, 247, 252, 255

ヤ行

唯物論（的）Materialismus, materialistisch　189, 219, 261
要請論 Postulatenlehre　246, 257, 259, 270
幼年期 Kindheit　15
ヨーロッパ連合 die Europäische Union　356, 359, 364, 378, 第 11 章註 6
善き生 das gute Leben　323

ラ行

ラディカル・デモクラシー的 radikaldemokratisch　309
理性信仰 Vernunftglauben　239, 240, 251-253, 259, 268, 270
理性道徳 Vernunftmoral　94, 95, 104, 108, 240, 270
理性の欲求 Vernunftbedürfnis　246, 253
理性批判 Vernunftkritik　29, 126, 127, 311
理想化を行なう前提 idealisierende Voraussetzung　8, 31, 32, 63-65, 79, 80, 92, 154, 373
立憲国家 Verfassungsstaat　3, 8, 95, 122, 130, 138, 139, 143, 144, 154, 158, 159, 164, 166, 286, 287, 289, 299, 352, 379, 389, 第 11 章註 4
リベラリズム，リベラルな Liberalismus, liberal　2-4, 95, 120-123, 126,131, 132, 134, 135, 138, 139, 142-147, 149, 150, 152, 154, 155, 156, 164-166, 168, 229, 264, 287, 288, 293, 294, 304-307, 309, 311, 313, 314-316, 318, 321, 322, 324-326, 333, 335, 339-344, 346-348, 353, 354, 357, 366, 379, 第 5 章註 15, 24, 28, 39
理由の空間，理由の公共的空間 Raum von Gründen，öffentlicher Raum der Gründe　88, 185, 186, 195, 199, 203, 208
理由のやりとり Geben und Nehmens von Gründen　34, 178, 185
了解志向的 verständigungsorientiert　31, 42, 47, 49, 63, 65, 79
理論理性 theoretische Vernunft　35, 237, 238, 245, 258, 261, 263, 274, 318
倫理的 ethisch　44, 97, 101, 107, 109, 112, 119, 124, 129, 132, 148, 182, 200, 213-215, 220, 254, 255, 257, 291, 292, 295, 296, 301, 305, 307, 309, 316, 317, 320, 322, 323, 325, 330, 345, 346, 第 5 章註 35, 37, 40, 第 7 章註 18

倫理的共同体 ethisches Gemeinwesen 247, 252, 254-257, 261, 270
倫理的自由 etische Freiheit 132, 228, 306, 307, 309, 311, 315, 316, 320, 322, 326, 330, 331, 335, 345, 346
礼節 civility, zivil 141,.145, 293
歴史化 Historisierung 30
歴史主義 Historismus 265
連帯 Solidarität 3, 5, 20, 25, 120, 123-125, 128, 130, 141, 156, 162, 272, 306, 307, 308, 311, 340, 365, 368, 369, 372
ロマン主義的 romantisch 206

人名索引

＊ドイツ語原本には本文および註で登場するすべての人名をリストアップした膨大な人名索引があり，「事項索引」と同様に作成にあたり参考にした英訳書の索引には本文に登場する人名と，註のみで登場する人名のうちの若干名だけが記載されている．本訳書では，ドイツ語原本の人名索引を踏襲することを基本としたうえで，本訳書の本文および註において日本語表記したすべての人名に，それ以外で英訳書の索引に記載されている人名を加えて日本語の人名索引を作成し，ドイツ語原本の索引に記載されているそれ以外の人名（註のみで登場）は，日本語表記することの必要性は低いと判断して原語表記のまま，その後に記載した

ア行

アーペル，カール＝オットー Apel, Karl-Otto　23, 39, 53, 93,-95, 97-99, 106, 107, 109, 112-116, 第 2 章註 47, 第 8 章註 30, 第 10 章註 49

アイゼンシュタット，シュムエル・ノア Eisenstadt, Shmuel Noah　第 5 章註 51

アウディ，ロバート Audi, Robert　145, 146, 第 5 章註 28, 37

アデナウアー，コンラート Adenauer, Konrad　22

アドルノ，テオドール Adorno, Theodor　24, 204-208, 210-214, 217-228, 231, 232, 251, 262, 310, 311, 314, 第 7 章註 18

アナン，コフィー Annan, Kofi　374, 第 11 章註 30, 35

アリストテレス Aristotle　14, 16, 18, 80

アンリ 4 世 Henri Ⅳ　第 9 章註 2

イエーツ，メリサ Yates, Melissa　第 5 章註 1

イェリネック，ゲオルク Jellinek, Georg　122, 286

稲盛和夫 Inamori, Kazuo　13

イングルハート，ロナルド Inglehart, Ronald　第 5 章註 6

ヴァイシェデル，ヴィルヘルム Weischedel, Wilhelm　第 8 章註 3,

ヴァインガルテン，ミヒャエル Weingarten, Michael　第 7 章註 6

ヴィトゲンシュタイン，ルートヴィヒ Wittgenstein, Ludwig　16, 29, 30, 32, 34, 41, 56, 66, 67, 76, 79, 80-82, 84-86, 202, 208, 276, 第 6 章註 50

ヴィンガート，ルッツ Wingert, Lutz　192, 第 6 章註 2

ウェイスマン，ポール Weithman, Paul　144, 152, 第 5 章註 27

ヴェーバー，マックス Weber, Max　135, 234, 265, 311, 第 8 章註 60

ヴェルマー，アルブレヒト Wellmer, Albrecht　第 2 章註 14, 22, 第 6 章註 31

ウォルターストーフ，ニコラス Wolter-

カ行

サ行

シンガー，ピーター Singer, Peter　228
ジンメル，ゲオルク Simmel, Georg　225
ストローソン，ピーター Strawson, Peter　第 2 章註 10
スピノザ，バルーフ Spinoza, Baruch　248, 251, 284
スローター，アン・マリー Slaughter, Anne Marie　386, 387, 388,
ズンガー，ヴォルフ Singer, Wolf
ゼール，マルティン Seel, Martin　第 6 章註 18, 第 7 章註 7, 第 10 章註 28
セラーズ，ウィルフリド Sellars, Wilfrid　56, 87, 185, 第 6 章註 33
ソクラテス Socrates　128, 262, 266, 279

タ行

ダーウィン，チャールズ Darwin, Charles　8, 173, 188, 192, 205, 214, 236
ダメット，マイケル Dummett, Michael　31, 34, 64, 66, 67, 79, 84, 86
タルスキ，アルフレト Tarski, Alfred　68
ツュルン，ミヒャエル Zürn, Michael　371
デイヴィドソン，ドナルド Davidson, Donald　31, 34, 67, 68-73, 75, 76, 78, 79, 180, 第 2 章註 34
テイラー，チャールズ Taylor, Charles　334, 335
ディルタイ，ヴィルヘルム Dilthey, Wilhelm　29
デーテル，ヴォルフガング Detel, Wolfgang　第 5 章註 60
デカルト，ルネ Descartes, René　17, 183, 197
デニンガー，エアハルト Denninger, Erhard　第 11 章註 4
デューイ，ジョン Dewey, John　22, 29, 30
デュルケーム，エミール Durkheim, Emile　第 2 章註 20
デリダ，ジャック Derrida, Jacques　29, 311, 第 10 章註 9
トゥーゲントハット，エルンスト Tugendhat, Ernst　第 2 章註 28, 第 6 章註 7 , 51, 第 7 章註 5
トマス・アクィナス Thomas von Aquin　14
トマセロ，マイケル Tomasello, Michael　192
トレルチ，エルンスト Troeltsch, Ernst　265

ナ行

ニーチェ，フリードリヒ Nietzsche, Friedrich　28, 128, 278
ニュッセル，フリーデリケ Nüssel, Friederike　第 8 章註 57
ネーゲル，トマス Nagel, Thomas　第 6 章註 16
ノリス，ピッパ Norris, Piipa　第 5 章註 4, 6

ハ行

パース，チャールズ・サンダーズ Peirce, Charles Sanders　16, 29, 38, 39, 52, 88, 161
ハーバーマス，ティルマン Habermas,

Tilman　6 章註 2
ハーバーマス，ユルゲン Habermas, Jürgen　53, 97, 第 1 章註 2, 第 2 章註 32
ハイエク，フリードリヒ・アウグスト Hayek, Friedrich August von　第 5 章註 45
ハイデガー，マルティン Heidegger, Martin　23, 24, 28-30, 37, 41, 127, 162, 279
パトナム，ヒラリー Putnam, Hilary　53, 233, 第 2 章註 9, 11
バトラー，ジュディス Butler, Judith　第 7 章註 18
バリー，ブライアン Barry, Brian　334, 337, 第 10 章註 36
バルト，カール Barth, Karl　268
ハルナック，アドルフ・フォン Harnack, Adolf von　265
ピアジェ，ジャン Piaget, Jean　58
ビエリ，ペーター Bieri, Peter　177, 179, 216, 第 7 章註 11
ピノチェト，アウグスト Pinochet, Augusto　383
ヒューム，デイヴィッド Hume, David　30, 31
フーコー，ミシェル Foucault, Michel　29, 158, 222, 310
フェネル，ジョン Fennell, John　第 2 章註 43
フォイエルバッハ，ルートヴィヒ Feuerbach, Ludwig　128, 261, 第 8 章註 56
フォルスト，ライナー Forst, Rainer　284, 289, 第 5 章註 1, 35-37, 47
フセイン，サダム Hussein, Saddam　383
フッサール，エドムント Husserl, Edmund　64, 65, 115, 189
ブッシュ，ジョージ・W．Bush, George W.　136, 390, 第 5 章註 8
プラトン Plato　8, 18, 23, 31, 50, 51, 68, 80, 114, 247, 252, 275
ブランダム，ロバート Brandom, Robert　31, 34, 67, 79, 80, 87-90, 179
ブルーメンベルク，ハンス Blumenberg, Hans　第 5 章註 58
ブルトマン，ルドルフ Bultmann, Rudolf　268, 第 8 章註 57
ブルムリック，ミヒャ Brumlik, Micha　第 8 章註 51
フレイザー，ナンシー Fraser, Nancy　329
フレーゲ，ゴットロープ Frege, Gottlob　34, 64-66, 79, 82-84, 86, 189, 第 2 章註 30
プレスナー，ヘルムート Plessner, Hermut　第 7 章註 6
ブレヒト，ベルトルト Brecht, Bertolt　21
フロイト，ジークムント Freud, Sigmund　22, 210, 224, 261
ブロッホ，エルンスト Bloch, Ernst　262
フンボルト，ヴィルヘルム・フォン Humboldt, Wilhelm von　16
ヘーゲル，ゲオルク Hegel, Georg　7, 28, 122, 127-129, 162, 259-262, 269-271, 273, 275, 277, 310, 317, 365, 366
ベール，ピエール Bayle, Pierre　272, 284, 285, 第 5 章註 47
ベッケンフェルデ，エルンスト・ヴォ

マ行

ヤ行

ラ行

＊以上の人名以外でドイツ語原書の人名索引に記載されている人名

註

＊（　）は原註，〔　〕は訳註とする．

序文

（1）以下を参照．J. Habermas, *Die Zukunft der menschlichen Natur* (erweiterte Ausgabe), Frankfurt/M. 2002〔三島憲一訳『人間の将来とバイオエシックス』法政大学出版局，2004 年〕．

（2）J. Habermas, »Glauben und Wissen«, in: ders., *Zeitdiagnosen*, Frankfurt/M. 2003, 249-262〔「付録　信仰と知識」大貫敦子・木前利秋・鈴木直・三島憲一訳『引き裂かれた西洋』法政大学出版局，2009 年〕．

（3）以下を参照．Die Einleitung zu J. Habermas, *Wahrheit und Rechtfertigung*, Frankfurt/M. 1999. 7-64.

（4）最後の論文で私は再度，国際法の立憲化の問題に取り組んだ．以下の著作の対応した論文を参照．J. Habermas, *Der gespaltene Westen*, Frankfurt/M. 2004, 113-193〔大貫敦子・木前利秋・鈴木直・三島憲一訳『引き裂かれた西洋』法政大学出版局，2009 年〕．

第一部　規範に導かれた精神の間主体的なあり方

第 1 章　公共空間と政治的公共性

〔1〕シュラーゲターの抵抗（Schlageter-Trotz），アルバート・レオ・シュラーゲター（1892-1923 年），ドイツの軍人．右翼的ナショナリスト．1922 年ナチス入党．1923 年，賠償不履行の対抗措置としてフランスがルール地方を占領した際，抵抗運動を組織したため，軍事裁判で死刑．ハイデガーはフライブルク大学学長就任演説の前日，シュラーゲター追悼の催しで彼を賛美する演説を行なっている．

〔2〕「ハイデガーと共にハイデガーに逆らって考える」は，英訳によると，ハーバーマスが執筆した．以下を参照．J. Habamas, *Between Naturalism and Religion*, trans., Ciaran Cronin, Polity Press, 2008, p. 20.

第２章　コミュニケーション的行為と理性の脱超越論化

（1）T. A. McCarthy, *Ideals and Illusions*, Cambrige（Mass.）1991, 2.

（2）Ebd., 4.

（3）D. C. Hoy and T. A. McCarthy, *Critical Theory*, Oxford 1994, 39.

（4）内輪の争いのなかの内輪の争いについては，ここで立ち入る必要はないであろう．T. McCarthy, »Practical Discourse: On the Relation of Morality to Politics«, in: ders.（1991）, 181–199; T. McCarthy, »Legitimacy and Diversity«, in: M. Rosenfeld, A. Arato（Hg.）, *Habermas on Law and Democracy*, Berkeley 1998, 115–153 参照．それへの私の応答は，ebd., 391–404.

（5）J. Harbermas, *Wahrheit und Rechtfertigung*, Frankfurt/M. 1999.

（6）J. Harbermas, *On the Pragmatics of Communication*, hg. Von M. Cook, Cambrige（Mass.）1998.

（7）McCarthy（1994）, 38.

（8）J. Harbermas, »Rationalität der Verständigung. Sprechakttheoretische Erläuterungen zum Begriff der kommunikativen Rationalität«, in: ders.（1999）, 102–137.

（9）関連するパトナムの指示理論については以下を参照．A. Mueller, *Referez und Falibilismus*, Berlin 2004.

（10）関連するピーター・ストローソンの研究についての討論については以下を参照．M. Niquet, *Transzendentale Argumente*, Frankfurt/M. 1991, Kap. 4 und 5.

（11）パトナムの「内在的実在論」については以下を参照．J. Harbermas, »Werte und Normen. Ein Kommentar zu Hilary Putnams Kantischem Pragmatismus«, in: ders., *Wahrheit und Rechtfertigung*（増補新書版）, Frankfurt/M. 2004.

（12）K.-O. Apel, »Sinnkonstitution und Geltungsrechtfertigung«, in: Forum für Philosophie（Hg.）, *Martin Heidegger: Innen- und Außenansichten*, Frankfurt/M. 1989, 134.

（13）Ch. S. Peirce, *Collected Papers*, Vol. V/VI（1934）, 268：「最終的には探求するすべての人びとが賛同することになる見解こそ，われわれが真理という言葉で意味するものであり，その見解のなかで表示された客体こそは現実的なものである」（5.407）．これについては，K.-O. Apel, *Der Denkweg von Charles S. Peirce*, Frankfurt/M. 1975.

（14）真理の討議概念に対する批判については以下を参照．A. Wellmer, *Ethik und Dialog*, Frankfurt/M. 1986, 51ff.〔加藤泰史監訳，御子柴善之・舟場保之・松本大理・庄司信訳『倫理学と対話』法政大学出版局，2013 年〕; C. Lafont, *The Linguistic Turn in Hermeneutic Philosophy*, Cambrige（Mass.）1999, 283ff.

（15）J. Harbermas, »Wahrheit und Rechtfertigung. Zu Richard Rortys pragmatischer Wende«, In: ders.（1999）, 230–270.

（16）J. Harbermas（1999）, 48ff., 261ff., 291ff.

（17）「常にすでに言語によって解釈されている世界内存在の解釈学」については以下を参照．K.-O. Apel, »Wittgenstein und Heidegger«, in: B. McGuinness et al.,

Der Löwe spricht ... und wir können ihn verstehen, Frankfurt/M. 1991, 27-68.

(18) Richard F. Bernstein, *Beyond Objectivism and Relativism*, Philadelphia 1983〔丸山高司・木岡伸夫・品川哲彦・水谷雅彦訳『科学・解釈学・実践』(I・II) 岩波書店, 1990 年〕.

(19) J. Harbermas, *Faktizität und Geltung*, Frankfurt/M. 1992, 19〔河上倫逸・耳野健二訳『事実性と妥当性』(上・下) 未來社, 2003 年〕.

(20) すでにデュルケームがこうした洞察を行なっている. *Die Regeln der soziologischen Methode* (1895), Frankfurt/M. 1984〔宮島喬訳『社会学的方法の規準』岩波書店, 1978 年〕.

(21) H.-G. Gadamer, *Wahrheit und Methode*, Tübingen 1960〔轡田収・麻生建・三島憲一・北川東子・我田広之・大石紀一郎・巻田悦郎訳『真理と方法』(I・II) 法政大学出版局, 1986 年 (I), 2008 年 (II)〕. もちろん, ガダマーは古典的作品をわがものとすることに注目したため, 真理の問題を審美化してしまっている. これについては, J. Harbermas, »Wie ist nach dem Historismus noch Metaphysik möglich?«, in: »*Sein, das verstanden werden kann, ist Sprache*«. *Hommage an Hans-Georg Gadamer*, Frankfurt/M. 2001, 89-99.

(22) ヴェルマーの批判参照. A. Wellmer, *Ethik und Dialog*, Frankfurt/M. 1986, 69ff.〔加藤泰史監訳, 御子柴善之・舟場保之・松本大理・庄司信訳『倫理学と対話』法政大学出版局, 2013 年〕.

(23) W. Sellars, *Empiricism and the Philosophy of Mind*, Cambrige (Mass.) 1997〔浜野研三訳『経験論と心の哲学』岩波書店, 2006 年〕.

(24) W. Rehg, *Insight and Solidarity*, Berkeley 1994.

(25) 以下の部分については以下を参照. J. Harbermas, »Eine genealogische Betrachtung zum kognitiven Gehalt der Moral«, in: ders., *Die Einbeziehung des Anderen*, Frankfurt/M. 1996, 11-64, とくに 61f〔高野昌行訳『他者の受容』法政大学出版局, 2004 年〕.

(26) 以下の部分については以下を参照. J. Harbermas, »Richtigkeit vs. Wahrheit«, in: ders. (1999), 271-318.

(27) J. Harbermas, »Handlungen, Sprechakte, sprachlich vermittelte Interaktionen und Lebenswelt«, in: ders., *Nachmetaphysisches Denken*, 1988, 63-104〔「行為・発話行為・言語に媒介された相互行為・生活世界」藤澤賢一郎・忽那敬三訳『ポスト形而上学の思想』未來社, 1990 年〕.

(28) E. Tugendhat, *Einführung in die sprachanalytische Philosophie*, Frankfurt/M. 1976, 35ff.

(29) H. Putnam, »The meaning of meaning«, in: ders., *Mind, Language and Reality*, Cambrige 1975, 215-271.

(30) G. Frege, »Der Gedanke (1918/19)«, in. ders., *Logische Untersuchungen*, Göttingen 1966, 30-53. そのなかで (43 頁) フレーゲは次のような結論に達している.

「思想は外界の事物でもなければ表象でもない．第三の領域が承認されなければならない」〔「思想」黒田亘・野本和幸編『フレーゲ著作集 4　哲学論集』勁草書房，1999 年〕．

（31）D. Davidson, *Wahrheit und Interpretation*, Frankfurt/M. 1986, 10〔野本和幸・金子洋之・植木哲也・高橋要訳『真理と解釈』勁草書房，1991 年〕．

（32）D. Davidson, »Radical Interpretation«, in: ders.（1986）, 199（訳文は変えてある——ハーバーマス）．

（33）B. Fultner, *Radical Interpretation or Communicative Action: Holism in Davidson and Harbermas*, Diss. phil., Northwestern University 1995, 178ff.

（34）A. Cutrefello, »On the Transcendental Pretentions of the Principle of Charity«, in: L. E. Hahn（Hg.）, *The Philosophy of Donald Davidson*, LaSalle（Ill.）1999, 333：「寛容の原理は，誰であれおよそ解釈が可能であるための普遍的拘束力を有する条件であると想定されている」．これへの応答において，デイヴィドソンは，実際不可避であるという弱い意味で「超越論的」という表現を受け入れている．いずれにしても，デイヴィドソンは「寛容の原理に訴えることの不可避性」について語っている（ebd., 342）．

（35）D. Davidson, »Eine hübsche Unordnung von Epitaphen«, in: E. Picardi, J. Schulte（Hg.）, *Die Wahrheit der Interpretation*, Frankfurt/M. 1985.

（36）D. Davidson, *Handlung und Ereignis*, Frankfurt/M. 1985〔服部裕幸・柴田正良訳『行為と出来事』勁草書房，1990 年〕．

（37）Hahn（1999）, 600 参照．

（38）D. Davidson, »Could there be a Science of Rationality?«, *International Journal of Philosophical Studies*, Nr. 3, 1995, 1–16．ここでの引用は 4.

（39）R. Rorty, »Davidson's Mental-Physical Distinction«, in: Hahn（1999）, 575–594

（40）D. Davidson, *Der Mythos des Subjektiven*, Stuttgart 1993, 93f.

（41）Ebd., 12.

（42）Ebd., 15

（43）前後関係を因果関係と見なすことの誤りについてフェネルが同様の反論を行なっている．J. Fennel, »Davidson on Meaning Normativity: Public or Social«, *European Journal of Philosophy*, 8, 2000, 139–154：「環境のなかにおけるこの規則性，つまり共通の刺激をわれわれがともに反応している刺激であると同定することは，［……］必然的に規範的類似性の判断を含む．規範的類似性に関して必要とされる判断を行なうためには，解釈者は，［……］外部からの観察者が利用できるものに頼るだけではすまない．それゆえ，三項関係は，共通の刺激の同定という問題に直面する．［……］そして，三項関係は，もしそれが純粋に因果関係の言葉で，刺激–反応関係に分類されるものの相関関係と理解されるならば，この問題に答えないままである」．

（44）W. Sellars, *Empiricism and Philosophy of Mind*（1956）, Cambrige（Mass.）1997, 63

〔浜野研三訳『経験論と心の哲学』岩波書店，2006年〕．

（45）J. Habermas（1981）, Bd. II, 11-68〔藤澤賢一郎ほか訳『コミュニケイション的行為の理論』（中）未來社，1986年，183-247頁〕．

（46）Gadamer（1960）, 277f〔邦訳については注21参照〕．

（47）この点についてはすでにアーペルが指摘している．K.-O. Apel, »Wittgenstein und das Problem des hermeneutischen Verstehens«（1966）, in: ders., *Transformation der Philosophie*, Bd. I, 1973, 335-377.

（48）M. Dummett, »Language and Communication«, in: ders., *The Seas of Language*, Oxford 1993, 181.

（49）Ebd., 182f.

（50）M. Dummett, »Language and Truth«, in: ders.（1993）, 143.

（51）J. Harbermas, »Von Kant zu Hegel. Zu Robert Brandoms Sprachpragmatik «, in: ders.（1999）, 138-185.

（52）R. B. Brandom, *Making it Explicit*, Cambrige（Mass.）1994, 5.

（53）Ebd., 4.

第３章　討議の差異を学的に構成する

（1）K.-O. Apel, *Auseinandersetzungen*, Frankfurt/M. 1998, 689-838.

（2）J. Habermas, *Faktizität und Geltung*, Suhrkamp, Frankfurt am Main, 1992, 135ff.〔河上倫逸・耳野健二訳『事実性と妥当性』（上）未來社，2002年〕．

（3）J. Habermas, »Constitutional Democracy-A Paradoxical Union of Contradictory Principles?«, *Political Theory*, Vol. 29, 6, December 2001, 766-781.

（4）Habermas（1992）, 138.

（5）思い出そう．道徳原理は，議論規則として導入された普遍化原則という形態を取る．道徳原理によれば，妥当する道徳的な行為規範は，次の条件を満たさせねばならない．つまり，すべての関係しうる者の各々の利害関心に対して，予見できる結果と副次効果の観点から見て，討議参加者の役割において，それを普遍的に遵守することが受け入れうるだろうという条件である．民主主義原理は，民主的憲法の基本権の部門において，政治的参加権とコミュニケーション権の形態を取り，自由で平等な法仲間の自由意思によるアソシエーションの自己決定実践を保障する．民主主義原理が言っているのは，法が正統な妥当性を要求できるのは，法が立法の討議的に構成された過程においてすべての市民の（それもまた法的に営まれる）同意を見いだす場合である，ということである．

（6）Apel（1998）, 761f.

（7）Ebd., 756; K.-O.Apel, »Diskursethik als Ethik der Mitverantwortung vor den Sachzwängen der Politik, des Rechs und der Marktwirtschaft«, in: K.-O.Apel und H, Burckhart（Hg.）, *Prinzip Mitverantwortung*, Würzburg 2001, 69-96.

(8) J. Habermas, »Diskursethik–Notizen zu einem Begründungsprogramm«, in: *Moralbewußtsein und kommunikatives Handeln*, Suhrkamp, Frankfurt/M. 1983, 96〔三島憲一ほか訳『道徳意識とコミュニケーション行為』岩波書店，1991 年〕.

(9) 私は，言語語用論的な意味と，超越論的論拠のあり方とについての議論を考察から外さざるえない.

(10) J. Habermas, *Wahrheit und Rechtfertigung*, Frankfurt/M.1999, Einleitung VII, 48-55.

(11) J. Habermas, »Vom pragmatischen, ethischen und moralischen Gebrauch der praktischen Vernunft«, in: ders., *Erläuterung zur Diskursethik*, Frankfurt/M. 1991, 100-118〔清水多吉・朝倉輝一訳『討議倫理』法政大学出版局，2005 年〕.

(12) J. Habermas, »Richtigkeit vs. Wahrheit. Zum Sinn der Sollgeltung moralischer Urteil und Normen«, in: ders. (1999), 271-318.

(13) J. Habermas, »Eine genealogische Betrachtung zum kognitiven Gehalt der Moral«, in: ders., *Einbeziehung des Anderen*, Frankfurt/M. 1996, 11-64, hier 56ff.〔高野昌行訳『他者の受容』法政大学出版局，2004 年〕.

(14) 以下の基礎づけ構想については次を参照. Habermas (1996), 60-63.

(15) 註 (5) を見よ.

(16) 前掲書原書，87 を見よ.

(17) J. Habermas (1992), 167-186.

(18) 道徳的行為がそもそも普遍的に要求されうる諸関係の創出に，怜悧に参加することのアポリアについては，以下を参照. J. Habermas, »Wege der Detranszendentalisierung. Von Kant zu Hegel und zurück«, in: ders. (1999), 186-270, hier 224ff.

(19) K.-O. Apel, *Diskurs und Verantwortung*, Frankfurt/M., 1988, 103-153.

(20) K. Günther, *Der Sin für Angemessenheit*, Frankfurt/M. 1988.

(21) Apel (2001), 77f.

(22) 同上，82. 以下も参照. D. Böhler, »Warum moralisch sein? Die Verbindlichkeit der dialogbezogenen Selbst- und Mitverantwortung«, in: Apel und Burckhart (2001), 50：「何のための共同責任か．第一に自分の妥当性要求の吟味のためである．次いで，その保持のためである．さらに可能であるならば，（とにかく人権に関する）批判的討議の自由で世界に開かれた実施の現実的条件の改善のためである．最後に，実践的（政治的，経済的，エコロジー的）考察またはそれらの成功のためである」.

(23) 本書 349 頁以下〔本書第 11 章〕を参照.

第二部　宗教的複数主義と国家市民的連帯

第 4 章　民主的法治国家における政治以前の基礎

(1) E. W. Böckenförde, »Die Entstehung des Staates als Vorgang der Säkularsation«

(1967), in: ders., *Recht, Staat, Freiheit*, Frankfurt/M. 1991, 92 ff., hier 112.

(2) J. Habermas, *Die Einbeziehung des Anderen*, Frankfurt/M. 1996〔高野昌行訳『他者の受容』法政大学出版局, 2004 年〕.

(3) J. Habermas, *Faktizität und Geltung*, Frankfurt/M. 1992, Kap. III〔河上倫逸・耳野健二訳『事実性と妥当性』(上・下) 未來社, 2003 年〕.

(4) H. Brunkhorst, »Der lange Schatten des Staatswillenspositivismus«, *Leviathan*, 31, 2003, 362–381.

(5) Böckenförde (1991), 111.

(6) 本書 351 頁以下を参照.

(7) P. Neuner, G. Wenz (Hg.), *Theologen des 20. Jahrhunderts*, Darmstadt 2002.

(8) K. Eder, »Europäische Säkularisierung-ein Sonderweg in die postsäkulare Gesellschaft?«, *Berliner Journal für Soziologie*, H. 3, 2002, 331–343.

(9) J. Rawls, *Politischer Liberalismus*, Frankfurt/M. 1998, 76 ff.

(10) たとえば W. Singer「誰も自分が今ある以外の者にはなれない. 結びつきは固定されている. われわれは自由について語ることをやめるべきだった.」: *Frankfurter Allgemeine Zeitung* vom 8. Januar 2004, 33.

(11) J. Habermas, *Glauben und Wissen*, Frankfurt/M. 2001.

第５章　公共圏における宗教

(1) このテーマについて, それぞれ独自の著作を発表しているライナー・フォルストとトマス・M. シュミットの両氏から有益なコメントをいただいた. 感謝申し上げる. また, 博士号請求論文で類似の問題に取り組んでいるメリサ・イエーツ女史からは文献の紹介を受け, 刺激的な討論を行なうこともできた. 謝意を表する.

(2) Peter L. Berger (Hg.), *The Desecularization of the World*, Washington 1999.

(3) I. Buruma, A. Margalit, *Okzidentalismus. Der Westen in den Augen seiner Feinde*, München 2004.

(4) P. Norris, R. Inglehart, *Sacred and Secular, Religion and Politics Worldwide*, Cambrige (Mass.) 2004. Kap. 4.

(5) J. Habermas, *Der gespaltene Westen*, Frankfurt/M. 2004〔大貫敦子・木前利秋・鈴木直・三島憲一訳『引き裂かれた西洋』法政大学出版局, 2009 年〕.

(6) ノリスとイングルハート (2004, Kap. 10) は, 生活に関する経済的事情と社会的事情が改善するとともに「実存的安心」感が広まるのに応じて世俗化は進行するという古典的な仮説を擁護している. この仮説は, 先進国社会では出生率が低下するという人口統計学上の推定と合わせて, まずはなぜ総じて「西側」だけで世俗化が起こったのかを説明する. 例外はアメリカ合衆国である. 理由の第一は, 資本主義の影響が社会国家的政策によって緩和されるという面が弱いために, 国民が押しなべて相当程度の実存的不安にさらさ

れていることであり，第二に，比較的多くの移民が，伝統的な社会からなり，したがって出生率も高い国の出身であることである．

(7) Garry Wills, »The Day the Enlightenment Went Out«, *New York Times* vom 4. November 2004, A. 31.

(8) L. Goodstein, W. Yardley, »President Bush benefits from Efforts to build a Coalition of religious Voters«, *New York Times* vom 5. November 2004, A. 19. ブッシュは，スペイン語を話す選挙民の 60 パーセント，白人のプロテスタントの 67 パーセント，福音主義あるいは新生派のキリスト教徒の 78 パーセントの支持を得た．さらには，普通は民主党を支持しているカトリック教徒たちのあいだでも，伝統的な多数派をブッシュに有利になるように寝返らせることに成功した．カトリック司教たちがブッシュを支持したことは，堕胎の問題で一致しているとはいえ，政府が教会の主張と違って死刑制度を擁護していること，イラクに対する根拠が薄弱で国際法に反する侵略戦争によって，アメリカ兵とイラク市民合わせて数万人の命を危険にさらしたことを考えると，驚きである．

(9) この「尊重概念」については，歴史的な目配りが広く，同時に体系的にも説得的な以下の研究を参照． R. Forst, *Toleranz im Konflikt*, Frankfurt/M. 2003.

(10) J. Rawls, *A Theory of Justice*, Cambrige (Mass.) 1971, §§ 33 f.〔川本隆史・福間聡・神島裕子訳『正義論』紀伊国屋書店，2010 年〕．

(11) 相互尊重による寛容概念については Forst (2003) 参照．

(12) 以下を参照． J. Habermas, *Faktizität und Geltung*, Frankfurt/M. 1992, Kap. III〔河上倫逸・耳野健二訳『事実性と妥当性』(上・下) 未來社，2003 年〕; ders., »Der demokratische Rechtsstaat–eine paradoxe Verbindung widersprüchlicher Prinzipien? «, in: ders., *Zeit der Übergäng*, Frankfurt/M. 2001, 133–151.

(13) 以下を参照． John Rawls, »The Idea of Public Reason Revisited«, *The University of Chicago Law Review*, Vol. 64, Summer 1997, No. 3, 765–807, hier 769：「理想的には，市民は自分たちが立法者であるかのように考えてみるべきある．そして，どんな法律を，相互主義の原則を満たすいかなる理由にもとづいて，制定することがもっとも合理的か，みずからに問いかけてみるべきである．」

(14) J. Rawls, *Political Liberalism*, New York 1993, 217.

(15) ロールズは，公共的な理性使用が，そのつど妥当している憲法上の原則を解釈する際に依拠する「リベラルな正義概念の家族」について語っている．Rawls (1997), 773f. 参照．

(16) Ebd., 786.

(17)「誰もが理解できる」言葉において，どのような理由づけを行なうべきかということついての詳細は以下を参照． R. Forst, *Kontexte der Gerechtigkeit*, Frankfurt/M. 1994, 199–209.

(18) Rawls (1997), 783f.（強調は私による）これは Rawls (1994), 224f. における，原則のより厳格な定式化の修正である．ロールズは，留保条件をつけること

を，憲法の本質的要素に関わる主要な問題に限定する．しかし，そのような限定は，近代の法秩序においては非現実的だと私は思う．近代の法秩序においては，基本的権利が，具体的な立法や法の適用において直接的に効力を発揮するし，争点となるテーマのほとんどすべてが，基本権の問題へと先鋭化されうるからである．

（19）Rawls (1997), 777：「それらは，包括的な教義によって舞台の背後から操られる人形ではない」．

（20）Ebd., 781．この異論については後で改めて論じる．

（21）以下を参照．Die Diskussion zwischen Robert Audi und Nicholas Wolterstorff in: *Religion in the Public Sphere*, New York 1997, 3f., 76f. und 167f.

（22）N. Birnbaum, *Nach dem Fortschritt*, Stuttgart-München 2003.

（23）有名な次の研究を参照．R. Bellah, R. Madsen, W. M. Sullivan, A. Swidler, St. M. Tipton, *Habits of the Heart*, Berkeley 1985〔島薗進・中村圭志訳『心の習慣』みすず書房，1991 年〕．ベラーの関連する論稿については以下を見よ．R. Madson, W. M. Sullivan, A. Swidler, St. M. Tipton (Hg.), *Meaning and Modernity: Religion, Polity, and Self*, Berkeley, 2003.

（24）こうした経験的論拠については以下を参照．P. J. Weithmann, *Religion and the Obligations of Citizenship*, Oxford 2002, 91：「私は，教会が，市民の既成の民主的素養（realized domocratic citizenship）を育むことで，アメリカ合衆国の民主主義に貢献していると論じた．教会は信徒たちに，民主的価値が重要な政治的決定にとっての基礎であることを，そして民主的な制度が正統なものであることを，受け入れるように説いている．教会が貢献をなす際に用いる手段には，市民的論拠や公的な政治的論争にみずから介入することも含まれるが，そうした手段は，信徒たちが持ち出しがちな政治的論拠に影響を与え，投票の判断基準に影響を与え，市民としてのアイデンティティの形成に影響を与える．教会は，政治的結論が矛盾してはならない道徳規範があらかじめ与えられていて，それに私たちも拘束されているということをよく考えてみるようにとさえ，信徒たちに説くかもしれない．政治的決定に参加する権限を法によって与えられている者たちによる市民的素養の形成は，リベラルな民主主義にとっての巨大な達成である．そこにおいては市民社会の諸制度が決定的な役割を果たしているのである」．

（25）Audi and Wolterstorff (1997), 25.

（26）Ebd., 29.

（27）この区別はポール・ウェイスマンにとっても，彼の修正された留保条件をこの区別に応じて差異化するきっかけになっている．Weithmann (2002), 3 を見よ．

（28）ロバート・アウディはこの間，世俗的正当化の原則に対応するものを導入した．「リベラルな民主主義においては，宗教的市民には明白な義務があ

る．すなわち，いかなる法あるいは公共政策であれ，それを提唱あるいは支持するための適切で宗教的に受け入れ可能な理由を挙げることができないならば，[……] その法あるいは公共政策を提唱または支持してはならないという義務である．」この宗教的正当化の原則は，明らかに，宗教的理由を第一に判断する市民たちに，批判的に自己確証する義務を課すことになろう．

(29) アウグスティヌスの信仰内容（fides quae creditur）と個人の心情としての信仰（fides qua creditur）の区別については以下を参照．R. Bultmann, *Theologische Enzyklopädie*, Tübingen 1984, Anhang 3: Wahrheit und Gewißheit, 183ff.

(30) Wolterstorff in: Audi and Wolterstorff (1997), 105.

(31) Weithmann (2002), 157.

(32) このことは，次のような興味深い問いを投げかける．すなわち，候補者は，選挙戦においてどこまで自分が宗教的人間であることを悟らせてよいのか，あるいはそれを公言することも許されるのか，という問いである．いずれにせよ，国家と教会の分離は，選挙の基盤，つまり各政党とその候補者が実現を目指す綱領あるいは「路線」にまで及ぶ．ともあれ規範的観点からは，争点となっている事柄にもとづいてではなく，もっぱら個人的特性を重視して投票する候補者を決めるのは問題である．ましてや，候補者の宗教的な自己表示に依拠して選挙人が判断することは，なおさら問題である．この点については，以下の研究を参照．Paul Weithman (2002), 117-120：「候補者の『表現価値』とでも呼ぶべきもの——有権者が尊重している価値を表現するうえでの候補者の適切さ——との関係で候補者が評価される際に，宗教がどのような役割を果たしうるかについて教えてくれるような原則を持つことは良いことであろう．[……] しかし，こうした場合に覚えておくべきもっとも重要なことは，全面的に，あるいは主要に，さまざまな候補者の表現価値にもとづいて当選が決まるべきでもないし，投票をするべきでもないということである」．(120)

(33) Th. M. Schmidt, »Glaubensüberzeugungen und säkulare Gründe«, *Zeitschrift für Evangelische Ethik*, H. 4, 2001, 248-261.

(34) シュミットは異論を提示する際，次の文献に依拠している．Gerald F. Gaus, *Justificatory Liberalism*, New York 1996.

(35) ちなみに，こうした特別な性質ゆえに，宗教的信念を倫理的信念と政治的・規範的に同一視することは許されない．ライナー・フォルスト（1994, 152-161）は，正当化に際しては内容的な基準よりも手続き上の基準が一貫して優先するということを強調するあまり，宗教的理由と世俗的理由の区別を曖昧にすることで，そうした同一視を行なっている．しかし，宗教的理解の争いからだけでも十分に，根拠にもとづく合意が達成不可能であることがわかるであろう．後には類似のことをフォルスト自身も書いている．Forst (2003), 644ff.

(36) 私は，ライナー・フォルストが手紙のなかで書いていた異論を念頭においている．

(37) R. フォルスト (1994, 158) も，「人は自分の論拠を，公共的理性の価値と原則を基礎として受け入れ可能な理由へと（少しずつ）翻訳でき（なければならない）」と要請することで，ここで論じているような「翻訳」について語っている．ただし，彼は，この翻訳作業を，たとえ宗教的市民の側が宗教的な物言いしかしない場合であっても，世俗的市民が参加すべき協働的な真理探究とは見なしていない．フォルストはこの翻訳の要請を，ロールズやアウディのように，宗教人自身が国家公民として負うべき義務としている．ちなみに，翻訳作業の目標を「相互に普遍的な正当化」としながら，その作業を純粋に手続き論的に規定しているために，宗教的に表現されていることの内容を，ポスト宗教的・ポスト形而上学的な叙述形式に翻訳することの意味論上の問題が正当に位置づけられていない．こうして宗教的言説と倫理的言説との違いが見失われてしまっている．たとえば以下を参照．E. Arens, *Kommunikative Handlungen*, Düsseldorf 1982，彼は聖書のたとえ話を画期的な言語行為として解釈している．

(38) J. Habermas, »Glauben und Wissen«, in: ders., *Zeitdiagnosen*, Frankfurt/M. 2003, 249-263, hier 256ff.

(39) Weithman (2002), 3：「リベラルな民主主義における市民は，公の政治討論において，宗教的見方も含めて包括的な道徳観から導き出される理由にもとづく論拠を，他の論拠に訴えることで説得的なものにすることなく，提起してよい．ただし，それは，彼らが望ましいと思う法案を政府が採用することが正当化されうると信じ，かつ何がその法案の採用を正当化するのかを示す用意がある場合である」．

(40) J. Habermas, »Vom pragmatischen, ethischen und moralischen Gebrauch der praktischen Vernunft, Abschnitt IV«, in: ders., *Erläuterungen zur Diskursethik*, Frankfurt/M. 1991, 112-115〔「実践理性のプラグマティックな，倫理的な，道徳的な使用について」の第四節．清水多吉・朝倉輝一訳『討議倫理』法政大学出版局，2005 年〕．

(41) Weithman (2002),121 (強調は私による).

(42) Audi und Wolterstorff (1997), 117f.

(43) Rawls (1994), 137：「私たちの政治権力の行使が十分適切と言えるのは，次のような場合のみである．すなわち，自由で平等なすべての市民が，彼らに共通の人間理性にとって受け入れ可能な原則と理想に照らして支持するであろうことが合理的に予期しうる，そうした本質的要素からなる憲法に合致するように政治権力が行使される場合である」．

(44) Wolterstorff (1997), 160.

(45) ハイエクとポパーの伝統に属するものとして，たとえば以下を参照．B.

W. Becker, *Die Freiheit, die wir meinen*, München 1982.

(46) 不可知論ではない立場から展開され，宗教の自己啓蒙に貢献している宗教哲学は，神学のように宗教的啓示「の名において」語ったりはせず，かといって単なる「宗教の観察者」として語るわけでもない，と私が書くことができるのは，トマス・M. シュミットとのやりとりのおかげである．また以下の論稿からも示唆を得た．M. Lutz-Bachmann, »Religion-Philosophie-Religionsphilosophie«, in: M. Jung, M. Moxter, Th. M. Schmidt (Hg.), *Religionsphilosophie*, Würzburg 2000, 19-26. プロテスタントの側では，フリードリヒ・シュライエルマッハーが模範的役割を果たしている．彼は，神学者の役割と護教的な宗教哲学者（トマス主義の伝統にかえてカントの超越論哲学に依拠する）の役割とを慎重に分離し，両方の役割を引き受けた．彼のキリスト教義学への案内として以下を参照．*Der christliche Glaube* (1830/31), Berlin 1999, §§1-10.

(47) ライナー・フォルストは，寛容思想の歴史に関する卓越した研究において，ピエール・ベールを「寛容のもっとも偉大な思想家」と特筆している．なぜなら，宗教との関係で理性が反省的に自己抑制するという点でベールは模範的だからである．ベールについては以下を参照．Forst (2003), §18 また体系的論拠が提示されている部分として §§29 と 33.

(48) ウォルターストーフは，全般的に通用することとして，妥当と見なされてよい世俗的言明および理由と，実は宗教の教義と同じくらい妥当と見なすわけにはいかないかもしれない世俗的世界観との区別という，実際にはしばしば無視されてしまうこの区別に注意を喚起している．以下を参照．Audi, Wolterstorff (1997), 105：「大半の時間とまではいかなくても多くの時間，われわれは宗教的理由に［……］かなり離れたところからでも気づくことができるようになるだろう．しかし，包括的な世俗的見方についてはまったく注意を払わないというのが通例であろう」.

(49) Ch. Geyer (Hg.), *Hirnforschung und Willensfreiheit*, Frankfurt/M. 2004; M.Pauen, *Illusion Freiheit*, Frankfurt/M. 2004.

(50) H. Rottleuthner, »Zur Soziologie und Neurobiologie richterlichen Handelns«, in: *Festschrift Thomas Raiser*, Berlin 2005, 579-598.

(51) 70 年代より S. N. アイゼンシュタトによって進められている研究プログラム参照．最近のものとしては J. P. Arnason, S. N. Eisenstadt, B. Wittrock (Hg.), *Axial Civilitations and World History*, Leiden 2005.

(52) M. Lutz-Bachmann, »Hellenisierung des Christentum?«, in: C. Colpe, L. Honnefelder, M. Lutz-Bachmann (Hg.), *Spätantike und Christentum*, Berlin 1992, 77-98.

(53) 以下における存在の歴史の概略参照．Martin Heidegger, *Beiträge zur Philosophie. Vom Ereignis*, Frankfurt/M. 1989〔ハルトムート・ブフナー訳「哲学への寄与論稿―性起から（性起について）」大橋良介・秋富克哉編『ハイデッガー全集　第 65 巻』創文社，2005 年〕.

(54) 以下の著作における興味深い論述を参照. H. Brunkhorst, *Solidarität*, Frankfurt/M. 2002. 40-78.

(55) 以下を参照. Die Münchener Antrittsvorlesung von J. Nida-Rümelin, *Demokratie und Wahrheit* (Ms. 2004).

(56) 註(20)を見よ.

(57) J. Milbank, *Theology and Social Theory: Beyond Secular reason*, Oxford 1990; J. Milbank, C. Pickstock, G. Ward (Hg.), *Radical Orthodoxy*, London-New York 1999.

(58) 反対の立場については, ハンス・ブルーメンベルクの初期の著作を参照. Hans Blumenberg, *Legitimität der Neuzeit*, Frankfurt/M. 1966.

(59) Th. M. Schmidt, »Postsäkulare Theologie des Rechts. Eine Kritik der radikalen Orthodoxie«, in: M. Frühauf, W. Löser (Hg.), *Biblische Aufklärung–die Entdeckung einer Tradition*, Frankfurt/M. 2005, 91-108.

(60) W. デーテルの次のきわめて啓発的な論稿の結びを参照. W. Detel, »Forschungen über Hirn und Geist«, *Deutsche Zeitschrift für Philosophie*, 52 (2004), 891-920.

〔1〕「ニース」のためには死ねない. ニース条約締結を批判した言葉. 欧州連合(EU)の機構改革のため, 2002年2月にニースで調印され, 2003年2月に発効した.

第三部　自然主義と宗教

第6章　自由と決定論

(1) 2004年の京都賞の受賞記念講演のための基礎草稿. なお, 京都賞が哲学者に授与されたのは, カール・R・ポパー, ウィラード・ヴァン・オーマン・クワイン, ポール・リクールに続いて, 私で四人目である.

(2) このような議論に私より精通しており, 私の考えを前進させてくれるような, 詳細かつ前進的な助言を与えてくれたルッツ・ヴィンガート, また, 有益な改良提案をしてくれたティルマン・ハーバーマスにあらためて感謝する.

(3) Chr. Geyer (Hg.), *Hirnforschung und Willensfreiheit. Zur Deutung der neuesten Experimente,* Frankfurt/M. 2004.

(4) G. Roth, »Worüber Hirnforscher reden dürfen -und in welcher Weise?«, *Deutsche Zeitschrift für Philosophie*, 52 (2004), 223-234, hier 231.

(5) 決定論のテーゼは, われわれが自然法則を確率論的に解釈するかどうかには依存しない. なぜなら, 選択意志(Willkür)は, 偶然には還元できないものであるからである.

(6) 実験の指示と, その後の対照実験については, G. Roth, *Fühlen, Denken, Handeln*, Frankfurt/M. 2003, 518-528, および B. Libet, *Mind Time. Wie das Gehirn Bewusstsein produziert*, Frankfurt/M. 2005〔下條信輔訳『マインド・タイム』岩

波書店，2005 年〕を参照．

(7) E. Tugendhat, »Der Begriff der Willensfreiheit«, in: ders., *Philosophische Aufsätze*, Frankfurt/M.1992, 334-551, hier 340.

(8) これに反論するために引き合いに出される経験主義的な議論，すなわち，熟慮することの機能は，行為の諸結果が「情動的に受け入れられる」かどうかを試すことにつきるという議論は，それが証明しなければならないことを前提している．Roth (2003), 526f. を参照．「合理的考量の結果がどうであろうと，それは大脳辺縁系の最終決定（！）に従う．なぜならそれは情動的に受け入れ可能でなければならないからである．［……］日常心理学がそう考えるのとは異なり，われわれを理性的行為へと駆り立てるのは，論理的議論そのものではない」．

(9) D. Davidson, »Handlungsfreiheit«, in: ders., *Handlung und Ereignis*, Frankfurt/M. 1985, 99-124. hier 114〔服部裕幸・柴田正良訳『行為と出来事』勁草書房，1990 年は全体の抄訳で，該当章は翻訳なし〕．

(10) B. Libet, »Haben wir einen freien Willen?«, in: Geyer (2004), 209-224.

(11) P. Bieri, *Das Handwerk der Freiheit*, München 2001.

(12) Bieri (2001), 166.

(13) Bieri (2001), 287f.

(14) Roth (2004), 232.

(15) D. Davidsons Replik auf R. Rorty in: L. E. Hahn (Hg.), *The philosophy of Donald Davidson*, Lasalle (Ill.) 1999, 599 を参照．「私が主に強調したのは，心的諸概念の還元不可能性である．それらは，二つの意味で還元不可能である．第一に，それらは自然科学の語彙では定義することはできないし，それらを処理可能にするような仕方で物理的現象と結合するような経験法則も存在しない．第二に，それらはわれわれの概念的資源の随意の部分ではない．それらは，現象について非－心理学的に語ったり考えたりするという，われわれの常識が用いる手段と同じぐらい重要で不可欠なものである」．

(16) 様相二元論と結びついた存在論的一元論のこのような変種を，トマス・ネーゲルは，いまのところはただ要請されたにすぎない「第三のもの」を経験科学的に立証するためのプログラムとともに展開している．〔彼によれば〕この将来の理論は，物理的なものならびに心的なものという，よく知られた範例に従う相補的記述がともにそこへ還元される共通基盤を提供することになるという．»The Psychophysical Nexus«, in: Th. Nagel, *Concealment and Exposure*, Oxford, 2002, 194-235.

(17) この議論については，J. Searle, *Freiheit und Neurobiologie*, Frankfurt/M. 2004, 28-36 を参照．

(18) M. Seel, *Sich bestimmen lassen*. Frankfurt/M. 2002, 288.

(19) T. M. Scanlon, *What We Owe to Each Other*, Cambridge (Mass.) 1998.

(20) これは，それに対抗してW. ジンガーが彼自身の決定論的な見解を浮き彫りにしてみせる選択肢である．「ひとつの可能性は，実際，存在論的に異なった二つの世界，すなわち物質的世界と非物質的世界が存在しているのであり，人間はこの両方に参加しているのであるが，一方が他方にどのように関係しているかはわれわれには表象不可能である，というものである」．W. Singer, »Selbsterfahrung und neurobiologische Fremdbeschreibung«, in: *Deutsche Zeitschrift für Philosophie* 52, 8 (2004), 235–256, hier 239.

(21) Ebd., 236.

(22) Roth (2003), 528ff. が与えている説明は，奇妙なほどトートロジカルである．問題はやはり，意志の自由というものがまったく因果的役割を果たさないのであれば，なぜそのような幻想が生じるのか，ということなのである．

(23) Searle (2004), 50. Singer (2004), 253f. があげている，意識された決断のレヴェルが分化してくる生物学的理由は，合理的行為の表現としての自由意識が幻想ではないという前提のもとでのみ説得的であろう．

(24) Roth (2003), 397：「決定的に重要なのは，われわれがこの仮想的な行為者を随伴現象とみることは許されないということである．仮想的な知覚と仮想的な行為への可能性がなければ，脳は，それが遂行する複雑な作業を遂行することはできないだろう」．

(25) Ebd., 512f.：「われわれは，意志というものが単なる随伴現象，すなわち，それがなくても脳と〔脳のまわりの環境との〕関係において，意志があったときとまったく同じようにすべてが経過するような主観的状態ではない，ということから出発できる」．

(26) Ebd., 253.

(27) R. Rorty, »The Brain as Hardware, Culture as Software«, *Inquiry*,47, 2004, 219–235.

(28) E. M. Engels, *Erkenntnis als Anpassung?*, Frankfurt/M. 1989.

(29) この「カント的プラグマティズム」については，私の次の本への序論を参照．J. Habermas, *Wahrheit und Rechtfertigung*, Frankfurt/M. 1999, 7–64.

(30) V. Descombes, *The Mind's Provisions. A Critique of Cognitivism, Princeton 2001* および W.-J. Cramm, *Repräsentation oder Verständigung? Eine Kritik naturalistischer Philosophien der Bedeutung und des Geistes*, Diss. phil., Universität Frankfurt/M. 2003 を参照．

(31) G. H. von Wright, *Explanation and Understanding*, London 1971, Part II〔丸山高司・木岡伸夫訳『説明と理解』産業図書，1984年〕；これについては，A. Wellmer, »Georg Henrik von Wright über ›Erklären‹ und ›Verstehen‹«, *Philosophische Rundschau*, 26 (1979), 1–27, hier 4ff. を参照．

(32) M. Dummett, »Language and Communication«, in: ders., *The Seas of Language*, Oxford, 1993, 166–187.

(33) これについては，W. セラーズの古典的な，すなわちいまでも教えられるところの多い次の論文を参照．W. Sellars, »Philosophy and the Scientific Image of

Man« (1960), in: ders., *Science , Perception and Reality*, Atascadero (Cal.) 1991, 1-40.

(34) R. Selman, *Die Entwicklung sozialen Verstehens*, 1984; J. Habermas, *Moralbewußtsein und kommunikatives Handeln*, Frankfurt/M. 1983, 127-206〔三島憲一ほか訳『道徳意識とコミュニケーション行為』岩波書店，1991年，183-296頁〕.

(35) 以下の点については，L. Wingert, »Die eigenen Sinne und die fremde Stimme«, in: M. Vogel, L. Wingert (Hg.), *Wissen zwischen Entdeckung und Konstruktion*, Frankfurt/M. 2003, 218-249; ders., »Epistemisch nützliche Konfrontationen mit der Welt«, in: L. Wingert, K. Günther (Hg.), *Die Öffentlichkeit der Vernunft und die Vernunft der Öffentlichkeit*, Frankfurt/M. 2001, 77-105.

(36) Wingert (2003), 240.

(37) Habermas (1999), 36ff.

(38) G. H. Mead, *Geist, Identität und Gesellschaft*, Frankfurt/M. 1968〔稲葉三千男ほか訳『精神・自我・社会』青木書店，1973年〕；これについては，J. Habermas, *Theorie des kommunikativen Handelns*, Frankfurt/M. 1981, Bd. II, 9-68〔藤沢賢一郎ほか訳『コミュニケイション的行為の理論（中）』未來社，1986年，179-248頁〕.

(39) 以下の点については，M. Tomasello, *Die kulturelle Entwicklung des menschlichen Denkens*, Frankfurt/M. 2002〔大堀壽夫ほか訳『心とことばの起源をさぐる』勁草書房，2006年〕.

(40) Tomasello (2002), 110.

(41) Singer (2004), 249.

(42) Ebd., 251.

(43) これについてはH. P. Krüger, »Das Hirn im Kontext exzentrischer Positionierungen«, *Deutsche Zeitschrift für Philosophie*, 52 (2004), 257-293も見よ.

(44) L. Wingert, »Die Schere im Kopf. Grenzen der Naturalisierung«, in: Geyer (2004), 155-158.

(45) Singer (2004), 239f.

(46) Ebd., 249.

(47) Ebd., 248.

(48) Ebd., 252.

(49) Ebd., 243.

(50) ヴィトゲンシュタインの私的言語の議論と関連して，E. Tugendhat, *Selbstbewußtsein und Selbstbestimmung*, Frankfurt/M., 1979, 4-6 Vorlesungにおける素晴らしい分析を参照.

(51) J. Habermas, »Individuierung durch Vergesellschaftung«, in: ders., *Nachmetaphysisches Denken*, Frankfurt/M. 1988, 187-241〔藤澤賢一郎・忽那敬三訳『ポスト形而上学の思想』未來社，1990年，230-298頁〕. E. トゥーゲントハット，ディーター・ヘンリッヒと私のあいだの関連する論争については，次の文献を

参　照．B. Mauersberg, *Der lange Abschied von der Bewusstseinsphilosophie*, Diss. phil. Frankfurt/M. 1999.

(52) これについては，die Einleitung in R. Döbert, J. Habermas, G. Nunner-Winkler (Hg.), *Entwicklung des Ichs*, Köln 1977, 9–31 を参照.

〔1〕Verursachung は英語の causation にあたると思われる．ハーバーマスは自然法則による「因果性」(Kausalität) によって，ある「原因」が「結果」を引き起こすことと，それとは異なる仕方で「理由」が「行為」を引き起こすことの両方を含めて Verursachung といっているようである．適当な日本語が見当たらず，また causation は一般に「因果」と訳されているので，ここでもやむをえず「因果」(場合によって「引き起すこと」) の訳語を採用しているが，「因果性」とは異なることに注意.

〔2〕リベット『マインド・タイム』では，「補足運動野」とか「頭頂部」と言われている.

〔3〕原文の vorn vornherein は，von vornherein の誤植.

〔4〕1942 年生まれの脳研究者.

〔5〕allgemein sind は，sind allgemein の誤植とみなす.

〔6〕1943 年生まれ．1981 年よりフランクフルトにあるマックス・プランク脳科学研究所で活躍.

第７章　「確かに私自身が自然の一部である」

(1) L. v. Friedeburg, J. Habermas (Hg.), *Adorno-Konferenz*, Frankfurt/M. 1983.

(2) Th. W. Adorno, *Probleme der Moralphilosophie* (1963), Frankfurt/M. 1996〔船戸満之訳『道徳哲学講義』作品社，2006 年〕，以下では，PM として頁数とともに引用.

(3) Th. W. Adorno, *Negative Dialektik*, Gesammelte Schriften Bd.6, Frankfurt/M, 1973〔木田元ほか訳『否定弁証法』作品社，1996 年〕，以下では，ND として頁数とともに引用.

(4) I. Kant, *Kritik der reinen Vernunft*, B 560〔有福孝岳訳『純粋理性批判（中）』『カント全集 5』岩波書店，2001 年，232 頁〕.

(5) E. Tugendhat, »Der Begriff der Willensfreiheit«, in: ders., *Philosophische Aufsätze*, Frankfurt/M. 1992, 334–352.

(6) H. プレスナーは，人間の「脱中心的地位」を分析するための鍵として，肉体であること (Leibsein) と身体を持つこと (Körperhaben) の二元論を選んだ．H. Plessner, *Die Stufen des Organischen, Gesammelte Schriften*, Bd. IV, Frankfurt/M. 1981. M. ヴァインガルテンは生命倫理についての議論との関わりのなかで，このモチーフを取り上げている．M. Weingarten, *Leben. Bibliothek dialektischer Grundbegriffe*, Bielefeld 2003.

(7) 自己が規定されることは，自由の制限ではなく，自由を可能にするものである．これについては，M. Seel, *Sich bestimmen lassen*, Frankfurt/M. 2002, 288 を参照．「多くの点で規定されていない人がもしいたとすると，彼は自分で何も決定することはできないだろう．［……］規定されてあることは自己決定の構成的な支えである」．

(8) H. Schnädelbach, »Vermutungen über Willensfreiheit«, in : ders., *Vernunft und Geschichte*, Frankfurt/M. 1987, 96–125.

(9) P. Bieri, *Das Handwerk der Freiheit*, München 2001, 83.

(10) Ebd., 243.

(11) ビエリは（同書の 287 頁以下で），理由の概念による条件分析と原因の概念による条件分析との言語的差異を均してしまう誤りを犯して，行為の選択肢を考量する過程を観察者の視点から「出来事」として記述し，さらにこの三人称の知を行為意識それ自身に挿入しはじめる．「選択肢についての考慮は，全体として，ひとつの出来事であり，この出来事が，私のそれまでの歴史と一緒になって，結局のところ私をある完全に規定された意志へと定めることになるのである．このことを私は知っているが，そのことは私を妨げはしない．むしろその反対である．まさにそのなかでこそ決断の自由が成り立つのである」．けれども，事実としては，自由意識の反省的な安定性は，客観化する知によって脅かされるのであり，――その限り，カントのアンチノミーも正当に成立するのである．われわれには自分自身の考慮として現われているのだが，その熟慮を大脳におけるニューロンの事象として自然主義的に記述するという〔パースペクティヴの〕転換は，きっと認知的不協和を引き起こすであろうが，それは，自由意識は，現実の行為遂行においてとられる行為遂行的な態度にその態度を支える想定の全体とともにしっかり結びついているので，客観化するような考察を行なった瞬間にこの自由意識は崩壊してしまうからである．

(12) H. Brunkhorst, *Solidarität unter Fremden*, Frankfurt/M. 1997.

(13) Bieri, (2001), Kap. 4, 84ff.

(14) J. Habermas, *Theorie des kommunikativen Handelns*, Frankfurt/M. 1981, Bd. I, 489–534; ders., *Der philosophische Diskurs der Moderne*, Frankfurt/M. 1985, Kapitel v.

(15) M. Horkheimer, Th. W. Adorno, *Dialektik der Aufklärung*, Amsterdam 1947, 55〔徳永恂訳『啓蒙の弁証法』岩波文庫，2007 年，85 頁〕．以下，DA として頁数とともに引用．また，これについては G. Schmid Noerr, *Das Eingedenken der Natur im Subjekt*, Darmstadt 1990 を参照．

(16) Th. W. Adorno, »Die Idee der Naturgeschichte«, in: *Gesammelte Schriften*, Frankfurt 1997, Bd. I, 356f., ここでは，以下から引用されている．G. Lukács, *Die Theorie des Romans*, Berlin 1920, 52f〔原田義人・佐々木基一訳『小説の理論』ちくま学芸文庫，1994 年，70 頁〕．A. Honneth, »Eine Welt der Zerrissenheit. Die unter-

gründige Aktualität von Lukács' Frühwerk«, in ders., *Die zerrissene Welt des Sozialen*, Frankfurt/M. 1990, 9-24 を参照.

（17） J. Habermas, *Die Zukunft der menschlichen Natur*, Frankfurt/M. 2002〔三島憲一訳『人間の将来とバイオエシックス』法政大学出版局，2004 年〕.

（18） ジュディス・バトラーは，そのアドルノ講義（*Kritik der ethischen Gewalt*, Frankfurt/M. 2003〔佐藤嘉幸・清水和子訳『自分自身を説明すること』月曜社，2008 年〕）において，「非同一的なもの」がもつ倫理的含意に取り組んでいる．彼女の間主体性論的アプローチによって，コミュニケーションに対して懐疑的であったアドルノにおいては明らかでなかったが彼自身の仕事に含まれていた諸様相が明らかになってくる．ただし，バトラーは――この点ではカント的に思考するアドルノとは異なり――人格間の関係を平等主義的にではなく，トリアーデをなす（triadisch）非対称的関係として把握するような，エマニュエル・レヴィナスの暗号化された神学の観点から，二人称に対する責任をドラマ化している．E. Levinas, *Die Spur des Anderen*, Freiburg 1983〔佐藤真理人ほか訳『実存の発見』法政大学出版局，1996 年のうち，「他者の痕跡」など四論文のアンソロジー〕.

（19） J. Habermas, »Individuierung durch Vergesellschaftung«, in: ders., *Nachmetaphysisches Denken*, Frankfurt/M. 1988, 187-241.

（20） K. Günther, »Grund, der sich selbst begründet. Oder: Was es heißt eine Person zu sein«, in: *Neue Rundschau*, 114（2003）, 66-81.

（21） Vgl. W.-J. Cramm, *Repräsentation oder Verständigung. Eine Kritik naturalistischer Philosophien der Bedeutung und des Geistes*. Diss. Phil.Frankfurt 2003.

（22） G. Keil, H. Schnädelbach（Hg.）, *Naturalismus*, Frankfurt/M. 2000, Einleitung.

（23） 以下については，L. Wingert, »Die eigenen Sinne und die fremde Stimme«, in: M. Vogel, L. Wingert（Hg.）, *Wissen zwischen Entdeckung und Konstruktion*, Franfurt/M. 2003, 219-248 を参照.

（24） Wingert（2003）, 218.

（25） J. Habermas, *Wahrheit und Rechtfertigung*, Frankfurt/M. 1999, Einleitung.

〔1〕 "Ich selber bin ja ein Stück Natur" W. Adorno, *Probleme der Moralphilosophie*, S. 154〔船戸満之訳『道徳哲学講義』作品社，2006 年，176 頁〕.

〔2〕 以下，本文中に頁数の指示がある場合，対応する邦訳書の頁数を示すが，訳文は一々断らずに修正した場合がある.

〔3〕 第 6 章の訳注〔1〕を参照.

〔4〕 原著の 327 は間違い.

〔5〕 カントは普通新たな系列を始める（anfangen）といって創設する（stiften）とは言わない.

〔6〕 邦訳は運命に対置されるものを意志ととっている．ベンヤミン「運命と性

格」〔野村修編訳『暴力批判論　他十篇』岩波文庫，1994 年，11-25 頁〕を参照.

〔7〕ND, 248〔邦訳 340 頁〕.

第８章　信仰と知の境界

（1）大変助けとなったテキストの指示と注釈を与えてくれたことについて，ルドルフ・ラングターラーに感謝する．ラングターラーの反論と，ノースウェスタン大学で開催された宗教哲学に関するセミナーで刷新されたカント読解による批判的成果によって，私は元来ウィーンで講演し，その後公刊されたこの論文の元の稿に訂正を加えなければならなくなったのである．

（2）M. Lutz-Bachmann, »Religion, Philosophie, Religionsphilosophie«, in: M. Jung, M. Moxter, Th. M. Schmidt（Hg.）, *Religionsphilosophie*, Würzburg 2000, 19–26; ders., »Religion nach der Religionskritik«, *Theologie und Philosophie*, 77. Jg. H. 2, 2002, 374–388.

（3）I. Kant, *Kritik der Urteilskraft*, A435/B440〔牧野英二訳『判断力批判（下）』『カント全集 9』岩波書店，2000 年，150 頁〕.（カントからの引用はすべてヴァイシェデルが編集した版による〔訳文はカントに限らず，文脈に合わせて適宜修正した〕）.

（4）I. Kant, Vorrede zur Zweiten Auflage der *Kritik der reinen Vernunft*, B VII–XLIV.

（5）I. Kant, *Streit der Fakultäten*, A XVII〔角忍・竹山重光訳「諸学部の争い」『カント全集 18』岩波書店，2002 年，14 頁〕.

（6）I. Kant, *Die Religion innerhalb der Grenzen bloßer Vernunft*, BA III〔北岡武司訳『たんなる理性の限界内の宗教』『カント全集 10』岩波書店，2000 年，7 頁〕. Im Folgenden zitiert als *Religion*〔以下，『宗教論』として引用〕.

（7）I. Kant, *Metaphysik der Sitten*, Tugendlehre, A181〔樽井正義・池尾恭一訳『人倫の形而上学』『カント全集 11』岩波書店，2002 年，383-4 頁〕.

（8）*Streit der Fakultäten*, A45〔「諸学部の争い」50 頁〕.

（9）この観点からすると，誤った解釈にきっかけを与える〔『人倫の形而上学』の〕「徳論」の「結び」の一節は，無害な意味を獲得する．「『たんなる理性の限界内の宗教』について，なるほど論じることはできる．ただしこの宗教は，単なる理性から導き出されるものではなく，同時に歴史の教説や啓示の教説にもとづくものであって……」. *Metaphysik der Sitten*, Tugendlehre, A182〔『人倫の形而上学』384 頁〕.

（10）*Religion*, A146/B154〔『宗教論』142 頁〕.

（11）*Religion*, A107/B116〔『宗教論』112 頁以下〕.

（12）*Streit der Fakultäten*, A65〔「諸学部の争い」63 頁〕.

（13）*Religion*, A152/B161〔『宗教論』148 頁〕.

（14）*Streit der Fakultäten*, A70 und A108〔「諸学部の争い」67 頁，92 頁〕.

(15) *Streit der Fakultäten*, A60〔「諸学部の争い」60 頁〕.

(16) *Religion*, A163/B172〔『宗教論』156 頁以下〕.

(17) *Religion*, A45/B48〔『宗教論』59 頁〕.

(18) I. Kant, *Kritik der praktischen Vernunft*, A231〔坂部恵・伊古田理訳『実践理性批判』『カント全集 7』岩波書店, 2000 年, 308 頁〕.

(19) *Kritik der Urteilskraft*, A434/B439〔『判断力批判(下)』148 頁〕. 強調は私による.

(20) *Kritik der Urteilskraft*, A423/B428〔『判断力批判(下)』140 頁〕.

(21) *Kritik der praktischen Vernunft*, A231〔『実践理性批判』308 頁〕.

(22) *Religion*, BA VII〔『宗教論』9 頁〕.

(23) *Religion*, A139/B147〔『宗教論』137 頁以下〕.

(24)『判断力批判』の 82 節から 91 節までのこれらの諸考察については, ついでのおりに引用した箇所を除いて, 立ち入ることはできない.

(25) *Kritik der Urteilskraft*, B463, Fußnote〔『判断力批判(下)』169 頁〕.

(26) 最高善の実現については, R. Wimmer, *Kants kritische Religionsphilosophie*, Berlin 1990, 57–76 und 186–206 におけるすばらしい分析を参照のこと. もっとも私は, (S.75 以下にあるように), 最高善の「促進」を道徳的に義務づけられた理念と理解することが, 他方で, この最終目的の「実現」はただ理想としてのみ認められているにもかかわらず, なぜ可能なのかがわからない. 私がある目標を「促進」することができるのは, その目標の実現に寄与しようと試みることによってである.

(27) I. Kant, *Über den Gemeinspruch*, A213〔「理論と実践」北尾宏行訳『カント全集 14』岩波書店, 2000 年, 170 頁以下〕.

(28) *Kritik der praktischen Vernunft*, A239〔『実践理性批判』314 頁〕.

(29) *Kritik der praktischen Vernunft*, A214〔『実践理性批判』296 頁〕.

(30) ところで, カール゠オットー・アーペルは彼の倫理学の B 部門でまさに, 義務論的な諸前提のもとで, 目的論的な誤謬推理へと導くこの歩みに従っているように思われる. K.-O.Apel, *Diskurs und Verantwortung*, Frankfurt/ M. 1988, 103–153. これに対しては, J. Habermas, »Zur Architektonik der Diskursdifferenzierung«, in: D. Böhler, M. Kettner, G. Skirbekk (Hg.), *Reflexion und Verantwortung*, Frankfurt/M. 2003, 44–64. 本書に第三論文として収録.

(31) *Kritik der Urteilskraft*, A421/B426〔『判断力批判(下)』139 頁〕.

(32) *Über den Gemeinspruch*, A211f., Fußnote〔「理論と実践」171 頁〕.

(33) *Über den Gemeinspruch*, A213, Fußnote〔「理論と実践」172 頁〕.

(34) *Über den Gemeinspruch*. A212, Fußnote〔「理論と実践」171 頁〕.

(35) *Kritik der praktischen Vernunft*, A225〔『実践理性批判』304 頁〕.

(36) *Kritik der Urteilskraft*, A456/B462〔『判断力批判(下)』168〕. (傍点部は, 私による追加).

(37) この考えは，カントが『純粋理性批判』(A828/B856) で導入した，信憑 (Für-wahr-Halten) の三つの様態〔臆見，信仰，知識．ただしこの三つを区別しているのは，A822/B850〕にはうまく適合しない．

(38) *Kritik der praktischen Vernunft*, A230f.〔『実践理性批判』307 頁〕.

(39) *Religion*, A219/B233〔『宗教論』207 頁〕. *Streit der Fakultäten*, A46〔「諸学部の争い」51 頁〕も参照．「『永遠の生命を見いだそうと思うなら，聖書のなかをさがしなさい』．聖書神学者はこのように言う．しかし，永遠の生命の条件は人間の道徳的改善以外にはないのだから，人間が永遠の生命を何らかの文書のなかに見いだすことができるのは，そこに道徳的改善を読み取る場合に限られる．そのために必要な諸概念，諸原則は，もともと他の誰かから学ぶにはおよばず，講述のおりに教師自身の理性から展開されるだけでよいからである」.

(40) *Religion*, A170/B179〔『宗教論』162 頁〕.

(41) *Religion*, A157/B167〔『宗教論』152 頁〕における章の見出しはこうなっている．

(42) *Religion*, A213/B227〔『宗教論』202 頁．ハーバーマスの引用は，カントの原文とやや違っている〕.

(43) *Religion*, A212/B226〔『宗教論』202 頁〕.

(44) *Metaphysik der Sitten*, A182f.〔『人倫の形而上学』384-5 頁〕.

(45) 宗教哲学の明言された目標は，「啓示されたものと信じられている宗教のテキスト，すなわち聖書のなかで，たんなる理性によっても認識できるものだけを，［……］呈示すること」である．Vorrede zum *Streit der Fakultäten*, A XI, Fußnote〔「諸学部の争い」10 頁〕.

(46) *Religion*, A122/B129f.〔『宗教論』125 頁〕.

(47) *Religion*, A121/B129〔『宗教論』124 頁〕.

(48) *Religion*, A122/B130〔『宗教論』125 頁〕.

(49) J. Habermas, »Eine genealogische Betrachtung zum kognitiven Gehalt der Moral«, in: ders., *Die Einbeziehung des Anderen*, Frankfurt/M. 1996, 11-64, hier 16ff.〔「道徳の認知内容についての系譜論的考察」高野昌行訳『他者の受容』法政大学出版局，2004 年，6-59 頁．とくに 11 頁以下〕.

(50) H. Cohen, *Religion der Vernunft aus den Quellen des Judentums* (Nachdruck der 2. Aufl. 1928), Wiesbaden 1988, 4：「もし私が，宗教の概念のために預言者たちの文献資料に向かうように指示されたのが事実であるとしても，もし私が，(もちろん彼等から教えられつつ，けれども，彼等の権威によってのみ導かれてというわけではなく)，彼等自身の教えの根底に私が置くある概念によって彼等に接近するのでなかったとしたら，これらの文献資料は，もの言わぬ隠れたものに留まっているのである」.

(51) ミヒャ・ブルムリックは，*Vernunft und Offenbarung*, Berlin/Wien 2001, 11-28

の中で，「ヘブライ的人間主義」としてこの作品を評価している．

(52) Hegel, *Glauben und Wissen,* Werke Bd. 2, Frankfurt 1986, 288〔上妻精訳『信仰と知』岩波書店，1993 年，4 頁〕:「啓蒙理性がその貧弱な宗教理解の尺度をもって自分に対立する信仰だと見なしたものに対して収めた栄光に輝く勝利というものも，明るい光に照らして詳細に見るならば，次のことにほかならない．すなわち，啓蒙理性が戦いを挑んだ実定的なものは何ら宗教ではなく，勝利を収めた啓蒙理性も何ら理性ではないということにほかならない」．これについては，Th. M. Schmidt, *Anerkennung und absolute Religion,* Stuttgart-Bad Cannstatt 1997 を参照．

(53) G. W. F. Hegel, *Vorlesungen über die Philosophie der Religion II*, Werke Bd. 17, 318〔木場深定訳『宗教哲学（下）』『ヘーゲル全集 17』岩波書店，1984 年，157 頁〕．「キリスト教の真の信仰内容は，哲学によって正当化されなければならない」．

(54) K. Löwith, »Hegels Aufhebung der christlichen Religion«, in : ders., *Zur Kritik der christlichen Überlieferung,* Stuttgart 1966, 54–96.

(55) K. Marx, *Einleitung zur Kritik der Hegelschen Rechtsphilosophie* (1834), Berlin/DDR 1976, 378〔「ヘーゲル法哲学批判序説」城塚登訳『ユダヤ人問題によせて ヘーゲル法哲学批判序説』岩波書店，1974 年，72 頁〕:「人間とはすなわち人間の世界であり，国家であり，社会的結合である．この国家，この社会的結合が転倒した世界であるがゆえに，転倒した世界意識である宗教を生みだすのである．宗教は，この世界の一般的理論であり，[……] それの熱狂であり，それの道徳的承認であり，それの儀式ばった補完であり，それの慰めと正当化との一般的根拠である．宗教は，人間的本質が真の現実性をもたないがために，人間的本質を空想的に実現したものである．それゆえ，宗教に対する闘争は，間接的には，宗教という精神的芳香をただよわせているこの世界に対する闘争なのである」．

(56) L. Feuerbach, *Grundsätze der Philosophie der Zukunft* (1843), §59〔松村一人・和田楽訳『将来の哲学の根本命題』岩波書店，1967 年，94 頁〕:「単独な個人は，人間の本質を，道徳的存在としての自分のうちにも，思考する存在としての自分のうちにも持たない．人間の本質は，ただ，共同体のうちに，すなわち，人間の人間との統一のうちにのみ含まれている．この統一は，しかし，私と君の区別の実在性にのみ支えられている」．フォイエルバッハは，基本的なモチーフをマルティン・ブーバーの対話の哲学から得ている．これについては，M. Theunissen, *Der Andere* (1964), Berlin 1977, 243–373 を参照．

(57) このことが，ブルトマンがシュライエルマッハーから出発してキルケゴールへの道を見いだすことができたことを説明するのである．P. Neuner, G. Wenz (Hg.), *Theologen des 20. Jahrhunderts,* Darmstadt 2002, 70–89 における，ニュッセルのブルトマンについての寄稿を参照．

(58) F. Schleiermacher, *Der christliche Glaube* (1830/31), §§3–5.

(59) A. v. Harnack, *Das Wesen des Christentums* (hg. V. T. Rendtorff), Gütersloh 1999, 90; G. Wenz, »A. v. Harnack – Herzensfrömmigkeit und Wissenschaftsmanagement«, in: Neuner, Wenz (2002), 33-52 も参照.

(60) F. W. Graf, »Ernst Troeltsch. Theologie als Kulturwissenschaft des Historismus«, in: Neuner, Wenz (2002), 53-69；マックス・ヴェーバーについては，W. Schluchter, »Die Zukunft der Religion«, in: ders., *Religion und Lebensführung*, Bd. 2, Frankfurt/M. 1988, 506-534 を参照.

(61) J. Habermas, »Begründete Enthaltsamkeit. Gibt es postmetaphysische Antworten auf die Frage nach dem ›richtigen Leben‹?«, in: ders., *Die Zukunft der menschlichen Natur*, Frankfurt/M. 2001, 11-33〔「根拠ある断念——『正しい生活』への問いに，ポスト形而上学的な答えは存在するのだろうか？」三島憲一訳『人間の将来とバイオエシックス』法政大学出版局，2004 年，7-32 頁〕.

(62) S. Kierkegaard, *Die Krankheit zum Tode* (hg. v. L. Richter), Frankfurt/M. 1984, 51〔斉藤信治訳『死に至る病』岩波書店，1957 年，83 頁〕.

(63) Ebd., 14〔同上，21 頁以下〕.

(64) M. Theunissen, *Das Selbst auf dem Grund der Verzweiflung*,Meisenheim-Frankfurt/M. 1991.

(65) G. Pfleiderer, »Karl Barth – Theologie des Wortes Gottes als Kritik der Religion«, in: Neuner, Wenz (2002), 124-144, hier 135.

(66) Habermas (2001), 11-33.

(67) K. Jaspers, *Der philosophische Glaube angesichts der Offenbarung*, München 1984〔重田英世訳『啓示に面しての哲学的信仰』創文社，1986 年〕.

(68) J. Habermas, *Der philosophische Diskurs der Moderne*, Frankfurt/M. 1985, 390-425.〔「近代の規範的内容」三島憲一ほか訳『近代の哲学的ディスクルス II』岩波書店，1990 年，581-627 頁〕.

(69) J. Habermas, »Auf dem Weg zu einer liberalen Eugenik?«, in: Habermas (2001), 34-126〔「リベラルな優生学？」三島憲一訳『人間の将来とバイオエシックス』33-124 頁〕.

(70) H. Peukert, *Wissenschaftstheorie, Handlungstheorie, fundamentale Theologie*, Düsseldorf 1976, 278ff. Vgl. auch J. Habermas, *Vorstudien und Ergänzungen zur Theorie des kommunikativen Handelns*, Frankfurt/M. 1984, 514ff.

(71) J. Habermas, *Texte und Kontexte*, Frankfurt/M. 1991, 127-156〔「補論　内からの超越　此岸への超越」佐藤嘉一ほか訳『テクストとコンテクスト』晃洋書房，2006 年〕.

(72) J. Habermas, »Motive nachmetaphysischen Denkens«, in: ders., *Nachmetaphysisches Denken*, Frankfurt/M. 1988, 35-60〔「形而上学以後の思考のモチーフ」藤澤賢一郎・忽那敬三訳『ポスト形而上学の思想』未來社，1990 年，41-73 頁〕.

(73) Z. B. H. Peukert, *Wissenschaftstheorie, Handlungstheorie, fundamentale Theologie*,

Düsseldorf 1976; N, Lutz-Bachmann, »Materialismus und Materialismuskritik bei Max Horkheimer und Theodor Adorno«, in: *Festschrift Alfred Schmidt*, München 1991, 143-159; F. Ricken, *Religionsphilosophie*, Stuttgart 2003.

(74) K. Jaspers, *Der philosophische Glaube angesichts der Offenbarung*, München 1962〔重田英世訳『啓示に面しての哲学的信仰』創文社，1986 年〕.

(75) M. Heidegger, *Beiträge zur Philosophie. Vom Ereignis*, Gesamtausgabe Bd. 65, Frankfurt/M. 1989〔「哲学への寄与論考：性起から（性起について）」辻村公一ほか訳『ハイデッガー全集第 65 巻』創文社，2005 年〕.

〔1〕カント「諸学部の争い」角忍・竹山重光訳『カント全集 18』岩波書店，2002 年，84 頁.
〔2〕カントの原文では「かれらが」であるが、ハーバーマスは括弧付きで「われわれが」に主語を変更している.
〔3〕［？］はハーバーマスの付加.
〔4〕アドルノ『否定弁証法』473 頁.
〔5〕『判断力批判（下）』140 頁.
〔6〕『判断力批判（下）』169 頁.
〔7〕同上.
〔8〕たとえば，『宗教論』157 頁.
〔9〕『宗教論』81, 87, 178, 232, 233 頁.
〔10〕『宗教論』130 頁．III の表題.
〔11〕『人倫の形而上学』384 頁.
〔12〕これと正確に一致する表現は，『宗教論』には見当たらないようである.
〔13〕これと正確に一致する表現も，カントには見当たらないようである.
〔14〕『宗教論』11 頁.
〔15〕『死に至る病』岩波書店，108 頁．「絶望して自己自身であろうと欲する絶望――強情」.
〔16〕ヤスパースの用語.

第四部　寛容

第９章　宗教的寛容

(1) 以下を参照. *Allgemeines Handwörterbuch der philosophischen Wissenschaften nebst ihrer Literatur und Geschichte*（hg. von Wilhelm Traugott Krug, 2. Aufl. 1832）：「寛容は（tolerale，黙認する，耐えるに由来する）寛大さのこと．［……］ただしこの語は宗教上の黙認という狭い意味でほとんど用いられている．同様に反対語は宗教的な情け容赦のなさという意味の非寛容」.

(2) 1598 年にアンリ 4 世は「ナントの勅令」を公布．またメリーランド政府

「宗教令」1649年を参照．また，イギリス国王の「寛容令」1689年，または――政府当局の「黙認」というこの系列の最後のひとつとして――ヨゼフ2世の寛容特許状，1781年を参照．

(3) 以下からの引用．C. Herdtle, Th. Leeb (Hg.), *Toleranz, Texte zur Theorie und politischen Praxis*, Stuttgart 1987, 49.

(4) 本章の註 (10) を見よ．

(5) ピエール・ベール，Herdtle und Leeb (1987), 42. から引用

(6) Ebd., 38

(7) K. Loewenstein, »Militant Democracy and Fundamental Rights«, *American Political Science Review* (31), 1937; ders., *Verfassungslehre*, 3. Aufl, 1975, 348ff.

(8) K. Hesse, *Grundzüge des Verfassungsrechts der Bundesrepublik Deutscheland*, 17Aufl., Heidelberg 1990, Randnotiz 694; vgl. G. Frankenberg, *Die Verfassung der Republik*, 107ff.

(9) 市民的不服従問題に関しては私の2論文を参照．J. Habermas, Die Neue Unübersichtlichkeit, Frankfurt/M. 1985, 79-117〔河上倫逸監訳『新たなる不透明性』松籟社，1995年〕．

(10) R. Forst, »Toleranz, Gerechtigkeit undVernunft«, in:ders. (Hg.), *Toleranz*, Frankfurt/M. 2000, 144-161: ders., »Grenzen der Torelanz«, in: W. Brugger, G. Haverkate (Hg.) *Grenzen als Thema des Rechts- und Sozialphilosophie*, ARS, Beiheft 84, Stuttgart 2002; jetzt auch: R. Forst, *Toleranz im Konflikt*, Frankfurt/M, 2003.

(11) J. Habermas, »Wann müssen wir tolerant sein? Über die Konkurrenz von Weltbilden, Werten und Theorien, *Jahrbuch (2002) der Berlin-Brandenburgischen Akademie der Wissenschaften*, Berlin, 2003, 167-178.

(12) J. Rawls, *Politischer Liberalismus*, Frankfult/M. 1998, 317f.

(13) Ebd., 76ff

(14) 以下の一覧を参照．D. Grimm in der *FAZ* vom21. Juni 2002, 49：「オートバイを運転するシーク教徒は，ターバンをつけるという宗教的義務を盾にとって，ヘルメット着用義務の免除を請求できるか．ユダヤ人の囚人は，律法に適った食事を提供されるべきか．イスラム教徒の従業員は，自分の労働時間を，祈りのために突然中断する権利を持っているか．従業員は，自分が属する宗教共同体の祝日に休みを取ったという理由で，解雇されてよいか．このような理由で解雇された従業員は，失業手当を要求する権利を失うか．ユダヤ教徒の事業主は，土曜日は宗教上の理由で仕事を許されていないので，日曜日に店の営業を許されるべきか．イスラム教徒の女子生徒は，他の男子生徒に運動着姿を見せてはならないので，体育の授業を免除するよう要求する権利があるか．イスラム教徒の女子生徒は，学校で，頭にかぶるスカーフの着用を許されるか．公立学校の女性教師の場合はどうか．カトリックの修道女に対しては，イスラム教徒の女性教師とは異なった対応が法的に必要か．

[……] ムエジンが，ドイツの都市で，ラウドスピーカーで祈りの呼びかけをすることは，教会が鐘を鳴らすのと同じように許されるのか．外国人が，頚動脈を切って畜殺することは，その土地の動物保護のあり方に抵触するが，許されるべきか．[……] モルモン教徒は，出身地で一夫多妻を許されていた場合，こちらでも許されるべきか」．

(15) もろもろのサブカルチャーの中での政治文化の一貫性については以下を参照．J. Habermas, *Die Einbeziehung des Anderen*, Frankfurt 1996, 142ff〔高野昌行訳『他者の受容』法政大学出版局，2004 年〕．

(16) 以下を参照．この区別については N. Fraser, »From Redistribution to Recognition? «, in: C. Willett (Hg.), *Theorizing Multiculturalism*, Oxford 1998, 19-49.

(17) この病理を伏せておく承認については A. Honneth, *Das Andere der Gerechtigkeit*, Frankfurt/M, 2000〔加藤泰史・日暮雅夫ほか訳『正義の他者』法政大学出版局，2005 年〕．

(18) 次の文献における人種差別の現象学を参照．Ch. W. Mills, *The Racial Contract*, Ithaka (N. Y) 1997, Kap. 2, 41-89.

(19) W. Kymlicka, *Multicultural Citizenship*, Oxford 1955.

(20) Ch. Taylor, *Multikulturalismus und die Politik der Anerkennung*, Frankfurt/M. 1993〔佐々木毅ほか訳『マルチカルチュラリズム』岩波書店，1996 年．ただしドイツ語版の元になった英語版からの翻訳〕．そこには私の論文，集団的権利としての文化的諸権利に関する共同体主義の見解への批判論文も掲載されている (117-146)．

(21) こうした「encompassing groups」の概念については以下を参照．A. Margalit, J.Raz, »National Self-Determination«, in: W. Kymlicka (Hg.), *The Rights of Minority Cultures*, Oxford 1995, 79-92, hier, 81 ff.〔角田猛之ほか訳『多文化時代の市民権——マイノリティの権利と自由主義』晃洋書房，1998 年〕．

(22) 文化的な生活諸形式がより包括的になればなるほど，その知的内容は強固なものになり，また，宗教的世界像によって構造化された生活様式に似てくる．「文化が提案すべき内容を持つということは避けられない問題だ．あらゆる文化にとって不可避の局面なのだが，文化が諸々の意見を持っており，結果として，ある信念は真理であり，別の信念は間違いであり，そしてある事柄は正しく，別の事柄は悪である，という結果が生じるのである．」B. Barry (2001), *Culture and Equality*, Cambridge 2001, 270.

第 10 章　文化的な平等な取り扱い

(1) J. Habermas, *Faktizität und Geltung*, Frankfurt/M. 1992, Kap. III〔河上倫逸・耳野健二訳『事実性と妥当性』(上) 未來社，2002 年〕; ders., »Über den internen Zusammenhang von Rechtsstaat und Demokratie«, in: ders., *Die Einbeziehung des Anderen*, Frankfurt/M. 1996, 293-305〔高野昌行訳『他者の受容』法政大学出版

局，2004 年〕；ders., »Der demokratische Rechtsstaat-eine paradoxe Verbindung widersprüchlicher Prinzipien?«, in: ders., *Zeit der Übergänge*, Frankfurt/M. 2001, 133-154. 私は，以下の考察に関して，ノルトヴェスト大学 2002 年秋のセミナールの参加者に感謝する．

（2） J. Habermas, »Konzeptionen der Moderne«, in: ders., *Die Postnationale Konstellation*, Frankfurt/M. 1998, 195-231.

（3） そのような結びつきは，『コミュニケイション的行為の理論』においても継続されている．それに関連する「脱構築的な」振る舞いについては以下を参照．B. Peters, *Die Integration moderner Gesellschaften*, Frankfurt/M. 1993, 371ff.

（4） J. Derrida, *Gesetzeskraft*, Frankfurt/M. 1991; ders., *Politik der Freundschaft*, Frankfurt/M. 2000〔堅田研一訳『法の力』法政大学出版局，1999 年〕．法と権力との根本的連関については，J. Habermas（1992），167-186 をも参照．

（5） たとえば J. Derrida, *Die unbedingte Universität*, Frankfurt/M. 2001.

（6） Ch. Menke, *Spiegelungen der Gleichheit*, Berlin 2000, IX.

（7） Menke（2000），41.

（8） 同前，33.

（9） メンケがいわゆる「脱構築」の振る舞い方に与えている解釈が，ジャック・デリダの実践とましてや自己理解に当てはまることは，私には疑わしいと思えるが，ここでは取り上げない．

（10） 以下を参照．Die Einleitung von A. Kern und Ch. Menke zu dem von ihnen herausgegebenen Band: *Philosophie der Dekonstruktion*, Frankfurt/M. 2002a, 7-16, hier9.

（11） Ch. Menke, »Können und Glauben«, in: Menke, Kern（2002a），243ff.

（12） Ebd., 247.

（13） Menke, »Liberalismus im Konflikt«, in: ders.（2000），109-131.

（14） Ch. Menke., »Grenzen der Gleichheit«, *Deutsche Zeitschrift für Philosophie*, 50（2002），897-906. このテキストにおける頁の指示は当論文に関するものである．

（15） A. Honneth, *Das Andere der Gerechtigkeit*, Frankfurt/M. 2000, 133-170, hier 134〔加藤泰史・日暮雅夫ほか訳『正義の他者』法政大学出版局，2005 年〕．

（16） K. Günther, *Der Sinn für Angemessenheit*, Frankfurt/M., 1988, 261ff. und 335ff.; dazu Habermas（1992），272ff.

（17） 法の形式規定に関しては以下を参照．Habermas（1992），143ff.

（18） R. Forst, *Kontexte der Gerechtigkeit*, Frankfurt/M. 1994, 152-160; J. Habermas, »›Vernünftig‹ versus ›wahr‹ oder die Moral der Weltbilder«, in: ders., *Die Einbeziehung des Anderen*, Frankfurt/M. 1996, 95-127〔高野昌行訳『他者の受容』法政大学出版局，2004 年〕．

（19） Menke（2002a），250.

（20） 私の手続き的解釈に対するロールズの批判を参照．In: »Reply to Habermas«,

The Journal of Philosophy XCII, 1995, 170ff., また私の回答も参照. in: Habermas (1996), 124ff.

(21) Forst (1994), 82f.

(22) 本章第Ⅲ節参照.

(23) それにもかかわらずメンケは, 彼のテーゼの可謬主義的な理解を拒んでいる. しかしながら彼は, そのためのいかなる納得できる基礎づけもしていない. 実践的な誤謬判断の帰結が一般に理論的な誤謬判断の帰結よりも重大であるという事情は, 道徳判断と法決定とから, 正しいことも誤ることもあるという, 言明の認識的状況を取り去ることはない. Vgl. J. Habermas, »Richtigkeit versus Wahrheit. Zum Sinn der Sollgeltung moralischer Urteile und Normen«, in: ders., *Wahrheit und Rechtfertigung*, Frankfurt/Main 1999, 271–318.

(24) Th. A. McCarthy, »Die politische Philosophie und das Problem der Rasse«, in: L. Wingert, K. Günther (Hg.), *Die Öffentlichkeit der Vernunft und die Vernunft der Öffentlichkeit*, Frankfurt/M. 2001, 627–654, hier 633.

(25) J. Rawls, *Politischer Liberalismus*, Frankfurt/M. 1998, 294.

(26) メンケは,「個体性にもとづいた義務への」平等性の理念を,「最初からすでに平等性の優位が決まっているのではない」関係に置こうとする (以下を参照. Ders., 2000, 7).

(27) Menke (2000), 122.

(28) M. Seel, *Versuch über die Form des Glücks*, Frankfurt/M. 1999, 191ff.

(29) K. Günther, »Ein normativer Begriff der Kohärenz«, *Rechtstheorie* 20 (1989), 163–190; ders., »Warum es Anwendungsdiskurse gibt«, *Jahrbuch für Recht und Ethik*, Bd. I (1993), 379–389.

(30) 私は以下の考察について, 2002年秋のノースウェスタン大学で開かれたセミナーの参加者たちに感謝する.

(31) Ch. W. Mills, *The Racial Contract*, Ithaka (N. Y.) 1997.

(32) N. Fraser, »Struggle over Needs«, in: ders., *Unruly Practices*, Minnesota 1989, 161–190; S. Benhabib, *The Claims of Culture*, Princeton 2002, 114–122.

(33) 私に明らかではないと思われるのは, 次のテーゼの意味である.「平等性が限界そのものを考慮して自己制限するという極限にまで進んでゆくこと」が平等性の政治に許されるはずならば,「平等性の政治は, 個々人の苦しみの経験と嘆きを正当に評価する態度や徳を自分のうちで形成しなければならない」(905).

(34) H. Pauer-Studer, *Autonom Leben*, Frankfurt/M. 2000.

(35) N. Frazer, »From Redistribution to Recognition?«, in: C.Willet (Hg.), *Theorizing Multicultualism*, Oxford 1998, 19–49 ; 私は, 最近彼女が企てた修正においても (in: N. Frazer, »Rethinking Recognition«, *New Left Review*, May/June 2000, 107–120), 最初のアプローチのいかなる改善も見ることができない. いまでは以下も参

照．N. Frazer, A. Honneth, *Umverteilung oder Anerkennung?*, Frankfurt/M. 2003〔加藤泰史監訳『再配分か承認か？』法政大学出版局，2012 年〕．

(36) バリー（*Culture and Equality*, Cambridge［Mass.］2001）は，国家公民の平等性のあり方が分配的正義次第である，つまりすべての市民が平等に分配された権利を事実上用いることができる平等の機会を持つために必要な「機会と資源」次第であるとするので，被差別集団の持つ承認への要求を「手段と選択」の欠如へと還元する．承認の欠如と実質的に調整されるべき不遇とをこのように同一視することは，たとえば，宗教的な信仰の信念と選好とを直観に反して同化すること至る．「選好を考察する立場と信仰を考察する立場とは類似している」(36)．したがって，シーク教徒には，ターバンをつけてバイクに乗ることは許されることになるだろう．なぜなら，許されない場合には，何らかの宗教的共同体に対して支持するかどうかの決定の際に彼らの選択の余地が不当に制限されたものになってしまうだろうからである．

(37) J. Raz, »Multiculturalism: A Liberal Perspective«, in: ders., *Ethics in the Public Domain*, Oxford 1994, 155-176.

(38) 以下における最近の議論についての考察を参照．St. Kirste, »Dezentrierung, Überforderung und dialektische Konstruktion der Rechtsperson«, in: *Festschrift für A. Hollerbach*, Berlin 2001, 319-362.

(39) A. Margalit, M. Halbertal, »Liberalism and the Right to Culture«, *Social Research*, Vol. 61, Fall 1994, 491-519. Ch. Gans（*The Limits of Nationalism*, Cambridge 2003, 43ff.）は「論拠によるアイデンティティ」について語っている．

(40) この評価に際して私は，文化権を過去の文化に接近しうることへと狭めてしまうことを避けたい．われわれは，いつでもさまざまな諸伝統が相互浸透した雑種的な結果である文化的遺産を，閉ざされた全体性へと完結させてはならない．また，個人のアイデンティティが彼らの生の営みのなかで，一定の文化に依存し続けたりその者の出自となる文化に常に根づき依存し続けていることを前提としてはならない．Vgl. J. Waldron, »Minority Cultures and the Cosmopolitan Alternative«, *University of Michigan Journal for Law Reform*, Vol. 25, 1992, 751-93.

(41) A. Schachar, »On Citizenship and Multicultural Vulnerability«, *Political Theory*, Vol. 28, February 2000, 64-89.

(42) 関連している法律事例を以下で参照．Vgl. Barry (2001), 169ff.

(43) 同上，165f.

(44) W. Kymlicka, *Multicultural Citizenship*, Oxford 1995, 34-48〔角田猛之・石山文彦・山崎康仕監訳『多文化主義時代の市民権——マイノリティの権利と自由主義』晃洋書房，1998 年〕．

(45) Kymlicka (1995), 38.

(46) Ch. Taylor, *Multikulturalismus und die Politik der Anerkennung*, Frankfurt/M. 1993,

52〔「承認をめぐる政治」佐々木毅ほか訳『マルチカルチュラリズム』岩波書店，1996 年〕.

（47）メタ善の理論に関しては以下を参照．Vg. Ch. Taylor, *Quellen des Selbst*, Fankfurt/M. 1989, Teil1; dazu J. Habermas, *Erläuterung en zur Diskursethik*, Frankfurt/M. 1991, 176ff〔清水多吉・朝倉輝一訳『討議倫理』法政大学出版局，2005 年〕.

（48）Barry（2001）, 67.

（49）本書第三章における私の K-O. アーペルとの論争を参照.

（50）ガルストンは「現実的な」脱退条件として以下を挙げている（»Two Concepts of Liberalism«, *Ethics* 105（April 1995）, 516-534, hier 533f.）.「知の条件——ある人が今生きている人生とは違う生き方があることをわかっていること．能力の条件——もしそうしたいと望めば他の選択肢の生き方を評価する能力．心理的条件——特に洗脳からの自由．洗脳のケースにおいては，子どもが洗脳された両親は，痛ましいプログラム解除の努力をせざるをえない．より広くは，その影響を受けた個人のために，許可された干渉をしなければならないような，純粋に身体的なものである以外の形態の強制からの自由．最後に適合という条件——脱退を希望する諸個人が脱退を希望するような生き方以外の，少なくとも何らかの生き方に有効に参加する能力」．それに関してはフェミニズムの観点から以下を参照．S. Möller Okin, »Mistress of their own Destiney: Group Rights, Gender, and Realistic Rights to Exit«, *Ethics* 112（Jan.2002）, 205-230.

（51）Kymlicka（1995）, 38f.

（52）別なやり方で法と道徳が交差しうるのは，過去の政権がなした犯罪的な政治の犠牲者たちの集団の後継者たちのために賠償要求するケースにおいてである．過去の政権に対しては，その法的後継者が責任を持つのである.

（53）Vgl. R. Forst, »Toleranz, Gerechtigkeit, Vernunft«, in: ders.（Hg.）, *Toleranz*, Frankfurt/M. 2000, 119-143.

（54）J. Rawls（1998）, 76ff.

（55）J. Habermas, *Glauben und Wissen*, Frankfurt/M.2001〔「信仰と知識」大貫敦子・木前利秋・鈴木直・三島憲一訳『引き裂かれた西洋』法政大学出版局，2009 年〕.

（56）Ch. Taylor, »Two Theories of Modernity«, *Public Culture* II, 1,（1999）, 153-174.

〔1〕音を共鳴させて大きくする板．ハーバーマスは共鳴板でしばしば，市民社会が社会の問題を自覚化させる機能を持っていることを例えている.

〔2〕1865 年—1877 年.

〔3〕イスラム教国で律法学者に対する敬称.

〔4〕ある集団に特有の文化の価値の優劣を決める暗黙裡の前提.

第 11 章　複数主義的世界社会のための政治体制

(1) 国際法の専門家の立場から訂正の提案とコメントをいただいたことに対して，改めてアルミン・フォン・ボグダンディ氏に感謝申し上げる．

(2) 以下は私の次の試論にもとづく．»Das Kantische Projekt und der gespaltene Westen«, in: J. Habermas, *Der gespaltene Westen*, Frankfurt/M. 2004. 113-193〔大貫敦子・木前利秋・鈴木直・三島憲一訳『引き裂かれた西洋』法政大学出版局，2009 年〕.

(3) W. Kersting, »Globale Rechtsordnung oder weltweite Verteilungsgerechtigkeit?«, in: ders., *Recht, Gerechtigkeit und demokratische Tugend*, Frankfurt/M. 1997, 243-315, hier 269.

(4) 立憲国家の主権の理論については以下を参照．M. Kriele, *Einführung in die Staatslehre*, Opladen 1994, 273ff. エアハルト・デニンガーは，現在のヨーロッパの立憲国家に関しては「分割された主権」という概念はいまだ誤解を招くものだと見なしている．E. Denninger, »Vom Ende nationalstaatlicher Souveränität in Europa«, in: ders., *Recht in globaler Unordnung*, Berlin 2005, 379-394.

(5) 以下を参照．G. Frankenberg, »Die Rückkehr des Vertrages. Überlegungen zur Verfassung der Europäischen Union«, in: L. Wingert, K. Günther (Hg.), *Die Öffentlichkeit der Vernunft und die Vernunft der Öffentlichkeit*, Frankfurt/M. 2001, 507-538.

(6) Chr. メラーズは，以下の文献の憲法と立憲制度化に関する序章で，この連関をヨーロッパ連合を例に分析している．A. v. Bogdandy (Hg.), *Europäisches Verfassungsrecht*, Berlin 2003, 1-56.

(7) I. Kant, *Zum Ewigen Frieden*, BA 38 (zitiert nach der von W. Weischedel herausgegebenen Ausgabe)〔遠山義孝訳「永遠平和のために」坂部恵・有福孝岳・牧野英二編『カント全集 14　歴史哲学論集』岩波書店，2000 年，247-315 頁〕.

(8) 以下の文献がこの点を強調している．Th. Cottier, M. Hertig, »The Prospects of 21st Century Constitutionalism«, *Max Planck Yearbook of United Nations Law*, Band 7, 2004.

(9)「コスモポリタン的民主主義」については以下を参照．D. Archibugi, D. Held (Hg.), *Cosmopolitan Democracy*, Cambridge 1995; D. Held, *Democracy and the Global Order*, Cambridge 1995. 連邦制の世界共和国については以下を参照．O. Höffe, *Demokratie im Zeitalter der Globalisierung*, München 1999.

(10) M. ウォルツァーも同様に考えている．M. Walzer, *Just and Unjust Wars*, New York 1977〔萩原能久訳『正しい戦争と不正な戦争』風行社，2008 年〕; ders., *Erklärte Kriege–Kriegserklärungen*, Hamburg 2003. 以下のテーマに関する討論も参照．»Twenty Years of Michael Walzer's Just and Unjust Wars«, *Ethics & International Affairs*, 11 (1997), 3-104.

(11) 以下の著作における，これに対応する「新たな主権」の定義を参照．A. and A. H. Chayes, *The New Sovereignty: Compliance with International Regulatory Agreements*, Cambrige (Mass.) 1995.

(12) 国際関係の理論にとっての社会構築主義的な学習概念の意義については以下を参照. B. Zangl, M. Zürn, *Frieden und Krieg*, Frankfurt/M. 2003. 118–148.

(13) Habermas (2004), 133ff. u. 1174ff.

(14) 国連関連の諸組織についての概観は以下を参照. D. Held, *Global Covenant*, Cambridge 2004, 82f.

(15)「国民国家の不可欠性」については以下を参照. E. Grande, Vom Nationalstaat zum transnationalen Politikregime, in: U. Beck, Ch. Lau (Hg.), *Entgrenzung und Entscheidung*, Frankfurt/M. 2005. 384–401.

(16) こうして, ヘルマン・ヘラーの国法論の伝統に由来する「社会民主主義」の構想が, 国際法にも浸透してきている. これについては以下を参照. Th. Meyer, *Theorie der sozialen Demokratie*, Wiesbaden 2005.

(17) 国際的組織の一覧については以下の文献が大変有益である. A.-M. Slaughter, *A New World Order*, Princeton and Oxford 2004, xv–xviii.

(18) D. Held, A. McGrew, D. Goldblatt, J. Perraton, *Global Transformations*, Cambridge 1999.

(19) Habermas (2004), 182–193.

(20) このような書き方をするのは, 伝統的な市民社会 Zivilgesellschaft あるいは「ブルジョア社会」»bürgerliche Gesellschaft« 概念においては, この2つの要素がさしあたり区別されずに一緒になっているからである. 以下を参照. Das Vorwort zur Neuausgabe von J. Habermas, *Strukturwandel der Öffentlichkeit*, Frankfurt/M. 1990, 45ff.〔細谷貞雄・山田正行訳『公共性の構造転換』未來社, 1994年,「新版への序文」参照〕.

(21) St. Leibfried と M. Zürn によって編集された, 国家の変貌に関する以下の特集号を参照. *European Review* 13, Supplement 1 (May 2005). また, 豊富な図解よって国家の課題を網羅的にリストアップしている編者による序論も参照. »A new perspective on the State«, 2:「国家は労働市場を規制し, 経済の舵取りをし, 犯罪と戦い, 一定の教育を提供する. 国家は交通を規制し, 民主主義のための枠組みを提供し, 企業を所有し, 戦争を開始し, 平和条約を作成し, 信頼できる法的構造を創造し, 社会福祉を支え, 道路を作り, 水を供給し, 兵役を課し, 年金制度を維持し, 国民総生産のおよそ40%の割り振りを決定し, 国益を代表し, 日常生活全般を細部にわたって規制する」.

(22) C. Offe, »Wessen Wohl ist das Gemeinwohl?«, in: Wingert/Günther (2001), 459–488.

(23) H. Hofmann, »Verfassungsrechtliche Annäherung an den Begriff des Gemeinwohls«, in: H. Münkler, K. Fischer (Hg.), *Gemeinwohl und Gemeinsinn im Recht*, Berlin 2002, 25–42.

(24) D. Grimm, *Die Zukunft der Verfassung*, Frankfurt/M., 1991, 372–396, ders., »Bedingungen demokratischer Rechtssetzung«, in: Wingert/Günther (2001), 489–506,

hier S. 500ff.

(25) D. Held, A. McGrew (Hg.), *The Global Transformations Reader*, Cambridge 2000.

(26) M. Zürn, »Global Governance and Legitimacy Problems«, *Government and Opposition*, 39, 2 (2004), 260–287, hier 273f.

(27) A. Peters, »Wie funktioniert das Völkerrecht?«, *Basler Juristische Mitteilungen*, Februar 2004, 24; B. Zangl, »Is there an emerging international rule of law?«, *European Review*, 13, Supplement 1 (May 2005), 73–91.

(28) H. Kelsen, »Sovereignty«, in: St. Paulson, B. Litschewski-Paulson (Hg.), *Normativity and Norms*, Oxford 1998, 525–536.

(29) C. Tomuschat, »International Law: Ensuring the Survival of Mankind on the Eve of a New Century. General Course on Public International Law«, *Receuil des cours*, 281 (1999), The Hague 2001, 163f.：「今日，国際的な法秩序を，もっぱら国家主権にのみもとづくものとして理解することはもはやできない．［……］保護は，一定の基本的価値に応じて，国際的共同体によって与えられる．場合によっては個々の国家の意思表示がなくても，あるいは個々の国家の意思に反してでも，与えられる．ここでいう基本的価値とはすべて次のような考え方から導き出されるものである．すなわち，国家とは道具以外の何ものでもなく，その本来の機能は，［……］人権として法的に表現されている市民の利益に奉仕することである，という考え方である．ここ数十年，人権が着実に重みを増す過程がゆっくりと進行してきたし，やや形式的な原理である国家主権と比べても人権は勢いを増しつつある」．これに関しては以下を参照．
A. v. Bogdandy, »Constitutionalism in International Law: Comment on a Proposal from Germany« (erscheint in *Harvard International Law Revue*).

(30) 脅威，挑戦と変革に関するハイレヴェル委員会は，2004 年 12 月 1 日，報告書（TCC と表記する）を提出した．コフィー・アナンは，2005 年 5 月 31 日に国連改革に向けてのスピーチ *In Larger Freedom:-Towards Development, Security and Freedom for all*（LF と略記）を行なったが，その内容は，この報告書に沿うものであった．これらに対する最初の反応として以下を参照．B. Fassbender, »UN-Reform und kollektive Sicherheit«, in: Heinrich Böll Stiftung (Hg.), *Global Issue Papers*, Nr. 17, April 2005.

(31) 報告書（TCC, 19）にある一億人という数は，歴史家たちの間で異論があるが，巨大な数であったことにかわりはない．

(32) TCC, 189f.：「力の均衡によって，あるいはひとつの超大国によって，もっとも良く安全が保たれるという考えは，たとえそのひとつの超大国が慈悲深い心の持ち主だったとしても，国際的に受け入れられていることは明らであるとはとても言えない．」

(33) TCC, 41：「国連とその加盟国は，国際的な安全に対する脅威に対して，あまりにもしばしば差別的対応を行なってきた．2001 年 9 月 11 日の攻撃に

対して国連が取った対応の素早さと，はるかに致命的な事件に対して取った行動とを対比してみよ．ルワンダは，1994年の4月から6月中旬にかけて，9月11日の三つの攻撃に匹敵する惨事を，毎日，100日にわたって，経験したのである．しかも，人口がアメリカ合衆国の36分の1にすぎない国の全員が経験したのである．」

（34）TCC, 199：「国際連合憲章は，もしも大規模な残虐行為が行なわれている国の住民の命を救うことが問題であったならばしたであろうほどには明確な表現をしていない．国際連合憲章は，『基本的人権に対する信念をあらためて確認する』が，それを守るために多くのことをするわけではない．しかも，第2条の7項は『本質上いずれかの国の国内管轄権内にある事項に』干渉することを禁じている．その結果，国際的なコミュニティにおいて，人為的に引き起こされた悲惨な事態には『干渉する権利』があると主張する人びとと，安全保障理事会には［……］」国境の内部でどんなことが起きていようと，主権国家に対するいかなる強制的行為も認める権限はないと論ずる人びととのあいだで，長年にわたって論争が行なわれてきた．」

（35）コフィー・アナンが人権のための新しい委員会を創設するために行なっている制度上の提案についてはLF, 181–183

（36）J. A. Frowein, »Konstitutionalisierung des Völkerrechts«, in: *Völkerrecht und internationales Recht in einem sich globalisierenden internationalen System, Bericht der Deutschen Gesellschaft für Völkerrecht* Bd. 39, Heidelberg 2000, 427–447, hier S. 429ff.

（37）A. Bummel, *Internationale Demokratie entwickeln*, Stuttgart 2005.

（38）Kant, *Zum Ewigen Frieden*, BA 46〔邦訳は注（7）参照〕.

（39）M. Kumm, »The Legitimacy of International Law: A Constitutionalist Framework of Analysis«, *The European Journal of International Law*, 15, 5（2004）, 907–931．この提案は，当然ながら全面的に正統化を行なう法の原理に焦点をあてており，制度の次元はまともに扱われていない．安全保障理事会が二酸化炭素の排出を抑制するための気候保全規制を議決するという反事実的な例（ebd., S. 922ff.）が示しているのは，分配に関わる諸問題の純粋に政治的な性格と，分配に関わる諸問題が必要とする正統化の性質とを，クムは考慮していないということである．

（40）私的な行為者の役割も強調している以下の文献を参照．G. Teubner, »Globale Zivilverfassungen: Alternativen zur staatszentrierten Verfassungstheorie«, *Zeitschrift f. ausländisches öffentliches Recht und Völkerrecht*, 63, 1（2003）, 1–28.

（41）A.-M. Slaughter（2004）, 12ff.

（42）この点については，注（26）のM. Zürn（2004, 273f.）を改めて参照．

（43）P. Nanz, J. Steffek, »Global Governance, Participation and the Public Sphere«, *Government and Opposition*, 39, 3（2004）, 314–335.

（44）A.-M. Slaughter, »Disaggregated Sovereignty: Towards the Public Accountability of

Global Government Networks«, *Government and Opposition*, 39, 2 (2004), 163.

(45) Ch. Joerges, Ch. Godt, »Free trade: the erosion of national and the birth of transnational governance«, *European Review* 13, Supplement 1 (May 2005), 93-117.

(46) M. Kahler, »Defining Accountability UP: the Global Economic Multilaterals«, *Government and Opposition*, 39, 2 (2004), 133.

(47) 以下の議論は次の文献に依拠している．A. v. Bogdandy, »Verfassungsrechtliche Dimensionen der Welthandelsorganisation«, *Kritische Justiz*, 34, 3 (2001), 264-281; 4 (2001), 425-441; ders., »Law and Politics in the WTO-Strategies to Cope with a Deficient Relationship«, *Max Planck Yearbook of United Nations Law*, Band 5, The Hague 2001, 609-674.

(48) 以下を参照．Die Göttinger Antrittsvorlesung von P.-T. Stoll, *Globalisierung und Legitimation* (Ms. 2003).

(49) E. J. Mestmäker, »Der Kampf ums Recht in der offenen Gesellschaft«, *Rechtstheorie* 20, 1989, 273-288.

(50) President Bush Discusses Freedom in Iraq and Middle East: www.whitehouse.gov/news/releases/2003/11/print/20031106-2.html

(51) v. Bogdandy (2001), 429.

(52) D. Bell, *The Cultural Contradictions of Capitalism*, New York 1976〔林雄二郎訳『資本主義の文化的矛盾』(上・中・下) 講談社，1976 年〕.

(53) 支配的なワシントン・コンセンサスに対する社会民主主義的な代替案を D. Held (2004) が展開している．

(54) Ch. Taylor, »Two Theories of Modernity«, *Public Culture* 11, 1 (1999), 153-174.

〔1〕Verfassung および verfassen の訳には大いに迷った．本章原注 (2) にあるように，本章は『引き裂かれた西洋』に収められた「カントのプロジェクトと引き裂かれた西洋」という論文と内容が大幅に重なっている．これを訳された木前・三島両氏は，Verfassung を一貫して「立憲化」または「憲法体制」と訳され，本稿で頻出する eine politisch verfasste Weltgesellschaft を「政治的に立憲化された世界社会」と訳されている．この訳語の選択は，これまたキーワードとして頻出する Konstitutionalisierung des Völkerrechts (「国際法の立憲化」) を踏まえてのことと推察される．もしこれにならうとすれば本章のタイトルは「複数主義的世界社会のための政治的立憲化」とすべきであろうが，私には「政治的 (に) 立憲化」という表現がわかりにくく感じられ，かりに「政治的憲法体制」としてもやはりわかりにくいと思った．また Konstitutionalisierung を「立憲化」(私は一箇所を除いて「憲法化」と訳した) と訳すのが当然としても，Verfassung は「憲法」と訳さず「体制」と訳した方が適切と思われるところが多かった。そこで本章では Verfassung を文脈に応じて「憲法」または「体制」と訳し (例外あり)，ごくまれに「憲法

が定める体制」と訳した（ごくまれに Regime も「体制」と訳した）．読者の皆さんには，この点を頭の片隅に置いて読んでいただければ幸いである．本章のタイトル中の Eine politische Verfassung については本文中で「多次元システム」として展開していることを言っていると思われるので，「政治体制」と訳した．eine politisch verfasste Weltgesellschaft は，politisch verfasste の部分が名詞化すれば politische Verfassung であることを意識して，「政治体制を備えた世界社会」と訳してみた．

〔2〕原文では「200」年となっているが，校正ミスと判断し，「100」年とした．

初出一覧

第一部

1　2004年11月11日の京都賞受賞記念講演。次に掲載。*Neue Zürcher Zeitung* vom 11./12/ Dezember 2004.

2　同一タイトル（Kommnikatives Handeln und detranszendentalisierte Vernunft）で次に単行本として出版．Reclam Universalbibliothek, Stuttgart 2001．レクラム出版の許可を得て再録.

3　同一タイトル（Zur Architektonik der Diskursdifferenzierung）で次に掲載. D. Böhler, M. Kettner, G. Skirbekk（Hg.）, *Reflexion und Verantwortung*, Suhrkamp Verlag, Frankfurt/M. 2003, 44–64.

第二部

4　2004年1月19日のラッツィンガー枢機卿とのディスカッションの導入部分. 次に掲載. *Information Philosophie*, Oktober 2004, 7–15.

5　書き下ろし.

第三部

6　2004年11月12日の京都賞記念ワークショップ講演。次に掲載. *Deutsche Zeitschrift für Philosophie*, Heft 6（2004）, 871–890.

7　次のタイトルで掲載. »›Ich selber bin ja ein Stück Natur‹ - Adorno über die Naturverflochtenheit der Vernunft. Überlegungen zum Verhältnis von Freiheit und Unverfügbarkeit«, in A. Honneth（Hg.）, *Dialektik der Freiheit, Frankfurter Adorno-Konferenz 2003*, Suhrkamp Verlag, Frankfurt/M. 2005, 13–40.

8　次に加筆修正. H. Nagel-Docekal, R. Langthaler（Hg.）, *Recht, Geschichte, Religion*, Akademie Verlag, Berlin 2004, 141–160, 講演.

第四部

9　同一タイトルで次に掲載. *Archiv für Rechts- und Sozialphilosophie*, Beiheft 93, Franz Steiner Verlag Stuttgart 2004, 23–36.

10　同一タイトルで次に掲載. *Deutsche Zeitschrift für Philosophie*, Heft 3（2003）, 367–394.

11　書き下ろし.